AF525227

ERNST-JÜNGER-LESEBUCH

EIN *abenteuerliches* HERZ

Herausgegeben und mit Erinnerungen von
HEINZ LUDWIG ARNOLD

Klett-Cotta

Klett-Cotta
www.klett-cotta.de

Printed in Germany
Schutzumschlag: Rothfos & Gabler, Hamburg
Gesetzt in den Tropen Studios, Leipzig
Gedruckt und gebunden von CPI – Clausen & Bosse, Leck
ISBN 978-3-608-93846-3

Bibliografische Information der Deutschen Nationalbibliothek
Die Deutsche Nationalbibliothek verzeichnet diese Publikation in der Deutschen Nationalbibliografie; detaillierte bibliografische Daten sind im Internet über ‹http://dnb.d-nb.de› abrufbar.

INHALT

Heinz Ludwig Arnold: WILFLINGER ERINNERUNGEN 9
ZU MEINER AUSWAHL 48

I. KRIEG *und* FRIEDEN

IN STAHLGEWITTERN 55
Aus Heft 1 der Kriegstagebücher 1914 bis 1918
Vorwort zur 1. Auflage von »In Stahlgewittern«, 1920
Orainville. Kapitel 1 aus der 2. [revidierten] Auflage, 1922
In den Kreidegräben der Champagne [früher: Orainville], 1978
Gespräch mit Ernst Jünger über »In Stahlgewittern«, 1966

GÄRTEN UND STRASSEN, 1942 87

STRAHLUNGEN, 1949 93
Das erste Pariser Tagebuch (1941/1942)
Das zweite Pariser Tagebuch (1943/1944)
Kirchhorster Blätter (1945)

DER FRIEDE, 1945 118

II. *Abenteuerliches* HERZ

SIZILISCHER BRIEF AN DEN MANN IM MOND, 1930 129

DAS ABENTEUERLICHE HERZ. Erste Fassung, 1929 140
Aufzeichnungen bei Tag und Nacht

AFRIKANISCHE SPIELE, 1936 167

DAS ABENTEUERLICHE HERZ. Zweite Fassung, 1938 178
Figuren und Capriccios
Die Kiesgrube
Violette Endivien
Das Entsetzen
Fremder Besuch
Blaue Nattern
Die Schleife
Der Oberförster
Das Lied der Maschinen
An der Abzucht
Die Phosphorfliege
An der Zollstation
Das Echo der Bilder

DER WALDGANG, 1951 195

III. STREIFZÜGE

REHBURGER REMINISZENZEN, 1967 207

AUS DER GOLDENEN MUSCHEL, 1944 218

SANDUHRSTIMMUNGEN, 1954 233

HERBST AUF SARDINIEN, 1965 239

ANNÄHERUNGEN. Drogen und Rausch, 1970 248

IV. ERZÄHLTES

AUF DEN MARMORKLIPPEN, 1939 269

HELIOPOLIS, 1949 286
Ortners Erzählung

DIE EBERJAGD, 1952 315

GLÄSERNE BIENEN, 1957 322

EINE GEFÄHRLICHE BEGEGNUNG, 1983 345
Hinter der Madeleine

V. GETRÄUMTES

TRÄUME, 1970 365

IN ORMENS REVIER, 1965 373

SKURRILE AUSFLÜGE, 1962, 1965, 1981 376

IN TOTENHÄUSERN, 1965 386

AUS DEN PARISER NACHTSTÜCKEN, 1974 396

GETRÄUMTES AUS »SIEBZIG VERWEHT«, 1981, 1993, 1995 399

VI. *Post* FESTUM, 1983 423

Quellennachweise 427

Heinz Ludwig Arnold

WILFLINGER ERINNERUNGEN

I. Lektüren

»*Berger, Sie schlafen, Berger, Sie träumen, Berger, Sie sind nicht bei der Sache,* war da der ewige Reim. Auch meine Eltern, die auf dem Lande wohnten, hatten bereits einige der bekannten Briefe erhalten, deren unangenehmer Inhalt mit den Worten *Ihr Sohn Herbert* … begann.« Diese Sätze auf der ersten Seite von Ernst Jüngers Erzählung »Afrikanische Spiele«, die ich in einer »Einmaligen Ausgabe der Deutschen Hausbücherei« aus dem Jahre 1936 im Bücherschrank meines Vaters fand, waren die ersten Sätze von Ernst Jünger, die ich 1957 las, und sie nahmen mich sofort für diesen Schriftsteller ein. Meine Eltern wohnten zwar nicht auf dem Lande, sondern in Karlsruhe, und sie bekamen auch keine blauen Briefe der Schule ins Haus – aber auch ich suchte damals, 1956 / 1957, Sehnsuchtsorte jenseits der Schule, in der ich mich nicht wohl fühlte. Und da auch das strenge Elternhaus diesen Freiheitsraum nicht bot, den ich ersehnte, suchte ich zwar nicht, wie Ernst Jünger, den »verlorenen Garten irgendwo im oberen Stromgeflecht des Niles oder des Kongo«, auch brach ich nicht, wie er, tatsächlich aus und auf ins warme Afrika, wo er sich abenteuerlustig und wohl auch etwas kampfesdurstig anwerben ließ für die Fremdenlegion (aus der ihn sein Vater freilich nach sechs Wochen wieder auslöste) – nein, ich brach bloß auf in die imaginierten Welten von Büchern, nicht nur in die der nordamerikanischen Savannen und orientalischen Wüsten Karl Mays und von Coopers Huronensee, sondern ich begab mich auch auf Hermann Hesses »Morgenlandfahrt« und eben, durch seine »Afrikanischen Spiele«, in die literarische Welt des Jüngerschen Werks.

Diese Welt sollte mich für Jahre gefangenhalten, und durch meine Wanderungen in ihr, meinen Umgang mit ihr sollte ich schließlich ganz in das Universum der Literatur geraten, das dann mein Lebensraum für immer wurde.

Das zweite Buch Ernst Jüngers, das im Bücherschrank meines Vaters hinter Glas ungelesen aufbewahrt wurde, war, diesmal in einer Ausgabe des Europäischen Buchklubs, der utopische Roman »Heliopolis. Rückblick auf eine Stadt«. Hier konnte man sich nicht in warme afrikanische Abenteuerorte imaginieren, sondern in die kühlen Räume der Zukunft. Heute mag man zwar lächeln über das spärliche Science-fiction-Equipment dieser kalt gleißenden Sonnenstadt – der »Phonophor« aus diesem Roman, eine literarische Erfindung Jüngers, hat es immerhin in die Internetenzyklopädie Wikipedia geschafft: Danach ist dieser »Allsprecher« ein »fiktives technisches Gerät in den Zunkunftsromanen von Ernst Jünger«, »einem heutigen Mobiltelefon ähnlich« und mit Internet-Eigenschaften begabt. »Bei Ernst Jünger treten die Phonophore auch an Stelle der Personalausweise und Pässe. (...) Außerdem kann man am Phonophor den gesellschaftlichen Rang seines Trägers erkennen. Die Phonophore dienen auch als Wahlmaschinen, mit ihnen werden bei Abstimmungen die Stimmen abgegeben. (Die Fragen stellen allerdings in »Heliopolis« die Behörden bzw. die Mächtigen.) Schließlich stellt der Phonophor auch ein GPS-System dar und ermöglicht Bankgeschäfte durchzuführen, ist unter anderem also auch Kreditkarte. Eine Kehrseite des Phonophors ist, ähnlich wie bei heutigen Mobiltelefonen, dass sie im Vergleich zu herkömmlichen Telefonen leichter abgehört werden können und der Polizei die Ortung der sprechenden Personen ermöglichen.«

Ich denke, es hätte Ernst Jünger gefallen, wenn er sich in Wikipedia als so weitsichtig und der Zukunft so umfassend voraus wiedergefunden hätte.

Mich faszinierte in »Heliopolis« aber weniger dieses technische Zukunftsinstrument – solcherlei war in Hans Dominiks Zukunftsromanen, die ich damals auch gelesen habe, viel spannender beschrieben – als vor allem das Kapitel »Ortners Erzählung«, in dem die Geschichte eines auf den Hund gekommenen Mannes geschildert wird, dem nach der Begegnung mit einem geheimnisvollen Unbekannten durch eine Augenoperation im wahrsten Sinne die Augen geöffnet werden für alles verborgene Wirken in der Welt: So entgeht er gleich nach dem Eingriff einem Unfall, den er vorausahnt, und wird im Verlauf der Geschichte zum reichsten Unternehmer der Welt, weil er alle finanziellen Transaktionen durchschauen und bestimmen kann – aber er wird mit dieser Begabung nicht glücklich, sein Leben wird langweilig, ohne Risiko, ohne

Geheimnis: »Wer mag noch Rätsel raten, wenn er die Lösung kennt.« Diese Erzählung schien mir aus dem Geiste des von mir noch heute favorisierten Grafen von Monte Christo.

Der nächste Jünger, den ich las, war ein Reclambändchen: »Capriccios«, eine kleine Sammlung von Texten aus der zweiten Fassung von »Das Abenteuerliche Herz«, 1956 herausgegeben von Armin Mohler (die erste Fassung von 1929 mit den noch viel persönlicheren Notaten Jüngers auch zur eigenen Geschichte habe ich erst viele Jahre später antiquarisch erstanden). Das Reclambändchen hatte mir mein Deutschlehrer Rudolf Immig empfohlen, ein begeisterter Leser von Jünger, den ich nach der Bedeutung der »Schleife« in Jüngers Werk gefragt hatte – und der mir dann vorschlug, doch meine Deutsch-Jahresarbeit über Jünger zu schreiben. Das Capriccio »Die Schleife« beginnt mit dem Satz: »... und in die Methodik führte mich Nigromontanus ein, ein vortrefflicher Lehrer (...)«, und erläutert ein paar Absätze weiter: »Unter der Schleife verstand er (Nigromontanus) eine höhere Art, sich den empirischen Verhältnissen zu entziehen.«

Dieses für Jüngers Haltung typische Dictum, aus dessen Geist schließlich auch die Figur des »Anarchen« im zweiten utopischen Roman »Eumeswil« von 1977 geboren ist, brachte ich mit der »Schleifen«-Variante aus »Heliopolis« nicht zusammen, und so fasste sich der 18-jährige Unterprimaner, der glaubte, dass das Symbol der Schleife grundlegend für Ernst Jüngers Werk (und also auch für seine Jahresarbeit) sei, ein Herz und schrieb am 20. Dezember 1958 keck einen Brief an Jünger und bat ihn in aller Naivität um Auskunft darüber, »was Sie unter dieser Schleife verstehen. Es könnte mir bei der Lektüre Ihrer Werke um sehr Vieles weiterhelfen«. Ernst Jünger antwortete auf einer Postkarte: Was »Schleifen« seien, werde in »Das Abenteuerliche Herz«, 2. Fassung, ausgeführt – in ebendem Stückchen, das ich in dem Reclambändchen gelesen hatte und das mir so rätselhaft erschienen war. Ich war so schlau als wie zuvor, trug aber die Postkarte bei mir wie eine Reliquie.

Ich hatte in meinem Brief auch noch nach den »Stahlgewittern« gefragt, die ich unbedingt lesen wollte, die damals noch nicht wieder aufgelegt worden waren und die ich antiquarisch vergeblich gesucht hatte – Jünger gab mir die Anschrift eines Berliner Antiquariats, in dem das Buch für »5 Mark« angeboten wurde.

Die zweite Anmutung erfolgte im Mai 1959. Ich hatte mit Freunden für die neun Karlsruher Gymnasien die Schülerzeitung »Mosaik« gegründet, wir wollten dort eine Porträt-Reihe über moderne Schriftsteller bringen, und ich wollte mit Jünger beginnen: »Ich bitte Sie nun, uns (...) eine kleine Selbstbiographie (...) zu schreiben.« Dieser neuerlich arg naiven Bitte wurde nicht entsprochen: »Leider bin ich zu beschäftigt.« Für ein Bild verwies er uns (was mich später wunderte, weil er doch seit Jahren mit seinem alten Sekretär zerstritten war) an Armin Mohler, der damals als Pariskorrespondent der »Zeit« in Bourg-la-Reine wohnte. Statt mit Jünger begannen wir mit einem Porträt Heinrich Bölls – und Böll reagierte auf meine Bitte um einen autobiographischen Text positiv, schickte ein Bild und einen kleinen Text »Über mich selbst«, den er damals für Reclam geschrieben hatte und der inzwischen berühmt geworden ist.

Derweil las ich für meine Jahresarbeit weiter Jünger: nun also »In Stahlgewittern«, das ich tatsächlich für 5 Mark in dem von Jünger empfohlenen Dahlemer Antiquariat Hennig erstand (bei dem ich danach für viele Jahre Kunde wurde), und gleich auch »Der Kampf als inneres Erlebnis«, das der Antiquar ebenfalls anbot; und bald noch die ›heimliche‹ Schrift aus dem Zweiten Weltkrieg »Der Friede«, die ich in einem illegalen Druck in Österreich auftrieb. Ich las »Gärten und Straßen«, dann auch die Pariser Kriegstagebücher »Strahlungen«, die mir aber in weiten Teilen fremd blieben. »Strahlungen«, im Gegensatz zu »Gärten und Straßen«, ließ mich kalt, erschien mir kühl, distanziert. Heute erkläre ich es mir damit, dass »Gärten und Straßen« schon 1942, unmittelbar nach den dort niedergeschriebenen Erfahrungen, veröffentlicht wurde, also näher war an der erlebten Wirklichkeit des Krieges, während »Strahlungen« deshalb sehr viel abgeklärter und eben kühler wirken, weil sie einer strengeren Bearbeitung, einem bewussteren Stilwillen Jüngers folgten.

Mit der Zeit kaufte und las ich alles, was ich von Jünger, zum großen Teil in Antiquariaten, auftreiben konnte. Als 1960 die erste Gesamtausgabe bei Klett erschien, subskribierte ich die bei der Karlsruher Buchhandlung Mende, deren liebenswürdiger Geschäftsführer, ein Herr Thomas, mir Ratenzahlung nach meinen Möglichkeiten einräumte. Da hatte ich aber schon mein Abitur und leistete gerade meinen Wehrdienst bei der Luftwaffe in Manching bei Ingolstadt.

Mit meinem Wehrdienst hing die dritte Anmutung zusammen, mit der ich mich Jünger angenähert habe. Am Totensonntag 1959, so meine Datumsangabe, hatte ich ihm einen langen Brief geschrieben, in dem ich ihn – gerade auch aus seinen Büchern, so wie ich sie damals las, dazu angeregt – um Rat bat: ob ich zur Bundeswehr gehen oder den Wehrdienst verweigern solle. Ich empfand mich nicht als Pazifisten, meinte aber, aus der Geschichte seien Lehren zu ziehen, dachte, auch Jünger habe aus seinen Kriegserfahrungen seine Lehren gezogen, und behauptete in jugendlicher Naivität: »Sie sind 1914 mit der Begeisterung des Abenteuer Suchenden und den Patriotismus Verteidigenden in den Krieg gezogen. Doch schon 1939, als der zweite Weltkrieg begann, sagten Sie sich – erfahren durch den 1. Weltkrieg – los vom Kriege. Sie haben im letzten Kriege keinen Menschen getötet, hätten es auch nicht getan – davon bin ich überzeugt –, wenn Sie nicht in den Stab nach Paris, sondern an die Front gekommen wären. Sie hätten sich dem Zwang des Befehls entzogen.«

Darauf antwortete Jünger mir nicht selbst. Doch seine Frau Gretha, die »Perpetua« seiner Tagebücher »Strahlungen«, deren Sohn Ernst im Zweiten Weltkrieg gefallen war, schrieb mir einen langen Brief, den ich hier nicht kürzen mag:

»1.12.1959.
Sehr geehrter Herr Arnold,
mein Mann hat mich gebeten, Ihren Brief zu beantworten, da ihm doch daran liegt, auf Ihre Fragen einzugehen. Er musste indessen nach München, und ist im Augenblick sehr beschäftigt. Nehmen Sie daher mit meinem Brief einstweilen vorlieb, in dem ich versuchen möchte, Ihnen seine Hinweise zu geben, die naturgemäss nur solche sein können, und nicht etwa bindend für Sie sind.
Die Fragen, die Sie beschäftigen, gelten für einen grossen Teil der jungen Generation. So lange aber die Welt besteht, hat es Kriege gegeben, und der letzte sah die damals Zwanzigjährigen vor ein ganz besonderes Problem gestellt: trotz ihrer inneren Ablehnung gegen das System an sich, gegen Hitler, gegen diesen Krieg, der unnötig, und vom Zaun gebrochen war, ihre Pflicht zu erfüllen gegenüber der Nation. Die Lage erforderte es, ihr konnte man sich nicht entziehen. Ich habe mit Vielen dieser Jungen damals gesprochen; unser eige-

ner, 18jähriger Ältester, der dann gefallen ist, stand ganz besonders unter dem Druck dieser Situation, denn er war politischer Äußerungen wegen in Haft gewesen. Aber er zögerte keinen Augenblick, meldete sich sogar freiwillig an die Front, weil ihm das als seine Aufgabe erschien.
Wir stehen heute vor der Frage, ob wir Angesichts der russischen gigantischen Aufrüstung und absoluten Macht, uns in einem Ernstfall wehren wollen und können, oder nicht. Nehmen Sie ein einfaches Beispiel: wenn Sie durch einen Wald gehen müssen, der – wie Sie wissen – von Banditen besetzt ist, die bis an die Zähne bewaffnet sind: sichern Sie sich da durch einen Knüppel oder besser noch durch eine Pistole, oder verlassen Sie sich auf Ihr Glück! Hier kann jeder nur auf Grund seiner Mentalität antworten. Wir ziehen, in unserem persönlichen Falle, die Bewaffnung vor. Unsere Ansicht ist: je stärker wir sind, umso weniger werden wir bedroht werden. Darüber hinaus haben wir für die 17 Millionen in der Ostzone mitzudenken, die eine andere Haltung von uns überhaupt nicht verstehen könnten, denn sie wissen und erfahren es täglich, was es heißt, unter russischem Regime zu leben, machtlos, wehrlos, waffenlos.
Wenn Sie also Ihre Dienstpflicht erfüllen, so tun Sie nur das, was Millionen in allen Ländern der Welt auch tun. Man kann sich weder den Forderungen der Zeit, noch denen des eigenen Landes entziehen, und Euch Allen, den Jungen, möchten wir sagen: seht Euch die Ungarn an! Sie wissen noch, was das Wort Vaterland bedeutet. Behaltet es in Euch und bewahrt es mit. Alle übrigen Völker muss man hierum nicht erst mahnen, es ist für sie so selbstverständlich, wie es für uns fragwürdig geworden ist. Gottlob nicht für Alle. Der eigentliche Kern muss unangetastet bleiben, das sind wir nicht nur uns, sondern auch den Toten beider Kriege schuldig, deren Sterben sonst sinnlos gewesen wäre. Verstehen Sie mich recht: Niemand ist wohl heute da, der einen Krieg bejahen könnte, nach den zahllosen Opfern, die gebracht wurden. Ebensowenig können wir ihn verhindern, wenn er dennoch ausbrechen sollte, denn nicht wir entscheiden darüber. Für uns kann es nur den Weg geben, den Europa und der Westen gehen, also sind wir Verbündete, also sind wir auch verpflichtet, unseren Anteil zu leisten in jeder Beziehung. Der Einzelne muss sich dem Ganzen einordnen, denn es geht um ein Gesamtschicksal, in das er unwiderruflich mit verflochten bleibt, ob er will oder nicht.
Zum Schluss muss ich Ihnen widersprechen, wenn Sie glauben, Ernst Jünger hätte im zweiten Weltkrieg nicht geschossen, wenn ihn die Umstände dazu

gezwungen hätten. Vieles war anders als 1914, und damit auch die innere Voraussetzung, den Kampf zu bejahen. Aber er ist doch zu sehr Soldat im besten Sinne des Wortes gewesen, alsdass er das jemals hätte verleugnen können und wollen. Er hätte also an allen Kämpfen teilgenommen, so gut wie jeder Andere auch, wäre er nicht nach Paris, sondern an die Front gekommen. Man kann es Bestimmung nennen, Schicksal, wohin wir gestellt werden: wenn wir nur immer an dem Ort, der dafür ausersehen wurde, unser Bestes leisten. Glauben Sie im Ernst, dass jeder Soldat gern tötet? Sie gebrauchen dieses Wort. Dann fallen Sie gewissen Parolen und Schreckensmännern anheim, an denen es bei uns leider nicht fehlt. Sie müssen von ganz anderen Dingen ausgehen: der Stand des Soldaten ist ein Stand wie alle übrigen auch. Man muss ihn nicht lieben, aber man soll ihn achten. Inmitten eines Krieges kann sich der einzelne von ihnen nicht damit aufhalten, dass er sich die Frage stellt, ob das Töten erlaubt ist: wenn sie Alle so gedacht hätten, wäre nie ein Krieg entstanden. Mit Realitäten aber muss man sich abfinden, denn wir leben nicht in einer Wunsch-Welt. Im Kriege also gilt nur das Du oder Ich, und Sie werden schiessen, wenn Sie den Gewehrlauf des Anderen auf sich gerichtet sehen. Es gelten da andere Gesetze, man kann sie nicht auf unser ziviles Leben übertragen.
Damit glaube ich, Ihre hauptsächlichen Fragen beantwortet zu haben, wohlgemerkt, nur in unserem Sinne, so wie wir die Dinge sehen, so wie wir sie selber an uns erlebt haben. Wie weit Sie sich berufen fühlen, Ja oder Nein dazu zu sagen, weiss ich nicht, und möchte Sie darin auch nicht beeinflussen. Gute Wünsche auf Ihren Weg, von uns Beiden: Ihre Gretha Jünger.«

Ich habe Gretha Jünger leider nie persönlich kennengelernt. Als ich am 20. August 1960 Ernst Jünger zum ersten Mal im Wilflinger Forsthaus besuchte, war sie schon so krank, dass sie keinen Besuch mehr empfangen konnte. Am 22. September schrieb Jünger: »Meine Frau ist immer noch krank; ich bin sehr melancholisch.« Am Totensonntag 1960 starb Gretha Jünger. Immer, wenn ich später in Wilflingen war, habe ich Blumen auf ihr Grab gelegt.

Jünger hatte mich trotz der schweren Krankheit seiner Frau eingeladen, ihn an einem Nachmittag im August 1960 zu besuchen. Ich trampte von Ingolstadt, wo ich beim Aufklärungsgeschwader 51 am Militärflugplatz Manching meinen Wehrdienst leistete, über Ulm und Riedlingen nach Altheim und wanderte über Langenenslingen nach Wilflingen. Ein heißer Sommertag. Die Oberförsterei, in der Jünger seit 1951 bis zu seinem Tode 1998 lebte, gehört zum über 500 Jahre alten Schloss Wilflingen der Schenken von Stauffenberg; das schöne, behäbige Haus, in das man über eine beidseitig begehbare Steintreppe gelangt, liegt unmittelbar gegenüber dem Hauptzugang zum Schloss. Die Schelle schrillte durchs Haus, Resl, die Haushälterin, öffnete und führte mich die breite Holztreppe hoch in die Bibliothek. Jünger kam mir aus dem Arbeitszimmer, das neben der Bibliothek liegt, entgegen; ich fand ihn kleiner, als ich gedacht hatte, und sehr beweglich, fast elastisch, und ohne jede Allüre. Er bot Tee oder Kaffee an, Zigaretten – er rauche gerade wieder, aber immer nur für einige Zeit, wie er gleich sagte, und ja, er paffte nur. Peer Export. Meine große Schüchternheit, und eine gewisse Befangenheit wohl auch auf seiner Seite – small talk: Wie ich hergekommen sei, wo ich hier unterkomme, wie mir das Militär gefalle – Präliminarien.

Ich erinnere kaum mehr einen Zusammenhang unseres Gesprächs, wohl ein paar Einzelheiten unserer Unterhaltung, habe damals auch ein paar Sätze, die ich behalten hatte, ins Tagebuch geschrieben – Worte des Autors, Goldnuggets: »Darum verstehe ich ja auch die Christen nicht, weil sie Gott nur als Vater sehen. Wo bleibt die Mutter?« Heute, da ich dies wieder lese, denke ich: Vielleicht suchte und fand er diese Mutter schließlich aufgehoben im Marienglauben der katholischen Kirche, zu der dieser Urprotestant am Ende seines Lebens, mir völlig unverständlich, konvertierte? Dann: »Ich komme mir selbst gar nicht so gegensätzlich vor, wie manche meinen« – der Grundtenor seiner beharrlichen Einschätzung von der Einheit seines Werks. Und: »Man geht nicht zweimal durch denselben Strom.« Auch dieses Heraklit-Zitat gehörte, wie ich bald merkte, zu seiner Grundausstattung.

Jünger führte mich durchs Haus, zeigte mir kostbare Bücher, ich erinnere eine Hölderlin-Erstausgabe, seine in opulente repräsentative Maroquinlederschatullen eingelegten Manuskripte, auch die Käfersammlung in den Schränken auf dem Flur und in seinem Arbeitszimmer einige alte Sanduhren, über die er 1954 eines seiner schönsten diskursiv erzählenden Bücher geschrieben hat: »Das Sanduhrbuch« – fast eine Anthropologie über die unterschiedlichen Zeiten und die sich durch die Zeiten wandelnden Räume des Menschen. Und beim Gang durch den schönen Bauerngarten zeigte er mir Ammoniten aus einem Steinbruch in der Umgebung. Als ich mich am späten Nachmittag verabschiedete, schenkte er mir drei Seiten eines Manuskripts: »Pariser Traum«.

Jünger hatte bei meinem Besuch eine Art Domino-Spiel mit Maximen erwähnt, das er entworfen habe. Ich erinnerte mich daran bei der Lektüre von Hesses »Glasperlenspiel«, über das ich mit einem Freund sprach, und fragte bei Jünger nach, was es mit dem erwähnten Spiel auf sich habe. Er schrieb sofort zurück, das Spiel heiße Mantrana und werde gegenwärtig betreut von Albert von Schirnding, der in Ingolstadt als Studienreferendar arbeite, Adresse anbei. Da ich bei Ingolstadt stationiert war, besuchte ich Albert von Schirnding Anfang Dezember 1960. Wir verstanden uns auf Anhieb, gingen an den Wochenenden spazieren, ins Kino und ins Theater, saßen abends hin und wieder beim Wein zusammen, und er erzählte viel von seiner Zeit bei Jünger – er war für einige Jahre in den Semesterferien eine Art Sekretär bei Jünger gewesen, eine Hilfskraft für das Sortieren der Post und andere kleinere Arbeiten. Er führte mich ein in das Maximenspiel Mantrana. Dazu hatte Jünger eine »Einladung zu einem Spiel« verfasst, die der Verleger Ernst Klett zu Neujahr 1959 als Privatdruck an die Freunde Ernst Jüngers verteilt hatte – darin hieß es: »MANTRANA ist ein Flächen- und Raumdomino. Es wird mit Maximen gespielt. Sie seien ›Steine‹ genannt. Das Spiel ist korrespondierend und kollektiv. Mitwirkende sind der Spielleiter und seine Gehilfen und beliebig viel Mitspieler.«

Albert bat mich, an der Betreuung des Spiels mitzuarbeiten – er wollte Jünger dies vorschlagen, da er nun kaum noch Zeit habe, sich dem Spiel ganz zu widmen. Wir erarbeiteten die ersten Spielzüge, suchten aus den bis dahin 300 eingesandten Maximen die tauglichen aus und ordneten sie nach verschiedenen Themen: Natur, Ehe, Mensch, Fortschritt, Staat, Recht usw. – die meisten Maximen handelten von den Themen Leben und Tod, die Jünger in seiner Spielanleitung vorgegeben hatte. Sie sollten nun inhaltlich aufeinander bezogen und einander sinnvoll folgend in thematischen »Trassen« geordnet werden, an die jeweils verzweigende »Ansätze« angelegt und zu neuen Themen und Themen-Trassen führen sollten. Wie das alles in Gang gesetzt und realisiert werden sollte, war uns ziemlich schleierhaft.

Deshalb schrieb ich Jünger am 16. Dezember 1960 einen langen Brief, in dem wir ihm einige Vorschläge machten, wie das Spiel möglicherweise gestartet und dann weiterhin gestaltet werden könne; wir hatten aber Zweifel, ob die sehr allgemeinen Hinweise Jüngers in seiner »Einladung« dazu ausreichten, das Spiel in Gang zu bringen und es in der vorgestellten Komplexität überhaupt, vor allem im Druck, zu realisieren; denn das Ganze war ja als ein Druckwerk in Lieferungen gedacht.

Jünger antwortet postwendend am 17. Dezember: »Daß Sie mit Mantrana vorankommen, freut mich. Das Spiel macht mir Kopfzerbrechen. Ich will es vereinfachen. Damit bedarf auch meine Einführung einer Revision. Wir lassen es am besten auf eine reine Maximensammlung hinauslaufen. (…) Würden Sie auch Albert v. Schirnding über diese Änderung benachrichtigen? Es freut mich, dass Sie gut miteinander ausgekommen sind.«

In meinem Brief hatte ich Jünger noch eine andere Frage gestellt. Da Albert von Schirnding Ende 1960 seine Referendariatszeit mit dem Assessorexamen abgeschlossen hatte und er bald in den Schuldienst eintreten würde, hätte er dann keine Zeit mehr für seinen Feriendienst in Wilflingen. Natürlich waren seine Aufenthalte bei Jünger häufig Thema unserer Unterhaltungen, und als wir mal wieder über Jünger und Wilflingen sprachen, fragte ich ihn, was er, der doch nicht mehr den Secretarius bei Jünger machen könne, davon halte, wenn ich mich bei Jünger als sein Nachfolger bewerben würde. Da er sofort einverstanden war, fragte ich Jünger also, ob er mich in dieser »Stellung« gebrauchen könne, ich könnte gleich nach meinem Wehrdienst am 1. April antreten. Seine Antwort: »Bei der Ordnung meiner Post handelt es sich um keine ›Stellung‹. Daß Sie die Masse, die sich leider wieder angesammelt hat, in die Mappen leiten wollen, ist kein übler Gedanke. Sie würden natürlich im Hause wohnen und essen und mich auf meinen Gängen begleiten, die teils in den Wald, teils in die Dörfer, aber auch einmal nach Riedlingen, Tübingen oder Überlingen führen. Freilich muß ich erst Albertus fragen, da er das ältere Anrecht hat. – Der 1. April wäre so übel nicht. Ich muß in den nächsten Jahren noch die mir fehlenden Reviere der Welt kennen lernen und will im Februar mit Ägypten anfangen. Im Mai kommt, wie seit Jahren, Sardinien an die Reihe.«

Da ich Anfang Januar ein paar Tage frei hatte, fragte ich in Wilflingen an, ob es genehm wäre, wenn ich in Sachen Mantrana kurz vorbeischaute. Bei diesem dreitägigen Besuch, in dem ich erstmals im Hause wohnte, wurde Mantrana eigentlich begraben – weder war es in der komplizierten Form, die ich vorgeschlagen hatte, praktikabel, noch erschien es in der vereinfachten Form als Maximensammlung, die Jünger vorgeschlagen hatte, sinnvoll – in meinen Notizen von damals steht: »Drei Tage bei EJ. Mantrana wird nicht nur vereinfacht, sondern ausgelöscht. Es bleibt eine blinde Sammlung von Maximen, die teilweise glänzend sind. Oft aber auch Plattheiten. Albert v. Schirnding war sichtlich erleichtert von dieser Wendung. Uns blieb viel Arbeit erspart.«

Und noch etwas anderes habe ich mir damals notiert. Ich war am Donnerstag angereist, und am Samstag fuhren wir zusammen über Riedlingen Richtung Ulm, Jünger fuhr nach München, ich musste zurück in den Fliegerhorst nach Ingolstadt. Auf dem Ulmer Bahnhof war es wegen einiger Verspätungen rappelvoll, und auch wir mussten auf unsere Züge etwas warten. Jünger, im grauen Mantel, Hut, eine Aktentasche in der Hand, von einem mittleren Beamten kaum zu unterscheiden, sagte, auf die Menschenmenge um uns herum deutend, plötzlich ganz unvermittelt zu mir: »Nigromontan ist unter ihnen, und sie wissen's nicht.« Ich verstand sofort: Er selbst war Nigromontan, der geheimnisvolle Lehrer der »Schleife«, ja, und wohl auch der weise Seher, der unerkannt unter der Menge stand. Ich wunderte mich.

Ein weiteres Mal noch war ich in Wilflingen, bevor ich meinen ›Dienst‹ als Secretarius antrat: bei einem Kurzbesuch am Aschermittwoch 1961. Jünger zeigte mir meinen ›Arbeitsplatz‹ und die Schränke mit den Korrespondenzmappen, in die jene Massen an Briefen zu leiten waren, die sich da angesammelt hatten; auch die ungeordneten kleinen Tagebücher, die er während des Ersten Weltkriegs geführt hatte und die zu versorgen wären; und er meinte: »Wenn Sie dann hier sind, können Sie alles lesen, was sich hier in Jahrzehnten angesammelt hat. Und Sie müssen auch Briefe beantworten, vor allem an jüngere Leser, die mir immer mehr schreiben.« Dann zeigte er mir das neue Buch »J'ai Choisi L'opium« von Banine, einer Freundin aus seiner Pariser Zeit, Tochter eines Aserbaidschaner Ministers, die sich in den 1920er Jahren aus einer mit 15 Jahren beschlossenen Zwangsehe befreit hatte und nach Paris geflohen war. Sie war mit Hilfe eines jungen, inzwischen verstorbenen Kaplans vom Islam zum Katholizismus konvertiert – dessen Schwester Hilde heiratete im April: »Da sind wir eingeladen, Sie auch.«

Nachmittags holte uns Dr. Margret Blersch, Jüngers Hausärztin, mit dem Wagen ab zum traditionellen aschermittwöchlichen Schneckenessen im Riedlinger »Hasen«. Schnecken hatte ich bis dahin nicht gegessen, und ich musste mich bei der ersten Schnecke schon sehr überwinden – es wurden dann aber immerhin drei Dutzend, die von vielen Gläsern Rotwein begleitet waren. Jünger, der kräftig mithielt, taute immer mehr auf und erzählte Pariser und Berliner Geschichten.

Frau Blersch sprach Ernst Jünger unentwegt als »Chefchen« an, das klang ziemlich exaltiert. Albertus, dem ich das erzählte, lachte. Auch er nannte ihn »Chef«, und bald übernahm ich ebenfalls diese Anrede. Ernst Jünger hatte das gern. Wie er auch die Bezeichnung »Secretarius« für das, was vor mir Albert von Schirnding und nun ich in Wilflingen tat, jener eines schnöden Sekretärs vorzog – »Secretarius« war der »Geheimschreiber«.

III. Aus dem Sekretariat

Meine konkrete Arbeit als Secretarius war wenig spektakulär. Allerdings hatten sich, seit Albertus nicht mehr im Hause gewesen war, Stapel von Briefen angesammelt, die nun zu ordnen und abzulegen waren. Jünger war nicht nur ein großer Briefe-Schreiber, der nahezu alle Briefe, die ins Haus flatterten, beantwortete. Er war auch ein großer Briefe-Sammler – davon zeugt noch seine Erzählung »Das Haus der Briefe«, die zu den Stücken zu »Heliopolis« gehört und 1951 als bibliophiler Druck erschienen ist. Kein Brief, und mochte er noch so unbedeutend erscheinen, wurde weggeworfen – für jeden fand sich eine Mappe. Kein Ordner! Denn gelocht wurden die Briefe nicht – sie waren unverletzlich.

Nur reine Geschäftspost – Steuerangelegenheiten, Verkehr mit Ämtern usw. – durfte gelocht in Leitzordnern abgelegt werden.

Das Ordnungssystem war einfach: alphabetisch. Prominenz wurde nicht separat abgelegt – Hitler lag friedlich zwischen unbekannten *Hists* – *Hits*. Auch ein einzelner Brief erhielt sein Papiermäppchen, auf dem der Name des Korrespondenten notiert war. Viele solcher Papiermäppchen wurden in einzelnen Jurismappen gesammelt. Umfangreiche Korrespondenzen füllten allein ganze Jurismappen. Als ich im April 1961 nach Wilflingen kam, waren anderthalb Schränke voll, als ich ein paar Jahre später zum letzten Male meines Ämtchens waltete, war ein ganzes Zimmer mit neuen Schränken auf Zuwachs eingerichtet, bei Jüngers Tod muss es überfüllt gewesen sein.

Hin und wieder, wenn Jünger einen Namen in der Zeitung gelesen oder in anderem Zusammenhang vernommen hatte, fragte er: Haben wir den nicht in der Korrespondenz? Und dann wurde gesucht. Das war lästig. Also legte ich mir mit der Zeit handschriftlich ein alphabetisches Register aller Korrespondenten an. Als das fertig war, tippte ich den Register-Katalog ab. Die Namen der Korrespondenten trug ich so ein, dass zwischen ihnen genügend Platz für Nachträge blieb. Ich ließ den Katalog, dick wie ein mittleres Telefonbuch, binden und schenkte ihn Jünger zu Weihnachten 1961.

Als Jochen Meyer, ein alter Studienfreund und damals Leiter der Handschriftenabteilung im Deutschen Literaturarchiv in Marbach, in den 1990er Jahren den Vorlass Ernst Jüngers ordnete, rief er mich aufgeregt an: ob ich noch eine Zweitschrift des Katalogs habe – der handschriftlich fortgeführte Katalog, inzwischen wichtig wie das Terminbuch eines Advokaten, sei verschwunden, eine Katastrophe! Er fand sich dann doch wieder an. – Damals auch erzählte mir Jochen Meyer verwundert, wie sorgfältig jemand die kleinen Notizbücher Jüngers aus dem Ersten Weltkrieg geordnet habe – vier dieser Duodezformate lagen jeweils in einer Jurismappe, getrennt durch kleine Stege aus Pappe, die von Hand eingeklebt worden waren. Ich wiederum wunderte mich, dass meine Bastelei von 1961, die ich längst vergessen hatte, so lange gehalten hat.

Interessanter als solch ordnende und organisierende Arbeit waren die Korrespondenz selbst – ihre Lektüre: Jünger hatte mir ausdrücklich erlaubt, die alten Briefwechsel einzusehen (als Erstes nahm ich mir die Briefe Gottfried Benns vor) – und die Beantwortung von Briefen, die Jünger mir überließ, vor allem bei jüngeren Briefschreibern. Und das nicht nur in den jeweils wenigen Wochen, die ich in Wilflingen war, sondern auch von Göttingen aus, wo ich studierte. Mit der Zeit entstand so in Göttingen »eine kleine Außenstelle meines Postbetriebs«, wie Jünger mir mal schrieb. Er schickte mir die zu beantwortenden Briefe und machte dazu seine Anmerkungen – ein Beispiel vom 8. November 1961: »Vor allem bitte ich Sie, R. Z. meinen herzlichen Dank zu sagen für die verschiedenen Lanzen, die er für mich gebrochen hat. Diese Art der Mithilfe, von der ich meist nicht oder nur auf Umwegen erfahre, ist wertvoll für mich. Sie wissen ja, dass ich auf Anzapfungen nicht antworte. Ich halte es da mit Martin Luther: ›Wer mit einem Scheißdreck rammelt, er gewinne oder verliere, er gehet beschissen hinvon.‹ Außerdem wäre es schon rein zeitlich nicht möglich, all diesen Kastraten zu antworten, die sich da vereinigen. Dafür sorgen schon die jungen Hilfskräfte.« Zu denen er auch mich damals zählte, mit Recht. Und seine Göttinger Poststelle war auch noch ein paar Jahre nach meiner aktiven Wilflinger Zeit in Betrieb. – Den Lutherspruch habe ich mir übrigens zur Lebensmaxime gemacht.

Der Secretarius also erledigte die Post, zunehmend von Göttingen aus. Auch andere Dienste waren hin und wieder gewünscht: »Die ›Arbeitsgemeinschaft kultureller Organisationen Düsseldorf‹ lädt mich zu einem Vortrag ein und will ein hohes Honorar zahlen. Wie ich aus dem beigefügten Prospekt ersehe, soll dort am 19. Januar [Franz] Schonauer sprechen. Außerdem hat das Ganze einen Emigrantengeruch. Den Leuten werde ich einen Brief schreiben, den sie sich nicht hinter den Spiegel stecken. Dazu brauche ich das Zitat aus Schonauer. Er spricht doch von seinem ›Degout, ein Deutscher zu sein‹? Bitte ermitteln Sie mir das. Vielleicht finden Sie dort auch noch ähnlich Blüten. Meinen Brief an die Düsseldorfer werde ich Ihnen dann zur Verfügung stellen, für den Fall, daß Sie sich auch mit dem degoutanten Autor beschäftigen wollen. Sie können den Text dann eventuell einflechten.« (11.12.1961) Wolf Jobst Siedler, damals Feuilletonchef des Berliner »Tagesspiegel«, hatte die betreffende Schonauer-Stelle zitiert und schickte auf meine Bitte den Nachweis, ich besorgte das Buch (ich weiß heute nicht mehr, was es war), strich die Stellen an und schickte es nach Wilflingen, zusammen mit einem weiteren Buch, darin Reinhard Döhls Gedicht »missa profana«, das in einer Göttinger Studentenzeitung, an der ich mitarbeitete, erschienen war; Döhl war deshalb wegen Gotteslästerung und des Verdachts öffentlicher Beleidigung verklagt, aber schließlich vom Bundesgerichtshof freigesprochen worden. Postwendende Antwort Jüngers: »Anbei die beiden Bücher zurück. Ich konnte mich nicht überwinden, hineinzusehen (…). Ich werde mich darauf beschränken, den Leuten zu antworten, daß ich mich nicht auf dasselbe Katheder stellen kann mit einem Burschen, der von der ›Degoutanz, die darin liegt, ein Deutscher zu sein‹, gesprochen hat.« Am 10. Januar 1961 schrieb er mir dann u. a.: »An die Düsseldorfer habe ich nicht geschrieben – ich hatte Besseres zu tun.«

Die Wilflinger Wochen vergingen stets wie im Fluge. Ich habe nicht immer Tagebuch geführt während meiner Wilflinger Zeit, nur hin und wieder aus unseren Gesprächen notiert. Von meinem Aufenthalt vom 19. bis 26. Oktober 1962, während der Kuba-Krise, habe ich noch ein kleines Wilflinger Tagebuch gefunden.

Die eben beschriebenen Hilfsdienste, die ich in Wilflingen als Secretarius leistete, waren nur ein Teil im Tageslauf. Der begann nach Jüngers schon legendärem morgendlichen, nun ja: Sprung in die mit kaltem Wasser gefüllte Badewanne mit einem gemütlichen Frühstück so gegen neun. Dabei erzählte Jünger oft von seinen Träumen; er träumte viel und meinte einmal, dass seine abendliche Bett-Lektüre sich oft in die Träume hinein verlängere. Er ist ja einer der ergiebigsten Träumer unter den Schriftstellern, seine Tagebücher sind voll von erzählten Träumen, deren manche sich in immer wiederkehrenden Sequenzen über Jahre hinweg wiederholen, variieren und ergänzen.

Tagebuchnotiz vom 25. Oktober 1962: »Beim Frühstück erzählte er über seinen Traum: Er kam aus einer Höhle, in die er eingestiegen war mit Stierlein, seiner zweiten Frau, und *dem* Förster. Als er hinausging, schritt er über eine gelb-schwarz gemusterte, dünne giftige Schlange hinweg; die Schlange war aufgebläht, wie eine Retorte erschien sie ihm. Er sprach darüber mit dem Förster. Dann kam Stierlein aus der Höhle; der Chef rief ihr Warnendes zu, doch sie hörte nicht, sondern schritt ruhig und unangefochten über die Schlange hinweg. Als der Chef mit Stierlein davonging, nahm der Förster die Schlange auf und trug sie fort. – Der Chef meinte heute abend, als er uns den Traum, den er notiert hatte, vorlas, der Förster sei wohl ein Wissender gewesen. Doch könne man das bei einer eventuellen Niederschrift des Traumes nie vermerken; das zu erfassen, müsse man dem Leser überlassen, dessen einzige Aufgabe solcherlei sei.« In der endgültigen Fassung wurde aus dem Förster ein Oberförster (vgl. S. 184 in diesem Band).

Nach dem Frühstück, meist gegen halb zehn, folgte der gemeinsame Gang durch den Garten. Gegen zehn Uhr ging Jünger hoch in sein Arbeitszimmer, ich in das gegenüberliegende Zimmer mit dem anschließenden Raum, in dem die Briefe gesammelt wurden. Vormittags schrieb Jünger stets am Manuskript, das gerade entstand, bis gegen eins. Wenn dabei, so sagte er, eine Handbreit neuer Text, eine drittel Seite also, zustande kam, die Bestand hatte, empfand er das als zureichendes, ja gelungenes Tagwerk. Er schrieb die erste Fassung seiner Manuskripte prinzipiell mit der Hand, spätere Abschriften mit der Maschine. Gegen eins – wenn er guten Mutes war, hörte ich ihn schon pfeifen – kam er dann zu mir ins Zimmer, erkundigte sich nach dem Stand der Dinge, plauderte; derweil hatte Resl unten den Tisch gedeckt – sie versorgte Haus und Küche, bis Jünger im Frühjahr 1962 wieder heiratete und Liselotte Jünger das Regiment, und oft auch die Küche, übernahm.

Um die Mittagszeit kam die Post, die zum Nachtisch geöffnet und kommentiert wurde, regelmäßig auch die FAZ, deren politischen Teil er mir gab, während er das Feuilleton las. Auch da ergaben sich, ausgelöst durch Lektüre, Gespräche, und manchmal dozierte Jünger auch, so aus Anlass eines Artikels in der Zeitung über das Zeitgemäße der Kunst: »Wo Kunst zeitgemäß sei, werde ihr Ruf zweifelhaft. Doch wo Kunst nicht mehr zeitgemäß ist, ebenso. Unzeitgemäß will ja sagen, daß etwas mit den Maßstäben der Zeitlichkeit und der Vergänglichkeit nicht zu messen ist. Kunst muß quasi außerzeitlich sein. Viele der späten Naturalisten und der Expressionisten überhaupt sind kaum mehr lesbar, sie sind unzeitgemäß, weil sie einmal zeitgemäß waren. Die Probleme, die sich damals den Dichtern stellten, sind längst gelöst oder haben sich aufgelöst, sind jedenfalls heute keine Probleme mehr. Sie waren vermutlich zu speziell gefaßt. ›Götz von Berlichingen‹ oder ›Die Räuber‹ dagegen bringen Problemkreise vor, die allgemeingültig sind und eingelöst. Wahrscheinlich ist Kunst stets bedingt vom einlösbaren Problem und seiner Darstellung oder Umformung ins Wort, ins Bild, in die Plastik. Musik trägt einen eigenen Charakter. Sie will keine Probleme erfassen, ist *reines Spiel*. Die unlösbaren Probleme aber sind vom Menschen nicht zu lösen, weil er Mensch und deshalb unvollkommen und zur Vollkommenheit unfähig ist; erst dadurch werden die Probleme unlösbar.« (Notiz vom 22. Oktober 1962)

Wenn nichts Besonderes anlag, Besuch erwartet wurde oder nachmittags Geschäfte in Riedlingen zu erledigen waren, brachen wir nach dem Essen gegen zwei Uhr auf zu unseren regelmäßigen Gängen durch die Wilflinger Fluren und Wälder. Meist gegen fünf Uhr waren wir wieder zurück, ich ging an die Arbeit und Jünger verschwand in seinem hinter der Bibliothek gelegenen Arbeitszimmer, dann war für zwei Stunden Postzeit: Er hieb ziemlich kräftig in die Schreibmaschine, das konnte ich noch auf der anderen Seite des Flurs, wo mein Arbeitszimmer und der Raum der Briefe lag, hören. Gegen sieben Uhr brachte ich die Briefe noch zur Poststelle, und wenn ich zurückkam, hatte Resl meist schon den Abendbrottisch gedeckt. An dem saßen wir manchmal noch bis neun, halb zehn zusammen, tranken Bier oder eine Flasche Wein, Jünger meist nur ein, zwei Gläser, ich den Rest. Dann zog er sich zurück – das war die Zeit, in der er sich oft mit seinen Käfern beschäftigte oder noch Post erledigte. Ich las oder arbeitete bis gegen elf.

Oder er legte nach dem Abendessen einige Patiencen; und manchmal gab es auch dies: »Gemütlich gestübelt in des Chefs Arbeitszimmer; Shanties, Schlager und zum Schluß Offenbach: Hoffmanns Erzählungen. Herrlich die Barkarole. Der Chef war heiter und humorvoll; er ist überhaupt dieser Tage in einer seltenen Hochstimmung. Er arbeitet viel und hat, wie er sagt, dabei eine glückliche Hand. Er erklärt sich das durch den vorhergegangenen Abstieg, die Depression folgt ihm; schöpferische Melancholie, die nach der Arbeit ihren Ausgleich in gelöster Heiterkeit findet.« (Notiz vom 24. Oktober 1962)

Der ›übliche‹ Tageslauf wurde aber häufig genug durchbrochen: wenn Besuch sich angesagt hatte, oder wenn Jünger Besuche machte, bei denen ich ihn fast immer begleitete, meist in Riedlingen mit einem Abstecher bei der Hausärztin Margret Blersch, auch in Tübingen bei Walter Schulz, dem Philosophieprofessor.

IV. Wald- und Wiesengänge

Winters oder sommers, und nicht nur bei gutem Wetter, ging es nach dem Mittagessen hinaus in Feld und Wald. Und im Oktober sammelten wir, zum Abschluss unserer Gänge, auf einer großen Wiese die dort reichlich gedeckten weißen Champignons, und von denen die kleinen, noch geschlossenen: »Wir nehmen nur die jungfräulichen, die noch ihr Hymen haben.«

Auf diesen langen Gängen haben wir viel miteinander geredet, meist ausgehend vom Alltäglichen; wir sprachen über die Post, daran anknüpfend über die Personen, die da geschrieben hatten, sprachen über Politik, was wir mittags in der Zeitung gelesen hatten, und manchmal auch über einiges, das der Secretarius in seinem Kopf zu sekretieren hatte. Und hin und wieder erzählte er von seinen Schreibplänen, und das Gespräch geriet zum Monolog.

So, als Beispiel, auf einem Gang am 20. Oktober 1962: »(…) über unsere Champignon-Wiese, auf der immer noch die eiserne Falle – diesmal mit drei Tauben für Habichte und Bussarde aufgestellt – stand, zurück. Dabei [im Zusammenhang der Kuba-Krise] über Notzeiten; wir [i. e. meine Generation] haben dergleichen nicht erlebt. Meine Generation wäre darum anfälliger als die vor uns liegende, die etwa 1920 geboren wurde, die ganze intellektuelle Linke käme aus dieser Generation. – Der Krieg habe nichts Ritterliches mehr an sich. Man drücke auf ein Knöpfchen, dann sei es um den Kampf bereits geschehen. Doch noch im Zweiten Weltkrieg habe es mehr Ritterlichkeit gegeben als im Ersten Weltkrieg.

Der Chef plant nach der Arbeit über den Baum, die jetzt erscheint, eine über die Steine. Genealogie der Steine, Herkunft aus dem vegetativen Bereich bei Kalk etwa; Lava, Granit; Gerölle als Steinansammlungen, riesige Ansammlungen von Steinen in Afrika, am Sinai. Doch bekomme alles weniger den Charakter des Geologischen als den der Metaphysik ex cathedra naturae naturans. Das sei viel eindrucksvoller als die praktische oder die theoretische Seite per se. Grundsätzlich meinte der Chef, man müsse sich metaphysisch ausrichten, wenn man bestehen wolle. Die Evidenz zeige, dass alles so vergänglich sei und dennoch so unendlich lang daure, dass das menschliche Leben in diesen Zeiträumen sekundenartig sei. Man müsse sein Leben in die umfassenderen Zeiträume stellen, es darin auch sehen und seinen Standort dort erkennen. Alles andere sei irrelevant. Aber tatsächlich richten die meisten sich ein im Staate, vielleicht auch im europäischen Staatenbund, im seltensten Falle im Erdenstaat. Doch das seien untergeordnete, künstliche, zwar durch die Natur manchmal bedingte, Schöpfungen des Menschen, darin und als solche beschränkt. Die Ausrichtung des Menschen nach dem und im Jenseitigen werde von den Kirchen besorgt; sie institutionalisieren und bauen ihre eigene, noch mehr beschränkte Ordnung, als es die soziologisch-politische Schichtung sei und verlange. Darin liege auch der Tod der *religio* als katalysierende Kraft der Zufriedenheit, des Mitleids: der Menschlichkeit. Menschlichkeit zeige sich eher im unbegrenzten als im abgegrenzten Bereich.«

Bei unseren Waldgängen kamen wir immer mal wieder auf Jüngers Großessay »Der Waldgang« zu sprechen und phantasierten uns Gelegenheiten zusammen, bei denen wir als *outlaws* fliehen mussten und uns als echte Waldgänger in diese Wälder zurückziehen würden, in Höhlen und Dickichte, die wir vorab ausgebaut und zur Sicherheit mit Lebensmitteln, Wein und natürlich Lektüre munitioniert hätten – so kamen wir auch auf Bücher zu sprechen, die ihm lebensnotwendig waren: die Bibel, »Tausendundeine Nacht«, das »*Œil de bœuf*«, der geliebte »Tristram Shandy«, Casanovas »Histoire de ma vie«, die Memoiren von Saint-Simon, Aphorismen von Rivarol und Chamfort, Bücher von Léon Bloy … Jünger war sein Leben lang ein großer Leser, schon die Kriegstagebücher aus dem Ersten Weltkrieg belegen das, noch mehr die regelmäßigen Notate zu seinen Lektüren in dem umfangreichen Tagebuchwerk der »Strahlungen« und von »Siebzig verweht«.

Im Gedächtnis geblieben ist mir aus Gesprächen von diesen Gängen aber auch Gröberes, einiges, was er aus seiner Berliner Zeit erzählte, darunter zum Teil üble Scherze, Störungen von Veranstaltungen politischer Gegner usw.: Am harmlosesten noch über eine Lesung Thomas Manns, die Jünger mit einigen Kumpanen aus der rechtsnationalen Szene, untern anderem mit Arnolt Bronnen, störte; sie besetzen die erste Reihe, und als Thomas Mann seine Lesung begann, schlugen alle in der ersten Reihe große Zeitungen auf. Thomas Mann habe daraufhin vom Pult herab Arnolt Bronnen angebrüllt als: *Bronner*, um ihn, so Jünger, an sein Jude-Sein zu erinnern; denn Bronnen hieß als der adoptierte Sohn des jüdischen Schriftstellers Ferdinand Bronner eben: Bronner.

Jünger erzählte auch von den legendären Partys bei Ernst Rowohlt, da hätten sich alle getummelt, Rechte und Linke, da sei es hoch hergegangen; dort habe er Bronnen und einige Male Brecht getroffen, auch Thomas Wolfe. Goebbels wiederum sei er einige Male bei Bronnen begegnet. Übrigens habe Goebbels ihn öfter zu seinen Lesungen eingeladen – er schrieb, außer dem einzigen publizierten Roman »Michael« von 1929, laut Jünger auch Stücke –; und einmal sei er tatsächlich zu einer Goebbels-Lesung gegangen, saß auf einem Platz in der ersten Reihe – aber die Lesung sei so unerträglich gewesen, dass er sie nach zehn Minuten demonstrativ verlassen habe. Er deutete auch intime Beziehungen zu der Schauspielerin Lída Baarová an, die ja auch mit Goebbels liiert war. Daher, glaubte Jünger, rührte Goebbels Hass auf ihn – denn Goebbels forderte im »Dritten Reich« einige Male Jüngers Kopf, auch nach dem Erscheinen von »Auf den Marmor-Klippen«. Aber Hitler, der ein begeisterter Leser von Jüngers Schriften aus dem Ersten Weltkrieg war und ihm sogar ein Reichstagsmandat der NSDAP angeboten hatte, was Jünger ablehnte, habe verfügt: »Rührt den Jünger nicht an!« Ein Besuch Hitlers bei Jünger, 1926 in Leipzig, wurde kurzfristig telegrafisch abgesagt – nur einmal habe er Hitler in persona gesehen, sehr früh in den 1920er Jahren –, Jünger wörtlich: »Da machte er auf mich einen manischen Eindruck, aber auch den Eindruck, den vielleicht Mohammed auf gewisse Ziegenhirten gemacht haben kann, als ob da etwas dahintersteckte.«

V. Aversionen

Jüngers Verhältnis zum Nationalsozialismus und sein Verhalten im »Dritten Reich« waren in den 1950er und vor allem in den 1960er Jahren immer wieder ein Thema in den Feuilletons. Damals war Jünger keineswegs, wie spätestens ab Mitte der 1980er Jahre, der hochgeschätzte solitäre Schriftsteller, zu dem man nach Wilflingen pilgerte wie weiland zu Goethe nach Weimar. Im Gegenteil: Man hielt Distanz zu ihm – die meisten jungen Schriftsteller wichen jeglicher Kontamination mit ihm aus. Ich musste ihn in den 1960ern nicht selten verteidigen gegen den Anwurf, er sei doch ein unverbesserlicher Nazi. So publizierte »Die Zeit« im Frühjahr 1962 eine Serie über »Nazis«, in der auch ein Artikel über Jünger erscheinen sollte und, geschrieben von Siegfried Lenz, auch erschien. Zuvor war da über den unverbesserlichen Rechtsausleger Kurt Ziesel berichtet worden – eine in jedem Falle für Jünger unappetitliche und vor allem unangemessene Nachbarschaft; das hätte die »Zeit«-Redaktion auch damals durchaus erkennen und vermeiden müssen. Aber offensichtlich wollte sie den Skandal.

Ich hatte bei dem damaligen Feuilletonchef der »Zeit«, Rudolf Walter Leonhardt, gegen die Bezeichnung »Nazi« für Jünger protestiert, und der hatte mir geantwortet: Letzten Endes hätte Jünger doch etwas mit den Nazis gemeinsam. Das hatte ich Jünger am 6. April 1962 geschrieben in einem Brief, in dem ich ihm auch mitteilte, dass ich seit dem neuen Semester vom Studium der Juristerei zur Literaturwissenschaft gewechselt war. Jünger antwortete mir am 17. April: »Daß Sie nun umsatteln wollen, habe ich mit gemischten Gefühlen gehört. Es gibt in unserer Literatur kein Beispiel dafür, daß das Jurastudium einer musischen Begabung geschadet hätte – von Goethe bis Storm. Im Gegenteil, es wirkt sowohl disziplinierend als auch ausgleichend. Wenn Sie nun sich der Germanistik und der Romanistik zuwenden, dann hoffentlich zum reinen Dienst an der Sprache und ohne die Gesellschaft der künftigen Feuilletonredakteure zu frequentieren, die dort herumwimmeln.

Ich schreibe das auch deshalb, weil Sie trotz meiner Bitte schon wieder irgendwelche Umtriebe erwähnen, die gegen mich geplant werden. Wenn ich schon keine Notiz davon nehme, möchte ich das auch in den Briefen meiner Freunde nicht finden. Sie wissen, wie ich diese Dinge behandle: sie gehen sogleich und ungelesen zu Dr. des Coudres als Belege dafür, daß ich mit diesen Leuten ein für alle Male nichts zu tun habe. Das war bereits im Dritten Reich so. Damals lebten diese Herren davon, daß es die Weimarer Republik, und heute leben sie davon, daß es ein Drittes Reich gegeben hat. Pillendreher, die sich in alten Kothaufen wohlfühlen. Semper idem, und die Impotenz wuchs inzwischen noch.«

Er konnte da sehr deutlich werden. Im Herbst 1962 war in der DDR ein Buch von Helmut Kaiser über Jünger und Benn erschienen, das an beiden kein gutes Haar ließ – dazu schrieb er mir am 17. Dezember

1962: »Pamphlete aus dem Osten bin ich seit Zeiten des seligen [Johannes R.] Becher gewöhnt, der in keiner Nummer des ›Aufbau‹ versäumt hat, mir etwas am Zeuge zu flicken. Herr [Wolfgang] Weyrauch war da unter anderem junger Mann. Dr. des Coudres wird das Material haben. Da Becher sah, daß mir eher ein Gefallen damit getan wurde, ordnete er dann an, daß mein Name überhaupt nicht mehr erwähnt wurde. Das hatte vor ihm bereits der selige Goebbels getan. Daß meine Bücher in der Ostzone auf dem Index stehen, während sich die westlichen Buchhändler beeilen, von drüben gegen mich gerichtete Pamphlete zu bestellen, beleuchtet die ganze erbärmliche Gesellschaft hüben und drüben. Ich mach da gar keinen Unterschied. Ob die Leute sich hier oder dort auslassen – es bleiben dieselben, und ebenso wird meine Prosa weder besser noch schlechter durch ihre Auslassungen. All diese Leute belebt die Sehnsucht nach dem Kommißstiefel. Sie wollen ihn aber nicht anziehen, sondern im Genick spüren. Dann vereinen sie sich zu Lobeshymnen, als ob sie im Paradies wären.«

Seine in Deutschland verbreitete Ablehnung konfrontierte er immer wieder mit der Hochachtung, die man ihm in Frankreich entgegenbrachte – so schrieb er, nachdem die »Strahlungen« 1964 in Frankreich ein großer Erfolg waren, am 16. Februar 1965: »Überhaupt sind uns die Franzosen darin überlegen, daß sie die musische Wertung ins Zentrum stellen, während bei uns die politische überwiegt. Da wird auch der Gegner geachtet, selbst wenn er sich, wie im Falle Cocteaus und Montherlants, höchst unklug in politicis verhalten hat.«

Es ging aber nicht nur um eine politische Position, sondern um die distanzierte Haltung, die Jünger in seinen Tagebüchern gegenüber den Verhältnissen, die er da beschrieb, geradezu demonstrierte, und in dieser distanzierten Kälte meinten viele Hochmut, auch einen Dandyismus zu erkennen, der gerade für einen Besatzungsoffizier in Paris unangemessen sei. Zu den am meisten kritisierten Notaten der »Strahlungen« gehört jenes vom 27. Mai 1944: »Alarme, Überfliegungen. Vom Dache des ›Raphael‹ sah ich zweimal in Richtung von Saint Germain gewaltige Sprengwolken aufsteigen, während Geschwader in großer Höhe davonflogen. Ihr Angriffsziel waren die Flußbrücken. Art und Aufeinanderfolge der gegen den Nachschub gerichteten Maßnahmen deuten auf einen feinen Kopf. Beim zweiten Mal, bei Sonnenuntergang, hielt ich ein

Glas Burgunder, in dem Erdbeeren schwammen, in der Hand. Die Stadt mit ihren roten Türmen und Kuppeln lag in gewaltiger Schönheit, gleich einem Kelche, der zu tödlicher Befruchtung überflogen wird. Alles war Schauspiel, war reine, von Schmerz bejahte und erhöhte Macht.« Ich sprach Jünger darauf an, und er sagte dazu: »Ich bin da als reiner Zuschauer gewesen, tat es aber auch auf mein eigenes Risiko hin. So auch ›In Stahlgewittern‹ – sonst hätte ich die Situationen nie so schildern können, wie ich das getan habe. Ich sehe dann noch einmal mit einem dritten Auge auf die Geschichte runter. (…) Wozu soll ich mich immer in eine moralische Position begeben, wenn ich etwas sehe? Ich sehe das nicht ein. (…) Ja, soll ich etwas auslassen? Ich müßte ja auch etwas schreiben, wenn ich etwas tue, das unrühmlich ist für mich. Selbst wenn ich ein Verbrechen begehe. Sonst ist der Wert des Tagebuchs doch sehr anfechtbar. Ich habe doch auch ›In Stahlgewittern‹ geschrieben, daß ich auf Leute geschossen habe und daß sie gefallen sind – das könnte ich ja auch aussparen. Dann wäre ich ein feiner Mann. Ich finde doch auch, daß es den Grad der Wahrscheinlichkeit erhöht. So etwas erfindet man nicht.«

Während die meisten jüngeren Schriftsteller Jünger damals gerade wegen dieser Haltung ablehnten, wollten ihn ältere Schriftsteller gern für sich in Anspruch nehmen, gerade auch im Zusammenhang mit Diskussionen um die »Innere Emigration« – Jünger aber wollte sich weder zur »Inneren Emigration« noch auch zum Widerstand rechnen lassen. Im Fokus dieser Diskussionen stand häufig die Erzählung »Auf den Marmor-Klippen«, die bald nach ihrem Erscheinen 1939 Aufsehen erregte und wie eine Widerstandsschrift gelesen wurde. Ich ließ mich damals einfangen von ihrem ersten Satz: »Ihr alle kennt die wilde Schwermut, die uns bei der Erinnerung an Zeiten des Glückes ergreift.« Gepackt hat mich dann aber vor allem die Beschreibung der Schädelstätte Köppelsbleek, in deren eindrucksvoll imaginiertem Grauen die entsetzlichen Verbrechen in den Lagern schon erahnt schienen.

Jünger erzählte mir, »Auf den Marmor-Klippen« sei nach einem Traum entstanden, »nach einem großen Umtrunk« mit Freunden in Überlingen, »die Geschichte schoß mir ein in einem Traum. Ich habe 1939 in einer Nacht die ganze Geschichte gesehen und erlebt (…), in nuce gesehen in ihrer dämonischen unausweichlichen Wirklichkeit. Deshalb rechne ich ein solches Buch nicht zur Literatur, das ist etwas ganz anderes, und die literarische Wertung kann nur eine Oberfläche davon streifen. (…) Daran habe ich dann gearbeitet bis zum Ausbruch des Krieges. Korrekturen habe ich noch in Uniform gelesen.« Gelesen wurde das Buch gleich bei Erscheinen als Metapher auf den Nationalsozialismus: »Mir war das gar nicht so sehr angenehm. Als ich an den Westwall das Telegramm von meinem Verleger Ziegler bekam, daß gleich 17 000 Exemplare von ihm verlangt wurden und daß er [mit dem Druck] nicht nachkam, daß überall Leute zusammenstanden und sich darüber unterhielten, daß die Buchhändler sagten: Was ist denn das, fortwährend kommen Leute und verlangen dieses Buch, das wir gar nicht kennen – das war mir gar nicht sehr angenehm. Es passierte ja auch sogleich allerhand. Der Reichsleiter Bouhler beschwerte sich bei Hitler, der lehnte die Beschwerde aber ab. Auch Goebbels äußerte sich sehr unangenehm berührt darüber gegenüber [Bruno E.] Werner, dem Herausgeber der ›neuen linie‹, der hat mir davon berichtet. Das Buch wurde nicht verboten, es hätte aber die späteren Auflagen nicht erreicht, wenn die Armee nicht fortwährend, etwa in Paris und anderen Ländern im Osten, neue Auflagen gedruckt hätte. Eine Auflage von 20 000 Exemplaren wurde von einer französischen Druckerei in Paris gedruckt und in Pariser Frontbuchhandlungen verkauft. (…) Selbstverständlich hatte das Buch einen genauen Zeitbezug. Es ist aber, wie in Träumen, sowohl zeitlich bezogen als auch überzeitlich. Es trifft eine tiefere Schicht als die des politischen Geschehens. Daß die Sache brenzlig war, habe ich sofort gewußt. Als ich es meinem Bruder Friedrich Georg zeigte, da sagte er mir noch: Na, dieses Buch verbieten sie dir entweder sofort – aber wenn es sechs Wochen erschienen ist, dann werden sie es nicht mehr verbieten. Daß um den Kopf gespielt wurde, daran war kein Zweifel. Aber ich möchte da heute keinen Vorteil von haben – das Wort Widerstand kann ich überhaupt nicht mehr hören. Seitdem ich gesehen habe, wo überall Widerstand und von wem alles er getrieben wurde, da möchte man doch lieber nichts damit zu tun haben.«

Diese Haltung imponierte mir. Jünger hat sich nie vereinnahmen lassen – weder damals von den Nationalsozialisten noch nachher von denen, die sich auf ihre angebliche ›innere‹ Emigration beriefen und ihn gern zu ihrem Paradepferd gemacht hätten. Sein freilich manchmal bis zum Starrsinn ausgebildeter Stolz und sein Beharren auf Unabhängigkeit gründeten sehr entschieden auf ihm selbst.

Dem verdankt sich aber auch manche Sottise über die aktuelle politische Lage. Wenn man ihn über sein Verhältnis zur gegenwärtigen Demokratie befragte, war eines seiner Standardargumente sein Vergleich der nun praktizierten Demokratie mit der antiken griechischen Demokratie: Ja, wenn unsere Demokratie so funktioniere wie die griechische, dann wäre er auch ein Anhänger der Demokratie! Besonders ein Satz, den er auf einem der Spaziergänge sagte, ist mir in Erinnerung geblieben. »Tatsachen sind für mich zweitrangig.« Das war eben der alte Dichter-Seher, der Autor als Wirklichkeit *schaffende* auctoritas: Nigromontan! Es sprach aus diesen Unterhaltungen, besser: Erzählungen Jüngers eine merkwürdige Mischung aus Stolz auf jungenhafte Streiche, Trotz und bewusster Naivität – dies mit *désinvolture* zu verwechseln kam mir nicht in den Sinn. Aber wie naiv war ich damals!

VI. Ärger mit dem Sekretär

Über seine einsamen oder manchmal von dem Freund Martin v. Katte begleiteten Gänge erzählte er gern in seinen Briefen an mich, vor allem in der kurzen Zeit des »Interregnums«, als er zwischen dem Tod seiner Frau Gretha am 20. November 1960 und seiner Heirat mit Liselotte Lohrer im Frühjahr 1962 allein in der Oberförsterei lebte. Damals wechselten wir manchmal täglich, jedenfalls mehrmals wöchentlich Briefe. Und besonders intensiv, als es Ärger gab mit Armin Mohler, seinem ersten Sekretär.

Mohler, Anfang der 1950er vier Jahre lang fest angestellter Sekretär Jüngers, hatte sich inzwischen zu einem Kritiker Jüngers gewandelt, weil der erzkonservative Mohler es ihm verübelte, dass er sich mit dem demokratischen System der Bundesrepublik versöhnt und von ihrem Präsidenten Theodor Heuss sogar das Bundesverdienstkreuz angenommen habe. Mohler hatte am 29. Dezember 1961 in der Wochenzeitung »Christ und Welt« innerhalb einer Serie mit Porträts bedeutender Persönlichkeiten einen Artikel über Jünger veröffentlicht, in dem er ihm auch wieder diese Haltung vorhielt und schrieb, Jüngers Werk sei keine Einheit, wie dieser selbst immer behaupte, sondern es sei polar, die Wende sei mit der großen Erzählung »Auf den Marmor-Klippen« eingeleitet worden. Mohler anerkannte noch Jüngers Schrift »Der Arbeiter. Herrschaft und Gestalt«, »Blätter und Steine« und die beiden Fassungen von »Das Abenteuerliche Herz« von 1929 und 1938, alles danach nannte er in dem Artikel »verschwommen und epigon«; und er warf ihm vor, seine »Frühschriften jetzt ad usum democratorum (zu) frisieren«.

Jünger schrieb mir daraufhin am 31. Dezember 1961 aus Überlingen, wo er Silvester mit Freunden bei seinem Bruder Friedrich Georg und dessen Frau Zita verbrachte: »Am Vormittag rief mich F. v. H. an und sagte, daß er in ›Christ und Welt‹ einen Aufsatz von Mohler gelesen habe, der sich mit mir beschäftige. H. meine, es wären ›illoyale‹ Stellen drin, auch sei es eine einseitige Betrachtung der politischen Person, ohne die musischen und anderen Fakultäten. Ich wills also garnicht lesen. Wenn Sie sich die Arbeit ansehen und Grund zur Beschäftigung damit finden, können Sie das als ›Secretarius‹ tun; es ist mir recht. Ich finde, daß ein Mann, der vier Jahre lang mit mir am Tisch gesessen und viel Vertrauliches gehört hat, besonders delikat verfahren müßte. (…) PS: Wenn Sie etwas schreiben, wäre es natürlich am besten in ›Christ und Welt‹.«

So wurde der Secretarius in Stellung gebracht, und ich ließ mich durchaus gern in Stellung bringen. Denn Jünger war damals für mich gleichsam sakrosankt. Ich verehrte ihn. An meinem kleinen Horizont war er der Fixstern. Das relativierte sich mit der Zeit, ja bald schon, als dieser Horizont sich weitete, meine literarischen Kenntnisse wuchsen, meine Erfahrungen in und von der Welt zunahmen. Jünger ist durchaus eine Vaterfigur für mich gewesen – ein geistiger Vater, den ich mir, im Gegensatz zum streng autoritären biologischen Vater, selbst gewählt hatte. Daheim fühlt ich mich in jeder Hinsicht beengt, abhängig, unfrei – in Wilflingen erlebte ich an Ernst Jünger das Vorbild eines unabhängigen Lebens, das Leben eines freien Menschen, einer, damals durchaus pathetisch so empfundenen: freien geistigen Existenz. Diese Existenz beeindruckte mich, so wollte auch ich einmal leben, frei und unabhängig, selbstbestimmt – und diese Bewunderung für Ernst Jünger habe ich auch nie verloren, im Grunde war sie der Impuls für mich, die Literatur zu meinem Leben zu machen und dieses Leben als ein freies, also auch freiberufliches zu wagen. Hingegen differenzierte sich mit der Zeit mein Urteil gegenüber Jüngers Werk immer mehr aus, es wurde kritisch, kritischer – hat sich allerdings mit der Zeit wieder etwas gemildert: Die Texte, die dieses Buch hier versammelt, gehören zu jener Essenz des Jüngerschen Werks, die mir noch immer, oder wieder, wichtig ist: Es ist das Werk eines »abenteuerlichen Herzens«, das Jünger immer besessen hat.

Zwanzig Jahre nach meiner kurzen Wilflinger Zeit, zu seinem 85. Geburtstag schrieb ich Jünger im »Merkur« einen langen Abschieds- und Geburtstagsbrief, in dem ich mich für meine Wilflinger Lehrjahre bedankte, die für mein Leben und meine Entwicklung so wichtig gewesen waren. Aber, fügte ich an: »Ich habe den Zug verlassen, in dem ich zuerst in Ihrem Abteil, dann in einem anderen Wagen gemeinsam mit Ihnen reiste. Ich habe andere Züge benutzt, bin schließlich eigene Wege gegangen.«

Doch noch saß ich in Ernst Jüngers Abteil. Und war so entrüstet wie er – seine Entrüstung über Mohler beherrschte einige Wochen lang unsere Korrespondenz. Die ist trotz mancher Wiederholung deshalb interessant, weil Jünger sich sonst selten so offen, auch politisch, geäußert hat – er hat sich politischer Äußerungen meist enthalten.

Fünf Tage nach dem Silvesterbrief schrieb er: »Mohler hat offenbar eine ganz harte Hornhaut – sonst würde er wissen, daß man über einen Menschen, an dessen Tische man vier Jahre lang als Vertrauter gesessen hat, sich nur mit größter Zurückhaltung äußern darf. Demgegenüber spielt die Tatsache, ob er Recht oder Unrecht hat, keine Rolle. – Des Rätsels Kern verbirgt sich darin, daß er kein musischer Geist ist, und auch kein philosophischer, sondern ein historisch kalkulierender. Und auch in dieser Hinsicht ist er nicht ersten Ranges, sondern streift ziemlich dicht die grobe Politik. Infolgedessen faßt er von meiner Arbeit auch nur auf, was in diesen Rahmen fällt. Am Kleide sieht er nur den untersten, erdigen Saum. Es gibt keine Blumen, Tiere, Gärten für ihn. Da ich seine Erwartungen enttäusche, verwandelt er sich in einen unverschämten Gläubiger. Sie schreiben, er habe das Wort ›verschwommen‹ gebraucht. Verschwommen werden die Dinge, wenn sie in einen unklaren Spiegel fallen – es handelt sich um seine, Mohlers, Apperzeption. – Nun gut, solche Anhänger kann ich entbehren; es treten wertvolle Freunde dafür ein. Der Weg ist nicht einfach, aber ich habe das Gefühl, daß er nicht nur voran, sondern auch aufwärts führt.« Und als PS fügte er noch an: »An M. entrüstet mich auch die Unverfrorenheit, mit der jemand ankommt, um den anderen über seine eigene Arbeit zu belehren, die wirklich Nachdenken und Opfer genug verlangt. Außerdem: die Unterstellung, ich ließe mich durch Rücksicht auf die Demokratie beeinflussen. Abgesehen davon, daß diese auch einmal Recht haben kann, darf ich mir meine Gedanken machen, wie es mir gefällt. An Gegnern auf der Linken fehlt es mir ja nicht. Einige Schweizer, die dazu kommen, werden den Kohl nicht fett machen.«

Ich schrieb eine Erwiderung auf Mohler und schickte sie Jünger, der am 8. Januar 1962 antwortete: »Ihre Erwiderung mögen Sie ungefähr so absenden. Wenn jemand etwas Negatives über uns sagt, etwa daß wir silberne Löffel gestohlen oder neulich beim Empfang der Hausfrau unter die Röcke gegriffen hätten, so ist es besser, daß wir uns nicht verteidigen. Semper aliquid hetaeret [sic!]. In diesem Sinne schlug ich einige Abstriche vor. (...) Ich habs übrigens nicht nötig, den herrschenden Mächten nachzulaufen. Daß ich den höchsten Orden der Bundesrepublik annahm, war ein Freundschaftsakt zwischen Heuß und mir. Schon dessen Gattin war eine meiner passionierten Leserinnen. Besonders die ›Marmorklippen‹ hatten es ihr angetan. Übrigens: Warum sollte ich eine feindselige Haltung zum heutigen Staat einnehmen? Wenn ich einen Orden oder einen Preis annehme, haben diese Leute mehr davon als ich. Soll ich mich etwa in die Ecke stellen, um Mohlers Beifall zu gewinnen, was hätte ich denn davon? Den wilden Mann spielen? Die Leute von heute wissen doch genau, mit wem sie es zu tun haben. ›Sie haben andere und höhere Orden, als wir sie Ihnen verleihen können‹, sagte Kiesinger, bevor er mir das Große Bundesverdienstkreuz aushändigte. Den Satz können Sie zitieren.« Danach folgte in etwas anderen Worten dieselbe Charakterisierung Mohlers, die er schon im Brief vom 5. Januar gegeben hatte. Nur mit der kleinen Nachschrift: »Alexander [Jüngers Sohn] war neulich bei Mohlers. Er hat den Eindruck, daß Mohler sich nicht nur in seinen Ideen, sondern auch physiognomisch vergröbert hat.« Übrigens trug Jünger, und betonte das auch immer wieder, bei offiziellen Anlässen das blaue Kreuz des Pour le Mérite stets *über* dem Bundesverdienstkreuz.

Mein Artikel wurde nicht gedruckt, der »Christ und Welt«-Redakteur meinte, Jünger habe eine solche Ehrenrettung nicht nötig, sie sei sogar schädlich für ihn, eine »Kritik der Kritik« sei nicht angebracht, man bot mir an, stattdessen einen Leserbrief zu schreiben, außerdem wollte man mir die Möglichkeit geben, in einigem zeitlichen Abstand einen Artikel über Jüngers Bücher nach 1945 zu schreiben. Jüngers Kommentar: »Die Antwort von ›Christ und Welt‹ hat mich nicht erstaunt. Offenbar ist der Herr Redakteur der Ansicht, daß die Berichtigung einer auf meine Kosten begangenen Felonie meinem Ansehen schädlich sei – die Felonie selbst natürlich nicht.«

VII. Selbst-Darstellung

Die »Felonie« arbeitete in Jünger weiter. Denn nun ging es um mehr: Vor allem traf ihn Mohlers Vorwurf, er manipuliere – für die gerade entstehende Gesamtausgabe – seine Texte. Nun ging es nicht nur um eine Zeitungs-Querelle: Nun ging es um seinen Ruf als Autor, um die gesamte Gestalt seines Werks, die er immer als Einheit seiner Autorschaft gesehen hat. So entschloss er sich zu einem grundsätzlichen Statement zur Edition der Gesamtausgabe, und er nahm einen Brief an Erna Müller-Hallwachs, die bei Jünger ebenfalls in Sachen Mohler nachgefragt hatte, dafür zum Anlass – den Brief, als Circular in mehreren Durchschlägen für wichtige seiner Korrepondenten angefertigt, schickte er mir mit der Bemerkung: »Ich teilte ihr einige Prinzipien mit, deren Kenntnis vielleicht auch für Sie von Bedeutung ist«:

»Über die Art, in der ich die Gesamtausgabe veranstalte, muß ich natürlich selbst entscheiden – die Verantwortung kann mir niemand abnehmen. Die Einzelheiten sind lange erwogen worden und wurden auch zur Debatte gestellt. Mohler lehnte die Mitarbeit ab, weil ihm der Verleger nicht gefiel. (…)

Man muß die Mahlzeit schon hinnehmen, wie ich sie anrichte und vorschneide. Es widerspricht meinem handwerksmäßigen Bewußtsein, eine fehlerhafte Wendung durchgehen zu lassen. Ich bin da wie ein Schreiner, zu dem ein Schrank zurückkommt und der ihn nicht wieder aus der Hand gibt, so lange er noch einen Sprung in der Furnitur entdeckt. Die Korrektur gibt mir Gelegenheit, die Prosa noch einmal gründlich zu prüfen.

Der politische Teil meiner Arbeit hat mir nicht die besten Anhänger gebracht. Daß ich mich dem in verschiedenen Abschnitten unterzogen habe, halte ich auch heute noch für notwendig. Ich habe da aber anderes zu vertreten als flüchtige historische Situationen – so ist ein Begriff wie der der ›Totalen Mobilmachung‹ für mich nicht historisch, sondern aktuell. Ebenso entspricht mein ›Arbeiter‹ keiner vergangenen, sondern einer künftigen Wirklichkeit. Darauf muß ich achten, und zwar ohne Rücksicht auf die politischen Parteigänger aller Schattierungen.«

Ein Erlebtes erfasse ich nicht durch die, oft stichwort- oder skizzenhaften, Aufzeichnungen, die die erste Fassung darstellen und noch zum größten Teil, wie alle Tagebücher aus dem Ersten und Zweiten Weltkrieg, erhalten geblieben sind. Ein Buch wie ›In Stahlgewittern‹ wurde mehr als ein Dutzend Mal revidiert. Ich bin stets unzufrieden mit dem Geleisteten und werde auch nie zufrieden sein. Es bleiben Annäherungen. Es gibt nur Fassungen – der Stein der Weisen bleibt unsichtbar. Die Veranstaltung einer Gesamtausgabe mit der großen Arbeit liegt mir vor allem deswegen am Herzen, weil ich damit wenigstens einen äußeren Schlussstein setze – denn einmal muss ich die Texte ja von mir abstreifen – schon deshalb um mich ungeteilt Neuem zuwenden zu können.

Das bedeutet durchaus nicht, dass ich von den früheren Ansätzen abrücke. Durch solche Ansichten weinen sich die Subalternbeamten aus. Im Gegenteil, es ist mir lieb, wenn ein Leser sich die Mühe macht, alle Stufen der Entwicklung zu Rate zu ziehen, wie es auch oft genug geschieht. Zum mindesten wird ein stilistischer Kursus dabei herausspringen.«

Jünger pflegte hin und wieder, wenn es um wichtige und allgemeinere Mitteilungen ging, solche Kopien beizufügen. So auch am 14. Februar 1962, da legte er – »um die Dinge etwas zu vereinfachen, bekommt H. L. Arnold den Durchschlag dieses Briefes« – einem langen Brief an mich die Durchschrift eines Briefes an »Gerlinata« bei, an das »Fräulein Gerlach aus Remscheid«, das nach meiner Erinnerung als Korrektorin an der Edition der Gesamtausgabe mitarbeitete und sich nun auch in die Mohler-Querelle eingemischt hatte: »Daß er [Mohler] mich schädigt, will ich dabei nicht verkennen. Er hat ja Einblicke in meine innere Camera. Aber auf jeden solchen stehen drei neue Freunde auf. Immerhin werde ich nachdenklich. Warum sagte er mir, als ich ihn das letzte Mal in Paris gesehen habe, daß er regelmäßig meinen Papierkorb revidiert und auf diese Weise ein beträchtliches Convolut von Handschriften daraus zusammengestellt habe? Ich hielt das damals schon für ungehörig, ging aber nicht näher darauf ein. Nun aber erscheint mir die Sache in einem ganz anderen, bedenklichen Licht. Da gibt's wahrscheinlich noch zu meinen Lebzeiten, sicher aber danach, Überraschungen. Dabei darf ich noch nicht einmal dem Papier anvertrauen, was meine Frau mir über andere M. betreffende Dinge oftmals gesagt hat – ich nahm M. immer dagegen in Schutz, und höre noch immer ihre Stimme: ›Ja, ja – der treue Secretarius.‹ Nun gut, wir standen schon Schwierigeres durch.«

Und dann erst die Mitteilung: »Nun aber zu Wichtigerem und Erfreulicherem. Eine neue Gefährtin tritt in mein Haus ein – und wieder, wie meine Gretha, ein Mensch, auf den ich mich von Grund auf verlassen kann. Der wiegt zehntausend Neider und Widersacher auf. Am 3. März werde ich hier in Wilflingen mit Frau Dr. Liselotte Lohrer die Ehe schließen – der Bürgermeister Beller wird hier in der Bibliothek den standesamtlichen Akt vollziehen, und der evangelische Pfarrer in Heiligkreuztal den kirchlichen. – Das bedeutet aber nicht, daß H. L. Arnold nicht doch wenigstens zum Schneckenessen herüberkommen kann. Wir haben im Riedlinger Hasen das Hinterzimmer reservieren lassen.«

Liselotte Lohrer, seinerzeit Leiterin der Handschriftenabteilung und des Cotta-Archivs in Marbach, hatte Jüngers Arbeit an der zehnbändigen Gesamtausgabe, die 1960 zu erscheinen begann, schon seit einigen Jahren intensiv begleitet. Unter ihrer Regie wurde sie dann auch zu Ende gebracht. Sie war eine vorzügliche Philologin und kam so dem Jüngerschen Credo hinsichtlich der Perfektionierung seines Stils sehr entgegen. So sind die seit 1980 erscheinenden Tagebücher »Siebzig verweht«, die 1965, nach dem Abschluss der ersten Gesamtausgabe und nach Jüngers 70. Geburtstag, einsetzen, wohl die am meisten be- und durchgearbeitete Tagebuchedition, die ein Autor je herausgegeben hat. Und auch die zweite große, nun 22-bändige Gesamtausgabe, an der noch einmal gründlich gefeilt wurde, wäre wohl ohne die Mitarbeit von

Liselotte Jünger so nicht erschienen. Überflüssig zu erwähnen, dass sie auch die perfekte »Sekretärin« des »Chefs« wurde, die ihm manche Korrespondenz abnahm, ja die mehr und mehr sein literarisches Leben mit sanfter, aber bestimmender Hand leitete. Und dann wohl auch immer mehr zur durchaus eingreifenden Redaktorin seines Werks wurde.

Die Sache mit Mohler verlief sich. Die Arbeit an der Gesamtausgabe war wichtiger, ja die Arbeit überhaupt: »In diesen Tagen war ich fleißig, überflog den Paetel [die Rowohlt-Monographie], las Korrekturen von ›Der Baum‹ [der Essay erschien in einem opulenten Band mit Fotos von Albert *Renger-Patzsch*] und ›Das Spanische Mondhorn‹ [als bibliophiler Band in Olten erschienen]. Das sind kleine Stücke, aber ich glaube, daß ich Ehre damit einlegen kann. In diesen Tagen schreibe ich auch ein Vorwort zum ›Arbeiter‹. Mit der Zweiten Fassung des Buches bin ich noch nicht zufrieden, daher bringe ich nur die erste und möchte im Vorwort die zweite Fassung ankündigen und dabei betonen, daß sie keineswegs bedeutet, daß ich die erste für überholt halte. Wo es ernst wird auf der Welt, vollziehen sich die Dinge, wie ich es im ›Arbeiter‹ beschrieben habe. Etwas anderes ist es, daß mich die politische Seite unserer großen Wendungen nicht mehr interessiert.« (20.2.1962)

Ich habe den »Arbeiter«, als ich ihn damals las, nie so recht begriffen, und als ich ihn dann später besser verstand, habe ich ihn nicht gemocht – er war für mich eine Sammlung der ideologischen Versatzstücke aller nationalistischen und bolschewistischen Propaganda der 1920er und 1930er Jahre (was noch in den 1990er Jahren Heiner Müller überaus faszinierte, wie er mir mal erklärte), und auch Henri Plard, der Jüngers Werk durch seine Übersetzungen in Frankreich berühmt gemacht hat, meinte, man könne dieses monströse Werk einfach nicht ins Französische übersetzen. Aber Jünger kam in Gesprächen immer wieder auf den »Arbeiter« zurück, um, wie auch in dem zitierten Brief, darauf zu verweisen, dass er darin die Welt vorausschauend so beschrieben habe, wie sie sich in ihren wesentlichen Teilen seither entwickle. Auf meine Frage nach der damaligen Intention des »Arbeiters« antwortete er: »Vor allen Dingen wollte ich mir mal – ebenso wie ich das im Kriege auch wollte – eine Klarheit bilden über die Vorgänge, in die man verwickelt ist. Denn das ist doch wichtig, daß man weiß, was unter höheren Aspekten vor sich geht, daß man sich also nicht allein den Leidenschaften überläßt, gegen die ich nichts einwenden will, sondern daß man auch eine Position gewinnt, wo man das ganze Spiel, in dem man einerseits mitspielt, doch auch als Zuschauer, Beobachter, höherer Betrachter sich vergegenwärtigt. Als ob man von dem Monde aus mit einem Teleskop betrachtet, was da unten vor sich geht. Oder ich will sagen: mit denselben Absichten, die Burckhardt hatte, als er die griechische Kulturgeschichte schrieb – nur eben angewandt auf unsere eigene Zeit.« Als ich einwarf: Also ein Resümee des Spiels der Kräfte dieser Zeit? »Nicht nur des Spiels der Kräfte, sondern etwas, was dahinter steht. Denn ich meine, daß ich da die Sache mit anderen Augen sehe als Marx, der ein Spiel ökonomischer Kräfte erblickt, während ich glaube, daß schon etwas mehr als Ökonomie dahintersteckt.« Und auf meine Frage, ob der »Arbeiter« auch den Anstrich eines utopischen Entwurfs gehabt habe: »Das möchte ich nicht sagen. Eher den Anstrich eines Rahmens, der eines Tages wohl ausgefüllt werden würde meiner Ansicht nach. Kein utopisches Bestreben, sondern ein realistisches Bestreben im eigentlichen Sinne, und ohne Partei zu nehmen.« Kommunisten und Nationalsozialisten reagierten denn auch gleichermaßen: »Die lehnten das sogleich ab. Ich las da im ›Völkischen Beobachter‹, daß ich mich in eine Sphäre begeben würde, in der Kopfschüsse fällig würden – das muß sehr bald, Ende 1932 gekommen sein. Und Organe wie das ›Berliner Tageblatt‹ bezeichneten das einfach als absurd, als absurdes Geschwätz. (...) Heute allerdings sehe ich, daß vieles von dem, was ich damals geschrieben habe, was damals unmöglich schien, sich inzwischen schon verwirklicht hat.«

Jünger hatte mich Ende 1961 um mein Exemplar des »Arbeiters« (2. Auflage) gebeten, das er zerschneiden wollte, um es als Palimpsest für eine Bearbeitung des alten Texts zu nutzen. Die Arbeit am »Arbeiter« hatte ihn damals im Griff, ohne dass er damit zu Rande kam. Am 16. März 1962 schrieb er immer noch vom Beginnen: »Ich benutze diese beiden Tage noch, um mit der neuen Einleitung zu ›Der Arbeiter‹ zu beginnen. Ich darf mich da durch Subalternbeamtengeschwätz nicht aus der Ruhe bringen lassen. Eine zweite Fassung muß das Buch stoßkräftiger machen, das heißt, es vom polemischen Ballast abgelebter historischer Situationen befreien. Das hat dann das Gute, daß die Urfassung bis auf den I-Punkt bestehen bleiben kann. Wo es auf der Erde in politicis ernst wird, gehen die Dinge so vonstatten, wie ich es im ›Arbeiter‹ beschrieb. Der politische und weltpolitische Sektor liefert aber nicht die letzten Erklärungen. Darum ›An der Zeitmauer‹. ›Der Weltstaat‹ ist wiederum eine Spezialisierung, eine Verengung ins Politische. Hoffentlich sehen Sie das nicht als eine Fülle sich widersprechender Einzelheiten, sondern als Landkarte.«

Zwei Jahre später schickte er mir die Umbruchfahnen des sechsten Bandes der ersten Gesamtausgabe mit einer Widmung, als Gegengabe für meine ihm fürs Zerschneiden überlassene Ausgabe: mit dem »Arbeiter« in seiner ursprünglichen Fassung, gefolgt von etwa 70 Seiten »Adnoten zum ›Arbeiter‹« unter dem Titel »Maxima – Minima« und dem Großessay »An der Zeitmauer«. Am alten »Arbeiter« konnte er nicht rütteln – es wäre das Eingeständnis einer Konversion gewesen, und die hätte sein Beharren auf der »Einheit meines Werks« erschüttert. »An der Zeitmauer« konnte er als Ausweitung der »Arbeiter«-Substanz ins Metaphysische erklären – sie verletzte diese Einheit nicht, ergänzte sie um eine Dimension. Insofern war dieser sechste Band der Gesamtausgabe eine Konfession: Sein Werk sollte unbedingt als Einheit gelesen werden.

VIII. Abnabelung

Im Sommer 1962 gründete ich – damals noch mit Lothar Baier – die Zeitschrift für Literatur TEXT + KRITIK, die Mitte Februar 1963 erschien. Jüngers Übersetzer Henri Plard, den ich im September 1962 bei den Goslarer Kulturtagen kennengelernt hatte – ich war zu einer Diskussion über Hans Henny Jahnn eingeladen, an der überraschenderweise auch Armin Mohler teilnahm –, hatte mir für das erste Heft der Zeitschrift, das sich mit dem damals vieldiskutierten Werk von Günter Grass beschäftigte, einen großen Aufsatz »Verteidigung der Blechtrommeln« [sic: Plural!] versprochen, der dann auch erschienen ist. Und ich hatte, als ich in Wilflingen war, zwei Freunden Jüngers – den Reedern Werner Traber, Chef der HAPAG, und Alfred Töpfer – geschrieben und sie gebeten, mir für die Zeitschrift doch zwei Anzeigen ihrer Unternehmen für 150 DM zu geben – Töpfer gab uns diese Anzeige für exakt

150 DM, Werner Traber schrieb mir, er könne und wolle seiner Anzeigenabteilung nicht ins Handwerk pfuschen, aber wenn mir mit einer Spende von 1000 DM gedient sei, solle ich das nur sagen, er würde mir dann einen Scheck schicken. Damit war die erste Nummer von TEXT + KRITIK gesichert – ihre ersten 1500 Exemplare, die mit Hilfe Gerd Hemmerichs (den ich ja durch Jüngers Korrespondenz kennengelernt hatte) in Flensburg für 778 DM gedruckt wurden; Lothar Baier holte die Hefte mit seinem Plastik-Lloyd selbst dort ab.

Dazu schrieb mir Jünger am 6. Februar 1963: »Wie ich sehe, haben Sie sich wegen Ihrer Pläne an viele meiner Bekannten gewandt. Ich hörte darüber von Traber, Klett, Töpfer, Plard und anderen. Offenbar stecken Sie viel Zeit, Arbeit und auch Kosten hinein, und hoffentlich ernten Sie keine Enttäuschungen. Bitte lassen Sie mich in dem Zusammenhang und besonders in Ihrer Zeitschrift unerwähnt. Sie würden sich damit auch nur schädigen, und dasselbe gilt von mir.« Und 14 Tage später, am 20. Februar 1963, auf einer Postkarte: »Sie machen ja tüchtige Fortschritte – bereits Verleger, während ich es nur bis zum Autor gebracht habe. Was die ›Schädigung‹ betrifft, so sind vor allem Ihre Aussichten zu bedenken – sind gleich abgestempelt, sobald mein Name fällt.« Und am 17. März 1963: »Über Ihre Zeitschrift möchte ich erst etwas sagen, wenn ich die Absicht kenne, die ihr zugrunde liegt und die sie von anderen unterscheiden soll. Offenbar legen Sie das Schwergewicht auf Kritik. Augenblicklich liest meine Frau die Aufsätze, aufmerksam. – In der Presse finde ich mich zuweilen mit dem Autor [Grass] konfrontiert, dem Sie das Heft gewidmet haben – so in dem anliegenden Ausschnitt [an den ich mich nicht mehr erinnere]. Ich sehe das ungern – denn wie kann man Antagonist von jemandem sein, den man nicht kennt. Meine Lektüre deutscher Bücher endet mit dem Jahre 1888, abgesehen von den Kursbüchern.« Ganz stimmte das nicht, denn immerhin schrieb er mir am 7. März 1964: »Im Austausch für Ihren Marcuse-Verriß lege ich Ihnen einen Grass-Verriß bei. Ich kam in dessen berühmter Trommel nur bis zu der Stelle, an der genau die Wurst geschildert wird, die ein S. A.-Mann in ein Schaufenster gesetzt hat – zum Mittag hatte er Linsen gehabt. Gut realistisch – warum aber, so fragte ich mich, soll gerade ein S. A.-Mann der Produzent gewesen sein? Das traue ich dem Autor mindestens ebenso zu.«

Mit Grass wollte Jünger ebenso wenig zu tun haben wie mit Hans Henny Jahnn, dem das zweite Heft von TEXT + KRITIK gewidmet war. Das war nicht sein Feld. Und als er mir nebenbei bei einem Besuch in Wilflingen mal sagte, ich würde in TEXT + KRITIK ja nur Schriftsteller vorstellen, die schon zu ihren Lebzeiten tot seien, war für mich eines klar: So schnell würde es kein Heft über ihn geben. Und so konzipierte ich außerhalb der Zeitschrift eine Festschrift zu seinem 70. Geburtstag: »Wandlung und Wiederkehr«, und überreichte sie ihm am 29. März 1965 in Wilflingen.

Meine Korrespondenz mit Jünger dünnte mit der Zeit aus, blieb aber bis in die 1980er Jahre kontinuierlich. Damals verschob sich ja auch das öffentliche Jüngerbild erheblich. Manche von denen, die Jünger in den 1960er Jahren noch als ›Nazi‹ beschimpften, der er nie war, und denen gegenüber ich Jünger stets verteidigte, wurden plötzlich zu seinen Verehrern und schrieben in jenen Blättern, die Jünger einst eben in die Nähe der Nationalsozialisten gestellt hatten, nun vom literarischen Solitär der Republik und vom Doyen der deutschen Literatur des 20. Jahrhunderts. Das befremdete mich; denn ich selbst war inzwischen in eine andere Richtung weitergegangen, hatte mich von manchem in Jüngers Werk und auch von manchen seiner Attitüden entfernt. Dennoch blieben wir freundlich miteinander, ich besuchte ihn in den späten 1970er und den frühen 1980er Jahren noch ein-, zweimal in Wilflingen. Und Anfang der 1980er bat er mich, seine Pour-le-Mérite-»Kiste« mit dem Archiv des Ordens, dessen letzter Überlebender und zugleich letzter Ordenskanzler er noch war, als alter Secretarius zu ordnen und zu archivieren – dazu kam es aus Termingründen nicht.

Als am 1. September 1988 unsere Tochter Hannah geboren wurde, kam ein goldenes Kettchen aus Wilflingen, begleitet von einem Brief Liselotte Jüngers mit dem Hinweis auf meine, unsere besondere astrologische Beziehung zu den Jüngers: Denn ich war ja am 45. Geburtstag von Ernst Jünger geboren, und nun Hannah am 90. Geburtstag von Friedrich Georg Jünger.

Es war die letzte Freundlichkeit. Denn als ich zum 95. Geburtstag von Ernst Jünger fürs Jahr 1990 nun endlich einen umfangreichen Band TEXT + KRITIK über Jünger plante, wurde mir aus Wilflingen deutlich vermeldet: Henri Plard, der als langjähriger Übersetzer Jüngers Ruf in

Frankreich gefestigt hatte, dürfe an einem solchen Heft nicht mitarbeiten; denn er war, weil er sich inzwischen auch kritisch über Jünger geäußert hatte, in Ungnade gefallen. Für mich war das nicht tragbar; denn ich war mit Plard befreundet und schätzte seine Arbeiten. Und schon gar wurde ich empfindlich, wenn man mir in meine Herausgebergeschäfte reinreden wollte. Und Plard schrieb dann – das ergab sich so, weil ein Beiträger, der über Jünger in Frankreich schreiben sollte, ausgefallen war – sogar zwei Aufsätze für das Heft. Aber auch Helmut Heißenbüttel lieferte einen überaus kritischen Text, der, natürlich, Jünger traf. Aber ich entschied mich dennoch, den Beitrag zu veröffentlichen. Eine Zensur sollte nicht stattfinden. Daraufhin teilte am 24. Mai 1989 Liselottte Jünger mir mit: Damit »haben Sie den Rubikon überschritten«. Der Tenor des Briefes: »Sie sind noch immer als Sohn des Hauses betrachtet worden, obgleich Sie sich längst entfernt haben.« Nun gut, ich hatte tatsächlich nicht gehandelt wie ein gehorsamer oder nur rücksichtsvoller Sohn. Sondern so unabhängig, wie ich es in Wilflingen gelernt hatte.

Für mich erklärte ich damit meine Beziehung zu Wilflingen bewusst für beendet; zumal in der Korrespondenz von Liselotte Jünger mit mir auch politische Urteile auftauchten, die ich so nicht hinnehmen konnte. Wie um mir dieses Finale auch schriftlich-kritisch zu bestätigen, schrieb ich 1990 meinen Essay »Krieger, Waldgänger, Anarch«, in dem ich Jüngers Geschichtsflucht zu analysieren und aus seinem Werk zu begründen versuchte. Dieser Essay war mein eigentlicher Abschied von Ernst Jünger.

*

Als ich im Jahre 2007 aus Marbach Kopien meiner gesamten Korrespondenz mit Ernst Jünger bekam, fand ich auf einem Brief, den Mitarbeiter von mir ohne mein Wissen auch an Ernst Jünger gesandt hatten, um Beiträge zum 30. Jubiläum von TEXT + KRITIK zu erbitten, diese Notate: »H. L. A. sagte zu Immig: er habe sich von mir abgenabelt.« Und von der Hand Liselotte Jüngers: »u.: er brauche keinen Übervater.« Dann wieder von Jüngers Hand: »Besser wäre: er hätte sich nicht erst angenabelt. 12.X.92. E.J.«

IX. Nachgeweht

Nach vielen Jahren hatte ich im Sommer 2009 bei einer geplanten Reise an den Bodensee Liselotte Jünger besuchen wollen und mich bei ihr angekündigt. Leider kam es dann doch nicht zu dieser Reise, und ich sagte den Besuch wieder ab. Darauf bekam ich einen Brief von ihr, den sie, die nicht mehr schreiben konnte, diktiert hatte; sie teilte mir am 28. September 2009 mit: »Ich habe mich gefreut nach so langer Zeit wieder von Ihnen zu hören und musste mir zunächst Ihre Anschrift suchen oder jemanden, der sie kannte, denn Ihr Brief enthielt nicht die leiseste Andeutung. Ich habe, so weit es möglich war, Ihren Lauf begleitet vor allem dadurch, dass ich Ihre Rezensionen jeweils gelesen habe in der FAZ, die ich nach wie vor lese. Natürlich konnte ich ihnen nichts Persönliches entnehmen, so dass ich jetzt sehr neugierig bin Näheres zu erfahren. Ich hoffe, dass Sie immer gesund gewesen sind und wüsste auch gerne, was aus Hannah geworden ist, vor allem, ob sie noch ein Geschwisterchen bekommen hat.

Es freut mich auch, dass Sie liebevoll der Wilflinger Wochen gedachten, und ich lächelte in mich hinein: Sie kommen doch alle wieder!«

Ich habe ihr noch ausführlich geantwortet, und tatsächlich bin ich wiedergekommen. Im Oktober 2010, bei einer kleinen Vortragsreise nach Sigmaringen, fuhr ich, 28 Jahre nach meinem letzten Besuch dort, mit einem Freund durch Wilflingen. Herbststimmung bei schönstem Wetter. Wenn man, von Sigmaringen kommend, ins Dorf einfährt, führt dort, wo es rechts zur Oberförsterei und zum Stauffenbergschen Schloss geht, der Weg links hoch zum Friedhof; dieser Weg heißt nun Ernst-Jünger-Allee. Wenn man sie bis zum Ende geht, kommt man in die Feldmark und etwas weiter zu einem Weiher, an dessen Rand ein lebendgroßer Ernst Jünger in Bronze steht, ein Fernglas in der Hand und auf dem Glas ein Insekt.

Die Oberförsterei, das Jüngerhaus, war noch nicht wieder hergerichtet, aber glücklicherweise waren Handwerker bei der Arbeit. Ich sagte, dass ich hier vor fast 50 Jahren Dienst getan habe, und so durften wir hinein. Ja, doch, ich wurde sentimental in den alten Räumen, in denen ich einst immer wieder ein paar Wochen mitgelebt hatte. Und im herbstlichen Garten, in dem sogar noch der Pflaumenbaum stand, den ich 1961 dort gepflanzt hatte, pflückte ich ein Sträußlein noch gerade blühender Astern, um sie auf die Gräber zu legen.

Gleich vorn, wenn man den Friedhof durch das gusseiserne Tor betreten hat, liegt das mit den Jahren gewachsene Familiengrab. Das Grab von Liselotte Jünger, die am 31. August 2010 starb, war noch frisch. Als ich im August 1960 das erste Mal in Wilflingen war, gab es nur den marmornen Grabstein des am 29. November 1944 im Alter von 18 Jahren in den Marmorbrüchen bei Carrara gefallenen Sohnes Ernstl. Beim zweiten Besuch, im Januar 1961, schmückte das Grab von Gretha Jünger, die am Totensonntag 1960 gestorben war, noch erst ein schlichtes Holzkreuz. Seit März 1993 liegt hier auch der zweite Sohn, Alexander, der, schwer erkrankt, sich am 9. März dieses Jahres erschossen hat. Und mitten unter ihnen, gestorben am 17. Februar 1998 im Alter von 103 Jahren, der »Chef«.

ZU MEINER AUSWAHL

Das in 22 Bänden versammelte Gesamtwerk Ernst Jüngers in einem solchen Lesebuch gerecht zu repräsentieren, ist nicht möglich. Es sollte, nicht nur deshalb, aber auch, eine persönliche Auswahl sein. Ich wollte, entweder ganz oder in Auszügen, das aus Jüngers Werk zeigen, was ich nach wie vor für wesentlich und bedeutend halte, auch das, was mich persönlich anrührt.

Gegliedert habe ich diese Auswahl nach Begriffen, die – mit der Ausnahme »Erzähltes« – für Ernst Jüngers Leben und Werk signifikant sind: »Krieg und Frieden« zeigt den Jünger, der durch zwei Weltkriege zum Frieden findet; sein »Abenteuerliches Herz« prägt im Grunde sein ganzes Werk; »Streifzüge« unternahm er in corpore rund um den Planeten, mental durch viele Gebiete geistiger Erfahrungen; und »Geträumtes« durchzieht sein Leben, was vor allem seine Tagebücher belegen.

*

Die »Stahlgewitter« bezeugen zum einen Jüngers militärische Formung im Ersten Weltkrieg, aber zunehmend mit den immer wieder bearbeiteten Fassungen auch seinen ästhetischen, seinen starken Form- und bewußten Stilwillen. Deshalb scheint es mir interessant, das erste Kapitel der »Stahlgewitter« auf seinem Weg von der rohen, hier mit allen Fehlern abgedruckten Urfassung der Kriegstagebücher über die Literarisierung in der frühen zweiten Auflage von 1922 bis zur Fassung letzter Hand von 1978 zu zeigen.

Tagebuchnotizen aus den »Gärten und Straßen«, noch 1942 erschienen, und den schon etwas stärker bearbeiteten »Strahlungen« aus dem Jahre 1949 bezeugen Jüngers Haltung im Zweiten Weltkrieg. [Darin: Kniébolo = Hitler]

Die Schrift »Der Friede«, die in ihren Grundzügen im Winter 1941 in Paris entworfen wurde, deren endgültige Fassung im Sommer 1943 entstand, markierte für mich *den* Jünger, den ich dem Jünger der frühen Schrift »Der Kampf als inneres Erlebnis« von 1922 und des nationalbolschewistischen »Arbeiter« von 1932 trotz ihres etwas antiquarischen

Stils vorzog. Sie schien mir schon früh jene behauptete Wende in Jüngers Werk zu bezeugen, von der er selbst nie etwas wissen wollte: »Mein Werk ist eine Einheit.« Weshalb ich meiner ihm zum 70. Geburtstag gewidmeten Festschrift den Titel »Wandlung und Wiederkehr« gegeben habe. Ausdruck dieser Wende war für mich damals auch »Der Waldgang« von 1951, dessen Lieblingsstelle noch immer ist: »Ein Wunder muss geschehen, wenn man solchen Wirbeln entkommen soll. Und dieses Wunder hat sich unzählige Male vollzogen, nämlich dadurch, dass inmitten der unbelebten Ziffern der Mensch erschien und Hilfe spendete. Das galt bis in die Gefängnisse, ja gerade dort. In jeder Lage und jedem gegenüber kann so der Einzelne zum Nächsten werden – darin verrät sich sein unmittelbarer, sein fürstlicher Zug. Der Ursprung des Adels liegt darin, dass er Schutz gewährte – Schutz gegenüber der Bedrohung durch Untiere und Unholde. Das ist das Kennzeichen der Vornehmen, und es leuchtet noch auf im Wächter, der einem Gefangenen heimlich ein Stück Brot zusteckt. Das kann nicht verloren gehen, und davon lebt die Welt. Es sind die Opfer, auf denen sie beruht.« Texte von dieser Art sind Kerntexte des von mir geschätzten Jüngerschen Werks.

Eines meiner Lieblingsstücke war der »Sizilische Brief an den Mann im Mond«. Das ist natürlich spätexpressionistische Romantik pur – und deshalb etwas Besonderes, für das Schreiben Jüngers nach 1933 auch stilistisch Untypisches. Solche sehr persönlichen Texte waren im ersten »Abenteuerlichen Herzen« von 1929 zu finden, das damals noch, romantisch wie der »Sizilische Brief« ein Jahr später, im Untertitel »Aufzeichnungen bei Tag und Nacht« hieß, wohingegen die neun Jahre später publizierte zweite Fassung des »Abenteuerlichen Herzens« den nüchtern formalen Untertitel trug: »Figuren und Capriccios« – aus dieser zweiten Fassung habe ich für diesen Band meine Lieblingsstücke ausgewählt. Und natürlich dürfen hier die »Afrikanischen Spiele« aus dem Jahre 1936 nicht fehlen, die den Ausbruch des Achtzehnjährigen nach Afrika nacherzählen: »Ich dachte damals mehr so an afrikanische Erlebnisse, hatte viel gelesen in diesen Reisebeschreibungen, Stanley ›Der dunkle Weltteil‹ und ähnliches. Ich stellte mir das sehr schön vor. Es muss immer sehr warm sein, warm, und Tiere und primitives Leben.« So Jünger im Gespräch mit Julien Hervier 1985.

An diese Jugendzeit erinnern auch die »Rehburger Reminiszenzen« aus den »Subtilen Jagden« von 1967, die Jüngers Streifzüge durch die Welt auf Käferjagd schildern. Überhaupt war Jünger ein großer Reisender und hat seine Eindrücke in einer Reihe von Reisetagebüchern hinterlassen, von denen mir diese beiden, »Aus der Goldenen Muschel«, das Tagebuch einer Reise nach Sizilien im Jahre 1929, und »Herbst auf Sardinien«, seiner Lieblingsinsel, mit die schönsten scheinen. Aber auch die inneren Streifzüge, die Erkundungen der inneren Horizonte hat er schon früh betrieben und beschrieben in »Drogen und Rausch«, dem einleitenden Teil der »Annäherungen« von 1970, in denen er von eigenen Versuchen mit Drogen erzählt und das Wesen des Drogenrauschs reflektiert – ein geistiger Streifzug wie jener ganz andere in die Welt und Geschichte der Sanduhren. Diese erzählend reflektierenden Bücher Jüngers sind mir näher als das umfangreiche essayistische Werk vom »Arbeiter« bis zur »Zeitmauer« (1959) und schließlich zur mystifikatorischen »Schere«, seinem letzten großen Essay von 1990, denen ich ihre auch gnostische Bedeutung gar nicht absprechen will – diese komplexen Texte hier repräsentativ abzubilden ist aber auch schier unmöglich. »Der Waldgang« ist deshalb – und aus den angegebenen Gründen – der einzige Großessay, den dieses Lesebuch berücksichtigt.

Aus dem erzählerischen Werk – beginnend mit den »Afrikanischen Spielen« (1936) und »Auf den Marmor-Klippen« (1939) bis zu den Romanen »Die Zwille« (1973), »Eumeswil« (1977) und der späten »Gefährlichen Begegnung« (1985) – habe ich Ausschnitte aus vier Romanen und seine wohl beste Erzählung, »Die Eberjagd« (1952), ausgewählt: Die eindrücklichsten Passagen aus den »Marmorklippen« schildern das Grauen am Köppelsbleek; »Ortners Erzählung« aus dem ersten utopischen Roman »Heliopolis« (1949) ist eine schöne kleine Fabel für sich; einige der zentralen Kapitel aus den »Gläsernen Bienen« (1957) weisen schon weit voraus in die Welt der Roboter bis hin zu den unbemannten Drohnen; und geradezu untypisch spannend für Jünger ist die kriminalistische Handlung aus seinem letzten Roman »Eine gefährliche Begegnung«.

Ein Buch, das den Anspruch erhebt, die wichtigsten Texte aus Ernst Jüngers Werk zu repräsentieren, darf natürlich auf seine Träume nicht verzichten. Die Träume, die Jünger zum Teil in kleinen Separat- und Privatdrucken publiziert, vor allem aber in all seinen Tagebüchern von den

»Strahlungen« bis zu »Siebzig verweht« notiert hat, füllten allein einen ansehnlichen Band. Aus diesem großen Traumwerk habe ich einige der charakteristischen ausgewählt; aus Sentimentalität auch jene »Skurrilen Ausflüge«, deren erstes Stück, »Pariser Traum«, mir Ernst Jünger bei meinem ersten Besuch am 8. August 1960 als Manuskript geschenkt hat.

Den Schluss dieser Auswahl macht der Kommentar Ernst Jüngers zu seinem Werk: »Post festum« entstand 1975 als Danksagung bei der Feier seines 80. Geburtstags und war zugleich das Nachwort der zweiten Gesamtausgabe.

Dass ein anderer Herausgeber eine ganz andere Auswahl getroffen hätte als ich, halte ich für selbstverständlich. Dass meine Auswahl gerade auch jüngere Leser für Ernst Jünger gewinnen möge, ist mein Wunsch.

Göttingen, am 4. November 2010

I. KRIEG *und* FRIEDEN

IN STAHLGEWITTERN

Aus Heft 1 der Kriegstagebücher

30.XII.14.
Nachmittags, Empfang von Patronen und eiserner Ration. Untersuchung auf Geschlechtskrankheiten. Als wir antraten, nahmen einige Mütter Abschied, was doch etwas trübe stimmte. 644 Abfahrt. Wir bekamen Stroh in die Wagen. Furchtbar gedrängte Pennerei in und unter den Bänken.

31.XII.14.
½1 bekamen wir Kaffee und Brot in Hannoversch Münden. 7 Uhr morgens in Gießen. Wir aßen Erbsensuppe mit Fleisch. Lahntal, wunderbare Aussicht. Rhein überschritten bei Coblenz. Dann Moseltal (Revolverschießerei)! Hinter Trier überschritten wir die Luxemburger Grenze. ½10 aßen wir Erbsensuppe in Stadt Luxemburg, die ein ganz deutsches Aussehn hatte. Um 12 wurde Neujahr gefeiert mit Gesang und einem Schuck Curaçao. Dann pennte ich ziemlich gut bis zum andern Morgen.

1.1.15.
Um 7 Uhr in Sedan Erbsensuppe bekommen. Stimmung war fidel. Die Gegend bekommt kriegsmäßiges Aussehn. Zerstörte Häuser, gesprengte Brücken, die langsam überfahren werden, und die verfaulten Garben der Ernte auf den Feldern. Viele Hauser stehen verlassen mit offenen Fenstern und Türen. Überall an der Strecke Landsturmmänner. Die verwilderten Felder bieten einen traurigen Anblick. Überall stehen verroste Erntemaschinen. Am Bahnhof Bazancourt stiegen wir aus. In der Ferne brummten die Geschütze. Wir sahen weit hinten zwei Shrapnellwölkchen, die sich in weißen Dampf auflösten. Dann fuhren wir noch einige Kilometer weiter. Wir stiegen aus und gingen zu Fuß nach Oranville. Dort übernachteten wir in einer großen Scheune und hörten auf das Gebrumm der Kanonen.

2.1.15.
Am nächsten Morgen wurden wir eingeteilt. Ich kam zur 9. Kompanie. Wir legten uns dann etwas in die Schule des Ortes. Plötzlich krachte es [2–3 Buchstaben gestrichen, unlesbar] ziemlich in unsrer Nähe. Aus allen Häusern liefen die Soldaten auf die Straße. Dann pfiff es 3 Mal dicht über uns hinweg. Alles lachte und niemand lief, aber jeder senkte den Kopf. Wenige Augenblicke später wurden die ersten Getroffenen auf Zeltbahnen herangetragen. Der erste, den ich sah, war blutüberstromt und rief ein heiseres ersticktes zu Hilfe, zu Hilfe. Dem Zweitem hing das Bein lose am Schenkel. Es waren 9 Mann getötet, darunter der Musikdirektor Gebhardt. Es wurde von Spionage gesprochen, da unser Dorf erst seit gestern befeuert wurde. Wir standen längere Zeit hinter einer Böschung am Dorf und gingen dann wieder hinein. Ich kam nachher am Portal des Schlosses vorbei. Eine Granate war in die linke Ecke eingeschlagen. Einige große Blutlachen röteten die Straße und am Pfeiler klebte Hirn. Die schwere Eisentür war oben zerfetzt und von c. 50 Stücken durchschlagen. Ein duchlöcherter Helm und Feldmütze lagen darunter. Oben hing lustig ein Schild: »Zur Granatecke.« Wir blieben tagsüber im Dorfe und am Abend marschierten wir in Feuerstellung. Unser Weg führte uns durch ein völlig zerschossenes Dorf dann kamen wir auf die sogenannte Fasanerie, ein Gehöft, das die Reserve für die Schützengräben beherbergt. Dort hieß es »Laden und Sichern« und dann ging es weiter vor. Mindestens 20 Minuten ging es durch lange Verbindungsgräben. Rechts und links wären wüste Granatfelder, ein Sprengtrichter neben dem andern. Endlich waren wir am äußertem Schützengraben. Teils lagen wir die Nacht über in den engen Erdlöchern, teils wachten wir bei den Gewehren. Geschossen wurde wenig, aber unaufhörlich. Einmal pfiff eine Kugel über unsre Köpfe. Drei Stunden mußte ich wachen, eine Vorposten stehn. Priepke machte einen Patrouillengang bis an das Drahtverhau des Feindes, um dort eine Ermunterung an Überläufer anzuheften. Ich hatte 2 Stunden Vorposten und 2 Stunden Grabenwache.

3.1.15.
Am Morgen holte ich Kaffee von der Feldküche, die an die Fasanerie gefahren war. Dann schliefen wir in der Hauptstellung, einem Schützengraben, der hinter der Linie liegt. Der Graben, der vor uns lag wurde

stark beschossen, die Granaten platzten 50–100 m vor unsrer Stellung, ich ließ mich im Schlafe nicht stören. Am Abend bezogen wir wieder unsre Feuerstellung. Das Granatenhölzchen hinter uns erhielt einige Treffer der Fortgeschütze, wir sahen die Funken aus dem Zünder sprühen. Ein Offizierstellvertreter, ein Unteroffizier und ein Gefreiter gingen mit Gewehrgranaten vor, als sie die erste abschossen, explodierte sie vor der Mündung und verwundete alle 3, den Unteroffizier sehr schwer.

4.1.15.
Dieses schreibe ich in einem weit vorgeschobenen Erdloch, das ungefähr 150 m vom feindlichen Graben. Ab und zu saust ein feindliches oder freundlichcs Geschoß dicht an uns vorbei. Leider sehen wir hier keinen Franzmann, sonst könnten wir auch mal knallen. Die Fortgeschütze schießen nach Oranville und unsere Artillerie in ein Dorf an der Höhe, aus dem schon ein schwarzer Dampf aufsteigt. Höchstens 80 m vor uns liegen c. 6–8 tote Franzosen, die ungefähr schon 2 Monat alt sind. Die Gestreckten Glieder in der roten Hose und in den blauen Mänteln sehen seltsam aus; durch mein Glas bemerke ich die aschfahle, fast schwarze Verwesungsfarbe im Gesichte des einen. Nun richtet sich die franz Batterie gegen die deutsche, welche verstummt; dann aber wieder feuert. Dann kracht es wieder an 4, 5 verschiedenen Orten. Nachher rauche ich mit Priepke meine Cigarette und wir glauben, hinten auf dem Felde einen Franzosen zu sehen. Ich schieße erst mit Visier 1200, dann mit 1600, und Priepke mit noch einem andern. Dann müssen wir das Feuer einstellen, da wir sonst von den Forts eiserne Portion bekommen. Ich bin sehr neugierig, wie sich eine Shrapnellbeschießung ausmacht. Im allgemeinen ist mir der Krieg schrecklicher vorgekommen, wie er wirklich ist. Der Anblick der von Granaten zerrissenen hat mich vollkommen kalt gelassen, ebenso die ganze Knallerei, trotzdem ich einige Male die Kugeln sehr nah habe singen hören. Im allgemeinen sind mir die Kälte und die Nässe in unser Erdlöchern das unangenehmste. Währenddessen ich dieses schreibe, liege ich unter [d, gestrichen] einem Unterstand mit etwas feuchtem Stroh, es regnet und der Graben hält schon einige cm Wasser. Gleich geht es wieder auf Wache. So ist man tagelang durchnäßt und nicht im geschlossenem Raume. Ich bin neugierig wann sich der unvermeidliche [Rest der Zeile abgestoßen, ver-

mutlich: Rheu] matismus einstellt. Hoffentlich wird es nichts Schlimmeres. Am Abend gingen wir zur Reservestellung, dem Faisanderie zurück. Die Faisanderie ist ein Gehöft, das hinter dem Wäldchen auf dem Berge liegt. Trotzdem sie unmittelbar in der Nähe des Granatwäldchens liegt, ist sie noch vollkommen unbeschädigt. Das soll daher kommen, daß sie [1 Wort gestrichen, unlesbar] dem franz. Oberst gehört, der mit den Batterieen uns gegenüberliegt. Nachts mußten wir hunde [Anfang der Zeile abgestoßen, vermutlich: müde] zum Schanzen von 11–4 vertieften wir einen Laufgraben. [1 Wort gestrichen, unlesbar] Dann pennten wir in etwas feudaleren Löchern, wie im Graben, die sich durch großen Gestank auszeichneten.

5.1.15.
Heut durften wir bis 12 Schlafen, eine wahre Erquickung. Nachmittags wurden Erdlöcher gegraben; sogenannte Winterhütten. Dann wurden wir alarmiert. Der Alarm war blind. Es wurden die Gewehre nachgesehen und es stellte sich heraus, daß eine Menge Leute mit gelad [Rest der Zeile abgestoßen, vermutlich: enen] und nicht gesicherten Gewehren herumliefen. Am Abend kam die Feldküche angewackelt und brachte einen Scheißfraß, der wahrscheinlich aus den erfroren Schweinerüben zusammengekocht war.

6.1.15.
Von Morgens 9–½ 12, Nachmittags 1–4 geschanzt. Wir standen um die Unteroffiziere und erzählten uns eins. Ich habe höchstens 50 Spaten ausgehoben. Ich sprach mit einem kleinem Unteroffizier der die Sache von Anfang an mitgemacht hat. Er meinte, die Verteilung der eisernen Kreuze und das rote Kreuz wären [1 Wort gestrichen, unlesbar] zwei große Schandflecke unseres Heeres. Ebenso die Feldpost. Fein aussehende Pakete kommen überhaupt nicht an. Jedem sind schon X Pakete verschwunden, von denen sich die Herren hinter der Front ein feines Leben machen. Wir bekommen hier einmal abends warmes Essen und ein halbes oder ein Drittel Kommißbrot, das Bischen Speck oder Schmalz was wir dazu bekommen, sind Liebesgaben. Könnte uns der Staat nicht ebensoviel zukommen lassen, wie unseren Kameraden in Deutschland? Oder sieht es niemand hier? Heut morgen wurde ein Mann der Maschie-

nengewehrabteilung durch den Kopf geschossen. Diese Abteilung steht neben uns. Die Kugel flog durch den Ausguck ihres eisernen Schutzschildes. Wer es haben soll, den trifft es auch. In den Gräben stehen Maschinengewehre, Scheinwerfer u.s.w. Nach dem Schanzen am Nachmittag wurden die Einjährigen Kaufleute u.s.w. zusammengerufen. Der Leutnant sagte, er wolle mit den besseren Elementen, die die moralischen Führer der Companie wären, ab und zu eine freie Diskussion abhalten. Abends bezogen wir wieder Feuerstellung. Dem neuen Reg. Befehl zu Folge durften wir pro Mann nur 2 Stunden Schlafen. Des morgens fielen mir im Stehen die Augen zu und die Kniekehlen knickten ein. Es regnete und stürmte, daß wir völlig durchnäßt wurden.

7.1.15.
Von 9 Uhr ab sollten wir in den Unterständen schlafen. Es war so tropfig, daß wir kein Auge zu tun konnten. Wir spielten Karten (Hachmeiter Janetzki und ich) und vertrieben uns die Zeit, so gut wir konnten. Von 6 Uhr abends bis 8 Uhr morgens wieder das endlose Wachen. Es regnete wieder, Jasnetzki fluchte wie wild.

8.1.15.
Am Tage hatten wir wieder Grabenwache, Gottseidank werden wir heute abgelöst. 60 Stunden ohne Schlaf in Nässe und Kälte sind endlos. Ich bekomme, wie damals in Algerien ganz and [Rest der Zeile unlesbar, vermutlich: ere] Ideale. Ein solides Studentenleben mit Lehnstuhl und weichem Bett und einem kleinen Freundeskreise ohne Verbindungseseleien, schöne Ausflüge und gute Bücher. Und eine Käfersammlung. Vorher muß ich irgendwie nach Afrika reisen, nur um zu sehen, daß man auch darin nur Phantastereien nachgejagt hat. Heute wurden wir heftig beschossen; die Shrapnells platzten vor und hinter dem Graben. Es machte mir Spaß zu beobachten, wie die Dinger in der Luft krepierten. Trotzdem der Graben offensichtlich beschossen wurde, kam mir doch kein Gefühl der Gefahr hoch. [1 Wort gestrichen, unlesbar] Am diesem Tage schlug eine Granate in die sonst so sichere Faisanderie, tötete den Batallionsadjudanten Lt. Schmidt und verwundete 2 Burschen. Vorgestern ging ein Mann zur Latrine und erhielt, grade in Hockstellung einen Schuß in die Kniekehlen. Am Abend wurden wir Gottseidank ab-

gelöst und gingen nach Oranville zurück. Dort schlief die Kompanie in einer großen, zugigen Scheune.

9.1.15.–12.1.15.
Gewehrreinigen und Unterricht, Appelle und etwas Exercieren. Ich schlief gut und aß mächtig. Am 12. um ½ 6 rückten wir wieder in den Graben. Es war zum ersten Mal schönes, sternen klares Wetter, und die Laune war daher besser wie gewöhnlich. Zwei Mann wurden abgeschickt, die zwei Handbomben in den Graben der Franzmänner werfen mußten. Sie kamen unversehrt zurück.

13.1.15.
Am Tage lagen wir hinten in der alten Hauptstellung. Priepke und ich hatten 2 Stunden Schlaf Nachts auch wieder Wache bis auf 2 Stunden. Diese beiden Nächte waren wenigstens trocken.

14.1.15.
2 Stunden höchstens geschlafen. Unsere Artillerie bewarf die Franzosen mit Granaten mit Zeitzünder, daß die Splitter bis in unsere Gräben flogen. Es sah recht kriegerisch aus wie so 4–6 Granaten auf einmal über den franz. Stellungen platzten. Des Nachts gingen wir zurück bis zu den Winterhütten des Regiments und aßen Erbsen. Oh köstliche Erbsen, Oh köstliche 4 Portionen, Oh Qualen der Sättigung! Dann schantzten wir bis ½ 6 Uhr morgens, und schliefen dann bis ½ 12. Also: Eine Nacht Wache, 2 Stunden Schlaf, ein Tag Wache, 2 Stunden Schlaf, eine Nacht Wache, 2 Stunden Schlaf, ein Tag Wache, 2 Stunden Schlaf und dann eine Nacht durchgearbeitet, um dann 6 Stunden zu schlafen!

15.1.15.
Um ½ 12 aufgestanden, dann von 1–4 geschantzt. Dann sollte jeder 12 Steine von der Faisanderie bis zu den Regimentshütten tragen. Ich trug 6 und hatte auch genug getan. Endlich einmal eine Nacht zum Schlafen!

16.1.15.
Morgens geschantzt, Nachmittags Gewehr reinigen. Am Abend abgerückt in die vordere Linie. Wir kamen in das »Granatloch« [zum, gestri-

chen] als Unteroffiziersposten. Es wurde abwechselnd eine Stunde gewacht und eine Stunde geschlafen also ganz angenehm. Ich zog immer mit Priepke zusammen auf. Das Granatloch ist ein Loch, welches von einer Granate aufgerissen ist und zum Postenloch ausgearbeitet ist. Man befindet sich ziemlich nahe am Feinde und es wird viel geschossen. 3 Meter von unserm Unterstande ragte ein Fuß mit Schuh aus der Erde, der ziemlichen Gestank verbreitete. Die Nacht war wenigstens trocken.

17.1.15.
Den Tag im Graben verbracht. Nachts wieder im Granatloch.

18.1.15.
Heute hinterm Graben im Unterstande gelegen. Ich bekam die erste Karte von Daheim. Am Abend zogen wir in Reservestellung. Ich bekam das erste Paket von zu Haus und von Großmutter.

19.1.15.
Tagsüber geschanzt. Der Unteroffiziersposten, [den, gestrichen] an dem wir gestern standen, hat heute einen Mann durch einen Granatsplitter verloren

22.1.15.
Heute [wurde, gestrichen] fand rechts von Oranville eine sehr interessante Fliegerbeschießung statt. Die Deutschen Abwehrkanonen schossen sich sehr gut ein, jedoch der Flieger entkam. Zuletzt standen an 30 Shrapnellwölkchen am blauem Himmel.

27.1.15.
Heute, an Kaisers Geburtstag waren wir im Graben. Um 12 Uhr wurde geblasen und wir schrieen den Franzosen 3 Hurrahs entgegen. Dann sangen wir die erste Strophe von »Heil Dir im Siegerkranz.«

28.1.15.
Die beiden Nächte waren sehr klar und kalt. Ich taxiere mindestens auf 5–6 unter Null. Jedenfalls viel besser als Regen. Der Kaffee fror in den Feldpullen und und das Essen in den Kochgeschirren. Mein Freund, der

Orion leuchtete in wundervoller, regelmäßiger Klarheit. Ein Pullchen mit Rum und eins mit Cognak taten gute Dienste. Wir gossen den Alkohol in Löffel mit feinem Zucker und hatten so einen großen Genuß.

30.1.15.
Wir hatten heut Stellung ganz am linken Flügel unsrer Gräben. Des Nachts hatten wir Wache neben dem Feldgeschütz und unterhielten uns sehr gut mit den Artilleristen. Ich ging 3 mal zum Wasserholen nach der zerschossenen Mühle im Bachgrunde, ein unheimliches Stimmungsbild à la Böcklin. Vollmond, zerschossenes Gemäuer, ein Gewirr niedergestürzter Erlen, im Wasser ein zerfallender Kahn, das rauschende Wasser, überall tiefe Granatlöcher, ein mitelalterliches Bild der Verwüstung. Am nächsten Morgen kochten wir bei den Artilleristen Kakao, Tee und Krebssuppe.

31.1.15.
Stellung in Graben 5a ganz vorn. Ich stand ganz allein auf Posten im Schilf und war so müde, daß ich einpennte. Als ich aufwachte (ich hatte im Stehen gedöst) war mein Gewehr weg. Seffers hatte sich ganz leise herangeschlichen und es geklaut. Zur Strafe wurde ich nur mit einem Beile bewaffnet von einem Unteroffizier vor unsre Posten geführt und mußte dort 3 Stunden stehen. Als wir hingingen, bekamen wir 2 Salven. Der Unteroffizier, der nachher den Familienvater markieren wollte, verschwand, als er das Pfeifen hörte, mir schlugen noch einige Kugeln am Kopf vorbei, eine schlug grade über mir einen Zweig von der Weide. Meinetwegen hätten sie mich auch direkt in den franz. Posten setzen können, mich ärgerte nur der gemeine Kerl, der äußerte: Wenn ihm was passiert, ist es ihm recht. Nach 2 Stunden schlichen 3 Kerls karikaturenmäßig nach vorn als Patrouille, darunter Lang und Wiesenburg. Sie gingen am Bach entlang, an einer Zuavenleiche vorbei und verschwanden. Bald darauf knallte es und dann pfiff noch eine Salve in meine Gegend. Die beiden kamen zurück, Lang war geblieben. Vor Angst schissen die beiden Feiglinge, die ihren Kameraden liegen lassen hatten, sich fast die Hose voll: Sie mußten wieder zurück, behaupteten aber, ihn nicht finden zu können, wahrscheinlich sind sie im nächsten Gebüsch liegen geblieben.

1.11.15.
Der Leutnant machte mir heut ernste Vorhaltungen und versprach, die Sache nicht weiter zu geben. Andernfalls wäre ich auch abgetan gewesen, denn 6 Monat – 10 Jahr Gefängnis gibt das Kriegsgericht jeden Tag aus. Ich kam infolgedessen später nach 5a und ging mit Dietmann durch den Bachgrund. Plötzlich auf halbem Wege sauste eine Shrapnell oder Granate mit Brennzünder heran und platzte in unmittelbarster Nähe über unserm Kopfe. So schnell bin ich noch nie auf den Boden gekommen. Die Fetzen und der Dreck sausten uns um die Ohren [ein Wort, unlesbar] es folgten noch 2 weitere. Dann stand ich noch eine Stunde im Bachgrund, worauf wir abgelöst wurden und nach Orainville gingen. Für mich hohe Zeit! Einer von dem 74 ist verückt geworden, wahrscheinlich kommt das nicht zum wenigsten von der ewigen Schlafentziehung.

Vorwort zur 1. Auflage von »In Stahlgewittern«, 1920

Noch wuchtet der Schatten des Ungeheuren über uns. Der gewaltigste der Kriege ist uns noch zu nahe, als daß wir ihn ganz überblikken, geschweige denn seinen Geist sichtbar auskristallisieren können. Eins hebt sich indes immer klarer aus der Flut der Erscheinungen: Die überragende Bedeutung der Materie. Der Krieg gipfelte in der Materialschlacht; Maschinen, Eisen und Sprengstoff waren seine Faktoren. Selbst der Mensch wurde als Material gewertet. Die Verbände wurden wieder und wieder an den Brennpunkten der Front zur Schlacke zerglüht, zurückgezogen und einem schematischen Gesundungsprozeß unterworfen. »Die Division ist reif für den Großkampf.«

Das Bild des Krieges war nüchtern, grau und rot seine Farben; das Schlachtfeld eine Wüste des Irrsinns, in der sich das Leben kümmerlich unter Tage fristete. Nachts wälzten sich müde Kolonnen auf zermahlenen Straßen dem brandigen Horizont entgegen. »Licht aus!« Ruinen und Kreuze säumten den Weg. Kein Lied erscholl, nur leise Kommandoworte und Flüche unterbrachen das Knirschen der Riemen, das Klappern von Gewehr und Schanzzeug. Verschwommene Schatten tauchten aus den Rändern zerstampfter Dörfer in endlose Laufgräben.

Nicht wie früher umrauschte Regimentsmusik ins Gefecht ziehende Kompagnien. Das wäre Hohn gewesen. Keine Fahnen schwammen wie einst im Pulverdampf über zerhackten Karrees, das Morgenrot leuchtete keinem fröhlichen Reitertage, nicht ritterlichem Fechten und Sterben. Selten umwand der Lorbeer die Stirn des Würdigen.

Und doch hat auch dieser Krieg seine Männer und seine Romantik gehabt! Helden, wenn das Wort nicht so wohlfeil geworden wäre. Draufgänger, unbekannte, eherne Gesellen, denen es nicht vergönnt war, vor aller Augen sich an der eigenen Kühnheit zu berauschen. Einsam standen sie im Gewitter der Schlacht, wenn der Tod als roter Ritter mit Flammenhufen durch wallende Nebel galoppierte. Ihr Horizont war der Rand eines Trichters, ihre Stütze das Gefühl der Pflicht, der Ehre und des inneren Wertes. Sie waren Überwinder der Furcht; selten ward ihnen die Erlösung, dem Feinde in die Augen blicken zu können, nachdem alles Schreckliche sich zum letzten Gipfel getürmt und ihnen die Welt in blutrote Schleier gehüllt hatte. Dann ragten sie empor zu brutaler Größe, geschmeidige Tiger der Gräben, Meister des Sprengstoffs. Dann wüteten ihre Urtriebe mit kompliziertesten Mitteln der Vernichtung.

Doch auch wenn die Mühle des Krieges ruhiger lief, waren sie bewundernswert. Ihre Tage verbrachten sie in den Eingeweiden der Erde, vom Schimmel umwest, gefoltert vom ewigen Uhrwerk fallender Tropfen. Wenn die Sonne hinter gezackten Schattenrissen von Ruinen versank, entklirrten sie dem Pesthauch schwarzer Höhlen, nahmen ihre Wühlarbeit wieder auf oder standen, eiserne Pfeiler, nächtelang hinter den Wällen der Gräben und starrten in das kalte Silber zischender Leuchtkugeln. Oder sie schlichen als Jäger über klickenden Draht in die Öde des Niemandslandes. Oft zerrissen jähe Blitze das Dunkel, Schüsse knallten und ein Schrei verwehte ins Unbekannte. So arbeiteten und kämpften sie, schlecht verpflegt und bekleidet, als geduldige, eisenbeladene Tagelöhner des Todes.

Manchmal kamen sie zurück, standen verträumt auf den Asphaltmeeren der Städte und schauten ungläubig auf das Leben, das strudelnd in seinen gewohnten Bahnen floß. Dann stürzten sie sich hinein, um keine Minute der kurzen Tage ungenützt verfließen zu lassen, tranken und küßten. Mit der ihnen Lebensform gewordenen Rücksichtslosigkeit schwangen sie in tollen Nächten den Becher, bis ihnen die Welt versank. Da ließ man die gefallenen Freunde leben und scherte sich den Teufel um den nächsten Tag. Und dann ging es wieder auf den gewohnten Straßen der Brandung zu.

Das war der deutsche Infanterist im Kriege. Gleichviel wofür er kämpfte, sein Kampf war übermenschlich. Die Söhne waren über ihr Volk hinausgewachsen. Mit bitterem Lächeln lasen sie das triviale Zeitungsgewäsch, die ausgelaugten Worte von Helden und Heldentod. Sie wollten nicht diesen Dank, sie wollten Verständnis. Kein Dank kann groß genug sein. Ein Bild: der höchste Alpengipfel, ausgehauen zu einem Gesicht unter wuchtendem Stahlhelm, das still und ernst über die Lande schaut, den deutschen Rhein hinunter aufs freie Meer. – Einst wird kommen der Tag ...

Der Zweck dieses Buches ist, dem Leser sachlich zu schildern, was ein Infanterist als Schütze und Führer während des großen Krieges inmitten eines berühmten Regimentes* erlebt, und was er sich dabei gedacht hat. Es ist entstanden aus dem in Form gebrachten Inhalt meiner Kriegstagebücher. Ich habe mich bemüht, meine Impressionen möglichst unmittelbar zu Papier zu bringen, weil ich merkte, wie rasch sich die Eindrücke verwischen und wie sie schon nach wenigen Tagen eine andere Färbung annehmen. Es erforderte Energie, diesen Stapel von Notizbüchern zu füllen, in den kurzen Pausen des Geschehens, nach dem Tagewerk der Front, beim trüben Licht einer Kerze, auf den Treppen schmaler Stollenhälse, in zeltverhangenem Trichter oder feuchten Kellern von Ruinen; indes es hat sich gelohnt. Ich habe mir die Frische der Erlebnisse gewahrt. Der Mensch neigt zur Idealisierung des Geleisteten, zur Vertuschung des Häßlichen, Kleinlichen und Alltäglichen. Unmerklich stempelt er sich zum »Helden«.

Ich bin kein Kriegsberichterstatter, ich lege keine Helden-Kollektion

---

* Das Stammregiment des Füsilier-Regiments Nr. 73, das vormals Königlich Hannoversche Garderegiment, verteidigte von 1779 bis 1783 fast vier Jahre lang unter General Elliot Gibraltar siegreich gegen die Spanier und Franzosen. Zur Erinnerung an diese ruhmvolle Waffentat trägt unser Regiment am Ärmel des Waffenrocks ein blaues Band mit der Aufschrift »Gibraltar«. Dasselbe Zeichen wird jetzt von der 5. Kompagnie des Reichswehr-Regiments Nr. 16 (Hannover) weitergetragen.

vor. Ich will nicht beschreiben, wie es hätte sein können, sondern wie es war.

Iliacos muros peccatur intra et extra. Der Grad der Sachlichkeit eines solchen Buches ist der Maßstab seines inneren Wertes. Der Krieg setzt sich wie alle menschlichen Handlungen aus Gut und Böse zusammen. Nur treten hier, wo sich die Kraft von Völkern aufs Höchste steigert, die Gegensätze noch greller hervor als sonst. Neben gipfelnden Werten gähnen dunkelste Abgründe. Da, wo ein Mensch die beinah göttliche Stufe der Vollkommenheit erreicht, die selbstlose Hingabe an ein Ideal bis zum Opfertode, findet sich ein anderer, der dem kaum Erkalteten gierig die Taschen durchwühlt. Von großen Worten Berauschte brechen im Moment der Gefahr elend zusammen. Männer, deren Gesinnung wie ein Fels schien, stellen sich in entscheidender Stunde »auf den Boden der Tatsachen«, ohne den Degen zu ziehen, der sonst so schallend rasselt. Andere durchschwelgen die Nächte, in denen fernes Rot am Himmel glutet und leises Dröhnen mahnend an die Fenster schlägt.

Das muß gesagt werden. Um so glänzender hebt sich aus diesem dunkeln Hintergrunde der wahre Mann, der unscheinbare, echte, vom Geist getriebene Krieger, der seine Pflicht tat, am letzten Tage wie am ersten. Was war dagegen der Rausch von 1914? Eine Waffensuggestion! Und doch, wie viele habe ich kennengelernt, die unter dem grauen Tuch ein Herz von Gold und einen Willen von Stahl bargen, eine Auslese der Tüchtigsten, die sich dem Tode in die Arme warf – mit stets gleichbleibender Freudigkeit. Ob ihr gefallen seid auf freiem Felde, das arme, von Blut und Schmutz entstellte Gesicht dem Feinde zu, überrascht in dunklen Höhlen oder versunken im Schlamm endloser Ebenen, einsame, kreuzlose Schläfer; das ist mir Evangelium: Ihr seid nicht umsonst gefallen. Wenn auch vielleicht das Ziel ein anderes, größeres ist, als ihr erträumtet. Der Krieg ist der Vater aller Dinge. Kameraden, euer Wert ist unvergänglich, Euer Denkmal tief in den Herzen eurer Brüder, die mit Euch standen, vom flammenden Ringe umschlossen. Legten wir nicht weiße Bänder auf eure Wunden und sahen in eure brechenden Augen, als euch der Vorhang der Ewigkeit hochrauschte?

Möge dieses Buch dazu beitragen, eine Ahnung zu geben von dem, was ihr geleistet. Wir haben viel, vielleicht alles, auch die Ehre verloren. Eins bleibt uns: die ehrenvolle Erinnerung an euch, an die herrlichste

Armee, die je die Waffen trug und an den gewaltigsten Kampf, der je gefochten wurde. Sie hochzuhalten inmitten dieser Zeit weichlichen Gewinsels, der moralischen Verkümmerung und des Renegatentums ist stolzeste Pflicht eines jeden, der nicht nur mit Gewehr und Handgranate, sondern auch mit lebendigem Herzen für Deutschlands Größe kämpfte.

Orainville. Kapitel 1 aus der 2. [revidierten] Auflage, 1922

Der Zug hielt in Bazancourt, einem Städtchen der Champagne. Wir stiegen aus. Mit ungläubiger Ehrfurcht lauschten wir dem langsamen Takte des Walzwerkes der Front, einer Melodie, die uns in langen Jahren Gewohnheit werden sollte. Ganz weit zerfloß der weiße Ball eines Schrapnells im grauen Dezemberhimmel. Der Atem des Kampfes wehte herüber und ließ uns seltsam erschauern. Ahnten wir, daß fast alle von uns verschlungen werden sollten an Tagen, in denen das dunkle Murren dahinten aufbrandete zu unaufhörlich rollendem Donner? Der eine früher, der andere später?

Wir hatten Hörsäle, Schulbänke und Werktische verlassen und waren in den kurzen Ausbildungswochen zusammengeschmolzen zu einem großen, begeisterten Körper, Träger des deutschen Idealismus der nachsiebziger Jahre. Aufgewachsen im Geiste einer materialistischen Zeit, wob in uns allen die Sehnsucht nach dem Ungewöhnlichen, nach dem großen Erleben. Da hatte uns der Krieg gepackt wie ein Rausch. In einem Regen von Blumen waren wir hinausgezogen in trunkener Morituri-Stimmung. Der Krieg mußte es uns ja bringen, das Große, Starke, Feierliche. Er schien uns männliche Tat, ein fröhliches Schützengefecht auf blumigen, blutbetauten Wiesen. Kein schönrer Tod ist auf der Welt … Ach, nur zu Haus bleiben, nur mitmachen dürfen!

»In Gruppenkolonne antreten!« Die erhitzte Phantasie beruhigte sich beim Marsche durch den schweren Lehmboden der Champagne. Tornister, Patronen und Gewehr drückten wie Blei. »Kurztreten. Aufbleiben dahinten!«

Ach, zu des Geistes Flügeln wird so bald
Kein körperlicher Flügel sich gesellen!

Endlich erreichten wir das Dorf Orainville, den Ruheort des Füsilier-Regiments 73, eins der typischen Nester jener Gegend, gebildet durch 50 Häuschen aus Ziegel- oder Kreidesteinen um einen parkumschlossenen Herrensitz.

Das Treiben auf der Dorfstraße bot den kulturgewohnten Augen einen fremden Anblick. Man sah nur wenige scheue und zerlumpte Zivilisten; überall Soldaten in abgetragenen, zerschlissenen Röcken mit wettergegerbten, meist von großen Bärten umrahmten Gesichtern, die langsamen Schrittes dahinschlenderten oder in kleinen Gruppen vor den Türen der Häuser standen und uns Neulinge mit Scherzrufen empfingen. Irgendwo stand eine nach Erbsensuppe duftende Feldküche, von kochgeschirrklappernden Essenholern umringt. Die wallensteinsche Romantik wurde durch den beginnenden Verfall des Dorfes noch gesteigert.

Nachdem wir die erste Nacht in einer gewaltigen Scheune verbracht hatten, wurden wir im Hofe des Schlosses vom Regimentsadjutanten, dem damaligen Oberleutnant v. Brixen, eingeteilt und ich der 9. Kompagnie überwiesen.

Unser erster Kriegstag sollte nicht vorübergehen, ohne uns einen entscheidenden Eindruck zu hinterlassen: Wir saßen in der uns als Quartier angewiesenen Schule und frühstückten. Plötzlich dröhnte eine Reihe dumpfer Erschütterungen in der Nähe, während aus allen Häusern Soldaten dem Dorfeingang zustürzten. Wir befolgten dies Beispiel, ohne recht zu wissen warum. Wieder ertönte ein eigenartiges, nie gehörtes Flattern und Rauschen über uns und ertrank in polterndem Krachen. Ich wunderte mich, daß die Leute um mich sich zusammenduckten wie unter furchtbarer Drohung.

Gleich darauf erschienen schwarze Gruppen auf der menschenleeren Dorfstraße, in Zeltbahnen oder auf den verschränkten Händen schwarze Bündel schleppend. Mit einem merkwürdig beklommenen Gefühl der Unwirklichkeit starrte ich auf eine blutüberströmte Gestalt mit lose am Körper herabhängendem Bein, die unaufhörlich ein heiseres »Zu Hilfe!« hervorstieß und in ein Haus getragen wurde, von dessen Eingang die Rote-Kreuz-Flagge herabwehte. – Was war das nur? Der Krieg hatte seine Krallen gezeigt und die gemütliche Maske abgeworfen. Das war so rätselhaft, so unpersönlich. Kaum, daß man dabei an den Feind dachte, dieses geheimnisvolle, tückische Wesen irgendwo dahinten. Das völlig außerhalb der Erfahrung liegende Ereignis machte einen so starken Eindruck, daß es Mühe kostete, die Zusammenhänge zu begreifen. Es war wie eine gespenstische Erscheinung am hellen Mittag.

Eine Granate war oben am Portal des Schlosses krepiert und hatte eine Wolke von Steinen und Sprengstücken in den Eingang geschleudert, gerade, als die durch die ersten Schüsse aufgeschreckten Insassen aus dem Torweg strömten. Sie erschlug 13 Opfer, darunter den Musikmeister Gebhard, eine mir von den hannoverschen Promenaden-Konzerten her wohlbekannte Erscheinung. Ein angebundenes Pferd witterte die Gefahr eher als die Menschen, riß sich wenige Sekunden vorher los und galoppierte, ohne verletzt zu werden, in den Schloßhof.

Im Gespräch mit meinen Kameraden merkte ich, daß dieser Zwischenfall manchem die Kriegsbegeisterung sehr gedämpft hatte. Daß er auch auf mich stark gewirkt hatte, ersah ich aus zahlreichen Gehörstäuschungen, die mir das Rollen jedes vorüberfahrenden Wagens in das fatale Geräusch der Unglücks-Granate verwandelten.

Am Abend desselben Tages kam der lang ersehnte Augenblick, in dem wir, schwer bepackt, zur Kampfstellung aufbrachen. Durch die aus phantastischem Halbdunkel ragenden Ruinen des Dorfes Betricourt führte unser Weg nach einem einsamen, in Tannenwaldungen versteckten Forsthause, der sogenannten »Fasanerie«, wo die Regiments-Reserve lag, der bis zu dieser Nacht auch die dort liegende 9. Kompagnie angehörte. Ihr Führer war der Leutnant d. R. Brahms.

Wir wurden in Empfang genommen, auf die Gruppen verteilt und befanden uns bald im Kreise bärtiger, lehmbekrusteter Gesellen, die uns mit einem gewissen ironischen Wohlwollen begrüßten. Wir wurden gefragt, wie es in Hannover aussähe, und ob der Krieg denn noch nicht bald zu Ende gehen sollte. Dann drehte sich das Gespräch in eintöniger Kürze um Schanzen, Feldküche, Grabenstücke und andere Angelegenheiten des Stellungskrieges.

Nach einiger Zeit erscholl von der Tür unseres hüttenartigen Aufenthaltes der Ruf: »Heraustreten!« Wir traten bei unseren Gruppen an und stießen auf das Kommando: »Laden und Sichern!« mit geheimer Wollust einen Rahmen scharfer Patronen ins Magazin.

Dann ging es schweigend Mann hinter Mann querbeet durch die nächtliche, von dunkeln Waldstücken besäte Landschaft. Ab und zu verhallte ein einsamer Schuß, oder eine Leuchtkugel strahlte zischend auf, um nach kurzer, geisterhafter Beleuchtung eine noch tiefere Dunkelheit zu hinterlassen. Monotones Klappern von Gewehr und Schanzzeug durch den Warnungsruf: »Achtung, Draht!« unterbrochen. Wie oft bin ich nach diesem erstenmal in halb melancholischer, halb erregter Stimmung durch ausgestorbene Landschaften zur vorderen Linie geschritten!

Endlich verschwanden wir in einem der Laufgräben, die sich wie weiße Schlangen durch die Nacht zur Stellung wanden. Dort fand ich mich einsam und fröstelnd zwischen zwei Schulterwehren wieder, angestrengt in eine vorm Graben liegende Tannenreihe starrend, in der meine Phantasie mir allerhand Schattengestalten vorgaukelte, während ab und zu eine verirrte Kugel durchs Geäst klatschte. Die einzige Abwechslung in dieser schier endlosen Zeit war, daß ich von einem älteren Kameraden abgeholt wurde und mit ihm durch einen langen, schmalen Gang zu einem vorgeschobenen Postenloch trottete, in dem wir wiederum damit beschäftigt waren, das Vorgelände zu betrachten. Zwei Stunden durfte ich in einem kahlen Kreideloche versuchen, den Schlaf der Erschöpfung zu finden. Als der Morgen graute, war ich bleich und lehmbeschmiert wie die anderen, und es war mir, als ob ich dieses Maulwurfsleben schon monatelang geführt hätte.

Die Stellung des Regiments wand sich durch den Kreidebogen der Champagne gegenüber dem Dorfe Le Gauda. Sie lehnte sich rechts an ein zerhacktes Waldstück, den Granatwald, lief dann durch riesige Zukkerrübenfelder, aus denen die roten Hosen gefallener Stürmer leuchteten, und endete in einem Bachgrund, über den die Verbindung mit dem Regiment 74 durch nächtliche Patrouillen aufrechterhalten wurde. Der Bach rauschte über das Wehr einer zerstörten, von finsteren Bäumen umringten Mühle. Ein unheimlicher Aufenthalt, wenn nachts der Mond durch zerrissene Wolken wechselnde Schatten warf und seltsame Laute in das Murmeln des Wassers und das Rascheln des Schilfes sich zu mischen schienen.

Der Dienst war der denkbar anstrengendste. Das Leben begann mit dem Einbruch der Dämmerung, während der die ganze Besatzung im Graben stehen mußte. Von 10 Uhr abends bis 6 Uhr morgens durften dann je zwei Mann jeder Gruppe schlafen, so daß man einen Nachtschlaf von zwei Stunden genoß, der indes durch früheres Wecken, Strohholen und andere Beschäftigungen illusorisch gemacht wurde.

Entweder hatte man Wache im Graben, oder man zog in eins der zahlreichen Postenlöcher, die mit der Stellung durch lange, ausgehobene Verbindungswege zusammenhingen; eine Art der Sicherung, die wegen der Exponiertheit der Posten im Laufe des Stellungskrieges bald aufgegeben wurde.

Diese endlosen, furchtbar ermüdenden Nachtwachen waren bei klarem Wetter und selbst bei Frost noch erträglich, sie wurden jedoch qualvoll, wenn es, wie meist im Januar, regnete. Wenn die Feuchtigkeit erst die über den Kopf gezogene Zeltbahn, dann Mantel und Uniform durchdrang und stundenlang am Körper herunterrieselte, geriet man in eine Stimmung, die selbst durch das Rauschen der heranwatenden Ablösung nicht erhellt werden konnte. Die Morgendämmerung beleuchtete erschöpfte, kreidebeschmierte Gestalten, die sich zähneklappernd mit bleichen Gesichtern auf das faule Stroh der tropfenden Unterstände warfen. Diese Unterstände! Es waren nach dem Graben zu offene, in die Kreide gehauene Löcher mit einer Lage von Brettern und einigen Schaufeln Erde bedeckt. Hatte es geregnet, so tropften sie noch tagelang nachher; ein gewisser Galgenhumor hatte sie deshalb mit entsprechenden Namen, wie »Tropfsteinhöhle«, »Zum Männerbad« usw., bezeichnet. Wollten mehrere darin der Ruhe pflegen, so waren sie gezwungen, ihre Beine als unfehlbare Fußangeln für jeden Vorübergehenden in den Graben zu legen. Unter diesen Umständen war natürlich auch tagsüber von Schlaf wenig die Rede. Außerdem mußte man noch zwei Stunden Tagesposten stehen, den Graben reinigen, Essen, Kaffee, Wasser holen und anderes mehr.

Man wird begreifen, daß dieses ungewohnte Leben uns sehr hart vorkam, besonders da wir dazu von den meisten der alten Leute in jeder Weise schikaniert wurden. Diese aus der Kaserne in den Krieg mitgenommene Gewohnheit trug viel dazu bei, uns die schweren Tage noch mehr zu verbittern, verschwand aber nach der ersten zusammen bestandenen Schlacht. Dem gemeinen Mann war auch die Tatsache, daß wir uns freiwillig gemeldet hatten, schwer verständlich. Er sah das als einen gewissen Übermut an, eine Auffassung, der ich im Kriege oft begegnet bin.

Die Zeit, während der die Kompagnie in Reserve lag, war nicht viel besser. Wir hausten dann in tannenzweiggedeckten Erdhütten bei der Fasanerie oder im Hiller-Wäldchen, deren mistbepackter Boden wenigstens eine angenehme Gärungswärme ausstrahlte. Manchmal erwachte man in einer zolltiefen Wasserpfütze. Trotzdem ich Rheumatismus bislang nur dem Namen nach gekannt hatte, spürte ich schon nach wenigen Tagen infolge der dauernden Durchnässung Schmerzen in allen Gelenken. Die Nächte dienten auch hier nicht dem Schlaf, sondern wurden benutzt, die zahlreichen Annäherungsgräben zu vertiefen.

Ein Lichtblick in diesem öden Einerlei war die allabendliche Ankunft der Feldküche an der Ecke des Hiller-Wäldchens, wo sich bei der Öffnung des Kessels ein köstlicher Duft nach Erbsen mit Speck oder anderen herrlichen Sachen verbreitete. Aber auch hier gab es einen dunklen Punkt: das Dörrgemüse, das von enttäuschten Gourmets als »Drahtverhau« oder »Flurschaden« geschmäht wurde.

Am angenehmsten waren die Ruhetage in Orainville, die mit Ausschlafen, Reinigen der Sachen und Exerzieren verbracht wurden. Die Kompagnie hauste in einer gewaltigen Scheune, die nur zwei hühnerleiterartige Treppen als Ein- und Ausgang hatte. Obwohl das Gebäude noch mit Stroh gefüllt war, standen Öfen darin. Eines Nachts rollte ich gegen den einen und erwachte erst infolge der Bemühungen einiger Kameraden, die mich kräftigen Löschversuchen unterzogen. Zu meinem Schrecken gewahrte ich, daß meine Uniform an der Rückseite arg verkohlt war, so daß ich längere Zeit in einem frackartigen Anzuge umherlaufen mußte.

Nach kurzem Aufenthalt beim Regiment hatten wir fast alle Illusionen verloren, mit denen wir ausgezogen waren. Statt der erhofften Gefahren hatten wir Schmutz, Arbeit und schlaflose Nächte vorgefunden, zu deren Bezwingung ein uns wenig liegendes Heldentum gehörte. Diese dauernde Überanstrengung war Schuld der Führung, die den Geist des neuartigen Stellungskrieges noch nicht erfaßt hatte. In einem kurzen, draufgängerischen Kriege kann und muß der Offizier die Mannschaft rücksichtslos erschöpfen, in einem sich lang hinschleppenden führt dies zu physischem und moralischem Zusammenbruch. Die ungeheure Postenzahl und die ununterbrochene Schanzarbeit war zum größten Teil unnötig und sogar schädlich. Nicht auf gewaltige Verschanzungen kommt es an, sondern auf den Mut und die Frische der Leute, die dahinterstehen. »Eiserne Herzen auf hölzernen Schiffen gewinnen die Schlachten.«

Wohl hörten wir im Graben Geschosse pfeifen, bekamen auch ab und zu einige Granaten von den Reimser Forts, aber diese kleinen kriegerischen Ereignisse blieben weit hinter unseren Erwartungen zurück. Trotzdem wurden wir manchmal an den blutigen Ernst gemahnt, der hinter diesem scheinbar absichtslosen Geschehen lauerte. So schlug am 8. Januar eine Granate in die Fasanerie und tötete den Leutnant Schmidt, unseren Bataillons-Adjutanten.

Am 27. Januar ließen wir unserem Kaiser zur Ehre drei kräftige Hurras erschallen und stimmten auf der langen Front, von feindlichen Gewehren begleitet, ein »Heil dir im Siegerkranz« an.

In diesen Tagen hatte ich ein sehr unangenehmes Erlebnis, das meine militärische Laufbahn fast zu einem vorzeitigen und unrühmlichen Abschluß gebracht hätte. Die Kompagnie lag am linken Flügel, und ich mußte mich gegen Morgen nach völlig durchwachter Nacht mit einem Kameraden in den Bachgrund auf Doppelposten begeben. Ich hatte der Kälte wegen verbotenerweise meine Decke um den Kopf geschlagen und lehnte an einem Baum, nachdem ich mein Gewehr neben mich in einen Busch gestellt hatte. Plötzlich hörte ich hinter mir ein Geräusch, griff danach – die Waffe war verschwunden! Der revidierende Portepee-Träger, ein Offizier-Stellvertreter, hatte sich an mich herangeschlichen und sie unbemerkt an sich genommen. Um mich zu bestrafen, schickte er mich eigenmächtig, nur mit einer Beilpicke bewaffnet, in der Richtung auf die französischen Postierungen, ungefähr 100 Meter weit, vor, eine Indianeridee, die mich beinahe ums Leben gebracht hätte. Während meiner merkwürdigen Strafwache schlich nämlich eine Patrouille von drei Kriegsfreiwilligen durch das Schilf vor, wurde von den Franzosen bemerkt und beschossen. Einer von ihnen, namens Lang, wurde getroffen und nie wieder gesehen. Da ich ganz in der Nähe stand, bekam ich auch mein Teil von den damals so beliebten Gruppensalven ab, so daß mir die Zweige des Weidenbaumes, an dem ich stand, um die Ohren pfiffen. Ich biß die Zähne zusammen und blieb aus Trotz stehen. Ich habe dem Offizier-Stellvertreter diese Gemeinheit nie vergessen können.

Wir waren alle herzlich froh, als uns mitgeteilt wurde, daß wir diese Stellung endgültig verlassen sollten, und feierten unseren Abschied von Orainville durch einen kräftigen Bierabend in der großen Scheune. Am 4. Februar 1915 marschierten wir, von einem sächsischen Regiment abgelöst, nach Bazancourt.

Dieser Monat war für mich, obwohl der härteste des ganzen Krieges, doch eine gute Schule. Ich hatte den Wacht- und Arbeitsdienst in seiner schwersten Form gründlich kennengelernt. Das bewahrte mich später, als ich selbst führte, davor, von meinen Leuten Unmögliches zu verlangen.

In den Kreidegräben der Champagne [früher: Orainville], 1978

Der Zug hielt in Bazancourt, einem Städtchen der Champagne. Wir stiegen aus. Mit ungläubiger Ehrfurcht lauschten wir den langsamen Takten des Walzwerks der Front, einer Melodie, die uns in langen Jahren Gewohnheit werden sollte. Ganz weit zerfloß der weiße Ball eines Schrapnells im grauen Dezemberhimmel. Der Atem des Kampfes wehte herüber und ließ uns seltsam erschauern. Ahnten wir, daß fast alle von uns verschlungen werden sollten an Tagen, in denen das dunkle Murren dahinten aufbrandete zu unaufhörlich rollendem Donner – der eine früher, der andere später?

Wir hatten Hörsäle, Schulbänke und Werktische verlassen und waren in den kurzen Ausbildungswochen zu einem großen, begeisterten Körper zusammengeschmolzen. Aufgewachsen in einem Zeitalter der Sicherheit, fühlten wir alle die Sehnsucht nach dem Ungewöhnlichen, nach der großen Gefahr. Da hatte uns der Krieg gepackt wie ein Rausch. In einem Regen von Blumen waren wir hinausgezogen, in einer trunkenen Stimmung von Rosen und Blut. Der Krieg mußte es uns ja bringen, das Große, Starke, Feierliche. Er schien uns männliche Tat, ein fröhliches Schützengefecht auf blumigen, blutbetauten Wiesen. »Kein schönrer

Tod ist auf der Welt ...« Ach, nur nicht zu Haus bleiben, nur mitmachen dürfen!

»In Gruppenkolonne antreten!« Die erhitzte Phantasie beruhigte sich beim Marsch durch den schweren Lehmboden der Champagne. Tornister, Patronen und Gewehr drückten wie Blei. »Kurztreten! Aufbleiben dahinten!«

Endlich erreichten wir das Dorf Orainville, den Ruheort des Füsilierregiments 73, eins der ärmlichen Nester jener Gegend, gebildet durch fünfzig Häuschen aus Ziegel- oder Kreidestein um einen parkumschlossenen Herrensitz.

Das Treiben auf der Dorfstraße bot den an die Ordnung der Städte gewöhnten Augen einen fremden Anblick dar. Man sah nur wenige, scheue und zerlumpte Zivilisten; überall Soldaten in abgetragenen, zerschlissenen Röcken mit wettergegerbten, meist von großen Bärten umrahmten Gesichtern, die langsamen Schrittes dahinschlenderten oder in kleinen Gruppen vor den Türen der Häuser standen und uns Neulinge mit Scherzrufen empfingen. In einem Torweg glühte eine nach Erbsensuppe duftende Feldküche, von kochgeschirrklappernden Essenholern umringt. Es schien, als triebe das Leben hier ein wenig dumpfer und langsamer. Der Eindruck wurde durch den beginnenden Verfall des Dorfes noch vertieft.

Nachdem wir die erste Nacht in einer gewaltigen Scheune verbracht hatten, wurden wir im Hofe des Schlosses vom Regimentsadjutanten, dem Oberleutnant von Brixen, eingeteilt. Ich kam zur neunten Kompanie.

Unser erster Kriegstag sollte nicht vorübergehen, ohne uns einen entscheidenden Eindruck zu hinterlassen. Wir saßen in der uns zur Unterkunft angewiesenen Schule und frühstückten. Plötzlich dröhnte eine Reihe dumpfer Erschütterungen in der Nähe, während aus allen Häusern Soldaten dem Dorfeingang zustürzten. Wir folgten ihrem Beispiel, ohne recht zu wissen, warum. Wieder ertönte ein eigenartiges, nie gehörtes Flattern und Rauschen über uns und ertrank in polterndem Krachen. Ich wunderte mich, daß die Leute um mich her sich mitten im Lauf wie unter einer furchtbaren Drohung zusammenduckten. Das Ganze erschien mir etwas lächerlich; etwa so, als ob man Menschen Dinge treiben sähe, die man nicht recht versteht.

Gleich darauf erschienen dunkle Gruppen auf der menschenleeren Dorfstraße, in Zeltbahnen oder auf den verschränkten Händen schwarze Bündel schleppend. Mit einem merkwürdig beklommenen Gefühl der Unwirklichkeit starrte ich auf eine blutüberströmte Gestalt mit lose am Körper herabhängendem und seltsam abgeknicktem Bein, die unaufhörlich ein heiseres »Zu Hilfe!« hervorstieß, als ob ihr der jähe Tod noch an der Kehle säße. Sie wurde in ein Haus getragen, von dessen Eingang die Rote-Kreuz-Flagge herabwehte.

Was war das nur? Der Krieg hatte seine Krallen gezeigt und die gemütliche Maske abgeworfen. Das war so rätselhaft, so unpersönlich. Kaum, daß man dabei an den Feind dachte, dieses geheimnisvolle, tückische Wesen irgendwo dahinten. Das völlig außerhalb der Erfahrung liegende Ereignis machte einen so starken Eindruck, daß es Mühe kostete, die Zusammenhänge zu begreifen. Es war wie eine gespenstische Erscheinung im hellen Mittagslicht.

Eine Granate war oben am Portal des Schlosses krepiert und hatte eine Wolke von Steinen und Sprengstücken in den Eingang geschleudert, gerade als die durch die ersten Schüsse aufgeschreckten Insassen aus dem Torweg strömten. Sie erschlug dreizehn Opfer, darunter den Musikmeister Gebhard, eine mir von den hannoverschen Promenadekonzerten her wohlbekannte Gestalt. Ein angebundenes Pferd witterte die Gefahr eher als die Menschen, riß sich wenige Sekunden vorher los und galoppierte, ohne verletzt zu werden, in den Schloßhof hinein.

Obwohl die Beschießung sich in jedem Augenblick wiederholen konnte, zog mich das Gefühl einer zwingenden Neugier an den Unglücksort. Neben der Stelle, die die Granate getroffen hatte, baumelte ein Schildchen, auf das die Hand eines Spaßvogels die Worte »Zur Granatecke« geschrieben hatte. Das Schloß war also wohl schon als gefährlicher Ort bekannt. Die Straße war von großen Blutlachen gerötet; durchlöcherte Helme und Koppel lagen umher. Die schwere Eisentür des Portals war zerfetzt und von Sprengstücken durchsiebt, der Prellstein mit Blut bespritzt. Ich fühlte meine Augen wie durch einen Magneten an diesen Anblick geheftet; gleichzeitig ging eine tiefe Veränderung in mir vor.

Im Gespräch mit meinen Kameraden merkte ich, daß dieser Zwischenfall manchem die Kriegsbegeisterung bereits sehr gedämpft hatte.

Daß er auch auf mich stark gewirkt hatte, bewiesen zahlreiche Gehörtäuschungen, die mir das Rollen jedes vorüberfahrenden Wagens in das fatale Flattern der Unglücksgranate verwandelten.

Das sollte uns übrigens durch den ganzen Krieg begleiten, dieses Zusammenfahren bei jedem plötzlichen und unerwarteten Geräusch. Ob ein Zug vorüberrasselte, ein Buch zu Boden fiel, ein nächtlicher Schrei erscholl – immer stockte der Herzschlag für einen Augenblick unter dem Gefühl einer großen und unbekannten Gefahr. Es war ein Zeichen dafür, daß man vier Jahre lang im Schlagschatten des Todes stand. So tief wirkte das Erlebnis in dem dunklen Land, das hinter dem Bewußtsein liegt, daß bei jeder Störung des Gewöhnlichen der Tod als mahnender Pförtner in die Tore sprang wie bei jenen Uhren, über deren Zifferblatt er zu jeder Stunde mit Sandglas und Hippe erscheint.

Am Abend desselben Tages kam der langersehnte Augenblick, in dem wir, schwer bepackt, zur Kampfstellung aufbrachen. Durch die phantastisch aus dem Halbdunkel ragenden Ruinen des Dorfes Betricourt führte unser Weg nach einem einsamen, in Tannenwaldungen versteckten Forsthause, der »Fasanerie«, wo die Regimentsreserve lag, der bis zu dieser Nacht auch die neunte Kompanie zugeteilt war. Ihr Führer war der Leutnant Brahms.

Wir wurden in Empfang genommen, auf die Gruppen verteilt und befanden uns bald im Kreise bärtiger, lehmbekrusteter Gesellen, die uns mit einem gewissen ironischen Wohlwollen begrüßten. Wir wurden gefragt, wie es in Hannover aussähe und ob der Krieg denn noch nicht bald zu Ende gehen sollte. Dann drehte sich das Gespräch, dem wir gierig lauschten, in eintöniger Kürze um Schanzen, Feldküche, Grabenstücke, Granatbeschuß und andere Angelegenheiten des Stellungskrieges.

Nach einiger Zeit erscholl vor der Tür unserer hüttenartigen Unterkunft der Ruf: »Heraustreten!« Wir traten bei unseren Gruppen an und stießen auf das Kommando: »Laden und Sichern!« mit geheimer Wollust einen Rahmen scharfer Patronen ins Magazin.

Dann ging es schweigend, Mann hinter Mann, querbeet durch die nächtliche, mit dunklen Waldstücken besäte Landschaft nach vorn. Ab und zu verhallte ein einsamer Schuß, oder eine Rakete strahlte zischend auf, um nach kurzer, geisterhafter Beleuchtung eine noch tiefere Dunkelheit zu hinterlassen. Eintöniges Klappern von Gewehr und Schanzzeug, durch den Warnruf: »Achtung, Draht!« unterbrochen.

Dann plötzlich ein klirrender Sturz und ein Fluch: »Verdammt, reiß doch das Maul auf, wenn ein Trichter kommt!« Ein Korporal mischt sich ein: »Ruhe, zum Donnerwetter, Sie glauben wohl, der Franzmann hat Dreck in den Ohren?« Es geht schneller voran. Die Ungewißheit der Nacht, das Flimmern der Leuchtkugeln und das langsame Flackern des Gewehrfeuers rufen eine Erregung hervor, die seltsam wach erhält. Zuweilen singt kühl und dünn ein blindlings abgefeuertes Geschoß vorbei, um sich im Fernen zu verlieren. Wie oft bin ich nach diesem ersten Male in halb melancholischer, halb erregter Stimmung durch ausgestorbene Landschaften zur vorderen Linie geschritten!

Endlich verschwanden wir in einem der Laufgräben, die sich wie weiße Schlangen durch die Nacht zur Stellung wanden. Dort fand ich mich einsam und fröstelnd zwischen zwei Schulterwehren wieder, angestrengt in eine vorm Graben liegende Tannenreihe starrend, in der meine Phantasie mir allerhand Schattengestalten vorgaukelte, während ab und zu eine verirrte Kugel durchs Geäst klatschte und sich trillernd überschlug. Die einzige Abwechslung in dieser schier endlosen Zeit bestand darin, daß ich von einem älteren Kameraden abgeholt wurde und mit ihm durch einen langen, schmalen Gang zu einem vorgeschobenen Postenloch trottete, in dem wir wiederum damit beschäftigt waren, das Vorgelände zu betrachten. Zwei Stunden durfte ich in einem kahlen Kreideloch versuchen, den Schlaf der Erschöpfung zu finden. Als der Morgen graute, war ich bleich und lehmbeschmiert wie die anderen; es war mir, als hätte ich dieses Maulwurfsleben schon monatelang geführt.

Die Stellung des Regiments wand sich durch den Kreideboden der Champagne gegenüber dem Dorfe Le Godat. Sie lehnte sich rechts an ein zerhacktes Waldstück, den Granatwald, lief dann im Zickzack durch riesige Zuckerrübenfelder, aus denen die roten Hosen gefallener Stürmer leuchteten, und endete in einem Bachgrund, über den die Verbindung mit dem Regiment 74 durch nächtliche Streifen aufrechterhalten wurde. Der Bach rauschte über das Wehr einer zerstörten, von finsteren Bäumen umringten Mühle. Seine Wasser bespülten seit Monaten Tote eines französischen Kolonialregiments mit Gesichtern wie aus schwarzem Pergament. Ein unheimlicher Aufenthalt, wenn nachts der Mond durch zerrissene Wolken wechselnde Schatten warf und seltsame Laute in das Murmeln des Wassers und das Rascheln des Schilfes sich zu mischen schienen.

Der Dienst war anstrengend. Das Leben begann mit dem Einbruch der Dämmerung, während der die ganze Besatzung im Graben stehen mußte. Von zehn Uhr abends bis sechs Uhr morgens durften dann je zwei Mann von jeder Gruppe schlafen, so daß man einen Nachtschlaf von zwei Stunden genoß, der jedoch durch früheres Wecken, Strohholen und andere Beschäftigungen meist auf wenige Minuten zusammenschmolz.

Entweder hatte man Wache im Graben, oder man zog in eins der zahlreichen Postenlöcher, die mit der Stellung durch lange, ausgehobene Verbindungswege zusammenhingen; eine Art der Sicherung, die wegen der gefährdeten Lage der Posten im Laufe des Stellungskrieges bald aufgegeben wurde.

Diese endlosen, ermüdenden Nachtwachen waren bei klarem Wetter und selbst bei Frost noch erträglich; sie wurden jedoch qualvoll, wenn es, wie meist im Januar, regnete. Wenn die Feuchtigkeit erst die über den Kopf gezogene Zeltbahn, dann Mantel und Uniform durchdrang und stundenlang am Körper herunterrieselte, geriet man in eine Stimmung, die selbst durch das Rauschen der heranwatenden Ablösung nicht erhellt werden konnte. Die Morgendämmerung beleuchtete erschöpfte, kreidebeschmierte Gestalten, die sich zähneklappernd mit bleichen Gesichtern auf das faule Stroh der tropfenden Unterstände warfen.

Diese Unterstände! Es waren nach dem Graben zu offene, in die Kreide gehauene Löcher, mit einer Lage von Brettern und einigen Schaufeln Erde bedeckt. Hatte es geregnet, so tropften sie noch tagelang nachher; ein gewisser Galgenhumor hatte sie deshalb mit entsprechenden Schildern wie »Tropfsteinhöhle«, »Zum Männerbad« und ähnlichen gekennzeichnet. Wollten mehrere darin der Ruhe pflegen, so waren sie gezwungen, ihre Beine als unfehlbare Fußangeln für jeden Vorübergehenden in den Graben zu legen. Unter diesen Umständen konnte auch tagsüber von Schlaf wenig die Rede sein. Außerdem mußten wir noch zwei Stunden Tagesposten stehen, den Graben reinigen, Essen, Kaffee, Wasser holen und anderes mehr.

Man wird begreifen, daß dieses ungewohnte Leben uns sehr hart ankam, besonders da den meisten von uns wirkliche Arbeit bislang nur dem Namen nach bekannt gewesen war. Dazu kam, daß wir hier draußen keineswegs mit der Freude empfangen wurden, die wir erwartet hatten. Die alten Leute nahmen vielmehr jede Gelegenheit wahr, uns ordentlich »hochzunehmen«, und jeder lästige oder unerwartete Auftrag wurde selbstverständlich den »Kriegsmutwilligen« zugeteilt. Dieser noch aus den Kasernen in den Krieg mitgenommene Brauch, der nicht dazu beitrug, unsere Laune zu verbessern, verlor sich übrigens nach der ersten gemeinsam bestandenen Schlacht, nach der wir uns nun selbst als »alte Männer« betrachteten.

Die Zeit, in der die Kompanie in Reserve lag, war nicht viel gemütlicher. Wir hausten dann bei der Fasanerie oder im Hillerwäldchen in tannenzweiggedeckten Erdhütten, deren mistbepackter Boden wenigstens eine angenehme Gärungswärme ausstrahlte. Manchmal erwachte man in einer zolltiefen Wasserpfütze. Obwohl ich den »Reißmichtüchtig« bislang nur dem Namen nach gekannt hatte, spürte ich schon nach wenigen Tagen dieser dauernden Durchnässung Schmerzen in allen Gelenken. Im Traume hatte ich ein Gefühl, als ob eiserne Kugeln in den Gliedern auf- und abwanderten. Die Nächte dienten auch hier nicht dem Schlaf, sondern wurden dazu benutzt, die zahlreichen Annäherungsgräben zu vertiefen. In der völligen Finsternis mußte man sich, wenn der Franzmann nicht gerade leuchtete, mit nachtwandlerischer Sicherheit an die Fersen des Vordermannes heften, wenn man nicht den Anschluß verlieren und stundenlang im Grabengewirr umherirren wollte. Der Boden war übrigens leicht zu bearbeiten; nur eine dünne Lehm- und Humusdecke verbarg die mächtige Kreideschicht, deren weiches Gefüge die Beilpicke mühelos durchschnitt. Zuweilen sprühten grüne Funken auf, wenn der Stahl auf einen der im Gestein verstreuten faustgroßen Eisenkieskristalle traf. Sie bestanden aus vielen zu einer Kugel zusammengeballten Würfeln und wiesen, aufgeschlagen, einen strahligen Goldglanz auf.

Ein Lichtblick in diesem öden Einerlei war die allabendliche Ankunft der Feldküche an der Ecke des Hillerwäldchens, wo sich bei der Öffnung des Kessels ein köstlicher Duft nach Erbsen mit Speck oder anderen herrlichen Sachen verbreitete. Aber auch hier gab es einen dunklen

Punkt: das Dörrgemüse, von enttäuschten Feinschmeckern »Drahtverhau« oder »Flurschaden« geschmäht.

Unter dem 6. Januar finde ich sogar in meinem Tagebuch die erboste Bemerkung: »Abends kam die Feldküche angewackelt und brachte einen Saufraß, wahrscheinlich aus erfrorenen Schweinerüben zusammengekocht.« Dagegen steht unter dem 14. der begeisterte Ausruf: »Köstliche Erbsensuppe, köstliche vier Portionen, Qualen der Sättigung. Wir machten Preisessen und stritten uns darüber, in welcher Lage man am meisten verdrücken könne. Ich war für die stehende.«

Reichlich verteilt wurde ein blaßroter Schnaps, der in Kochgeschirrdeckeln empfangen wurde und stark nach Spiritus schmeckte, doch bei der kalten und feuchten Witterung nicht zu verachten war. Ebenso kam Tabak nur in den kräftigeren Sorten, aber in Mengen zur Ausgabe. Das Bild des Soldaten, wie es aus diesen Tagen im Gedächtnis haftet, ist das des Postens, der mit dem spitzen, graubezogenen Helm, die Fäuste in die Taschen des langen Mantels vergraben, hinter der Schießscharte steht und den Rauch seiner Pfeife über den Gewehrkolben bläst.

Am angenehmsten waren die Ruhetage in Orainville, die mit Ausschlafen, Reinigen der Sachen und Exerzieren verbracht wurden. Die Kompanie hauste in einer gewaltigen Scheune, die nur zwei hühnerleiterartige Treppen als Ein- und Ausgang hatte. Obwohl das Gebäude noch mit Stroh gefüllt war, standen Öfen darin. Eines Nachts rollte ich gegen den einen und erwachte erst infolge der Bemühungen einiger Kameraden, die mich kräftigen Löschversuchen unterzogen. Mit Schrekken gewahrte ich, daß meine Uniform am Rücken arg verkohlt war, so daß ich längere Zeit in einem frackartigen Anzug umherlaufen mußte.

Nach kurzem Aufenthalt beim Regiment hatten wir gründlich die Illusionen verloren, mit denen wir ausgezogen waren. Statt der erhofften Gefahren hatten wir Schmutz, Arbeit und schlaflose Nächte vorgefunden, deren Bezwingung ein uns wenig liegendes Heldentum erforderte. Schlimmer noch war die Langeweile, die für den Soldaten entnervender als die Nähe des Todes ist.

Wir hofften auf einen Angriff; allein wir hatten für unser Erscheinen jene ungünstigste Zeit gewählt, in der jede Bewegung zum Erstarren gekommen war. Auch die kleinen taktischen Unternehmungen waren in demselben Maße eingestellt, in dem der Ausbau der Gräben sich gefestigt und das Feuer des Verteidigers an vernichtender Kraft gewonnen hatte. Einige Wochen vor unserem Eintreffen hatte noch eine einzelne Kompanie nach schwacher Artillerievorbereitung einen dieser Teilangriffe über einen Streifen von wenigen hundert Metern hinweg gewagt. Die Franzosen hatten die Angreifer, von denen nur einzelne bis an ihre Drähte kamen, wie auf einem Schießplatz zur Strecke gebracht; die wenigen Überlebenden erwarteten, in Löchern verborgen, die Nacht, um unter dem Schutze der Dunkelheit in die Ausgangsstellung zurückzukriechen.

Die dauernde Überanstrengung der Mannschaft beruhte auch darauf, daß der Führung der Stellungskrieg, in dem es galt, mit den Kräften in anderer Weise hauszuhalten, noch eine neuartige und unerwartete Erscheinung war. Die ungeheure Postenzahl und die ununterbrochene Schanzarbeit waren zum größten Teil unnötig und sogar schädlich. Nicht auf gewaltige Verschanzungen kommt es an, sondern auf den Mut und die Frische der Männer, die dahinterstehen. Die immer tiefere Führung der Gräben ersparte vielleicht manchen Kopfschuß, bildete aber zugleich jenes Haften an den Verteidigungsanlagen und einen Anspruch auf Sicherheit aus, auf den man später nur ungern verzichtete. Auch wurden die Anstrengungen, die man auf die Erhaltung der Werke zu richten hatte, immer umfassender. Der unangenehmste Fall, der eintreten konnte, bestand im Einsetzen von Tauwetter, das die durch den Frost aufgesprengten Kreidewände der Gräben zu breiartigen Massen zusammensinken ließ.

Wohl hörten wir im Graben Geschosse pfeifen, bekamen auch ab und zu einige Granaten von den Reimser Forts, aber diese kleinen kriegerischen Ereignisse blieben weit hinter unseren Erwartungen zurück. Trotzdem wurden wir manchmal an den blutigen Ernst gemahnt, der hinter diesem scheinbar absichtslosen Geschehen lauerte. So schlug am 8. Januar eine Granate in die Fasanerie und tötete unseren Bataillonsadjutanten, den Leutnant Schmidt. Es hieß übrigens, daß der französische Artilleriekommandeur, der die Beschießung leitete, der Besitzer dieses Jagdhauses sei.

Die Artillerie stand noch dicht hinter den Stellungen; sogar in die vordere Linie war ein Feldgeschütz eingebaut und notdürftig unter Zeltbahnen versteckt. Während einer Unterhaltung, die ich mit den »Pulverköpfen« führte, hörte ich zu meiner Verwunderung, daß das Pfeifen der Gewehrgeschosse sie weit stärker als der Einschlag von Granaten beunruhigte. So ist es überall; die Gefahren des eigenen Berufes kommen uns sinnvoller und weniger schrecklich vor.

Zu Beginn des 27. Januar, um Mitternacht, brachten wir dem Kaiser zu Ehren drei Hurras aus und stimmten auf der langen Front ein »Heil dir im Siegerkranz« an. Die Franzosen antworteten mit Gewehrfeuer.

In diesen Tagen hatte ich ein unangenehmes Erlebnis, das meine militärische Laufbahn fast zu einem vorzeitigen und unrühmlichen Abschluß gebracht hätte. Die Kompanie lag am linken Flügel, und ich mußte gegen Morgen nach durchwachter Nacht mit einem Kameraden in den Bachgrund auf Doppelposten ziehen. Ich hatte der Kälte wegen verbotenerweise meine Decke um den Kopf geschlagen und lehnte an einem Baum, nachdem ich mein Gewehr neben mich in einen Busch gestellt hatte. Plötzlich hörte ich hinter mir ein Geräusch, griff nach der Waffe – sie war verschwunden! Der Offizier vom Dienst hatte sich an mich herangeschlichen und sie unbemerkt an sich genommen. Um mich zu bestrafen, schickte er mich, nur mit einer Beilpicke bewaffnet, in der Richtung auf die französischen Postierungen ungefähr hundert Meter weit vor – eine Indianeridee, die mich beinahe ums Leben gebracht hätte. Während meiner merkwürdigen Strafwache schlich nämlich eine Streife von drei Kriegsfreiwilligen durch den breiten Schilfgürtel am Bachrande vor und rauschte dabei so unbekümmert in den hohen Halmen, daß sie sogleich von den Franzosen bemerkt und beschossen wurde. Einer von ihnen, namens Lang, wurde getroffen und nie wieder gesehen. Da ich ganz in der Nähe stand, bekam ich auch mein Teil von den damals so beliebten Gruppensalven ab, so daß mir die Zweige des Weidenbaumes, an dem ich stand, um die Ohren pfiffen. Ich biß die Zähne zusammen und blieb aus Trotz stehen. Bei Beginn der Dämmerung wurde ich zurückgeholt.

Wir waren alle herzlich froh, als wir hörten, daß wir diese Stellung endgültig verlassen sollten, und feierten unseren Abschied von Orainville durch einen kräftigen Bierabend in der großen Scheune. Am 4. Februar 1915 marschierten wir, von einem sächsischen Regiment abgelöst, nach Bazancourt zurück.

Gespräch mit Ernst Jünger über »In Stahlgewittern«, 1966

Das kleine Interview mit Ernst Jünger über seine »Stahlgewitter« entstand in dieser Fassung im April 1966. Ich hatte, für eine kleine Monographie über Jünger, mit ihm im Februar 1966 ein langes Gespräch geführt und auf Tonband mitgeschnitten, das ich ihm in Abschrift schickte. Daraus lösten wir speziell zu den Büchern des Ersten Weltkriegs einige Passagen, die Jünger dann schriftlich neu formulierte und mir am 15. und 17. April 1966 zurücksandte. Daraus entstand das folgende Gespräch, das ich vergessen hatte und im Zusammenhang mit Arbeiten über meine Begegnungen mit Ernst Jünger fand.

Heinz Ludwig Arnold

Heinz Ludwig Arnold: Als Sie im Ersten Weltkrieg Ihre Tagebücher führten – schrieben Sie damals schon mit einer Absicht?

Ernst Jünger: Jedenfalls nicht mit der Absicht auf Publikation. Fast jeder Soldat führte damals ein Tagebuch. Bei mir kam vielleicht ein Trieb zum Dokumentarischen hinzu, aber nur in Bezug auf die Fixierung des eigenen Erlebnisses. Ich konnte ja auch fallen – das war sogar wahrscheinlicher. Da denkt man nicht an Literatur.

HLA: Und als die Tagebücher in Form der »Stahlgewitter« veröffentlicht wurden?

EJ: Dazu habe ich die Tagebücher noch stark bearbeitet. Sie haben ja die kleinen Notizbücher gesehen, die ich damals immer führte. Das mußte erst einmal in Kapitel gebracht werden. Und dann in eine Prosa, die ich vor mir verantworten konnte. Ich habe mich immer wieder bemüht, die Sprache zu vereinfachen.

HLA: Die Publikation erfolgte schließlich aus dokumentarischem Interesse?

EJ: Natürlich. Damals war Stendhal mein Meister. Man liest bei ihm öfters: »Ich bin neugierig, was man im 20. Jahrhundert darüber sagen wird.« Gut. Auch im 21. Jahrhundert wird man die Dinge anders werten als jetzt, wo man sie durch die trübe Brille von zwei verlorenen Weltkriegen sieht. Die historische Wertung wird die politische ablösen. Schon in Frankreich hat man heute andere Ansichten, etwa über Verdun, als bei uns.

HLA: Sie nahmen also die Notizbücher, als Sie damals in den Krieg zogen, allein in der Absicht mit, dem Ihnen eigenen Hang zur Beobachtung zu entsprechen?

EJ: Gewiß. Sie dürfen das einfach als Trieb ansehen. Wie Bauern ihren Acker pflügen, habe ich das Bedürfnis, Situationen, die ich sehe und erlebe, festzuhalten. Das habe ich immer gehabt, auch im Zweiten Weltkrieg, aber selbst bei einem einfachen Ausflug, wenn ich Pflanzen und Tiere sammle oder beobachte. Es ist möglich, daß sich aus den Aufzeichnungen ein Thema herausdestilliert. So neulich bei den »Gesteinen« oder jetzt bei den »Subtilen Jagden«; aber auch bei meinen Reisetagebüchern war das nicht immer der Fall.

HLA: Und wie kam es dann zu den weiteren Kriegsbüchern: »Das Wäldchen 125« und »Feuer und Blut«?

EJ: Es gab damals schon, was man heute »Bewältigung« nennt. Damals war es allerdings nur der verlorene Krieg. Die Väter hatten uns eine Aufgabe gestellt – warum hatten wir sie nicht gelöst? Dazu das Mißverhältnis zwischen Leistung und Erfolg. Die rote Welt, aus der wir kamen, wurde von einer grauen abgelöst. Es dauerte zehn Jahre, ehe ich mir das erst einmal von der Seele geschafft hatte.

HLA: Von der Seele schaffen – geschah das nicht sehr deutlich in »Der Kampf als inneres Erlebnis«?

EJ: [Als der Krieg begann und ich meine ersten Aufzeichnungen machte, war ich noch ein Kind.]* Ich wollte versuche, den Vorgang noch einmal von geistigen Aspekten her zu betrachten.

HLA: Mehr reflektierend als berichtend …

EJ: Das gehört auch zur Bewältigung. Die Zeiträume, die ich beschrieb, wurden immer kürzer. »In Stahlgewittern« – das sind vier Jahre. »Das Wäldchen 125« ist ein Monat. »Feuer und Blut« – das sind zwei Tage. Den Titel las ich auf einer Fahne der Heilsarmee. Ich versuchte es mit größeren und kleineren Einstellungen.

HLA: Einstellungen verschiedener Art zur selben Sache.

EJ: Danach war die Sache für mich abgetan.

HLA: Haben Sie sich jetzt wieder stärker dafür interessiert, im Zusammenhang mit der Gesamtausgabe und Revision aller Werke? Nicht nur vom Stilistischen her, sondern auch vom Inhalt?

---

* Diesen Satz hatte Jünger erst geschrieben und dann gestrichen.

EJ: Eigentlich rein stilistisch. Ich hatte schon viel vergessen. Über die Annäherung kommt niemand hinaus. Auch habe ich Respekt vor der eigenen Vergangenheit – selbst vor den Irrtümern.
HLA: Wie waren damals die Reaktionen auf diese Bücher? Insbesondere auf die »Stahlgewitter«?
EJ: Lebhafter, als ich gedacht hatte. Den anderen war es ähnlich gegangen wie mir. Sie erkannten dort etwas wieder, das sie selbst erlebt hatten. Nicht nur die deutschen Freiwilligen, sondern auch die Franzosen, die Engländer, die Amerikaner, die Neuseeländer – überhaupt auch die alten Gegner, oder sagen wir lieber, die Mitkämpfer. Ich habe hier noch einen Schrank, gefüllt mit Briefen, die das bestätigen. Und auch jetzt noch kommen solche Briefe von Kameraden, die längst Veteranen geworden sind. Alte Bauern sprechen mich als Leser auf dem Felde an. Gerade in diesen Tagen kam eine Einladung von Jules Romains* zur Teilnahme an eine[r] Ehrung französischer Frontkämpfer. Der Erste Weltkrieg gehört eben zu den Schmieden unseres Zeitalters. Neben ihm kann man nur noch die Russische Revolution nennen.

---

* Jules Romains war ein französischer Romancier (1885–1972).

Kirchhorst, 12. August 1939

Am Vormittag schloß ich die Reinschrift der »Marmorklippen« ab und legte die Urschrift, nachdem ich sie mit dem Datum versehen hatte, in den Aktenschrank. Nachmittags sprach ich in dem kleinen Café in Burgdorf, in dem wir zuweilen sitzen, mit Friedrich Georg als ihrem ersten Leser die Figuren durch. Bereits entwickelten sie dabei Züge, an die ich während der Niederschrift nicht gedacht hatte und die mir dennoch einleuchteten. So trennen die Gebilde sich vom Autor und wachsen an Orten weiter, die er nicht kennt. Doch dazu muß Ungeformtes, muß Urstoff in der Sprache sein, sonst welken sie gar bald dahin. Sie müssen Erde mitbringen.

Wir streiften auch die politischen Auspizien, und Friedrich Georg meinte: »Das verbieten sie dir entweder in den ersten vierzehn Tagen oder nie.«

Kirchhorst, 16. August 1939

Fahrstuhlträume, unangenehm wie fast alle Träume, die sich mit der Technik beschäftigen. Dazu Treppen, denen das Geländer fehlt oder die unterbrochen sind und unter deren Fetzen der Abgrund erscheint. Die Welt als verworrene Architektur.

Die Unordnung der Welt erscheint an manchen Tagen fast übermächtig, so daß man verzweifelt, sie je zu bändigen. Ich ordne dann den Schreibtisch, die Wäsche, die Gartengeräte, jedoch mit Unlust im Hintergrund. Es liegt darin wohl auch die Einsicht, daß alles, was wir schaffen und sammeln, zugrunde gehen wird. Am besten sollte man solche Tage im Bett verbringen und vor allem nichts Neues an ihnen anfangen.

Bei der Post ein portugiesischer Roman von Guedes de Armorim, »Aldeia das águias«, mit einer Widmung des Verfassers, die ich nicht entziffere.

Kirchhorst 19. August 1939

Zwei Tage in Hamburg. Auch wenn man die Großstädte in kurzen Abständen besucht, fällt jedesmal der Zuwachs an automatischem Charakter auf. Merkwürdig ist, wie dabei das Lethargische, Abwesende, Weltverlorene in gleichem Maße sich ausbreitet. Man liest das aus den Gesichtern der Einzelnen, aus der Art und Weise, in der die Massen zirkulieren und in der man in den Wagen die Lenker am Steuer sitzen sieht Es scheint fast, daß das Quantum an Bewußtsein, das sich in den *Formen* niederschlägt, den Wesen verlorengeht.

Ohne Zweifel besitzt die Technik benehmende Momente – so in der reinen Geometrie der Formen, in den Quadraten, Kreisen, Ovalen und den Geraden, von denen man auf den Autobahnen abweichen mußte, damit die Fahrer nicht einschliefen. Das gleiche gilt für ihre Rhythmen – für ihre schnellen, brausenden oder singenden Takte, für ihre im Gleichmaß wechselnden Schaltungen, für ihre fließenden Abläufe und überhaupt für das gewaltige Wiegenlied ihrer Monotonie. Besonders wirkt das dort, wo sie rein zur Anschauung spricht – wie in der Propaganda, die sich sowohl im scharfen schwarzweißen Muster ihrer Formen als auch in ihrer monotonen Wiederholung als eine der Gattungen der Technik ausweist. Die Besucher, die aus dem Lichtspiel strömen, gleichen einer Menge von Erwachenden, und wenn wir in die von mechanischer Musik erfüllten Räume treten, teilt sich uns leicht ein wenig von der Stimmung einer Opiumhöhle mit.

Die beste Schilderung des vollautomatisierten Zustandes enthält die Erzählung »Hinab in den Maelstrom« von E. A. Poe, den die Goncourts in ihren Tagebüchern schon früh mit Recht als den ersten Autor des 20. Jahrhunderts bezeichneten. Sehr gut wird darin unterschieden das Verhalten der beiden Brüder, von denen der eine, vom furchtbaren Anblick des Mechanismus geblendet, sich in bewußtlosen Reflexen bewegt, während der andere sich denkend und fühlend verhält – und überlebt. In diese Figur spielt auch die Verantwortung ein, die den immer kleiner werdenden Eliten zuzufallen beginnt.

Kirchhorst, 26. August 1939

Um neun Uhr morgens, als ich im Bette behaglich im Herodot studierte, brachte Louise den Mobilmachungsbefehl herauf, der mich zum 30. August nach Celle einberuft und den ich ohne große Überraschung empfing, da sich das Bild des Krieges von Monat zu Monat und von Woche zu Woche schärfer abzeichnete.

Nachmittags in Hannover, wo es noch manches zu ordnen und zu besorgen gab, so Kampfer für meine Sammlungen.

Kirchhorst, 28. August 1939

Fortgang der Mobilisation in allen Ländern. Noch wäre Zeit für den deus ex machina. Was könnte er aber bringen? Doch höchstens Aufschub. Das Strittige ist so gehäuft, daß nur das Feuer es aufarbeiten kann.

Celle, 30. August 1939

Aufbruch. Oben betrachtete ich mich im Spiegel, in meiner Leutnantsuniform, nicht ohne Ironie. Indessen geht es heute wohl vielen Männern in Europa ähnlich, die niemals daran dachten, wieder Dienst zu tun. Was mich betrifft, so rechne ich dergleichen auch dem Krebs in meinem Horoskop zu, der mich nicht selten in vorgelebte Lagen zurückversetzt, oft mit Gewinn.

Während ich die Treppe hinunterging, wurde unten im Flur ein Telegramm abgegeben, das von Brauchitsch gezeichnet war und mir meine Beförderung zum Hauptmann mitteilte. Ich nahm das als Zeichen, daß Ares mir inzwischen nicht abhold geworden ist.

Vorm Hause hielt ich eins der Autos an, die nach Celle fuhren; es gehörte zwei Hamburger Kaufleuten, die nach abgebrochenen Geschäften aus Paris zurückkehrten. Meldung beim Kommandeur des Ersatzbataillons in der riesigen Heidekaserne, der Massen von Einberufenen zuströmten. Beim Essen lernte ich die Offiziere kennen, meist mit Orden aus dem Weltkriege, darunter Juristen vom Oberlandesgericht. In der Stadt, um Ausrüstungsstücke zu kaufen. Zog vorläufig in den »Sandkrug« ein.

Celle, 31. August 1939

Weitere Einkäufe. Man muß sich in die Uniform einleben. Nachts hörte ich, halb im Traume, Radiostimmen, denen ich zu entnehmen glaubte, daß die Verständigung mit Polen gelungen sei. Mit Gedanken, wie ich den Herbst in Kirchhorst verbringen wollte, schlief ich ein.

Celle, 1. September 1939

Am Morgen beim Frühstück fragte mich der Kellner mit bedeutsamem Gesicht, ob ich die Tagesnachrichten gehört hätte. Danach sind wir in Polen einmarschiert. Tagsüber nahm ich im Hin und Her der Geschäfte die weiteren Neuigkeiten auf, die den Ausbruch des Krieges, auch mit Frankreich und England, im einzelnen bestätigten. Am Abend knappe Meldungen, Verfügungen, Verdunkelung der Stadt.

Um zehn Uhr ging ich an die Schloßbrücke, zu einer Verabredung. Die alte Heidestadt war finster, und die Menschen bewegten sich wie Zauberwesen in einem Minimum an Licht. Das Schloß erhob sich, von einem matten blauen Schimmer überrieselt, wie der alte Palast in einer Märchenstadt. Wie schwerelose Tänzer glitten Menschen auf Rädern durch die Dunkelheit. Und hin und wieder klatschte ein schwerer Karpfen aus dem Graben, der den Schloßpark säumt. Gleich diesen Tieren schnellt uns die Lust zuweilen in ein fremdes, leichteres Element.

Ich kam an einer Bank vorbei, auf der zwei alte Damen saßen; die eine sagte: »Du mußt bedenken, daß bei dem allen auch Fügung ist.«

Dann im Café. Man tritt in Licht, Musik und Gläserklirren wie in geheime Feste und Albenhöhlen ein. Dazu dann wieder Rundfunkstimmen, die Bombenwürfe melden und den Menschen drohen.

Celle, 2. September 1939

Der schöne Weg durch den Französischen Garten zum Dienst, am Denkmal der Königin Karoline Mathilde und an der Bienen- und Seidenraupenzucht vorbei. Die grüne Rasenfläche in der ersten Kühlung des Herbstes; zuweilen streichen Elstern über sie hinweg. Dann Teiche, deren Spiegel an vielen Stellen von den weichen Flossenschlägen der Fische zittern, mit Schwänen und bunten Enten am Uferrand.

In diesem Abschnitt, in dem das eigentliche Wachstum geleistet ist, gewinnen die Pflanzen gleichsam Besinnung, und nur noch zu reifen ist ihre Pflicht. Das tritt dann im Kontur hervor – in der ruhigen Pracht, der Sicherheit und oft metallischen Prägung der Lebensform. In der Frucht herrscht die Plastik vor, wie dereinst in der Blüte die Farbe und der Duft, und dieses Verhältnis gewinnt nun in der gesamten Pflanze Gestalt. Sehr schön ist etwa die Art, in der das Blatt am Ansatz zu schwellen beginnt, bevor es sich vom Zweige löst, vor allem bei den Platanen und Kastanien.

Blankenburg, 6. September 1939

Nach kurzem Urlaub in Blankenburg, wo ich an einem Kursus teilnehme. Jeder Krieg fängt mit Lehrgängen an. In Kirchhorst, wo ich spät ankam, fand ich die kleine Hausgemeinschaft in ihrer Lichthöhle. Im Garten reifen die Früchte gut heran. Auch der Wein gedeiht auf eine für diese nördliche, moorige Ecke erstaunliche Art, freilich im Glost einer Ziegelmauer, die jeden Sonnenstrahl gleich einem Polster aufbewahrt.

Die Urlaubsstimmung hat etwas von »Paradise lost«, insofern als Verhältnisse, in denen wir alltäglich lebten, uns nun als Ausnahme zugebilligt werden. Nach längerer Abwesenheit gewinnt die Gestalt des Zurückkehrenden etwas Geisterhaftes, etwas vom Revenant. Gern wächst das Leben die Lücken zu. Das ist seit Agamemnons Zeiten Stoff der Tragödie, von der wir schon einen Hauch verspüren, wenn wir einen Garten, den wir verließen, wiedersehen. Die Blumen und Früchte blühen und reifen nun ohne uns.

Blankenburg, 10. September 1939

Sonntag, durch Lesung der Korrekturen der »Marmorklippen« fast ausgefüllt. Aus der Mühe, die es bereitet, die Wendung haargenau zu treffen, ist schon zu merken, wie Ares den Musen feindlich ist. Doch nützt es nichts, den Willen stärker anzuspannen – für ihn sind die Gewichte, die in der Prosa zu wägen sind, zu leicht, zu schwerelos.

Merkwürdig übrigens, wie ich diese Arbeit »zum Termin« beendete. Vielleicht gibt es Instanzen, die dafür sorgen, daß zu den Gerichten, wie sie die Zeit bereitet, ein jeder mit seinem Gewürz zur Stelle sei. Dergleichen wahrzunehmen ist mir meist peinlich, wie wir ja ungern die Drähte spüren, an denen das Marionettenspiel befestigt ist. Die Macht der Freiheit ist so gewaltig, daß schon der Traum von ihr genügt.

Zwischen Freiheit und Schicksal ist ein Verhältnis wie zwischen Fliehkraft und Gravitation – wie die Bahn der Planeten durch das Widerspiel von zwei entgegengesetzten Kräften geordnet wird, so führt sich auch die eigentlich menschliche, das heißt die aufrechte, Haltung darauf zurück.

STRAHLUNGEN, 1949

Das erste Pariser Tagebuch

Paris, 29. Mai 1941

Zur Flut von widrigen Dingen, die mich bedrücken, kommt, daß ich zur Aufsicht bei der Erschießung eines wegen Fahnenflucht zum Tode verurteilten Soldaten befohlen bin. Ich hatte zuerst die Absicht, mich krank zu melden, doch kam mir das zu billig vor. Auch dachte ich: vielleicht ist es besser, daß *du* dort bist als irgendein anderer. Und wirklich konnte ich manches menschlicher fügen, als es vorgesehen war.

Im Grunde war es höhere Neugier, die den Ausschlag gab. Ich sah schon viele sterben, doch keinen im bestimmten Augenblick. Wie stellt sich die Lage dar, die heute jeden von uns bedroht und seine Existenz schattiert? Und wie verhält man sich in ihr?

Ich sah also die Akten ein, die mit dem Urteil abschlossen. Es handelt sich um einen Gefreiten, der vor neun Monaten die Truppe verlassen hat, um in der Stadt unterzutauchen, wo eine Französin ihn beherbergte. Er bewegte sich teils in Zivil, teils in der Uniform eines Marineoffiziers und ging Geschäften nach. Es scheint, daß er allmählich zu sicher wurde und seine Geliebte nicht nur eifersüchtig machte, sondern auch prügelte. Sie rächte sich, indem sie ihn der Polizei anzeigte, die ihn den deutschen Behörden auslieferte.

Darauf begab ich mich gestern mit dem Richter in ein kleines Waldstück bei Robinson, den vorgesehenen Ort. Auf einer Lichtung die Esche, der Stamm zersplittert durch frühere Hinrichtungen. Man sieht zwei Serien von Einschlägen – eine höhere der Kopf- und eine tiefere der Herzschüsse. Im Kernholz rasten, von den feinen Fasern des aufgeplatzten Bastes eingesponnen, einige dunkle Schmeißfliegen. Sie instrumentieren das Gefühl, mit dem ich den Platz betreten habe: so sauber kann keine Richtstätte gehalten werden, als daß nicht etwas vom Schindanger einspielte.

Zu diesem Waldstück fuhren wir heut hinaus. Im Wagen noch der Stabsarzt und ein Oberleutnant, der das Kommando führt. Während der

Fahrt Gespräche, die sich, »als ob man drinnen säße«, durch eine gewisse Nähe und Vertraulichkeit auszeichnen.

Wir treffen das Kommando bereits in der Lichtung an. Es bildet vor der Esche eine Art von Korridor. Die Sonne scheint, nachdem es unterwegs geregnet hat; die Wassertropfen blitzen im grünen Gras. Wir warten noch eine Weile, bis kurz vor fünf, dann fährt ein Personenwagen den schmalen Waldweg entlang. Wir sehen den Verurteilten aussteigen, mit ihm zwei Gefängniswärter und den Geistlichen. Dahinter kommt noch ein Lastwagen; er fährt das Beerdigungskommando und den Sarg, der nach Vorschrift bestellt wurde: »von üblicher Größe und billigster Ausführung«.

Der Mann wird in den Korridor geleitet; dabei ergreift mich ein Gefühl der Beklemmung, als ob plötzlich das Atmen schwerfiele. Man stellt ihn vor den Kriegsrichter, der neben mir steht: ich sehe, daß ihm die Arme durch Handschellen auf dem Rücken gehalten sind. Er trägt eine graue Hose aus gutem Stoff, ein graues Seidenhemd und einen offenen Militärrock, den man ihm über die Schultern geworfen hat. Er hält sich aufrecht, ist gut gewachsen, und sein Gesicht trägt angenehme Züge, wie sie die Frauen anziehen.

Das Urteil wird verlesen. Der Verurteilte folgt dem Vorgang mit höchster, angespannter Aufmerksamkeit, und dennoch habe ich den Eindruck, daß ihm der Text entgeht. Die Augen sind weit geöffnet, starr, saugend, groß, als ob der Körper an ihnen hinge; der volle Mund bewegt sich, als buchstabierte er. Sein Blick fällt auf mich und verweilt für eine Sekunde mit durchdringender, forschender Spannung auf meinem Gesicht. Ich sehe, daß die Erregung ihm etwas Krauses, Blühendes, ja Kindliches verleiht.

Eine winzige Fliege spielt um seine linke Wange und setzt sich einige Male dicht neben seinem Ohre fest; er zieht die Schultern hoch und schüttelt den Kopf. Die Verlesung dauert eine knappe Minute, dennoch erscheint die Zeit mir außerordentlich lang. Das Pendel wird schwer und gedehnt. Dann führen die beiden Wächter den Verurteilten an die Esche; der Pfarrer begleitet ihn. In diesem Augenblick vermehrt sich noch das Schwere; es hat etwas Umwerfendes, als ob starke Gewichte sich auslösten. Ich entsinne mich, daß ich ihn fragen muß, ob er eine Augenbinde verlangt. Der Geistliche bejaht das für ihn, während die Wächter ihn mit zwei weißen Stricken anbinden. Der Pfarrer stellt ihm noch einige leise Fragen; ich höre, daß er sie mit »Jawohl« beantwortet. Dann küßt er ein kleines silbernes Kreuz, das ihm vorgehalten wird, während der Arzt ihm ein Stück roten Kartons von der Größe einer Spielkarte über dem Herzen an das Hemd heftet.

Inzwischen sind die Schützen auf ein Zeichen des Oberleutnants eingeschwenkt und stehen hinter dem Pfarrer, der den Verurteilten noch deckt. Nun tritt er zurück, nachdem er mit der Hand noch einmal an ihm heruntergestrichen hat. Es folgen die Kommandos, und mit ihnen tauche ich wieder zum Bewußtsein auf. Ich möchte fortblicken, zwinge mich aber, hinzusehen, und erfasse den Augenblick, in dem mit der Salve fünf kleine dunkle Löcher im Karton erscheinen, als schlügen Tautropfen darauf. Der Getroffene steht noch am Baum; in seinen Zügen drückt sich eine ungeheure Überraschung aus. Ich sehe den Mund sich öffnen und schließen, als wollte er Vokale formulieren und mit großer Mühe noch etwas aussprechen. Der Umstand hat etwas Verwirrendes, und wieder wird die Zeit sehr lang. Auch scheint es, daß der Mann jetzt sehr gefährlich wird. Endlich geben die Knie nach. Die Stricke werden gelöst, und nun erst überzieht die Totenblässe das Gesicht, jäh, als ob ein Eimer voll Kalkwasser sich darüber ausgösse. Der Arzt tritt flüchtig hinzu und meldet: »Der Mann ist tot.« Der eine der beiden Wächter löst die Handschellen und wischt ihr blitzendes Metall mit einem Lappen vom Blute rein. Man bettet den Leichnam in den Sarg; es ist mir, als spielte die kleine Fliege in einem Sonnenstrahl darüber hin.

Rückfahrt in einem neuen, stärkeren Anfall von Depression. Der Stabsarzt erklärt mir, daß die Gesten des Sterbenden nur leere Reflexe gewesen sind. Er hat nicht gesehen, was mir in grauenhafter Weise deutlich geworden ist.

*

Paris, 18. November 1941

Über das Tagebuch. Es trifft doch immer nur eine gewisse Schicht von Vorfällen, die sich in der geistigen und der physischen Sphäre vollziehen. Was uns im Innersten beschäftigt, entzieht sich der Mitteilung, ja fast der eigenen Wahrnehmung.

Da gibt es Themen, die sich geheimnisvoll durch die Jahre hindurch fortspinnen, wie etwa das der Ausweglosigkeit, die unsere Zeit erfüllt. Sie erinnert an das großartige Bild der Lebenswoge der asiatischen Malerei, auch an den Malstrom von E. A. Poe. Dabei ist diese Lage ungeheuer lehrreich, denn wo kein Ausweg, keine Hoffnung sich mehr bietet, werden wir gezwungen, stillzustehen. Die Perspektive ändert sich.

Dennoch ist es merkwürdig, daß mich in tiefstem Grunde Zuversicht belebt. Durch Wogenschaum und Wolkenfetzen leuchtet der Schicksalsstern. Ich meine das nicht allein persönlich, sondern allgemein. Wir haben in diesen Wochen den Nullpunkt passiert.

Die Anstrengungen, durch die man die Zeit zu bestehen sucht und durch die man Kraft gewinnt, sind sehr verborgen, sie finden am Grunde der Schächte statt. So der entscheidende Traum auf der Höhe von Patmos, als ich nach Rhodos fuhr. Unser Leben gleicht einem Spiegel, auf dem sich, wenn auch verwischt und neblig, sinnvolle Dinge abzeichnen. Eines Tages treten wir in dieses sich Spiegelnde ein, gewinnen dann Perfektion. Das Maß an Perfektion, das wir ertragen werden, deutet sich bereits in unserem Leben an.

Während der Mittagspause in der Verkaufsabteilung des Kupferstichkabinetts, wo ich einige Abzüge vergriffener Stiche bestellt hatte. Darunter das schöne Bildnis einer Kobra, aufgerichtet und mit geblähtem Hals. Die Verkäuferin, ein hageres schwarzes Mädchen so in den Dreißigern, sagte mir, daß sie dieses Blatt immer mit der Rückseite nach oben gelegt habe. Noch beim Einwickeln nahm sie mit einem »Sale bête« Abschied von ihm.

Auch sonst amüsante Person. Als ich eine Bemerkung machte, die sie als ungewöhnlich zu empfinden schien, stutzte sie einen Augenblick und musterte mich dann mit einem anerkennenden »Ah bon!«

Während dieses kurzen Besuches durchblätterte ich die große Mappe mit Stichen nach Poussin. Obwohl ich seinen »Herakles am Scheidewege« in einer englischen Reproduktion seit Jahren über meinem Schreibtisch hängen habe, ging mir erst heute der mächtige, ja königliche Raumsinn dieses Meisters auf. Das ist die absolute Monarchie.

*

Paris, 7. Dezember 1941

Nachmittags im Deutschen Institut. Dort unter anderen Merline, groß, knochig, stark, ein wenig plump, doch lebhaft in der Diskussion oder vielmehr im Monolog. Er spricht mit dem in sich gekehrten Blick der Manischen, der wie aus Höhlen hervorleuchtet. Er sieht nicht mehr nach rechts und links; man hat den Eindruck, daß er auf ein unbekanntes Ziel zuschreitet. »Ich habe den Tod stets neben mir« – dabei deutet er neben seinen Sessel wie auf ein Hündchen, das dort liegt.

Er sprach sein Befremden, sein Erstaunen darüber aus, daß wir Soldaten die Juden nicht erschießen, aufhängen, ausrotten – sein Erstaunen darüber, daß jemand, dem die Bajonette zur Verfügung stehn, nicht unbeschränkten Gebrauch von ihnen macht. »Wenn die Bolschewiken in Paris wären, sie würden Ihnen das vormachen, Ihnen zeigen, wie man Quartier für Quartier und Haus für Haus die Einwohnerschaft durchkämmt. Wenn ich die Bajonette hätte, ich würde wissen, was ich zu tun hätte.«

Es war mir lehrreich, ihn derart zwei Stunden wüten zu hören, weil die ungeheure Stärke des Nihilismus durchleuchtete. Solche Menschen hören nur *eine* Melodie, doch diese ungemein eindringlich. Sie gleichen eisernen Maschinen, die ihren Weg verfolgen, bis man sie zerbricht.

Merkwürdig, wenn solche Geister von der Wissenschaft, etwa von der Biologie, sprechen. Sie wenden sie wie Menschen der Steinzeit an; es wird ihnen ein reines Mittel, andere zu töten, daraus.

Ihr Glück liegt nicht darin, daß sie eine Idee haben. Sie hatten deren schon viele – ihre Sehnsucht treibt sie Bastionen zu, von denen aus sich das Feuer auf große Menschenmengen eröffnen und der Schrecken verbreiten läßt. Ist ihnen das gelungen, dann halten sie mit der geistigen Arbeit inne, gleichviel mit welchen Thesen sie emporgeklommen sind. Sie geben sich dann dem Genuß des Tötens hin; und dieser Trieb zum Massenmorde war es, der sie von Anfang an dumpf und verworren vorwärtszwang.

Solche Naturen wurden in Zeiten, in denen sich der Glaube noch prüfen ließ, früher erkannt. Jetzt dringen sie unter der Kapuze der Ideen vor. Diese sind ganz beliebig, was schon daraus zu ersehen ist, daß man sie nach erreichten Zielen wie Lumpen von sich wirft.

Heute wurde die Kriegserklärung Japans bekannt. Vielleicht wird das Jahr 1942 dasjenige, in dem mehr Menschen als jemals zugleich zum Hades hinübergehen.

*

Paris, 17. Februar 1942

Abends bei Calvet, in Gesellschaft von Cocteau, Wiemer und Poupet, der mir ein Autogramm von Proust für meine Sammlung gab. Cocteau erzählte daraufhin von seinem Verkehr mit Proust. Der ließ nie abstauben; die Flausen lagen »wie Chinchilla« auf dem Mobiliar. Beim Eintritt wurde man durch die Haushälterin gefragt, ob man nicht Blumen mitbringe, sich parfümiert habe oder in Gesellschaft einer parfümierten Frau gewesen sei. Man fand ihn meist im Bette, aber angezogen, mit gelben Handschuhen, weil er vermeiden wollte, die Nägel abzukauen. Er gab viel Geld aus, damit die Handwerker im Hause, deren Geräusch ihn störte, nicht arbeiteten. Nie durfte ein Fenster geöffnet werden; der Nachttisch war mit Medizinen, Inhalatoren und Zerstäubern bedeckt. Seinem Raffinement fehlte es nicht an makabren Zügen; so ging er zum Schlachter und ließ sich zeigen, »wie man ein Kalb absticht«.

Zum schlechten Stil. Er wird am sichtbarsten in den moralischen Zusammenhängen, etwa wenn solch ein Skribent Verbrechen wie die Geiselerschießungen rechtfertigen will. Das ist weit übler, weit in die Augen stechender als jeder ästhetische Verstoß.

Der Stil ruht eben im tiefsten Grunde auf Gerechtigkeit. Nur der Gerechte kann auch wissen, wie man das Wort, wie man den Satz zu wägen hat. Aus diesem Grunde wird man die besten Federn niemals im Dienst der schlechten Sache sehen.

Paris, 18. Februar 1942

Besuch des Ritters von Schramm, der aus dem Osten kam. Das Massensterben in den fürchterlichen Kesseln erweckt die Sehnsucht nach dem alten Tode – dem Tode, der nicht dem Zertreten-Werden gleicht. Schramm äußerte dazu die Ansicht, daß nicht jeder in diese Todesringe einbezogen werde, ganz ähnlich, wie rein schicksalsmäßig nicht jeder in die Manchester-Knochenmühlen kam. Entscheidend bleibt schließlich, ob man als Mensch in ihnen stirbt. Dann schafft man sich aus eigenen Kräften Bett und Altar. Dort unten verwirklicht sich viel von unseren trübsten Träumen; es werden Dinge, die man seit langem, seit über siebzig Jahren kommen sah, historische Realität.

Paris, 22. Februar 1942

Nachmittags bei Claus Valentiner am Quai Voltaire. Ich traf dort auch Nebel, den Outcast of the Islands, der morgen wie zu den Zeiten der römischen Cäsaren auf eine der Inseln geht. Sodann zu Wiemer, der sich verabschiedet. Dort übergab mir Madeleine Boudot, Gallimards Sekretärin, die Fahnen zur Übersetzung der »Marmorklippen« von Henri Thomas.

Im »Raphael« erwachte ich durch einen neuen Anfall von Traurigkeit. Das kommt wie Regen oder Schnee. Mir wurde die ungeheure Entfernung unter uns Menschen deutlich, wie man sie gerade an den nächsten und liebsten ermessen kann. Wir sind wie Sterne durch endlose Tiefen einander fern. Doch wird das nach dem Tode anders sein. Das ist das Schöne am Tode, daß er mit dem körperlichen Licht auch diese Entfernung löscht. Wir werden im Himmel sein.

Gedanke, der mir dann wohltut: vielleicht denkt gerade Perpetua an dich.

Der Kampf des Lebens, die Last der Individualität. Dagegen das Ungesonderte mit seinen immer tieferen Flutringen. In Augenblicken der Umarmung tauchen wir darein, versinken in Schichten, in denen die Wurzeln des Lebensbaumes ruhen. Auch gibt es leichte, flüchtige Wollust, wie Feuerstoff so volatil. Darüber hinaus die Ehe – »Ihr sollt sein ein Fleisch«. Ihr Sakrament: man trägt nur noch die halbe Last. Endlich der Tod; er reißt die Mauern der individuellen Trennung ein. Er wird der Augenblick der höchsten Begabung sein. Matth. 22, 30. All unsere echten Bande haben den mystischen Knoten erst hinter ihm, erst hinter der Zeit geschürzt. Wir werden sehend, wenn das Licht erlischt.

Die Bücher. Schön, wenn sich dort Gedanken, Wörter, Sätze finden, die ahnen lassen, daß die Erzählung wie ein Kunstpfad durch weite, dem

Leser unbekannte Wälder führt. So wird er durch Gebiete geleitet, deren Grenzen ihm verborgen sind, und nur zuweilen, wie ein Dufthauch, fliegt Kunde vom Überfluß ihm zu. Der Autor muß scheinen wie einer, der aus unbeschränkten Schätzen spendet; und indem er mit barer, klingender Münze zahlt, läßt er mitunter Stücke von fremder Prägung einfließen – Dublonen, auf denen man die Wappen von unerforschten Reichen sieht. Die Wendung Kiplings »Doch das ist eine andere Geschichte« muß im Text und feiner zugewogen sein.

Paris, 23. Februar 1942
Nachmittags im Palais Talleyrand zum Tee beim scheidenden Oberbefehlshaber, dem General Otto von Stülpnagel.

Merkwürdig ist an ihm die Mischung von Zartheit, Grazie, Souplesse, an einen Vortänzer bei Hof erinnernd, mit Zügen, die hölzern und melancholisch sind. Er gebraucht Wendungen von spanischer Höflichkeit, trägt hohe Lackstiefel und goldene Knöpfe an der Uniform.

Er hatte mich wegen der Geiselfrage rufen lassen, deren genaue Schilderung für spätere Zeiten ihm am Herzen liegt. Sie ist ja auch der Anlaß, aus dem er jetzt geht. An einer Stellung wie der seinen wird nur die große, prokonsularische Macht nach außen sichtbar, nicht aber die geheime Geschichte der Zwiste und Intrigen im Innern des Palasts. Sie ist erfüllt vom Kampf gegen die Botschaft und die Partei in Frankreich, die langsam Feld gewinnt, ohne daß ihn das Oberkommando unterstützt. Entwicklung und Fortgang dieses Kampfes, zu dem auch das Ringen um die Köpfe der Geiseln gehört, schildere ich auf Speidels Anordnung in den Geheimakten.

Der General berührte zunächst die menschlichen und allzumenschlichen Züge der Angelegenheit. Es war zu merken, daß ihm die Dinge an die Nerven gegangen sind und ihn in seinen Grundfesten erschütterten. Dann ging er auf die taktischen Gründe seines Widerstandes ein. Es sei notwendig, Maß zu halten, schon im Hinblick auf das Potential. Die Industrien würden um so besser liefern, je mehr hier die Sache in Ordnung sei. Das sei doch bei dem unerwarteten Verlauf des Ostfeldzuges von höchster Wichtigkeit. Auch müsse der Einfluß auf Europa die Zeiten überdauern, in denen man mit den Bajonetten anwesend sei. Er habe sich an die Vernunft gehalten – von Schwäche, wie sie ihm die politische Führung vorwerfe, könne nicht die Rede sein. Wie viele alte Berufssoldaten trifft ihn vor allem der Vorwurf der Schwäche, der »Laurigkeit«.

Im Angesicht der großen Überlegenheit der Gegner erschien ihm wohl der Rückzug auf den taktischen Standpunkt als der einzig mögliche. Daher versuchte er vor allem zu betonen, daß man durch Kollektivmaßnahmen der résistance den größten Gefallen tut. Daher auch in seinen Blitzsprüchen an das Oberkommando so oft der Satz: »Die Repressalien überschlagen sich.« Mit einem einzigen Pistolenschuß konnte ein Terrorist gewaltige Flutringe des Hasses auslösen. So kam es zu der paradoxen Ausflucht, daß man den größten Teil der Attentate in der Meldung an das Oberkommando unterschlug.

In diesen Generalen offenbart sich die allgemeine Ohnmacht des Bürgertums und der Aristokratie. Sie haben Blick genug, den Gang der Dinge zu erkennen, doch fehlt es ihnen an Kraft und Mitteln gegenüber Geistern, die keine anderen Gründe kennen als die Gewalt. Die neuen Herren vernutzen sie als Flurhüter. Wie aber, wenn auch diese letzten Pfeiler gefallen sind? Dann breitet sich der bleierne, furchtbare Schrekken im Tschekastil über die Länder aus.

An solchen Lagen gibt es auch immer eine Seite, die überzeitlich ist. Hier ist es die des Prokonsuls, in der schon Pilatus war. Mit fürchterlicher Wut verlangt der Demos von ihm das Blut Unschuldiger und jubelt den Mördern zu. Und aus der Ferne droht der Blitz des Imperators, der in göttlichen Ehren steht. Da ist es schwer, die Senatorenwürde aufrecht zu erhalten – man spricht das Urteil, indem man sich die Hände wäscht, oder verschwindet, wie hier, als Luftschutzwart in einen Berliner Häuserblock.

Tod. Es treten immer einige wenige über, die für das Leben zu vornehm sind. Sie suchen das Weiße, die Einsamkeit. Der Edelmut von Wesen, die sich mit Licht den Schmutz abwaschen, tritt auf der Totenmaske oft schön hervor.

Was ich am Menschen liebe, das ist sein Wesen jenseits des Todes und die Gemeinsamkeit mit ihm. Die Liebe hier ist matter Abglanz nur. »Was hier wir sind, kann dort ein Gott ergänzen –––«

Wie kommt Pontius Pilatus ins Credo?

Man müßte die Kopten fragen; bei ihnen wird er als Märtyrer verehrt.

Nachts Träume von Felsbastionen, auf denen ich kletterte. Sie waren so schlecht gegründet, daß mein Gewicht sie schwanken ließ und jede Bewegung von der Drohung ungeheurer Stürze begleitet war.

Sobald ich fühlte, daß das Gleichgewicht nicht mehr zu halten war, machte ich eine Anstrengung, als ob ich die Augen öffnete, und schaltete den Traumgang aus. So handelte ich wie jemand, der einen Film vorführt, in welchem er zugleich agiert; wenn Katastrophen nahten, drosselte ich den Strom.

In dieser Hinsicht habe ich doch viel gelernt, woraus mir für das Tagesleben Gewinn erwachsen soll. Wir träumen uns die Welt und müssen stärker träumen, wenn es nötig wird. Entscheidend für diese Jahre war eigentlich schon mein Verhalten in jenem Traum, in dem mir auf der Überfahrt nach Rhodos Kniébolo erschien und seinen Willen mit dem meinen maß.

Ermitteln, wie das zeitlich der Nacht bei Gerstberger in Ermatingen zugeordnet war. Da öffnete sich für eine Sekunde der Vesuv; es kam die Einsicht, daß historische Kräfte zur Wendung nicht ausreichen. Die Hunde heulten um das Haus. Dem muß Trotts nächtlicher Besuch am Weinberg unmittelbar vorausgegangen sein. »Die wollen den Drachen angehn und erwarten die Legitimation von dir.« Bei Tage bilden sich Wolken um das furchtbare Massiv.

*

Paris, 18. August 1942

Vormittags Papiere vernichtet, darunter das konstruktive Friedensschema, das ich in diesem Winter niederschrieb.

Dann Unterhaltung mit Carlo Schmid, der in mein Zimmer trat und wieder von seinem Sohn erzählte, auch von Träumen und seiner Baudelaire-Übertragung, die nun beendet ist.

In einem Papiergeschäft der Avenue Wagram kaufte ich ein Notizbuch; ich war in Uniform. Ein junges Mädchen, das dort bediente, fiel mir durch den Ausdruck seines Gesichtes auf: es wurde mir deutlich, daß es mich mit erstaunlichem Haß betrachtete. Die hellen blauen Augen, in denen die Pupillen zu einem Punkt zusammengezogen waren, tauchten ganz unverhohlen mit einer Art Wollust in die meinen – mit einer Wollust, mit der vielleicht der Skorpion den Stachel in seine Beute bohrt. Ich fühlte, daß es derartiges seit langem nicht unter Menschen gegeben hat. Auf solchen Strahlenbrücken kann nichts anderes zu uns kommen als die Vernichtung und der Tod. Auch spürt man, daß es überspringen möchte wie ein Krankheitskeim oder ein Funke, den man in seinem Innern nur schwer und nur mit Überwindung löschen kann.

Das zweite Pariser Tagebuch

Paris, 25. Juli 1943

Wie kommt es, daß ich mit intelligenten und sehr intelligenten Menschen ungehemmter umgehe, unzeremoniöser, nonchalanter, sorgloser, weniger vorsichtig? Sie wirken tonisch auf mich. Es muß hier etwas vom »all men of science are brothers« dahinterstecken; in der Verständigung, im Hin und Wider freier, leichter Gedanken liegt etwas Brüderliches, als wäre man en famille. So ist auch der intelligente Feind ungefährlicher für mich.

Bei der Begegnung mit Dummköpfen dagegen, mit Geistern, die die Gemeinplätze anerkennen und von ihnen leben, mit solchen, die auf die leere, äußere Rangordnung der Welt versessen sind, werde ich unsicher, unbeholfen, begehe Verstöße, rede Dummheiten.

Es fehlt mir hier leider an Verstellungsgabe; so weiß Perpetua sogleich, wenn ich mich mit einem Besucher beschäftige, was die Glocke geschlagen hat. »Wer hat, dem wird gegeben« – das ist meine Maxime auch.

»Das war die Lage, in der ich stand.« Ein Muster zahlloser Verstöße, die in der Rede verzeihlich sind, doch unzulässig in der Schrift.

Cependant hat wie unser entsprechendes »indessen« sowohl einen zeitlichen als auch einen kontradiktorischen Sinn. Hier deutet sich einer der Zusammenhänge zwischen Grammatik und Logik an: zwei gleichzeitige Vorgänge haben, zum mindesten in der Wahrnehmung, immer etwas sich Ausschließendes.

Paris, 26. Juli 1943

Am Vormittag Besuche, so eines Majors von Uslar und eines Oberleutnants Kutscher, der aus Holland kam. Er brachte mir einen Brief von Heinrich von Trott, dessen nächtlicher, seltsamer Besuch im Überlinger Weinberghause damals in meine Konzeption der »Marmorklippen« eingeflossen ist.

Abends mit Alfred Toepfer im Garten des Offiziersheimes in der Rue du Faubourg Saint-Honoré. Wir unterhielten uns dort zunächst über Cellaris und setzten uns dann, um die Lage durchzugehen, im Park auf eine einsame Bank. Wie viele mich in diesen Jahren angesprochen haben, so hier auch Toepfer:

»Sie müssen jetzt einen Aufruf vorbereiten, der an die Jugend Europas gerichtet ist.«

Ich erzählte ihm, daß ich bereits im Winter 1941/42 unter demselben Titel Aufzeichnungen machte, die ich dann den Flammen übergab. Nachher im »Raphael« dachte ich darüber nach.

»Der Friede / Ein Wort an die Jugend Europas / Ein Wort an die Jugend der Welt.«

Paris, 27. Juli 1943

Begonnen mit dem Aufruf, und zwar mit der Einteilung in dreizehn Abschnitte, die sich in einer halben Stunde ergab. Es kommt vor allem darauf an, daß ich ganz einfach und verständlich bleibe, doch ohne Allgemeinplätze.

Paris, 28. Juli 1943

Am Aufruf gearbeitet. Entwurf und Ausführung des ersten Abschnitts, einer Art von Geleit, das seine Schwierigkeiten hat, weil es zunächst die allgemeine Stimmung, und zwar gefühlsmäßig, angeben muß. Ich schreibe nicht, wie damals beim ersten Ansatz, verschlüsselt, sondern Klartext.

Bei Niederschrift des Wortes *Jugend* wurde mir der festliche Euphon der ersten Silbe deutlich, wie er in *Jubel jung, Jul, iucundus, iuvenis, iungere, coniungere* wie auch in vielen Zurufen und Götternamen wirkt. Das alte Fest der *Juturnalien*.

Abends im »Wagram«, mit Ministerialdirektor Eckelmann, Oberst Kräwel, Graf Schulenburg, dem Regierungspräsidenten von Schlesien. Kräwel, der Kniébolo kürzlich etwa zwanzig Minuten gegenüber gesessen hat, bezeichnete dessen Augen als »flackernd«, durch die Menschen hindurchblickend und einem Geiste angehörig, der sich rasch auf die Katastrophe zubewegt. Ich besprach den Aufruf mit Schulenburg, der meinte, ob ich mich nicht besser ins Oberkommando der Wehrmacht nach Berlin begäbe. Es scheint jedoch, daß ich dort nicht den Schutz finden würde, den mir hier der Oberbefehlshaber gewährt. Speidel wurde ja schon damals von Keitel vor mir gewarnt.

Die Popularität ist eine Krankheit, die um so chronischer zu werden droht, je später im Leben sie den Patienten befällt.

*

Paris, 16. Oktober 1943

Nachgedacht über die Maschine und was wir hier versäumt haben. Als Ausbildung des reinen männlichen Intellekts gleicht sie einem Raubtier, dessen Gefährlichkeit der Mensch nicht gleich erkannte; er zog sie leichtsinnig bei sich auf, um zu erfahren, daß sie sich nicht domestizieren läßt. Merkwürdig ist, daß es bei ihrer ersten Verwendung, als Lokomotive, zur guten Lösung kam. Die Eisenbahn in staatlicher oder halbstaatlicher Hand und in peinlich geregelter Ordnung hat in diesen hundert Jahren zahllosen Familien ihr bescheidenes, auskömmliches Dasein geschaffen – ein Eisenbahner ist im allgemeinen ein zufriedener Mensch. Die Ingenieure, Beamten und Arbeiter genießen in diesem Rahmen viele Vorteile des Soldaten und wenige seiner Nachteile. Wir stünden besser, wenn man das Reich der automatischen Webstühle von Anbeginn in gleicher Weise behandelt hätte, in konstruktivem Aufbau von der Entstehung an. Freilich tritt bei der Eisenbahn etwas Besonderes hinzu – nämlich ihr räumlicher Charakter, der Umstand, daß sie eine ausgedehnte Anlage ist. Sie hat die Eignung, sich eine große Zahl von Existenzen anzugliedern, die nur zur Hälfte der Technik, zur anderen aber dem organischen Leben verhaftet sind, wie etwa die Bahn- und Schrankenwärter in ihrer einfachen, aber gesunden Lebensart. So hätte man von Anfang an jedem der technischen Berufe ein Landlos, und sei es auch nur ein Garten, zuordnen müssen, da jedes Leben doch von der Erde als von der All-Ernährerin abhängig ist und in den Krisen bei ihr allein Schutz findet.

Die Technik gleicht einem Bauwerk, das auf ungenügend erforschtem Grund errichtet worden ist. In hundert Jahren wuchs es so gewaltig, daß Änderungen im allgemeinen, am großen Bauplan, ungeheuer schwierig geworden sind. Das gilt besonders für jene Länder, in denen sie sich am höchsten entwickelt hat. Hierauf beruht der Vorteil Rußlands, der jetzt sichtbar wird und der sich aus zwei prinzipiellen Gründen erklären läßt: es hatte keine technische Vorgeschichte, und es besaß genügend Raum. Freilich erfuhr es auch sogleich gewaltige Zerstörung an Gut und Leben, doch das aus einem Grunde, der außerhalb der Planung liegt.

Die großen Zerstörungen unseres Vaterlandes könnten *ein* Gutes haben, indem sie uns für diese Dinge, die unwiderruflich gestaltet schienen, einen zweiten Beginn setzten. Sie schaffen eine Lage, die die kühnsten Träume Bakunins übertrifft.

Beendet: den ersten Band der »Causes célèbres«, herausgegeben 1772 zu Amsterdam von M. Richet, ehemaligem Advokaten am Parlament. Darin fand ich in der Schilderung des gegen die Brinvilliers gerichteten Prozesses den Satz: »Les grands crimes, loin de se soupçonner, ne s' maginent même pas.« Das ist ganz richtig und beruht darauf, daß das Verbrechen sich im gleichen Maße steigert, in dem es, aus dem Tierischen aufsteigend, an Geist gewinnt. Im gleichen Maße verschwinden auch die Indizien. Die größten Verbrechen beruhen auf Kombinationen, die, logisch gesehen, dem Gesetz überlegen sind. Auch verlagert sich das Verbrechen immer mehr von der Tat in das Sein, um Stufen zu erreichen, auf denen es als abstrakter Geist des Bösen in der reinen Erkenntnis lebt. Endlich verliert sich auch das Interesse – das Böse wird um des Bösen willen getan. Das Böse wird zelebriert. Dann gibt auch die Frage »Cui bono?« keinen Anhalt mehr – es ist nur *eine* Macht im Universum, der es zugute kommt.

Abends kam Bogo mit Husser ins »Raphael«. Bogo erscheint mir in dieser an originalen Kräften so armen Zeit als einer der Bekannten, über die ich am meisten nachgedacht und noch am wenigsten zum Urteil gekommen bin. Früher glaubte ich, daß er in die Geschichte unserer Zeit eingehen würde als eine ihrer geistreich überspitzten, doch weniger bekannten Figuren, und heute glaube ich, daß er mehr bestellen wird. Vor allem sind viele, ja vielleicht die meisten der geistig bewegten jungen Leute der Generation, die nach dem Weltkrieg in Deutschland heranwuchs, durch seinen Einfluß und oft durch seine Schule hindurchgegangen, und fast immer konnte ich beobachten, daß die Begegnung sie zeichnete.

Er kam aus der Bretagne, nachdem er vorher in Polen und Schweden gewesen war. Nach alter skurriler Gewohnheit begann er sich auf die Diskussion vorzubereiten, indem er verschiedene Gegenstände auspackte, so eine Reihe geschnitzter Pfeifen mit Tabaksbeutel und Reinigern, ferner ein Käppchen aus schwarzem Sammet, mit dem er seinen seit langem kahlgewordenen Kopf verschönerte. Dabei sah er mich listig und forschend an, doch auch behaglich wie einer, der mancherlei Aufschlüsse erwartet und auch selber erfreuliche Dinge hinter dem Berge hält. Ich hatte den Eindruck, daß er die Pfeifen wählte, wie es der Fortgang des Gesprächs erforderte.

Ich fragte ihn nach einigen Bekannten, wie nach Gerd von Tevenar, der kürzlich gestorben ist, und hörte, daß er ihn beerdigt hat. Von Aretz dagegen, der mich vorgestern besuchte, meinte er: »Den habe ich getraut.« Auf diese Weise bestätigte er mir einen Verdacht, den ich seit langem hege, nämlich den, daß er eine Kirche gegründet hat. Er sitzt jetzt über der Dogmatik, während er mit der Liturgik schon weit gediehen ist. So zeigte er mir eine Reihe von Gesängen und einen Festzyklus »Das Heidnische Jahr«, der eine Zuordnung von Göttern, Festen, Farben, Tieren, Speisen, Steinen und Pflanzen umfaßt. Ich las darin, daß die Lichtweih am 2. Februar zu feiern ist. Sie ist der Berchta heilig, deren Zeichen die Spindel, deren Tier der Bär und deren Blume das Schneeglöckchen ist. Ihre Farben sind fuchsrot und »schneeigt«; als Geschenk für ihre Feier gilt der Drudenfuß. Als Speise ist Hering mit Klößen festlich, als Trank dazu der Seehund, und Klemmkuchen als Gebäck. Dagegen fand ich zur Fastnacht, die der Freya zu Ehren gefeiert wird, Zunge, Champagner und Krapfen angeführt.

Über die Lage. Hier war er der Meinung, daß, nachdem die Biedenhörner nicht vermocht hätten, Kniébolo in die Luft zu sprengen, dies Aufgabe bestimmter Zirkel sei. Er ließ durchblicken, daß er unter Umständen das selber vorzubereiten und anzuordnen gezwungen sei – gleichsam als Alter vom Berge, der seine jungen Leute in die Paläste schickt. Das Grundproblem der Politik von heute, wie er es auffaßt, lautet etwa: »Wie kommt man für fünf Minuten mit Waffen in den Sperrkreis Eins?« Indem ich ihn die Einzelheiten ausführen hörte, wurde mir die Lage Kniébolos deutlich, der heute von vielen Seiten von seinen Jägern umspürt und angegangen wird.

Grundsätzlich glaubte ich an Bogo eine Veränderung wahrzunehmen, die mir für die gesamte Elite kennzeichnend scheint und die darin besteht, daß er mit dem rationalistisch erworbenen Elan in metaphysische Gebiete eilt. Das fiel mir bereits an Spengler auf und zählt zu den günstigen Vorzeichen. Summarisch gesprochen, war das 19. Jahrhundert ein rationales, während das 20. ein kultisches ist. Davon lebt bereits Kniébolo, und daher die völlige Unfähigkeit der liberalen Intelligenzen, auch nur den Ort zu sehen, an dem er steht.

Dann über Bogos Reisen. Darunter manche Geheimnisse. Besonders bestürzten mich Einzelheiten, die er aus dem Getto von Lodz oder, wie es jetzt heißt, von Litzmannstadt berichtete. Er hatte sich dort unter einem Vorwand eingeführt und mit dem Vorsteher der Judenschaft, einem ehemaligen österreichischen Oberleutnant, konferiert. Es leben dort hundertundzwanzigtausend Juden auf das engste zusammengedrängt, indem sie für die Rüstung arbeiten. Sie haben eines der größten Werke im Osten aufgebaut. So können sie sich fristen, da sie unentbehrlich sind. Indessen strömen aus den besetzten Ländern immer neue Juden als Deportierte zu. Um diese aus der Welt zu schaffen, sind nahe den Gettos Krematorien gebaut. Man schafft die Opfer dorthin in Autos, die eine Erfindung des Chefnihilisten Heydrich sein sollen – in ihnen werden die Auspuffgase ins Innere geleitet, das so zur Todeszelle wird.

Auch soll es noch eine zweite Art der Schlachtung geben, die darin besteht, daß man die Opfer vor der Verbrennung nackt auf eine große Eisenplatte führt, die dann mit Starkstrom geladen wird. Man ist zu diesen Methoden übergegangen, weil sich zeigte, daß die SS-Leute, die man zur Abgabe der Genickschüsse bestimmt hatte, Störungen erlitten und sich zuletzt weigerten. Für diese Krematorien braucht man geringes Personal; es soll dort eine Art von höllischen Meistern und Knechten ihr Werk treiben. Dort also verschwinden die Massen von Juden, die man aus Europa zur »Umsiedlung« verschickt. Das ist die Landschaft, in der Kniébolos Natur sich wohl am klarsten offenbart und die selbst Dostojewski nicht vorausgesehen hat.

Die für die Krematorien Bestimmten müssen vom Gettovorsteher benannt werden. Nach langer Beratung mit den Rabbinern wählt er dazu die alten Leute und die kranken Kinder aus. Unter den Alten und Gebrechlichen sollen viele sich freiwillig melden – so schlagen solche fürchterlichen Händel doch immer zum Ruhme der Verfolgten aus.

Das Getto von Litzmannstadt ist abgeschlossen – in anderen, kleineren Städten gibt es auch solche, die nur aus einigen Straßen, in denen Juden wohnen, gebildet sind. Dort sollen jüdische Polizisten, die mit der Ergreifung von Opfern beauftragt waren, auch deutsche und polnische Passanten, die durch das Getto kamen, ergriffen und abgeliefert haben, ohne daß je von ihnen etwas wieder gehört wurde. Insbesondere wird das von Wolgadeutschen behauptet, die dort auf Landzuteilung warteten. Natürlich beteuerten sie ihren Henkern, daß sie keine Juden seien, doch wohl nur, um zu hören: »Das hat hier noch jeder gesagt.«

Im Getto sollen keine Kinder gezeugt werden, außer von der frömmsten Sekte, den Chassidim.

Am Namen »Litzmannstadt« wird deutlich, welche Ehrungen Kniébolo zu spenden vermag. Er hat den Namen dieses Generals, den Schlachtensiege zierten, auf alle Zeiten mit einer Schinderhütte verknüpft. Das war mir doch von Anfang an deutlich, daß seine Auszeichnungen am meisten zu fürchten seien, und ich sagte mit Friedrich Georg:

> Ruhm nicht bringt es, eure Schlachten
> Mitzuschlagen.
> Eure Siege sind verächtlich
> Wie die Niederlagen.

*

Paris, 21. Juli 1944

Gestern wurde der Anschlag bekannt. Ich erfuhr die Einzelheiten durch den Präsidenten, als ich gegen Abend aus Saint-Cloud zurückkehrte. Die höchst gefährliche Lage gewinnt damit noch eine besondere Zuspitzung. Der Attentäter soll ein Graf Stauffenberg sein. Ich hörte den Namen bereits von Hofacker. Das würde meine Meinung bestätigen, daß an solchen Wenden die älteste Aristokratie ins Treffen tritt. Aller Voraussicht nach wird diese Tat furchtbare Gemetzel einleiten. Auch wird es immer schwieriger, die Maske zu bewahren – so geriet ich heute vormittag in einen Wortwechsel mit einem Kameraden, der das Ereignis als »unerhörte Schweinerei« bezeichnete. Dabei bin ich seit langem der Überzeugung, daß durch Attentate wenig geändert und vor allem nichts gebessert wird. Ich deutete das schon in der Schilderung Sunmyras in den »Marmorklippen« an.

Nachmittags verbreitete sich im engsten Kreis die Nachricht, daß der Oberbefehlshaber seines Amtes enthoben und nach Berlin befohlen sei. Er hatte, als die Nachricht aus der Bendlerstraße eingelaufen war, die gesamte SS und den Sicherheitsdienst verhaften lassen, um sie dann wieder in Freiheit zu setzen, als er bei Kluge in La Roche-Guyon Vortrag gehalten hatte und kein Zweifel mehr darüber walten konnte, daß das Attentat mißlungen war. »Die Riesenschlange im Sack gehabt und wieder herausgelassen«, wie der Präsident sagte, als wir in höchster Erregung bei geschlossenen Türen verhandelten. Erstaunlich ist das Trokkene, Geschäftsmäßige des Aktes – die Grundlage der Verhaftung bildete ein einfaches Telefonat an den Kommandanten von Groß-Paris. Dem lag wohl auch die Sorge zugrunde, nicht mehr Köpfe zu gefährden als unbedingt erforderlich. Aber das sind solchen Mächten gegenüber keine Gesichtspunkte. Dazu der völlig unfähige und magenkranke Oberst von Linstow als Chef des Stabes, der kurz zuvor eingeweiht wurde, weil er technisch unentbehrlich war, und den man jetzt wie ein Gespenst vor der Auflösung im »Raphael« umherschleichen sieht. Wenn wenigstens mein alter Fahnenjunker Koßmann noch Chef gewesen wäre; er hätte zum mindesten getan, was man von einem Generalstabsoffizier erwartet, nämlich die Zuverlässigkeit der Nachrichten geklärt. Dazu kommt der Unfall Rommels vom 17. Juli, mit dem der einzige Pfeiler brach, auf dem ein solches Unternehmen sinnvoll war.

Demgegenüber die fürchterliche Aktivität der Volkspartei, die durch den Vorstoß kaum ins Schwanken geraten ist. Ja, das war lehrreich: den Körper heilt man nicht in der Krisis, und auch nur im ganzen, nicht am

Organ. Selbst wenn die Operation gelungen wäre, hätten wir heute statt eines Karbunkels deren ein Dutzend, mit Blutgerichten in jedem Dorf, in jeder Straße, in jedem Haus. Wir stehen in einer Prüfung, die begründet und die notwendig ist; und diese Räder schraubt man nicht zurück.

Paris, 22. Juli 1944

Anruf von General Loehning aus Hannover, der mitteilte, daß in Kirchhorst alles in Ordnung ist. Ich wunderte mich über seine Scherze, da zweifellos alle Gespräche überwacht werden. Gleich darauf vernahm ich von Neuhaus die Schreckensnachricht, daß Heinrich von Stülpnagel gestern auf der Fahrt nach Berlin die Pistole auf sich richtete, jedoch am Leben blieb und das Augenlicht verlor. Das muß um dieselbe Stunde geschehen sein, für die er mich zu Tisch gebeten hatte, zum philosophischen Gespräch. Daß er inmitten der Verwirrung das Mahl noch absagen ließ, ergriff mich; es ist ein sein Wesen bezeichnender Zug.

Welche Opfer hier wieder fallen, und gerade in den kleinen Kreisen der letzten ritterlichen Menschen, der freien Geister, der jenseits der dumpfen Leidenschaften Fühlenden und Denkenden. Und dennoch sind diese Opfer wichtig, weil sie inneren Raum schaffen und verhüten, daß die Nation als Ganzes, als Block in die entsetzlichen Tiefen des Schicksals fällt.

Paris, 23. Juli 1944

Die erste Frage des Generals, als er geblendet erwachte, soll der Einrichtung des Lazarettes gegolten haben; er wollte wissen, ob der Chefarzt zufrieden sei. Schon ist er durch Wärter, die zugleich Wächter sind, abgesperrt; er ist Gefangener.

Ich dachte an unser Kamingespräch in Vaux über die Stoa und darüber, daß das Todestor den Menschen immer offenstehe und daß vor solchem Hintergrund entschiedenes Handeln möglich sei. Da gibt es fürchterliche Belehrungen.

Kirchhorster Blätter

Kirchhorst, 12. Januar 1945

Ernstel ist tot, gefallen, mein gutes Kind, schon seit dem 29. November des vorigen Jahres tot! Gestern, am 11. Januar 1945, abends kurz nach sieben Uhr kam die Nachricht an.

Kirchhorst, 13. Januar 1945

Der liebe Junge hat den Tod gefunden am 29. November 1944; er war achtzehn Jahre alt. Er fiel durch Kopfschuß bei einer Spähtruppbegegnung im Marmorgebirge von Carrara in Mittelitalien und war, wie seine Kameraden berichten, sofort tot. Sie konnten ihn nicht mitnehmen, brachten ihn aber kurz darauf mit einem Panzerwagen ein. Auf dem Friedhof von Turigliano bei Carrara fand er die letzte Ruhestatt.

Der gute Junge. Von Kind auf war es sein Bestreben, es dem Vater nachzutun. Nun hat er es gleich beim ersten Male besser gemacht, ging so unendlich über ihn hinaus.

War heute in der kleinen Bodenkammer, die ich ihm abgetreten hatte und in der noch ganz seine Aura war. Trat leise ein, als in ein Heiligtum. Fand unter seinen Papieren dort ein Tagebüchlein, beginnend mit dem Motto: »Der kommt am weitesten, der nicht weiß, wohin er geht.«

Kirchhorst, 14. Januar 1945

Der Schmerz ist wie ein Regen, der erst in seiner Masse abläuft, dann dringt er langsam ins Erdreich ein. Der Geist erfaßt ihn nicht mit einem Mal. Wir traten nun auch in die wahre, die einzige Gemeinde dieses Krieges ein, in seine geheime Brüderschaft.

Ich denke viel über Ernstel nach. So manches an seinem Tode gleicht einem Rätsel, das schwer zu lösen ist. Was hat es denn zu bedeuten, daß es ihn in demselben Jahre den Händen der Tyrannis zu entreißen gelang? Das stand unter so günstigen Zeichen; alle guten Kräfte wirkten wie in geheimer Verschwörung dazu mit. Doch sollte er vielleicht vor seinem Tode erst dieses Zeugnis geben und sich bewähren in der eigentlichen Sache, der nur so wenige gewachsen sind.

Kirchhorst, 15. Januar 1945

Der Schlaf tut gut, doch gleich nach dem Erwachen stellt der Schmerz sich wieder ein. Ich frage mich, wie es möglich ist, daß wir die ganzen Wochen täglich an den Jungen dachten, ohne daß uns ein Echo der Wahrheit kam. Freilich bleibt, was ich am 29. November 1944, an seinem Todestage, vielleicht in seiner Todesstunde, in diesen Blättern notiert habe. Ich hatte damals gleich an den weitverbreiteten Volksglauben gedacht, doch ist es merkwürdig, daß ich bei allen Versuchen, Perpetuas Traum zu deuten, nicht im entferntesten diese nächstliegende Möglichkeit sah.

Wir stehen wie Klippen in der lautlosen Brandung der Ewigkeit.

Kirchhorst, 16. Januar 1945

Andacht für Ernstel. Superintendent Spannuth hielt sie in der Bibliothek. Auf dem Tisch das Bild des Jungen zwischen Tannengrün und zwei Wachskerzen. Als Text der Schluß des 73. Psalms und sein Konfirmationsspruch, Lukas 9,62:

»Wer aber seine Hand an den Pflug legt und sieht zurück, der ist nicht geschickt zum Reich Gottes.«

Anwesend waren die Familie, die Flüchtlinge des Hauses und die beiden Nachbarn, Lahmann und Colshorn.

Der Tod des Sohnes fügt eines der Daten, einen der Angel- und Wendepunkte in mein Leben ein. Die Dinge, die Gedanken, die Taten vorher und nachher unterscheiden sich.

Kirchhorst, 17. Januar 1945

Nach Burgdorf. Bei Beinhorn lebhaft an Ernstel gedacht. Wir gingen dort im vorigen Dezember im Nebel durch die Wälder und sprachen über den Tod. Er meinte: »Zuweilen spürt man darauf eine solche Neugier, daß man ihn kaum erwarten kann.«

Kirchhorst, 20. Januar 1945

Wie die Lemuren versuchen, sich in einen solchen Tod einzudrängen, gewissermaßen mitzuzehren von ihm. So unterstellte der Kompaniechef, der mir die Botschaft sandte, daß Ernstel »für den Führer« gefallen sei. Dabei war ihm die Vorgeschichte des Jungen wohl bekannt. Sodann der Funktionär, der mir, laut Vordruck »in würdiger Form«, die Botschaft zu bringen hatte – grauenhaft. Ja, das gehört zu unserer Wirklichkeit, und früh schon war mir deutlich, daß sich nur *eine* Qualität ihr sinnvoll zuordnet: der Schmerz.

Zur Tragik der Besten heute gehört es, daß Ethos und Polis sich nicht treffen in der Tat. Doch schneiden sie sich, wie Parallelen, im Unendlichen.

Kirchhorst, 23. Januar 1945

Während ich von dem toten Vater häufig und sinnvoll träume, bleibt es ganz dunkel um den Sohn. Es scheint um seinen Tod noch etwas Ungelöstes, Unversöhntes zu wittern, noch etwas Friedloses. Perpetua hatte in der verwichenen Nacht den ersten deutlichen Traum von ihm. Sie war in einem Krankenhaus und traf ihn auf dem Gange; er erschrak, als er sie sah. Er war schon sehr schwach und starb in ihren Armen; sie hörte, wie der Todesschweiß *plätscherte.*

Einmarsch der Russen in Ostpreußen und Schlesien. Neue Anstrengungen, um diesen Durchbruch einzudeichen, während im Westen das Gemetzel andauert. Die Energie, die Willensathletik bleibt erstaunlich; freilich entfaltet sie sich nur auf der schiefen Ebene, mit dem einzigen Zug und Gelingen zum Geistlosen und Schlimmeren. Das ist kein Krieg mehr, weshalb es auch nach Clausewitz die Politik zu solchen Lagen nicht kommen lassen darf.

Das Tannenbergdenkmal wurde, wie die Berichte melden, in die Luft gesprengt und Hindenburgs Leichnam in Sicherheit gebracht. Der Alte findet im Grabe keine Ruhe, war ja auch Pförtner, Türöffner Kniébolos, dem er zwar widerstrebte, doch den er auszunutzen gedachte und der sich als listiger erwies.

Kirchhorst, 24. Januar 1945
Traumreiche Nacht. Ich sah mich in einer von bunten Vögeln belebten Fremde auf einem Wege, der durch Wälder führte, doch auch zuweilen durch die Schächte einer Untergrundbahn. An meiner Brust, im Mantel, trug ich eng angeschmiegt links eine helle Taube, rechts eine dunkle Fledermaus. Die beiden Tiere, von denen besonders das dunkle mir teuer war, entflogen zuweilen und kehrten dann wie in ihr Nest zu mir zurück. Das Traumbild war tröstlich und schön.

In diesen Tagen betrachtete ich oft Bilder von Ernstel mit neuen Gedanken über Photographie. Kein Lichtbild kann mit einem guten Gemälde wetteifern in der Domäne, in der die Kunst regiert und wo Ideen und Bewußtsein herrschend sind. Doch ist den Photographien eine andere, dunklere Qualität eigen – das Lichtbild ist ja im Grunde ein Schattenbild. Es gibt etwas von der Substanz des Menschen, von seiner Ausstrahlung, ist ein Abdruck von ihm. In diesem Sinn ist es der Schrift verwandt. Wir blättern zur Erinnerung in Briefen und Lichtbildern. Dazu ist Wein dann gut.

Kirchhorst, 26. Januar 1945
Es sind nun zwei Wochen vergangen, seitdem ich die Nachricht erhielt. Wiederaufnahme der Arbeiten. Ich beendete die Abschrift des Rhodos-Tagebuches, von dem nun noch die Reinschrift zu machen ist. Oft habe ich den Eindruck, auf Papier zu schreiben, das sich schon unter dem Anhauch der Flamme bräunt.

Weiter in den Schiffbrüchen. Im Laufe der Lektüre kamen mir einige Gedanken allgemeiner Art. So stellt das Schiff die Ordnung, den Staat, den Status dar; beim Schiffbruch löst sich mit den Planken auch diese Bindung, und die menschlichen Beziehungen sinken auf die Elementarebene. Sie werden physikalischer, zoologischer oder kannibalischer Natur. Zur reinen Physik der Kräfte gehören die abgehackten Hände, von denen immer wieder die Rede ist. Die Rettungsboote fassen nur eine bestimmte Zahl von Menschen; jeder weitere, der sich anklammert, droht sie in die Tiefe zu ziehen. Da ist es modus in rebus, daß sich die Besatzung mit Rudern, Messern, Äxten gegen die tödliche Überfüllung wehrt.

Zuweilen vollzieht sich dieser Akt auch unter einem Anstrich von Ordnung, wie etwa 1786 beim Scheitern des portugiesischen Admiralsschiffs »Sankt Jakob« an einer Gruppe von Klippen Ostafrikas. Hier wählte die Mannschaft des überfüllten Bootes einen Führer mit absoluter Gewalt, und zwar einen Halbblut-Inder aus vornehmem Stamm. Dieser begnügte sich, leicht mit dem Finger auf die Schwächsten zu deuten, die man sogleich ins Wasser warf. Ganz allgemein sucht unter diesen Umständen die Gewalt die Punkte des schwächsten Widerstandes auf. So einigt man sich, wenn es zum kannibalischen Angriff kommen soll, auf den Schiffsjungen, wie es auch Bontekoe erzählt.

Die Führer, die sich das Schiffsvolk in solchen Fällen gibt oder die sich ihm aufzwingen, könnte man »schwarze Kapitäne« nennen; sie regeln auf piratenhafte Weise die Untat, die Gewalt. Beim Schiffbruch der »Batavia« an einer einsamen Insel der neuholländischen Küste ließ ein solcher Anführer namens Cornelis, nachdem ihm die Gewalt übertragen war, alle umbringen, die sich in seine Pläne nicht einfügten. Er verteilte die Beute, zu der er auch fünf Frauen rechnete, die zu den Passagieren gehört hatten. Eine behielt er für sich, eine andere, die Tochter eines Gesandten, sprach er seinem Leutnant zu, die übrigen drei wurden dem Schiffsvolk überlassen, zu allgemeinem Gebrauch.

Der Schiffbruch stellt die Frage, ob höhere Ordnung als die staatliche vorhanden ist. Nur sie kann Rettung bringen, wie man das auch bei den Pitcairn-Leuten sah. Jede Besatzung steht hier am Scheideweg.

Die Räumung Ostpreußens und Schlesiens ist von Bildern begleitet, wie sie die europäische Geschichte nicht kennt; das erinnert an die Zerstörung Jerusalems. Die Judenverfolgung hat ihre den blinden Tätern unbekannten Seiten; so setzt sie das Neue Testament außer Kraft und verbreitet alttestamentarisches Gesetz.

Kirchhorst, 27. Januar 1945

Die starke Kälte dauert an. Wie man hört, erfroren viele der aus den östlichen Provinzen geflüchteten Kinder auf den Landstraßen und in offenen Bahnwagen. Es kommt jetzt zu entsetzlichen Begleichungen auf Kosten der Unschuldigen.

Nachmittags mit dem alten Kerner im Wald, um Bäume zu zeichnen, da unsere Kohle zur Neige geht. Wir waren auch im Moore, wo noch ein kleiner Schlag Birken steht. Das Kernholz trat hell und glänzend unter der Axt zutage – beim Schreiben der Ziffern sah ich, wie auf der Fläche eines Spiegels, darin den Vater, der den Wald erwarb. Holz ist ein wunderbarer, verehrungswerter Stoff.

Auf dem Rückweg Unterhaltung mit dem Alten, bei dem sich, wie bei vielen unserer niedersächsischen Bauern, eine gewisse Gemütlichkeit mit einem ehernen Herzen paart. Das sind Naturen, die auch im Kreis der eigenen Familie oft über Leichen gehen. Unter anderem erzählte er eine Szene aus seiner Jugend, in der er, halb betrunken, halb sich betrunken stellend, seine Frau mit einem Freund belauscht hatte, wobei er vergeblich den fait accompli erwartete.

Kirchhorst, 28. Januar 1945

In der Kirche, wo Trauergottesdienst für Ernstel war. Es werden morgen zwei Monate, seitdem der Junge gefallen ist. Für mich wird er immer zu dem gehören, was man mitnehmen kann: im innersten Schrein. Omnia mea mecum porto – der Spruch ist gültiger denn je.

DER FRIEDE, 1945

7

Seit langem hat der Menschengeist gespürt, daß es der Änderung bedarf. Doch ist die menschliche Natur derart beschaffen, daß Einsicht ihr zur Vollziehung des Notwendigen nicht genügt – es ist vor allem der Schmerz, der sie belehrt.

So reichte das theoretische Bemühen nicht hin, die Einheit, die der Geist erkannte und forderte, auch in den Territorien zu vollziehen. Das spiegelt sich in der Entwicklung der Prinzipien von 1789 wider, die geistig siegten, doch mit den Waffen scheiterten. Die Heere, die damals aufgebrochen waren, begleitete ein übernationaler Auftrag, der wohl verstanden wurde und ihren Marsch begünstigte.

Aus diesem Grunde haben sich auch in allen Ländern geheime Kapellen zur Verehrung Napoleons erhalten – schien doch in diesem Fürsten der alte Traum der großen und einen Monarchie sich zu verwirklichen. Doch wurde in seinen Kriegen, in seiner Meteorenlaufbahn mehr der Same der neuen Freiheit ausgestreut als ihre Frucht geerntet – und junge Staaten blühten aus der Erschütterung hervor. Dem folgte die Erstarrung, und der Wiener Kongreß erhärtete die Grenzen im Sinne der alten Legitimität.

Die zweite große Möglichkeit, Europa zu schmieden, nachdem es glühend gewesen, bot der Friede von Versailles. Doch leider vermehrte er, anstatt zu neuen Ordnungen zu führen, die Quellen des Konflikts. Er blieb, als Bau betrachtet, Stückwerk, und kaum läßt sich sagen, daß er den Krieg beendete. Der Erste und der Zweite Weltkrieg hängen zusammen wie zwei Feuerkontinente, die eine Kette von Vulkanen mehr verbindet als voneinander trennt Der Teil des Friedensvertrages, der dem Ganzen gewidmet war, blieb teils rhetorische Fassade, teils leere Theorie.

Die Konzeption des Völkerbundes konnte, obwohl unklar gefaßt, für alle fruchtbar werden, wenn sie als oberste Idee auf jede Einzelfrage einwirkte. Das freilich hätte die Schöpfung einer Spitze mit großen Befugnissen sowohl in der Gesetzgebung als auch in der Verwaltung vorausgesetzt. Statt dessen entstand ein Scheingebilde von friedensrichterlicher Art, das nur ein Spiegel, ein machtloses Forum für Streitigkeiten war, die üppig wucherten – denn während es dem Friedensbau an tragenden Elementen fehlte, erstaunte er durch eine Fülle von Einzelheiten, die die neuen Grenzen, die den Besiegten auferlegten Lasten und die Sicherungen scharfsinnig regelten. So ging es diesem Frieden wie allen Werken, in denen zu wenig Herz und allzuviel Verstand regiert: es strahlte kein Segen von ihm aus, und auch die Sieger wurden seiner nach kurzem Jubel kaum jemals froh.

Auch wirkte er unheilvoll, vergiftend auf die innere Politik der Staaten ein, die er als zweiten Ranges behandelte: er gab dem Niederen, der Rache, dem Bluthaß billige Nahrung und lieferte Wasser auf die Mühlen der Demagogie. Rückblickend erkennen wir, wie winzig jeder Vorteil, der durch diesen Frieden gesichert wurde, im Verhältnis zum Schaden war, den er für alle stiftete. So war der Anlaß, aus dem der zweite Krieg entbrannte, die Zugehörigkeit von Danzig – und Städte dieser Größe gingen dann in einer einzigen Nacht in Flammen auf.

Der Friede von Versailles hat die Grenzen nur spürbarer gemacht. Im Mißverhältnis der Wirtschaft, der Währungen, des Handels nicht minder als in der nach kurzer Ermattung noch drohenderen Rüstung verriet sich der wachsende Zerfall der Ordnung des Kontinents, der immer hoffnungsloser sich in seine Staaten spaltete. Dann tauchten unverkennbar die Zeichen des zweiten Krieges auf – die Menschen schreckend, doch zugleich auch zwingend mit schicksalhaftem Bann.

Noch hätte in dieser Lage ein Akt geschehen können, der der Einberufung der Generalstände von 1789 geglichen hätte, und es wird immer ein Ruhmestitel des amerikanischen Präsidenten bleiben, daß er seine Stimme in diesem Sinn erhob. Freilich hätte auch eine solche Konferenz den Gang durchs Feuer vielleicht verzögert, nicht erspart. Für Änderungen, wie sie hier notwendig waren, genügte keine Reformierung – sie forderten die Revolution. Sie preßten die Parteien auf letzte Auseinandersetzungen und auf die Klärung durch Flammen zu. Wie immer in solchen Fällen entschieden hier die dunklen, drängenden Kräfte, und nicht die Stimmen der Vernunft.

8

Als dann die Waffen zu sprechen begannen, war noch im Jahre 1940 zur Abwendung des Äußersten Gelegenheit. Noch waren große Teile der Erde in Ruhe, zum andern waren die Fesseln des Versailler Vertrages gelöst und damit die Bahn für neue Entwicklungen frei. Dazu kam, daß, wenn auch nicht rechtlich, so doch tatsächlich die Grenzen in einem großen Teil Europas gefallen waren und daß die Völker nach Sicherheit dürsteten. Es konnte nun die gerechte Lösung gefunden werden, um die scheinbare Einheit, die die Gewalt geschaffen hatte, abzulösen durch die aus freiem Willen begründete.

Um eine solche Verfassung zu schaffen, durfte es freilich weder Sieger noch Besiegte geben, denn dieser Krieg war seiner Gestalt nach kein Eroberungs-, sondern ein Einigungskrieg. Alle Eroberungen trugen demgegenüber zufälligen Charakter, und es war das Unglück des Siegers, daß er dies nicht sah.

So wiederholte Deutschland die Fehler von Versailles. Wie damals vom Völkerbund, so sprach man jetzt vom Neuen Europa, das doch im Grunde nur die imperiale Verkleidung eines kämpfenden Nationalstaates war, nicht aber ein auf gleichen Rechten und Pflichten begründeter Bund. So mußte Deutschland auch die wesentliche Last des Kampfes allein bewältigen und jeden Beitrag mit Zwang eintreiben, den die Propaganda zwar immer rühriger, doch immer dürftiger bemäntelte.

Besonders betrüblich war es, daß das Verhältnis zwischen Deutschland und Frankreich sich verschlechterte. Es gab hier gleich nach dem Waffenstillstand eine Spanne, in der man erkannte und anerkannte, in welchem Maße die beiden Länder einander zu ergänzen geschaffen sind, und von Herzen zum Eintritt in eine neue Ordnung gesonnen war.

Das spärliche Maß an Widerstand, das dort die Heere geleistet hatten, verglichen etwa mit den Taten der Kämpfer vom Douaumont, bezeugte, daß man den Konflikt nicht mehr als einen solchen begriff, in dem es sich bis zum Letzten zu schlagen gilt. In seiner Eigenschaft als Nationalstaat hatte sich Frankreich schon in den ungeheuren Opfern des Ersten Weltkriegs erschöpft, und andererseits floß seinem Denken und Handeln, im Gegensatz etwa zu England, aus imperialen Räumen kein Kraftstrom zu.

In Deutschland dagegen war der nationale Stoff noch nicht verzehrt. Und darin liegt der Grund verborgen, aus dem das Ringen sich erneute und nun in seine eigentliche Fragestellung einzumünden schien. Er liegt darin, daß Deutschland den Eroberungskrieg, den es in seiner Eigenschaft als Nationalstaat führte, verlieren mußte – und entsprechend sah man die Widerstände wachsen im Maß, in dem es seine Anstrengung entfaltete. Es kommt nun darauf an, daß es zusammen mit allen anderen den Krieg in seiner Eigenschaft als Einheitskrieg gewinnt.

Doch hat die schnelle Beendigung des Treffens in Frankreich der Menschheit viel erspart. So wurde die Zerstörung der Stadt Paris vermieden, die als ein Kunstwerk höchsten Ranges uns allen unersetzbar ist. Sie möge als eine mit alten und schönen Dingen überreich gefüllte Arche aus dieser Sintflut den Strand der neuen Sicherheit erreichen, um fernere Geschlechter zu erfreuen.

Auch wird man erkennen, daß die Besetzung trotz aller Leiden, die sie brachte, auch Samen der Freundschaft hinterließ. Zwar war fast alles verfehlt, was man von Staat zu Staat versuchte – schon deshalb, weil die Freiheit mangelte, die ja die Quelle des Einvernehmens ist. Auch fehlte es nicht an Übergriffen, Beugung des Rechtes, Gewalttat jeder Art. Es ist für beide Länder wichtig, daß sie gesühnt werden.

Doch lernten sich auch die Besten der Völker kennen, denn immer bieten solche Schicksalszeiten auch zur Hilfe Gelegenheit. Die Achtung, die Freundschaft und auch die Liebe spannen eine Fülle von feinen Fäden, die fester haften werden als mancher Staatsvertrag.

9

Inzwischen wiesen fürchterliche Lehren uns auf den Weg der Ordnung hin. Wenn diese nicht in einem neuen vereinten Leben nach höherem Gesetz zum Ausdruck kommen wird und wenn statt dessen die Leidenschaften den Frieden trüben, dann wiederholt sich das Schauspiel, in dem wir leben, in wütenderer Form.

Der Mensch darf nie vergessen, daß die Bilder, die ihn jetzt schrecken, das Abbild seines Innern sind. Die Feuerwelt, die ausgebrannten Häuser und Ruinenstädte, die Spuren der Zerstörung gleichen dem Aussatz, dessen Keime lange im Innern sich vermehrten, ehe er an die Oberfläche schlug. So hat es seit langem in den Köpfen und in den Herzen ausgesehen. Es ist der rote Stoff des Menschen, der sich im Weltbild widerspiegelt, so wie die innere Ordnung im äußeren Frieden sichtbar wird. Daher muß Heilung zunächst im Geist erfolgen, und nur *der* Friede kann Segen bringen, dem die Bezähmung der Leidenschaften vorausgegangen ist.

Das ist besonders zu bedenken, wo von Bestrafung der Schuldigen die Rede ist. Es werden gerade jene sich zum Amt des Richters drängen, die stark im Willen, doch schwach im Urteil sind. Daher ist es vor allem wichtig, daß hier Vernunft und Kenntnis des Ganzen regieren, nicht aber blinde Rachsucht der Parteien, die neues Unrecht zu altem fügt.

Auch muß man wissen, daß in solchen Konflikten viel Schicksalhaftes spielt – sie reißen gleich Strudeln die Geister an sich und führen sie dem Verhängnis zu. Dennoch ist immer vom Menschen zu verlangen, daß er Tat und Untat unterscheidet und daß er, auch unter eigener Gefährdung, dem Frevel widersteht. Das Böse kann weder dadurch entschuldigt werden, daß es erzwungen wurde, noch dadurch, daß die Zeit es forderte. Für diese Fälle gilt das Wort Matthäi: »Ärgernis muß ja kommen, aber weh dem, der Ärgernis gibt.«

Doch darf auf keinen Fall die Rache hier führend sein. Viel weniger darauf, daß die Opfer Rache finden, kommt es an, als auf die Wiederherstellung des Rechts und insbesondere des Rechtsgefühles, das in weiten Räumen betäubt, geknebelt worden ist. Der Wille, Recht zu schaffen, muß auf Ordnung, muß auf Gesundung gerichtet sein. Es darf auf der Erde keine Länder mehr geben, wo Furcht regiert und Menschen wohnen, die ohne Recht und Urteil dem Zugriff auf Leib und Leben, auf Gut und Freiheit ausgeliefert sind. In diesem Sinn gleicht das Recht dem Lichte, das weithin die Finsternis durchdringt.

Aus diesem Grunde freilich ist es wichtig, daß es zum Urteil kommt. In keinem Volke stirbt ja der Rechtssinn gänzlich, und mächtig wird er belebt, wenn sich bewährt, daß Unrecht nicht dauern kann und daß die Untat Sühne findet, in welcher Übermacht sie auch begangen sei. Damit dies recht zutage trete, dürfen weder Parteien noch Nationen über ihre Gegner zu Gericht sitzen. Der Kläger kann nicht zugleich der Richter sein.

Es ist vorauszusehen, daß sich die fürchterlichen Klüfte, die die Gewalt geöffnet hat, nicht schließen werden, ohne daß es zu Rachestürmen der Unterdrückten kommt. Doch wird sich auf diesem Wege Recht nicht bilden; die Übeltaten können ihre Sühne nur vor Gerichten finden, in denen nicht Haß das Urteil lenkt. Nur dort kann unterschieden werden, wer als Soldat und wer als Henker, als Kämpfer oder Mörder betrachtet werden muß und wer als Gegner im Völkerstreit der Achtung oder als Vergießer schuldlosen Blutes des Galgens würdig ist. Maßen sich aber Parteien die Unterscheidung an, so wandeln sie Verbrecher zu Märtyrern und Nationalheroen um.

Das soll nicht heißen, daß nicht gründlich Justiz geschaffen werden muß. Es gibt zuviel an stumpfer, sinnloser Tyrannei und Unterdrückung von Wehrlosen, zu viel Henker und Henkersknechte, zu viele große und kleine Schinder, als daß der Abgrund sich schließen könnte, ehe das volle Maß der Strafe gefunden ist.

Doch kommt es darauf an, daß die Verbrechen für alle Zeiten auch sichtbar werden, und das wird nur durch Recht, niemals durch Rache möglich sein. Das Recht hat Lichtnatur, die auch die Schatten deutlicher macht. Je weniger sich in seiner Quelle die Leidenschaften spiegeln, desto klarer tritt das Verbrechen in seiner Häßlichkeit hervor.

10

Die Sühne gehört zu den Voraussetzungen des neuen Bundes; der Einigung geht Reinigung voraus.

Der Friede selbst indessen muß ganz und gar der Zukunft gewidmet sein. Es sind in ihm die Ziele zu erfassen, die im Kriege als Ganzes eingeschlossen sind. Die Erde drängt in ihm zu neuen Formen, an denen alle Mächte Mitarbeiter sind. Aus diesem Grunde lebt auch in jeder der Parteien, und sei es unter den Schlacken der Gewalt verborgen, ein guter Rechtsanspruch. Ihn gilt es herauszuheben und in höherem Sinne zu verwirklichen.

Wenn wir nun ohne Leidenschaft die Ziele betrachten, um die gefochten wird, so werden wir finden, daß fast alle Probleme, die Menschen bewegen, im Spiele sind. Doch lassen sich drei Kardinalfragen erkennen, deren Lösung vom Frieden erwartet werden muß.

Die erste ist die *Raumfrage,* denn es gibt Mächte, die um Raum kämpfen, und das sind die gleichen, die man auch die Angreifer- oder die totalen Staaten nennt. Ihre Bewegung ist ein Zeichen dafür, daß die Aufteilung der Erde, wie sie sich historisch entwickelte, der Änderung bedarf. Daher verspricht kein Friede Aussicht auf Dauer, der diese Unruhe nicht auf gerechte Weise stillt. Doch müssen die auf Naturrechte gestellten Forderungen auf höherer Ebene befriedigt werden – nicht durch Eroberungen, sondern durch Bündnis, durch Vertrag. Die Erde muß für alle Brot haben.

Die zweite große Frage ist die des *Rechtes* – insofern andere Mächte für sich in Anspruch nehmen, daß sie um Recht kämpfen. Und ohne Zweifel bleibt die Rechtsbeschränkung, wie sie die totalen Staaten dem Menschen auferlegten, nicht ihre innere Angelegenheit allein. Vielmehr strahlt jede Freiheitsminderung nach außen, wo sie als Drohung sichtbar wird. Ebenso wie der Anspruch, am Raum und an den Gütern der Erde in gerechter Weise teilzuhaben, begründet ist, so auch der Anspruch, daß die Rechte, die Freiheit und die Würde des Menschen geachtet werden, in welchem Lande es immer sei. Es kann kein Friede dauern als der, der zwischen freien Völkern geschlossen ist.

Die dritte Frage endlich ist die Frage der Verwirklichung der *neuen Ordnung* – das heißt: der Lebensformen des Arbeiters. In dieser Hinsicht sind die Völker sich sehr ähnlich geworden und gleichen sich täglich mehr an, insofern die Totale Mobilmachung, in die sie eingetreten sind, demselben großen Rhythmus unterliegt. Es handelt sich hier nicht allein um Rüstungsfragen, sondern um tiefgreifende Umformungen. So bildet die Entladung dieses Arbeitsprozesses an den Fronten auch nur die eine seiner Seiten; die andere, unsichtbare, aber nicht minder wirkungsvolle spielt im Innern der Völker selbst. Auf diese Weise wird keine der Nationen aus dem Kriege in den gleichen Formen entlassen werden, in denen sie in ihn eingetreten ist. Er ist die große Schmiede der Völker, wie er die der Herzen ist.

Der Sinn des Friedens ist es, diese drei großen Ziele aufeinander abzustimmen – sie bilden die Elemente zu seinem Bau. Die Elemente müssen einander stützen – so wird sich zeigen, daß die Raumordnung mit der Rechtsordnung auf das engste zusammenhängt. Die Schaffung der einen zieht die Stärkung der andern nach. Die Völker ohne Raum von ihrem Übel heilen heißt, ihnen Möglichkeit der Rechtsgesundung geben, und damit wieder löst sich ihr gefährlicher Charakter auf. Die Kräfte, die aus der Rüstung entlassen werden, wirken für alle produktiv.

Und wiederum, damit die Raum- und Rechtsfrage gerecht entschieden werde, bedarf es der frischen Sinngebung, und diese kann nur der neue Mensch, der Arbeiter erteilen – derselbe, der sich bereits gewaltige Arbeitspläne stellte und dem allein Kühnheit und Übersicht für die weltweite Friedensplanung gegeben sind. Er ist der einzige, der schon in Kontinenten denken kann und dessen Begriffe und Symbole planetarisch verständlich sind. Daher wird er auch das Ferment der Einigung sein.

Der Friede ist dann gelungen, wenn die Kräfte, die der Totalen Mobilmachung gewidmet waren, zur Schöpfung freiwerden. Damit wird das heroische Zeitalter des Arbeiters sich vollenden, das auch das revolutionäre war. Der wilde Strom hat sich das Bett gegraben, in dem er friedlich wird. Zugleich wird die Gestalt des Arbeiters, aus dem Titanischen sich wendend, neue Aspekte offenbaren: es wird sich zeigen, welches Verhältnis sie zur Überlieferung, zur Schöpfung, zum Glück, zur Religion besitzt.

II

Raumordnung wird in allen Kontinenten zu schaffen sein. Doch liegt ihr Schwerpunkt in Europa, von wo, wie von dem Zentrum eines großen Bebens, die beiden letzten Kriege ausstrahlten. Hier also bedarf es vor allem der Atemluft.

Nun wird sich jedes Land mit Recht dagegen sträuben, für andere Lebensraum zu sein. Raumordnung kann daher nicht mit Gewalt, nicht durch Diktat geschaffen werden, und Raum wird nicht gewonnen, indem er dem einen genommen, dem andern gegeben wird.

Die wahre Lösung liegt einzig im Vertrage, im Friedensbunde, in der Zusammenlegung unter neuer Sinngebung. Nur sie beugt auch dem Zirkel von Rüstungs- und Arbeitslosenheeren vor, den jede Ordnung alten Stiles weiterzubilden droht. Die Völker bringen, was sie an Raum besitzen, als Mitgift ein. Es wird sich zeigen, daß man auf solchem Grunde besser, reicher und vor allem sicherer leben kann.

Europa muß aus den Gliedern geschaffen werden, dann stellen sich das neue Leben, der starke Atem, der weitere Kreislauf ein. Der Mensch steht hier vor einem prometheischen Werk. Doch fehlt es an Vorgängen und Vorbildern nicht. Hierher gehört die Bildung der Einheitsstaaten durch Bismarck und Cavour, wie früher schon durch Cromwell und Richelieu. Wie damals aus Dynastien und Splittern alter Reiche die Nationen geboren wurden, so müssen sie heute zusammenschmelzen zum Imperium. An Mustern und Modellen ist kein Mangel, die Welt kennt Staaten, in denen sich die verschiedensten Völker, Rassen und Sprachen vereinigen. Zu ihnen gehören die Schweiz, die Vereinigten Staaten von Amerika, die Sowjetunion und das englische Imperium. In diesen Gebilden hat sich eine Summe politischer Erfahrungen kristallisiert. Auf sie läßt sich zurückgreifen.

Es handelt sich bei der Gründung Europas darum, einem Raume, den die geschichtliche Entwicklung gliederte, geopolitische Einheit zu verleihen. Die großen Schwierigkeiten liegen im Alter der Überlieferung, im eigenen Leben, das sich in den Völkern bildete. In diesem Sinne sah schon Goethe, daß Amerika es besser hatte als unser Kontinent. Dennoch ist jetzt die Zeit gekommen, in der die Formen flüssig zu neuem Guß geworden sind. Es hat jetzt Sinn, die Aufgabe zu stellen; unsere Zukunft hängt davon ab.

II. *Abenteuerliches* HERZ

SIZILISCHER BRIEF AN DEN MANN IM MOND, 1930

I

Ich grüße dich, der du ein Zauberer und ein Freund der Zauberer bist! Freund der Einsamen. Freund der Helden. Freund der Liebenden. Freund der Guten und Bösen. Mitwisser nächtlicher Geheimnisse. Sag an: wo es einen Mitwisser gibt – gibt es da nicht bereits etwas mehr, als *gewußt* werden kann?

Ich entsinne mich noch recht wohl der Stunden, in denen dein Gesicht groß und schrecklich im Fenster erschien. Dein Licht fiel in den Raum wie jenes Geisterschwert, vor dem, wenn es gezückt wird, jede Bewegung erstarrt. Wenn du aufgehst über den weiten Gefilden aus Stein, siehst du uns schlummern, dicht an dicht, mit bleichen Gesichtern, wie die weißen Puppen, die unzählig in den Winkeln und Gängen der Ameisenstädte ruhn, während der Nachtwind durch die großen Tannenwälder schweift. Leben wir für dich nicht im Abgrunde des Meeres, Wesen der Tiefsee – und versunkener als sie?

Versunken schien mir auch mein kleines Zimmer, in dem ich mich im Bette aufgerichtet hatte, eingetaucht in eine Verlassenheit, die zu tief ist, als daß sie von Menschen durchbrochen werden könnte. Lautlos und regungslos standen die Dinge im fremden Licht wie Meereswesen, die man unter einem Vorhang von Algen auf dem Grund erblickt. Schienen sie nicht rätselhaft verändert – und ist Veränderung nicht die Maske, hinter der sich das Geheimnis des Lebens und des Todes verbirgt? Wer kennt diese Augenblicke einer unbestimmten Erwartung nicht, in denen man horcht, ob die Stimme des Unbekannten, das man nahe fühlt, nicht gleich ertönen wird, und in denen jede Form das Verborgene nur mit Mühe noch in sich verschließt? Ein Knistern im Gebälk, das Schwingen eines Glases, an dem eine unsichtbare Hand vorbeizustreichen scheint – wie doch der Raum von der Anstrengung eines Wesens geladen ist, das nach dem Sinne begehrt, der seine Signale aufzufangen vermag!

Die Sprache hat uns die Dinge zu sehr verachten gelehrt. Die großen Worte sind wie das Gradnetz, das sich über eine Landkarte spannt. Aber ist eine einzige Faust voll Erde nicht mehr als eine ganze Welt, die auf der Landkarte steht? Damals hatte das Raunen der namenlosen Gestalten noch einen seltsameren, zwingenderen Klang. An verfallene Zäune und Kreuzwegpfähle sind Zeichen gekritzelt, an denen der Bürger achtlos vorübergeht. Aber der Landstreicher hat Augen für sie, er ist ihrer kundig, sie sind ihm Schlüssel, in denen sich das Wesen einer ganzen Landschaft offenbart, ihre Gefahren und ihre Sicherheit.

Nun, auch das Kind ist so ein Landstreicher, der noch nicht lange das dunkle Tor durchwanderte, das uns von unserer zeitlosen Heimat trennt. Daher ist es auch noch fähig, auf den Dingen die Sprache der Runen zu lesen, die Kunde geben von einer tieferen Brüderschaft des Seins.

2

Damals fürchtete ich dich als ein Wesen von bösartiger magnetischer Kraft, und ich hatte die Vorstellung, daß man dich in deinem vollen Glanze nicht anstarren dürfe, um nicht der Schwere beraubt und unwiderstehlich hinausgesogen zu werden in den leeren Raum. Zuweilen träumte ich, daß ich die Vorsicht außer acht gelassen hätte, und sah mich dann im langen weißen Hemde, willenlos wie ein Kork auf finsterer Flut, hoch über einer Landschaft dahintreiben, auf deren Grunde nächtliche Wälder lauerten und die Dächer von Dörfern, Schlössern und Kirchen wie schwarzes Silber glimmerten – gleich einer dem Gemüte unmittelbar einsichtigen Zeichensprache einer bedrohlichen Geometrie.

Auf solchen Traumfahrten war der Körper ganz erstarrt. Die Zehen waren nach unten gestreckt, die Fäuste geschlossen, und der Kopf war in den Nacken gebeugt. Ich empfand keine Angst, nur ein Gefühl unentrinnbarer Einsamkeit inmitten einer ausgestorbenen, von schweigenden Mächten geheimnisvoll durchwalteten Welt.

3

Wie änderte sich später dieses Bild unter dem Einflusse des Nordlichts, dessen erster Einbruch von den feurigen und stolzen Herzen als ein hitziges Fieber erlitten wird. Es gibt eine Zeit, in der man sich seiner Räusche schämt, und es gibt eine andere, da man sie wieder anerkennt. So möchte man auch den Verstandesrausch in seiner äußersten Maßlosigkeit nicht missen, weil in jeden der Triumphe des Lebens ein Absolutes eingeschlossen, weil die Aufklärung tiefer als Aufklärung – weil auch in ihr ein Funke des ewigen Lichtes und ein Schatten der ewigen Finsternis verborgen ist.

Finsterer Angriff auf das Unendliche! Soll sich ein mutiges Herz schämen, an ihm beteiligt gewesen zu sein? Soldatische Einsamkeit der Minierstollen, in denen nach Sekunden und Millimetern gearbeitet wird, machtvolle Front der Kampfgräben am Niemandsland, mit der strengen Mathematik der Bastionen und den Postenständen, mit blitzenden Maschinen und phantastischen Instrumenten bestückt!

Gern weilt der Gedanke an jener Grenze, an der die Zahl in das Zeichen verfließt, gern kreist er um die beiden symbolischen Pole des Unendlichen, das Atom und den Stern, und er liebt es, Beute zu machen auf dem Schlachtfeld der unendlichen Möglichkeit. Welcher Zauberlehrling hätte nicht einmal hinter den künstlichen Raubvogelaugen der Teleskope gestanden, die der Gang lautloser Uhren in kosmischen Kurven bewegt, welcher nicht einmal zur geschäftigen Schar der Psychologen gezählt?

Hier wird die Gefahr bedeutend; und wer die Gefahr liebt, der liebt es, sich zu verantworten. Dessen Wunsch ist es, schärfer angegriffen zu werden, damit er sich schärfer verantworten kann. Das Licht scheint bei Tage verborgener als in der Nacht. Wer vom Zweifel geschmeckt hat, dem ist bestimmt, nicht diesseits, sondern jenseits der Grenzen der Klarheit nach dem Wunderbaren auf Suche zu gehen. Wer einmal zweifelte, der muß tüchtiger zweifeln, wenn er nicht verzweifeln will. Ob jemand im Unendlichen eine Zahl oder ein Zeichen zu erblicken vermag – diese Frage ist der einzige und letzte Prüfstein, an dem sich die Art eines Geistes beantwortet. Aber für jeden ist die Position eine andere, die er gewinnen muß, um zur Entscheidung fähig zu sein. Glücklich ist die Einfalt, die die gegabelten Wege des Zweifalls nicht kennt, doch ein wilderes und männlicheres Glück blüht am Rande der Abgründe.

Jedenfalls – war es nicht eine Überraschung, zu erfahren, daß sich hinter dem Mann im Monde ein Licht- und Schattenspiel von Ebenen, Gebirgen, ausgetrockneten Meeren und erloschenen Ringkratern versteckt? Es kommt mir hier der sonderbare Verdacht Sswidrigailows in den Sinn – der Verdacht, daß die Ewigkeit nur eine kahle, weißgetünchte Kammer ist, deren Winkel von schwarzen Spinnen bevölkert sind. Man wird da hineingeführt, und das ist nun die ganze Ewigkeit.

Ja, aber warum denn nicht? Was kümmert denn den Atmenden die Luft? Was kümmert *den* das Jenseits, für den es nichts gibt, was nicht auch jenseitig ist?

Was not tut, ist eine neue Topographie.

4

Der Bohrer denkt auf andere Art als die Zange, die einen Punkt nach dem anderen ergreift. Sein Gewinde schneidet weit und in verschiedenen Schichten in den Stoff, aber durch jeden der vielen Punkte, die er im Spiralgang berührt, wird dem Stoß der Spitze Richtung und Nachdruck verliehen.* Dieses Verhältnis zwischen Zufall und Notwendigkeit, die sich nicht ausschließen, sondern einander bedingen, wohnt auch den Worten und Bildern einer Sprache inne, die auf die letzten Möglichkeiten der Verständigung Anspruch erhebt. Jedes Wort wird auf eine Achse bezogen, die selbst keine Worte zu tragen vermag. Die Sprache, von der ich träume, muß bis in den letzten Buchstaben verständlich oder vollkommen unverständlich sein als der Ausdruck einer höchsten Abgeschlossenheit, die allein zur höchsten Liebe fähig macht. Es gibt Kristalle, die nur in *einer* Richtung durchsichtig sind.

Aber bist du nicht selbst ein Meister, der seine Rätsel kunstvoll zu stellen weiß? jene Rätsel, von denen nur der Text, nicht aber die Lösung mitteilbar ist, so wie der Jäger seine Schlingen wohl knüpfen kann, aber warten muß, ob ein Wild sie zuziehen wird?

---

* »Der Walkschraube Bahn, grad oder krumm, ist ein und dieselbe.« Heraklit

Kommt es doch nicht darauf an, daß die Lösung, sondern daß das Rätsel gesehen wird.

5

Du kennst das Leben am Rande der finsteren Wälder, die Gärten, leuchtende Inseln im Glanze der Lampione, eingeschlossen in die Zauberwirbel der Musik. Du kennst die Paare, die sich schweigend im Dunkel verlieren; dein Strahl trifft ihre Gesichter – bleiche Masken, während die Wollust den Atem beschleunigt und die Angst ihn unterdrückt. Du kennst den Trunkenen, der einsam das Dickicht durchbricht.

Du warst groß aufgegangen über dem strohgedeckten Hause am Strom in jener Juninacht, in der einer deiner Lehrlinge mit dir engere Brüderschaft schloß. Der Zechtisch war auf die gestampfte Tenne gestellt, und an den mit Tannenreisern ausgeschlagenen Wänden glänzten die Waffen und roten Mützen im Tabaksrauch. Wo ist diese Jugend geblieben, die so bald die geheimen Siegel des Todes aufbrechen sollte, dessen Botschaft schon für sie bereitet war? Sie war nur einmal, und sie ist immerdar. Wie reißt der erste Rausch das Herz wie mit Segeln dahin! Hattest du diesen nicht lieb, wie er zum ersten Mal in die Tiefen versank, in denen der Elementargeist die Kraft mächtig beschwingt? Gibt es nicht Stunden, in denen man von allem geliebt werden muß, wie eine Blume, die in wilder Unschuld erblüht? Stunden, in denen wir vom Übermaß wie ein Geschoß aus den gezogenen Läufen der Gewohnheit gepreßt werden? Erst dann beginnen wir zu fliegen, und erst im Ungewissen gibt es ein hohes Ziel.

Ich begleite ihn mit meinen Augen, als ob es heute gewesen wäre, denn es gibt Erlebnisse von einer Gültigkeit, die sich allen Gesetzen der Zeit entzieht. Wenn das Feuer des Weines die Jahresringe zerschmilzt, die sich um dieses wunderliche Herz geschlossen haben, entdecken wir, daß wir im Grunde immer dieselben geblieben sind. O Erinnerung, Schlüssel zur innersten Gestalt, die Menschen und Erlebnisse bewohnt! Ich bin gewiß, daß du selbst im dunklen, bitter berauschenden Wein des Todes enthalten bist als der letzte und entscheidende Triumph des Seins über die Existenz. Euch grüße ich vor allen, ihr einsamen Zecher, die ihr mit euch selbst am Tische sitzt und über Zeiten und Zeiten das Glas gegen euch erhebt! Was sind wir anders als die Spiegelbilder unserer selbst, und wo wir so zu zweit zusammensitzen, da ist auch der Dritte, der Gott, nicht fern.

Ich sehe deinen Schützling, wie er aus einem wütenden Lärm vor die niedrige Türe tritt, über der der schmale weiße Pferdeschädel im Nachtlicht gleißt. Die warme Luft, die mit dem Blütenstaub der Gräser wie mit narkotischem Schießpulver geladen ist, ruft einen wilden Ausbruch hervor, der ihn schreiend und blindlings in die schweigende Landschaft treibt. Er läuft auf dem Kamme der hohen Mauer entlang, die die Wiesen begrenzt, und stürzt von ihr, seltsam schmerzlos, in das dichte Gras hinab. Weiter geht der Lauf im Gefühl einer Kraft, die sich aus unbegrenzten Mitteln zu nähren scheint. Die großen weißen Dolden, die wie fremde Signale vorübergleiten, der Geruch einer heißen, gärenden Erde, die bitteren Dünste der wilden Möhre und des gefleckten Schierlings – dies alles gleicht den Seiten eines Buches, die sich von selbst aufschlagen und auf denen von immer tieferen, wunderbareren Verwandtschaften berichtet wird. Keine Gedanken mehr, die Eigenschaften schmelzen dunkel ineinander ein. Das namenlose Leben wird jauchzend begrüßt.

Er bricht in den weiten Schilfgürtel ein, der den Strom umschließt. Aus dem Schlamm treiben die Gase brodelnd empor. Wie mit Armen umfängt das Wasser die glühende Brust, und dann gleitet das Gesicht über den dunklen Spiegel des Flusses dahin. In der Ferne braust ein Wehr, und das Ohr, das der Ursprache nahegekommen ist, fühlt sich gefährlich verlockt. Aus bodenlosen Tiefen schimmern die Sterne herauf und beginnen zu tanzen, wenn das Wasser seine Wirbel zieht.

Am anderen Ufer öffnet sich der Wald; sein Dickicht fängt drohend und in wirren Linien das Leben ein. Die Wurzeln breiten ihr verschlungenes Muster von Fäden und Fangarmen aus, und die Zweige verflechten sich zu einem Netz, an dessen Säumen ein Schwarm wechselnder Gesichter sich bewegt. Über dem Haupte schneiden sich die Gitter der sinnlos zeugenden Kraft, die mit ihren Gestalten zugleich Feindschaft und Untergang gebiert, und der Fuß wirbelt den faden Dunst des Moders auf, in dem sich das Leben mit dem Tode trübe durchdringt.

Doch da bricht die Lichtung auf, und dein Schein fällt wie der Bannstrahl des Gesetzes in die Finsternis. Die Stämme der Buchen glänzen wie Silber und die Eichen wie die dunkle Bronze, aus der die alten Schwerter geschmiedet sind. Ihre Kronen treten in mächtiger Gliederung hervor. Jeder kleinste Zweig und die letzte Ranke der Brombeere sind durch dein Licht berührt, gedeutet, aufgeschlossen, indem sie eingeschlossen sind – von einem großen Augenblick getroffen, vor dem alles bedeutend wird und der den Zufall auf seinen geheimeren Pfaden überrascht. Sie sind in eine Gleichung einbezogen, deren unbekannte Zeichen mit leuchtender Tinte geschrieben sind.

Wie selbst in der verworrensten Landschaft die einfachen Linien der Heimat verborgen sind! Beglückendes Gleichnis, in das ein tieferes Gleichnis eingebettet ist.

6

Was läßt uns bestehen, wenn nicht der geheimnisvolle Lichtstrahl, der zuweilen die innere Wildnis durchzückt? Und der Mensch will sprechen, wie unvollkommen es auch immer sei, von dem, was mehr als menschlich an ihm ist.

Die Versuche der Wissenschaft, mit fremden Gestirnen in Verbindung zu treten, sind ein bedeutungsvoller Zug dieser Zeit. Nicht nur an dem Bestreben selbst, sondern auch an seinen technischen Methoden entzückt eine seltsame Mischung von Nüchternheit und Phantasie. Ist es nicht ein erstaunlicher Vorschlag, über eine Fläche der Sahara mit Leuchtfeuern das rechtwinklige Dreieck des Pythagoras und seine drei Quadrate zu ziehen? Was schiert es denn uns, ob irgendwo im Universum ein Mathematiker lebt! Aber hier ist ein Zug lebendig, der an die Sprache der Pyramiden gemahnt, ein Anklang an den heiligen Ursprung der Kunst, an das feierliche Wissen der Kreatur um ihren verborgenen Sinn – mit allen Voraussetzungen des abstrakten Denkens in Einklang gebracht und von der modernen Technik maskiert.

Ob unsere Funksignale, die wir in die bodenlose Tiefe eisiger Räume schleudern, auch irgendwo empfangen werden? diese Übersetzung von Sprachen, die schon durch irdische Gebirge und Ströme ihre Grenzen finden, in ein elektrisches Pochen, das an den Rändern des Unendlichen um Einlaß wirbt? Und in welche Sprache wird diese Übersetzung übersetzt?

Wunderliche Tibetaner, deren eintöniges Gebet von den Felsklöstern der Observatorien erschallt! Wer möchte über die Gebetsmühlen lachen, der unsere Landschaften mit ihren Myriaden von kreisenden Rädern kennt – diese wütende Unruhe, die den Stundenzeiger der Uhr und die rasende Kurbelwelle des Flugzeugs bewegt? Süßes und gefährliches Opium der Geschwindigkeit!

Aber ist es nicht so, daß im innersten Zentrum des Rades die Ruhe verborgen liegt? Die Ruhe ist die Ursprache der Geschwindigkeit. Durch welche Übersetzungen man auch die Geschwindigkeit steigern möge – jede dieser Steigerungen kann nur eine Übersetzung der Ursprache sein. Aber wie soll der Mensch seine eigene Sprache verstehen?

Siehe, du blickst auf unsere Städte herab. Du hast vor ihnen mancherlei Arten von Städten gesehn und wirst nach ihnen wiederum andere sehen. Jedes einzelne Haus ist wohl eingerichtet und zu seinem besonderen Zweck erbaut. Es gibt enge und winklige Straßen, die der Zufall im Laufe der Zeiten errichtet zu haben scheint, so wie die Felder eines Bauernlandes durch längst vergessene Erbteilungen zugeschnitten sind. Andere sind gerade und breit, und ihre Fluchten sind von Fürsten und großen Baumeistern bestimmt. Die Versteinerungen der Zeiten und Rassen schieben sich mannigfaltig ineinander ein. Die Geologie der menschlichen Seele ist eine besondere Wissenschaft. Zwischen den Kirchen und staatlichen Gebäuden, Villen und Mietskasernen, Bazaren und Vergnügungspalästen, Bahnhöfen und Industrievierteln spannt das Leben seine Kreisläufe aus; der Verkehr ist bedeutend, die Einsamkeit außerordentlich.

Aus einer so großen Höhe jedoch gewinnen diese riesigen Speicher organischer und mechanischer Kräfte ein anderes Bild. Selbst einem Auge, das sie durch die schärfsten Fernrohre betrachten würde, könnte der große Unterschied nicht entgehen. Zwar ändern sich die Dinge nicht für den, der über ihnen steht, aber sie kehren eine andere Seite hervor. So schmilzt in diesem entfernten Bilde die Verschiedenheit der Zeiten ineinander ein. Es ist nicht mehr zu sehen, daß die Kirchen und Burgen tausendjährig und daß die Warenhäuser und Fabriken von gestern sind; dafür tritt etwas hervor, was man ihr Muster nennen könnte – die gemeinsame kristallische Struktur, in der sich der Grundstoff niedergeschlagen hat. Auch von der unermeßlichen Mannigfaltigkeit der Zwecke und der Bewegungen, die sie hervorrufen, nimmt das Auge nichts mehr wahr. Dort unten sind zwei Menschen, die aneinander vorübereilen, zwei Welten für sich, und ein Stadtviertel kann vom anderen entfernter als der Nordpol vom Südpol sein. Aber von dir aus, der du bereits ein kosmisches Wesen und doch noch ein Teil der Erde bist, wird das alles in seiner Ruhe wahrgenommen, gleichsam als die Absonderung, die sich aus den vulkanischen Gärungen und den flüchtigen Säften dieses Lebens gebildet hat. O immer wieder wunderbares Schauspiel, wie aus der Verschiedenheit, aus der Feindschaft der Zeiten und Räume Bildung um Bildung erwächst! Dies ist es, was ich die tiefere Brüderlichkeit des Lebens nenne, in die jede Feindschaft einbezogen ist.

Uns hier unten aber ist es selten vergönnt, den Zweck dem Sinne eingeschmolzen zu sehen. Und doch gilt unser höchstes Bestreben jenem stereoskopischen Blick, der die Dinge in ihrer geheimeren, ruhenderen Körperlichkeit erfaßt. Das Notwendige ist eine besondere Dimension. Wir leben in ihr, und doch vermögen wir nur, und nur im bedeutenden Sein, ihre Projektionen zu schauen. Es gibt Zeichen, Gleichnisse und Schlüssel mancher Art – wir gleichen dem Blinden, der zwar nicht zu sehen vermag, doch der das Licht an seiner dumpferen Eigenschaft der Wärme verspürt.

Ist es nun nicht auch so, daß jede Bewegung des Blinden für ein sehendes Auge sich im Lichte vollzieht, obgleich ihn selbst ewige Dunkelheit umhüllt? So sahen wir niemals unser Gesicht in Spiegeln zeitloserer Art. So aber auch sprechen wir eine Sprache von einer Bedeutung, die uns selbst nicht einsichtig ist – eine Sprache, von der jede Silbe zugleich vergänglich und unvergänglich ist. Symbole sind Zeichen, daß uns, dennoch, das Bewußtsein unseres Wertes gegeben ist. Sie sind einmal Projektionen von Gestalten aus einer verborgenen Dimension, dann aber auch Scheinwerfer, durch die wir unsere Signale ins Unbekannte schleudern in einer Sprache, die den Göttern wohlgefällig ist Und diese rätselhaften Unterhaltungen, diese Kette wunderbarer Anstrengungen, aus denen der Kern unserer Geschichte besteht, die eine Geschichte der Schlachten der Menschen und Götter ist – – –: sie sind das einzige, was den Menschen des Studiums würdig macht.

7

Der wahre Vergleich, das heißt: die Betrachtung der Dinge nach ihrer Lage im notwendigen Raum, ist das wunderbarste Mittel der Schützenkunst. Seine Basis ist der gemeinsame Ausdruck des Wesentlichen und seine Spitze das Wesentliche selbst.

Das ist eine Art der höheren Trigonometrie, die sich mit dem Messen unsichtbarer Fixsterne befaßt.

8

Ich stieg an diesem leuchtenden Vormittag in den Schluchten des Monte Gallo empor. Die rotbraune Erde der Gärten war noch feucht vom Tau, und unter den Zitronenbäumen standen die roten und gelben Blüten des Sarazenenfrühlings gleich einem Muster, wie es der Morgenländer in seine Teppiche webt. Dort, wo die letzten Blätter der Opuntie nackt und neugierig über die rötlichen Mauern spähten, schlossen sich die Bergtriften an, überragt von Felsen und von den gelben Stauden der Wolfsmilch überflammt. Dann führte der Weg durch ein schmal eingeschnittenes Tal aus kahlem Gestein.

Ich weiß nicht und will auch nicht versuchen, es zu beschreiben, wie mir inmitten dieser Mauern plötzlich die Einsicht auftauchte, daß ein Tal wie dieses mit seiner steinernen Sprache den Wanderer eindringlicher ergreift, als es einer reinen Landschaft möglich wäre, oder daß, anders gesprochen, eine solche Landschaft über tiefere Kräfte verfügt. Nun hat es wohl nie ein Bewußtsein von Rang gegeben, dem das nicht deutlich gewesen wäre, und doch sind Augenblicke selten, in denen man über die Erkenntnis eines beseelten Lebens, das in der Natur waltet, hinaus einem körperlichen Ausdruck dieses Lebens gegenübersteht. Ja ich glaube, daß sie seit ganz kurzer Zeit überhaupt erst wieder möglich geworden sind. Ein solcher Augenblick aber war es gerade, der mich in dieser Stunde überraschte – ich fühlte die Augen dieses Tales voll Aufmerksamkeit auf mir ruhen. Mit anderen Worten: es war unzweifelhaft, daß dieses Tal seinen Dämon besaß.

Gerade jetzt und noch im Taumel der Entdeckung fiel mein Blick auf deine schon sehr bleiche Scheibe, die dicht über dem Höhenkamme und wohl nur aus der Tiefe heraus noch am Himmel zu sehen war. Da stand in einer seltsam blitzhaften Geburt das Bild des Mannes im Monde wieder auf. Gewiß, die Mondlandschaft mit ihren Felsen und Tälern ist eine Fläche, die der astronomischen Topographie ihre Aufgaben stellt. Aber ebenso gewiß ist es, daß sie zugleich jener magischen Trigonometrie, von der wir eben sprachen, zugänglich ist – daß sie *zugleich* ein Gebiet der Geister ist und daß die Phantasie, die ihr ein Gesicht verlieh, mit der Tiefe des kindlichen Blickes die Urschrift der Runen und die Sprache des Dämons verstand. Aber das Unerhörte für mich in diesem Augenblicke war, diese beiden Masken ein und desselben Seins unzertrennlich ineinander einschmelzen zu sehen. Denn zum ersten Male löste sich hier ein quälender Zwiespalt auf, den ich, Urenkel eines idealistischen, Enkel eines romantischen und Sohn eines materialistischen Geschlechtes, bislang für unlösbar gehalten hatte. Das geschah nicht etwa so, daß sich ein Entweder-Oder in ein Sowohl-Als-auch verwandelte. Nein, das Wirkliche ist ebenso zauberhaft, wie das Zauberhafte wirklich ist.

Das war das Wunderbare, das uns an den doppelten Bildern entzückte, die wir als Kinder durch das Stereoskop betrachteten: Im gleichen Augenblick, in dem sie in ein einziges Bild zusammenschmolzen, brach auch die neue Dimension der Tiefe in ihnen auf.

Ja, so ist es: die Zeit hat uns den alten Zaubersprüchen, die lange vergessen, aber immer gegenwärtig waren, wieder nahegebracht. Wir fühlen, wie, zögernd noch, Sinn in das große Werk einzuschießen beginnt, an dem wir alle schaffen, das uns im Banne hält.

DAS ABENTEUERLICHE HERZ. Erste Fassung, 1929
Aufzeichnungen bei Tag und Nacht

»Den Samen von allem, was ich im
Sinn habe, finde ich allenthalben.«
Hamann

Berlin

Es wäre mir unmöglich, für meine Person die starke Anteilnahme aufzubringen, deren Vorhandensein ich nicht leugnen kann, verliehen mir nicht zwei Umstände eine gewisse Sicherheit.

Einmal besitze ich das bestimmte Gefühl, einem im Grunde fremden und rätselhaften Wesen nachzuspüren, und dies bewahrt vor jener pöbelhaften Eigenwärme, jener Stickluft der inneren Wohn- und Schlafzimmer, die mir am »Anton Reiser« unangenehm ist. Es verleiht dem Zugriff eine größere Sauberkeit, wie der Gummihandschuh den Fingern des Operateurs. Ich habe dieses Gefühl, als ob ein aufmerksam beobachtender Punkt aus exzentrischen Fernen das geheimnisvolle Getriebe kontrollierte und registrierte, selbst in den verworrensten Augenblicken nur selten verloren. Ja es schien mir oft, als ob in sehr menschlichen Augenblicken, etwa denen der Angst, dort oben etwas vorginge, was ungefähr einem mokanten Lächeln verglichen werden könnte. Aber auch andere Zeichen – Trauer, Rührung, Stolz – glaubte ich zuweilen gleich Signalen einer inneren Optik an jenem Fixpunkt zu erkennen, den ich als ein zweites, feineres und unpersönliches Bewußtsein bezeichnen möchte. Von dort aus gesehen, wird das Leben von noch etwas anderem als von Gedanken, Empfindungen und Gefühlen begleitet, seine Werte werden gleichsam noch einmal gewertet, ähnlich wie ein bereits gewogenes Metall trotzdem von einer besonderen Instanz einen zweiten Stempel erhält. Von dort aus gesehen, erhält dieses Treiben auch erst einen fesselnderen Reiz als den innerhalb der Bezirke einer selbstbewußten Vitalität möglichen.

Dann aber weiß ich auch, daß mein Grunderlebnis, das, was eben durch den lebendigen Vorgang sich zum Ausdruck bringt, das für meine

Generation typische Erlebnis ist, eine an das Zeitmotiv gebundene Variation oder eine, vielleicht absonderliche, Spezies, die jedoch keineswegs aus dem Rahmen der Gattungskennzeichen fällt. Aus diesem Bewußtsein heraus meine ich auch, wenn ich mich mit mir beschäftige, nicht eigentlich mich, sondern das, was dieser Erscheinung zugrunde liegt und was somit in seinem gültigsten und dem Zufall entzogensten Sinne auch jeder andere für sich in Anspruch nehmen darf.

Leipzig
Seltsame Vorlieben und die Art, in der der Mensch von einem großen, scheinbar ganz geschlossenen Gebiet nichts beachtet als einen bestimmten Teil, sind sehr bezeichnend für das Wesen einer Persönlichkeit. So sehe ich einen Sinn darin, daß ich mich während meiner anatomischen Studien nie mit der Knochenlehre befreunden konnte, daß ich mich für die Geologie nur da erwärmte, wo sie mit der Paläontologie zusammenhing, daß von allen belebten Schichten wiederum die Juraformation für mich von je einen märchenhaften Glanz besaß, daß mir die Erle immer so unangenehm und der Ahorn so prächtig schien und daß mir von allen tausend Ländern, die die Welt trägt, gerade Zentralafrika das verlockendste war und heute noch ist. Von all diesem weiß ich, warum es so ist – wie aber ist die Abneigung zu erklären, die ich vor den Pflanzen und Tieren Australiens, ganz besonders vor den Beuteltieren, empfinde oder, um noch Seltsameres zu streifen, die Ahnung, daß Huysmans, von dem ich jahrelang nur die Buchstaben des Namens kannte, für mich von großer Bedeutung sein müsse, eine Ahnung, die sich später als durchaus berechtigt erwies? Durch solche Neigungen und Abneigungen spricht unser Innerstes, das uns selbst ewig verborgen bleiben wird, das sich auszudrücken sucht, indem es sich ins Gleichnis setzt, und das mit nachtwandlerischer Sicherheit den Grad der Verwandtschaft spürt, die uns mit allen Dingen der Welt verbindet und unsere innere Perspektive bestimmt.

Es ist stets ein Ereignis für mich gewesen, gerade dem scheinbar ganz nüchternen Leben zu begegnen, das sich an einem Punkte seiner Oberfläche erwärmt, ohne selbst zu wissen, warum, zwecklos, aber keineswegs ohne Sinn, und gar oft in solchem Mißverhältnis zu seiner Umgebung, daß das Lächerliche nicht ausbleiben kann. Der Volksschullehrer auf dem Lande, der alte Scherben und römische Denare sammelt, der kleine Kaufmann, der plötzlich sein Geschäft im Stiche läßt und Griechisch lernt, um besser über den Syllogismus grübeln zu können, der Schlosser, der Walt Whitman gelesen hat und immer wieder liest und sonst kein anderes Buch – in solchen Erscheinungen deutet sich auf das klarste an, daß das Leben sich über sehr geheimnisvollen und so gar nicht zweckmäßigen Gründen bewegt. Uberall hängt das Unsichtbare seine geheimen Angeln nach uns aus, und noch das kleinste, entfernteste Ding ist von jenem mystischen Leben erfüllt, von dem wir selbst ein Teilchen sind. Das Erlebnis, durch das Jakob Böhme beim Anblick eines zinnernen Gefäßes plötzlich die ganze Liebe Gottes empfand, ist keineswegs außergewöhnlicher Natur, und vielleicht ist es wichtiger, als wir ahnen, daß dieses Gefäß gerade ein zinnernes war.

Leipzig

Seien wir auf der Hut vor der größten Gefahr, die es gibt – davor, daß uns das Leben etwas Gewöhnliches wird. Welcher Stoff zu bewältigen ist und welche Mittel zur Verfügung stehen – jene Wärme des Blutes, die unmittelbar Fühlung nimmt, darf nicht verloren gehen. Der Feind, der sie besitzt, ist uns wertvoller als der Freund, der sie nicht kennt. Glaube, Frömmigkeit, Wagemut, Begeisterungsfähigkeit, liebevolle Bindung an irgend etwas, sei es, was es auch sei, kurz alles, was durch diese Zeit haarscharf als Dummheit nachgewiesen ist – überall, wo wir das spüren, geht der Atem leichter, und sei es im beschränktesten Kreis. Mit all diesem ist der einfache Vorgang verbunden, den ich das Erstaunen nenne, jene Innigkeit im Aufnehmen der Welt und die große Lust, nach ihr zu greifen wie ein Kind, das eine gläserne Kugel sieht.

Wenn wir uns der Zeit erinnern, in der wir Kinder waren, des Schweifens durch Wald und Feld, wo das Geheimnis hinter jedem Baum und jeder Hecke verborgen war, der wilden, tobenden Spiele in den dämmerigen Winkeln der kleinen Stadt, der Glut der Freundschaft und der Ehrfurcht vor unseren Idealen, so sehen wir, um wieviel blasser die Welt geworden ist. Können wir noch eine Gestalt so verehren wie Sherlock Holmes, den hageren, nervösen Helden mit der kurzen Pfeife zwischen den Zähnen, oder ist uns irgend etwas noch so wichtig wie der grüne Papagei, der dem armen Robinson auf der Schulter saß? Robert, der Schiffsjunge, und Old Shatterhand, der Rote Freibeuter und Kapitän Morgan, der den Totenkopf im schwarzen Wimpel trug, der Graf von Monte Christo mit seinen Schätzen, Schinderhannes, dieser Freund der Hütten und Feind der Paläste, Dschaudar, der Fischer, dem sein Ring die Herrschaft über dienstbare Genien verlieh, alle diese Abenteurer, Märchenprinzen, Seeräuber und edelmütigen Verbrecher – ich beklage nicht, daß sie dahingegangen sind, aber ich wünschte, daß sie mit jedem neuen Kreis, den das Leben uns öffnet, Nachfolger fänden, auf die die ganze Summe von Liebe und Glauben sich übertragen könnte, die ihnen gewidmet war.

Aber auch später, als man begann, uns mit Sie anzureden, als die Kraft versuchte, sich ganz frisch und ungeschult nach außen zu wenden – was waren das doch für Kerle, mit denen wir zusammen waren, ein Kerl jeder einzelne! – als wir die Zusammenhänge noch nicht sahen, aber wohl ahnten, wie man eine große Landschaft ahnt, wenn aus flutenden Nebeln die ersten Bergspitzen in die Höhe stoßen mit Zinnen, die in der Morgensonne funkeln, und mit Burgen, die zum Erstürmen geschaffen sind. Ja, da setzten sich die Farben zusammen, ganz frisch von der Palette, zu einem leuchtenden, schöneren Bild. Viel erwartete uns, und jeder hatte Angst, zu spät zu kommen, denn unaufhörlich rief und lockte das Wunderbare, so wie der gedehnte, schrille und kühne Schrei eines Raubvogels sich über der Einsamkeit großer Wälder wiederholt.

Damals wollten wir nicht mehr Seeräuber, Trapper und Pelzjäger werden, sondern Minister, Generäle, Bankdirektoren, Dichter, Professoren und Handelsherren. Jeder Einzelne wollte aufs Ganze gehen! Ich höre es noch, wie der kleine Seebohm dieses Wort aussprach: »Exportkaufmann«. Da war das Erstaunen noch da, keine Kontore, keine Ziffern, keine Bilanzen, nein, nur das Klatschen der Wellen an den Kielen der Schiffe, Gold, Gewürze und Elfenbein, ferne Küsten mit großen farbigen Blüten und all dem bunten Dunst, der das Wunderbare verhüllt. Das waren ja keine Berufe, sondern echte, wirkliche Ideale, das durchaus Wesentliche und eigentlich Lebenswerte, von dem ein jeder ergriffen war.

Aber auch später noch! Heidelberger und Jenenser Studenten, Fähnriche mit Gesichtern wie junge Kriegsgötter über dem blutroten Kragen mit der breiten goldenen Kante, andere, die überhaupt nichts taten, um gegen die bürgerliche Ordnung zu protestieren: das waren immer noch Leute, mit denen sich umgehen ließ. Saufen und raufen und hinter den Schürzen herspüren, was schadet denn das? Zum Teufel, der Nächte sind noch nicht genug, in denen wir die Lichter bis zu den Manschetten herunterbrennen ließen. Hatte denn nicht jeder etwas, das sehr ernst genommen wurde – Ehre, Freiheit in allen Schattierungen von 1789 bis 1914, Vaterland, den Sozialismus, die Literatur, die Kunst, die Wissenschaft – sehr ernst genommen nicht aus Einsicht oder Gewohnheit, sondern noch aus dem unmittelbaren Drange des Herzens heraus, das sich an eine Sache zu hängen sucht und nach großen Worten verlangt? Nichts gegen die großen Worte – ich meine, daß es die Begriffe sind, die sich schon zur rechten Zeit einstellen werden. Bewegung muß da sein und Drang nach Bewegung; früh genug fängt das Leben sie ein und leitet sie über seinen Arbeitsgang. Wozu man da ist, das erfährt man vielleicht nie, alle sogenannten Ziele können nur Vorwände der Bestimmung sein; aber *daß* man da ist, mit Blut, Muskel und Herz, mit Sinnen, Nerven und Gehirn, darauf kommt es an. Immer auf dem Posten sein, immer rüsten, immer bereit sein, dem Ruf zu folgen, der an uns ergeht – und es ist gewiß, daß der Ruf nicht ausbleiben wird.

Ja, auch bei diesen hatte man noch das Gefühl, daß viele Möglichkeiten ihnen offenstanden und daß mancher Weg von ihrem Standpunkt in die Ferne lief. Hätte man nicht mit ihnen allen, je nach dem Geschmack des Einzelnen, Dinge begehen können, die für den normalen Menschen ganz unsinnig sind, etwa mit Garibaldi, mit Hecker, mit dem Griechenmüller oder mit den Buren zu Felde ziehen? Nicht, daß man Derartiges tut, scheint mir wesentlich, wenn auch wir Deutschen überall unser Kontingent gestellt haben, wo auf der Welt so etwas im Gange war. Aber nur Menschen, die überhaupt dazu imstande sind, die diese Möglichkeit in sich tragen, mit sechzig Jahren ebenso wie mit sechzehn, können unsere Freunde sein. Denn nur von diesem Schlage darf man hoffen, daß er sich an Ideen entflammt und daß er sich erhebt, wenn die Gewalt auch noch so mächtig ist. Und nicht, ob solche Erhebungen glücken oder nicht, ist von Wichtigkeit, sondern daß sie stattgefunden haben. Das leuchtet noch lange zurück.

Gern denke ich an jene Zeit kurz vor dem Kriege zurück, in der ich eines Tages meine Schulbücher über die nächste Mauer warf, um nach Afrika zu ziehen. Der Dreißigjährige kann sich nicht entschließen, die Unverfrorenheit des Sechzehnjährigen zu mißbilligen, die auf die Tätigkeit von zwei Dutzend Schulmeistern verzichtete und sich über Nacht eine eindringlichere Schule verschrieb. Es entzückt ihn vielmehr ein früher, instinktiver Protest gegen die Mechanik der Zeit; und er erinnert sich eines einsamen Paktes, der durch eine geleerte Burgunderflasche besiegelt wurde, die er an einem Felsblock des Hafens von Marseille zerschmetterte.

Ich rufe jene Tage des frühen Juni in das Gedächtnis zurück, in denen sich bereits die volle Gewalt des Sommers zusammenfaßt und in denen doch das Laub sein erstes Lichtgrün noch nicht ganz verloren hat, das sich von Monat zu Monat dunkler tönt bis zur metallischen Schwärze des Stahls, auf dem sich endlich der bunte Rost des Herbstes niederschlägt. Der Himmel war blau und golden, von keinem Federwölkchen getrübt, und der Geruch der blühenden Bergwiesen jenseits des Flusses, die vor dem Schnitte standen, drang bis in die Stadt. Das Gymnasium schloß seine Pforten oft schon um elf Uhr, und das Gefühl der Festfreude, diesem zweiflügligen, sehr ernsthaften Gebäude aus gelbem Ziegelstein zu so guter Zeit den Rücken kehren zu dürfen, war um so höher, wenn es eine Mathematikstunde war, die dem Eingriff der Hitze zum Opfer fiel.

Schon beim Aufstehen, wenn die warme Luft aus dem Garten durch das Fenster meines Schlafzimmers wie durch den Rost eines großen Ofens drang, pflegte mein erster Blick dem Thermometer zu gelten, und der Gedanke, daß sie wohl nicht umhin können würden, ausfallen zu lassen, erweckte jedesmal meine Heiterkeit.

Gewiß erinnern wir alle uns gern solcher Tage, deren erster Gedanke ein heiterer war. Die frühen Sonnenstrahlen, die Mannigfaltigkeit des draußen erwachenden Lärms, das Zimmer, seine Möbel und selbst seine Wände, dies alles scheint von einem neuen Sinn erfüllt, der uns ganz und gar umgibt und mit jedem Atemzuge tiefer durchdringt. Die Entdeckung, daß das Leben aus seiner Nüchternheit herausgetreten ist, strahlt auf seine kleinsten Einzelheiten aus, und mit Erstaunen bemerken wir das Vergnügen, das darin liegt, eine Krawatte zu binden oder den Hausgenossen Guten Morgen zu wünschen.

Mit sechzehn Jahren gar besitzt diese Fröhlichkeit, die uns zuweilen beglückend überfällt, ihren besonderen Reiz. Sie ist zwar nicht mehr die ganz in sich geschlossene Freude des Kindes, dafür aber ist auch jene Zeit des Überganges vorbei, in der uns ein quälendes Mißverhältnis, das sich zwischen uns und der Welt aufwirft, bedrückt. Das Bewußtsein hat sich befestigt, und damit freuen wir uns nicht nur, sondern wir freuen uns zugleich über uns selbst.

Das uralte Städtchen, in dem ich damals lebte, war wohl dazu angetan, der Spiegel festlicher Gefühle zu sein. Ich wohnte in einem Hause, das vor Zeiten als Pachthof einer Patrizierfamilie außerhalb der Tore gelegen hatte und dem mächtige Mauern und die mit ausgezackten Eisenstäben bewehrten Fenster den Charakter einer kleinen Festung verliehen. Die Mauer, die den Garten umfaßte, war so hoch, daß nur die benachbarten Kirchtürme hineinblicken konnten, von denen mir besonders noch ein ganz einfacher, vierkantiger, den eine dunkelrote Ziegelhaube bedeckte, in Erinnerung ist. Seine Umrisse tauchen jedesmal zugleich mit dem Worte »Mittelalter« wieder in mir auf. Er war von schmalen Fensteröffnungen unregelmäßig durchbrochen, und die Art ihrer Anordnung gab ihm ein fast menschliches Gesicht. Es war ein sehr seltsames Mittelalter, das da zuweilen des Abends hereinblickte, sehr fern und doch vertraut wie der verwehte Klang von Glocken, den man an Sonntagvormittagen in der Einsamkeit der Wälder vernimmt. Manchmal, während der kurzen Pause, in der der Wind schlafen geht, wenn der Raum ausgestorben und fast luftleer schien, leuchtete die rote Kuppe satter auf vor dem blaßgrünen Streifen, der die Nacht anzukünden pflegt. Wenn dann von den mit breiten Steinplatten belegten Wegen des verwilderten Gartens mein Blick auf diesen durch die Mauerkrone halb abgeschnittenen Sonderling fiel, war es mir nicht anders, als ob sein Sockel einer vergangenen, zauberhaften Landschaft entwachsen müßte, und ich entsinne mich noch recht gut des schmerzlichen Gefühls, das mich in solchen Augenblicken ergriff. Ich habe es seither noch oft vor jenen starken, frommen und männlichen Bildern der frühen Meister empfunden, auf denen sich durch die geöffneten Fenster von Kirchen und Schlössern ein magischer Hintergrund offenbart, lokkend und drohend zugleich von Felstälern, Klippen und Burgen erfüllt. Es ist das Gefühl, dem Geist einer Zeit sehr nahe zu sein, deren Wirklichkeit uns jedoch für immer entschwunden ist. In jeder geprägten Form liegt etwas verschlossen, das mehr ist als Form; eine Zeit hat ihr Siegel hinterlassen, das wieder aufglüht, wenn es vom tieferen Blicke getroffen wird. Dann ist es uns zuweilen, als ob wir die Hand nach einem wunderbaren Traumbild ausstreckten, das in demselben Augenblick erlischt, in dem wir es zu berühren wähnen. Diese Sehnsucht nach einer verschollenen Zeit, nach den leuchtenden Farben, die schon so lange verblaßten, nach der reichen und unbegreiflichen Fülle eines Lebens, das unwiderruflich dahingegangen ist – sie ist weit schmerzlicher und unstillbarer als jene andere, die die Schilderung ferner Inseln und üppiger Länder in uns erweckt.

Aber immer noch lag etwas von jener Zeit als ein feiner Hauch über der alten Stadt, als ein Medium zwischen Erinnerung und Substanz, das sich in ihren Winkeln gefangen hatte und ihre Häuser wie mit einem bräunlichen Staub zu pigmentieren schien, der, wo ihn ein Sonnenstrahl traf, überraschend aufleuchtete und goldene Ornamente schimmern ließ. Jedesmal, wenn der Frühling das Land eroberte, fand eine märchenhafte Vermählung des Alters mit der ewigen Jugend statt. Die spitzen roten Dächer, in die der Regen im Laufe der Jahre schwarze Streifen gezeichnet hatte, hoben sich reicher aus dem Grün, und der in eine breite Promenade verwandelte Ringwall war von blühenden Kastanien wie von einer Doppelschnur brennender Riesenkandelaber umstellt.

Über diesen Wall führte mich jeden Morgen mein Weg, um dann in ein Gewirr enger Gassen zu münden, deren Fachwerkhäuser sich fast mit den Giebeln berührten, jenen Giebeln, aus denen noch die behelmten Rollenbalken ragten, an denen man Kaufmannswaren in die Speicher gewunden hatte. Die Stadt hatte früher, obwohl sie tief im Binnenlande lag, der deutschen Hansa angehört. Längst war der große Handel andere Wege gegangen, aber sein Geruch haftete noch in den engen Gassen mit den sonderbaren Namen; oder vielleicht war es nur die Erinnerung an ihn, denn keiner unserer Sinne ist so trügerisch und so an das Verschollene geknüpft. Irgendein Aroma von Spezereien, von Nelkenpfeffer und Koriander, von sagenhaften Fahrten nach Batavia hatte sich eingebürgert, von Lebkuchen, die nach alten Rezepten gebacken sind, vermischt mit dem blassen Dufte des Safrans, der im Rotwein kocht. Dazwischen lagerten in Schichten die handfesteren Gerüche der lebendigen Wirklichkeit, von gegerbtem Leder und frisch gesägtem Holz, der schwere Malzbrodem eines kleinen Brauhauses und der warme Brotdunst aus dem Keller einer Bäckerei. Alle diese Gerüche besaßen ihre strenge Eigenart und waren doch wie jede Erscheinung eines organischen Lebens irgendwie aufeinander abgestimmt; sie waren in keiner Weise zu vergleichen mit dem fahlen Dunst, der sich in unseren modernen Städten eingenistet hat und dessen Bestandteile von desinfizierenden Säuren zerfressen scheinen.

Viele der Häuser waren mit Schnitzwerk bedeckt, mit schwer zu entziffernden lateinischen Worten, an denen die Kinder buchstabierten, und mit plattdeutschen Torsprüchen in gotischer Schrift, wie eine derbere Zeit sie liebte, mit goldenen Rosen und Sternen auf blauem oder rotem Grund, mit Namen und Jahreszahlen zwischen sonderbar steifem Rankengewirr. Hier war das Handwerk noch lebendig; es hatte seine Sinnbilder über die Tore gehängt, verschnörkelte Fahnen aus geschmiedetem Eisen, einen Reiterstiefel mit vorn ausgeschweiftem Schaft und mächtigem Sporn, ein Fäßchen mit Dauben aus zweierlei Holz, blitzende Kupferkessel und dergleichen mehr. Und was von den Gerüchen zu sagen war, das galt auch für die Menschen, die mir jeden Morgen begegneten. Das waren keine Individuen, wie sie der Strudel der Masse flüchtig an uns vorübertreibt, mit Gesichtern, die wie durch Masken verkleidet sind, so daß uns nach unseren Gängen von vielen Tausenden nicht ein einziges in der Erinnerung haften geblieben ist. Es waren Persönlichkeiten, jeder Einzelne, Leute von Charakter, und sogar von dem kleinen, neugierigen Barbier, der, sowie draußen ein Geräusch erscholl, noch mit dem blanken Messer in der Hand aus seinem Laden auf die Straße stürzte, ließ sich sagen, daß er, wenn auch keinen *guten* Charakter, so doch immerhin einen Charakter besaß. Und ein schlechter Charakter ist dem farblosen Verdienst gegenüber immer noch so überlegen, wie alle Erscheinungen aus der Welt der Werte denen aus der Welt der Maße überlegen sind.

Auch die Hauptstraße, die die Stadt in der Mitte durchschnitt, wies noch ein durchaus altertümliches Gepräge auf. Alles, was die beiden letzten Jahrhunderte an Schulen, Kasernen, Villen, Mietwohnungen, Fabriken und Arbeiterquartieren angegliedert hatten, lag außerhalb, weitläufig zerstreut. In die reichen, seit jenen Zeiten recht müde und verdrossen gewordenen Bürgerhäuser der Renaissance und des Barock hatte man Schaufenster gebrochen, die an solchen Tagen durch rot und weiß gestreifte Planen beschattet wurden.

Und wie es meist Kleinigkeiten sind, an die sich die Erinnerung an Stimmungen knüpft, so ruft das Bild dieser Planen, die der Straße etwas Außerordentliches gaben, verbunden mit dem Farbengewirr der verschiedenartigsten Blumen, die auf dem kleinen Markte feilgeboten wurden, und der trockenen Wärme, die schon früh aus dem Pflaster strahlte, die Erinnerung an das Gefühl eines heiteren Müßigganges zurück. Die Wärme schien mir von je das eigentliche Element des Lebens, als Trägerin einer besonderen sinnlichen Fülle, die sich, wie die Gnade, ohne Anstrengung gibt. Daher pflegte ich mich schon früh im Jahre auf die Tage zu freuen, an denen die Hitze das Harz aus den Baumstämmen kocht und die bei uns so selten sind. Es ärgerte mich, wenn an frischen Tagen im Mai der Atem noch als feiner Hauch in der Luft zu sehen war. Wenn es schon kalt war, so sollte die Kälte auch ausschweifend sein, so wie es ganz alte Leute zu erzählen wußten, mit Bergen von Schnee, unter denen die Häuser begraben wurden, und mit Eis, das die Flüsse bis zum Grund erstarren ließ.

Meine Eltern besaßen ein Treibhaus, das ich während der großen Ferien gern zur Mittagszeit aufsuchte, und manchmal, wenn die glühende Luft über dem Glasdache zitterte, dachte ich mit einem seltsamen Vergnügen, daß es wohl auch in Afrika nicht viel heißer sein könnte. Etwas heißer allerdings mußte es sein, denn gerade das fast Unerträgliche, das noch nie Erlebte war ja das Verlockende. Afrika war für mich der Inbegriff des Wilden und Ursprünglichen, der einzig mögliche Schauplatz für ein Leben in dem Format, in dem ich das meine zu führen gedachte; und es stand für mich fest, daß, sowie ich freie Verfügung besaß, ich mich dorthin zu wenden hatte. Inzwischen verschlang ich alles, was an Aufzeichnungen über dieses Land zu erreichen war, und die alte Dame in der Leihbibliothek staunte über die Geschwindigkeit, mit der ich breite Regale ihrer in schwarzes Wachsleinen gebundenen Bücher zu bewältigen wußte. Es war nicht der ganze Erdteil, der meine Aufmerksamkeit fesselte, sondern nur der breite Streifen, den der Äquator schneidet, das eigentlich tropische Land mit seinen schrecklichen Urwäldern und großen Strömen, seinen Tieren und Menschen, von jedem gewohnten Wege weit entfernt. Daß es noch Wildnisse gab, die nie ein Fuß beschritten hatte: dies zu wissen, bedeutete für mich ein großes Glück.

Mit grimmiger Freude las ich, daß Schwarzwasserfieber und Schlafkrankheit den Ankommenden schon an der Küste erwarteten und hohe Opfer forderten. Es schien mir billig, daß der Tod seinen Gürtel zog um ein nur für Männer geschaffenes Land und schon an seinen Pforten jeden zurückschreckte, der nicht ganz entschlossen war. Abbildungen jedoch vom Bau zentralafrikanischer Bahnen oder eine gelegentliche Notiz in der Zeitung über ein gegen den Stich der Tsetsefliege erfundenes Serum pflegten meine Entrüstung zu erwecken; solche Siege des Fortschrittes über die Mächte der Natur verstimmten mich sehr.

Mochten sie in Deutschland anfangen, was sie wollten, das letzte seltene Tier ausrotten, den letzten Streifen Ödland unterpflügen und auf jeden Gipfel eine Drahtseilbahn bauen – aber Afrika sollten sie in Ruhe lassen. Denn irgendein Land mußte doch noch auf der Welt bleiben, in dem man sich bewegen konnte, ohne bei jedem Schritt auf eine steinerne Kaserne und auf eine Verbotstafel zu stoßen, und in dem noch Herren möglich waren, die über sich selbst und über alle Attribute der Macht ungeteilt verfügen konnten. Daß aber die Einführung der Technik in ein solches Gebiet zugleich die Einführung der modernen Humanität und damit die Einebnung der unerbittlichen Rangordnung des natürlichen Lebens bedeutete, das war mir gefühlsmäßig klar.

Daher mochte es wohl auch kommen, daß ich für die Persönlichkeit Stanleys so wenig Vorliebe empfand. Den dunklen Erdteil zu erhellen, die Quellen sagenhafter Flüsse zu erforschen, eine Wildnis kartenmäßig festzulegen, das besaß doch etwas Widriges. Widrig war auch das Eindringen der amerikanisch-europäischen Energie in ein solches Land. Es war kein Zufall, daß dieser Mann Reporter gewesen war; seine Berichte erhoben sich nicht über eine nüchterne Mittelmäßigkeit, und der üble Geruch des Rekordes war überall in ihnen zu spüren. Das Geheimnis der Landschaft, die Seele des wilden Menschen, das Wesen der Tiere in ihrer Eigenart und Mannigfaltigkeit, ja selbst die Gefühle des eigenen Herzens, das mit einer feindlichen, rätselhaften Welt im Kampfe steht –

von all diesem bewegte kaum ein Hauch die Schilderung. Es war, als ob ein Uhrwerk den großen Kongo hinuntergetrieben wäre.

Ganz andere Kerle waren da doch die alten arabischen Sklavenhändler. Diese besaßen freilich nicht jene Energie, dafür besaßen sie Vitalität. Daher wußten sie auch, was Leben heißt in einem Lande, in dem der Überfluß des Lebens regiert. Sie waren Nachkommen Sindbads des Seefahrers, reiche und würdige Gestalten in einer magischen Welt. Dörfer zu verbrennen, Sklaven zu jagen und Köpfe auf den Sand rollen zu lassen – war denn das nicht ihr gutes Recht? Man hörte von ihnen nur in der ekelhaften Melodie der Puritaner als von Schädlingen, aber war das Bestreben, diese heiße und wilde Wiege des Lebens in eine große Fabrik zu verwandeln mit Maschinen, denen man die allgemeinen Menschenrechte zubilligte und die im übrigen die Bestimmung besaßen, fünfzig Pfund Gummi im Jahre zu liefern, nicht tausendmal teuflischer – oder, noch schlimmer, tausendmal langweiliger? Nein, man mußte sich schon sehr weit entfernen, um dem allen gründlich den Rücken zu kehren. Irgendwo, ganz tief im Innern, würde es noch große Seen, melancholische Steppen und weite Wälder geben, deren Name auf keiner Karte stand.

Afrika, das war für mich die prächtige Anarchie des Lebens, die doch unter ihrer wilden Erscheinung eine tiefe, tragische Ordnung erfüllt und nach der wohl jeder junge Mensch zu einer bestimmten Zeit Sehnsucht besitzt. Dieser Hang zur Zügellosigkeit, der andererseits eine beleidigende Gleichgültigkeit mit sich brachte, muß auch, obwohl ich so dahinträumte, deutlich zu erkennen gewesen sein, denn es gab nicht wenig Respektspersonen, denen ich, wie man so sagt, auf den ersten Blick widerwärtig war. Ich liebte die untergeordneten Gefühle nicht, und das läßt sich schwer verheimlichen.

Schon am Kopf meines ersten Zeugnisses stand die Bemerkung »Aufmerksamkeit mangelhaft«, die mich dann als eiserner Bestand die ganzen Jahre hindurch begleitete. Ich hatte eine Art des Unbeteiligtseins erfunden, die mich wie eine Spinne nur durch einen unsichtbaren Faden mit der Wirklichkeit verband. So verstand ich es, wie eine Muschel die Farben auf der inneren Seite spielen zu lassen und mich gleich für vierzehn Tage und länger in sonderbare Landschaften zurückzuziehen, die ich am Morgen mit dem Schulwege betrat und die ich noch nicht verlassen hatte, wenn mir des Abends die Augen zufielen. Es waren dies in sich geschlossene Kreise der Phantasie, deren jeweiliges Motiv unendlich variiert wurde, um eines Tages durch ein neues abgelöst zu werden. So gehörte ich der großen Klasse der Träumer an, die überall, wo es Pulte gibt, reich vertreten ist.

Ich träumte rücksichtslos und mit Leidenschaft, zu Zeiten ausschließlich, und suchte mir in jedem neuen Jahre einen recht breitschultrigen Vordermann aus, hinter dem ich mich trefflich zu verbergen wußte. Besonders an den Mathematikstunden mich noch zu beteiligen, hatte ich längst aufgegeben, und die einzige Sorge, die meine beschauliche Abgeschiedenheit störte, war die, daß man eines Tages den ganzen Umfang meiner Unwissenheit entdecken würde, die schlimmer war, als der größte Verdacht es vermuten konnte. Du lieber Himmel, welcher Unterschied bestand auch zwischen dem Beweise des binomischen Lehrsatzes und den wahrhaft ariostischen Heldentaten, die ich währenddessen verrichtete. Von jener Stunde an, in der sich durch einen mir völlig unverständlichen Vorgang plötzlich die Zahlen in Buchstaben verwandelten, bis zu den eisigen Wüsteneien, in denen Differentialquotienten und dreifache Integrale ein schemenhaft schweifendes Dasein führten, beschränkte sich meine ganze Tätigkeit darauf, die Klassenarbeiten abzuschreiben. Wie staunte ich, als mich manches Jahr später ein Leipziger Privatdozent allen Ernstes für gar keinen so üblen Mathematiker erklärte.

Allerdings scheint es mir bemerkenswert, daß ich während des Abschnittes, in dem die Stereometrie im Lehrplan auftauchte, ganz unvermittelt Vergnügen beim Lösen gewisser Aufgaben empfand, was vielleicht damit zusammenhing, daß hier das plastisch Greifbare in den Vordergrund trat. Und ebenso bemerkenswert scheint es mir, daß dieses Vergnügen mich befähigte, mir die unumgänglichen Hilfsmittel, die jahrelang für mich ohne Sinn gewesen waren, binnen wenigen Tagen anzueignen. Der Mensch wird zwar erzogen, aber er bildet sich selbst. So kommt es auch, daß der Reiz des Lernens uns so oft erst aufgeht zu einer Zeit, in der wir fähig sind, unser eigener Lehrer zu sein. Aber der Geist geht niemals müßig, denn Geist und Müßiggang schließen sich aus; und wo Geist ist, da wird nach Nahrung gesucht. Was werden soll, das wird, und so mancher schlechte Schüler hat schon in drei Nächten aus dem »Robinson Crusoe« mehr gelernt, als sein Schulmeister sich träumen ließ.

Bücher waren es auch, die meiner Phantasie den Rückhalt einer festen Reservestellung boten. Auf ihre Hilfe war schon früh Verlaß gegenüber den Zugriffen des Alltäglichen; und sicher trugen sie die Hauptschuld daran, daß mein Mathematiklehrer mein Phlegma als ein unüberwindliches, ja fast unerklärliches bezeichnete, welches Wort aus diesem Munde viel heißen wollte. Allerdings irrte er sich hinsichtlich der Art meines Temperaments, das vielmehr von der Natur war, die der Franzose bei Frauen die falsche Magerkeit zu nennen pflegt – Fülle war wohl vorhanden, aber sie versteckte sich überall, wo das Leben ihr nicht in der Form von Bildern entgegentrat.

Auch hegte ich einen persönlichen Groll gegen diese hagere Oberlehrergestalt, die mir schon wegen ihrer sehr blassen, stets mit einigen Spritzern roter Tinte gezeichneten Hände und des ewigen Grau ihrer Anzüge, das sicherlich als Schutzfärbung gegen den Kreidestaub dienen sollte, unbehaglich war. Ich haßte, ohne weiter darüber nachzudenken, einen einfältigen Stolz, der sich damit zu brüsten liebte, daß eine Linie lediglich und beileibe nichts anderes als »etwas Gedachtes« und dieser Kreidepunkt nur das Hilfsmittel sei, um ein wirkliches und wahrhaftiges Nichts zu veranschaulichen. Der Begriff der Unendlichkeit wurde durch den geistreichen Satz erklärt: »Es liegt an keinem Punkte der Zahlenreihe ein hinreichender Grund vor, nicht noch Eins zuzuzählen«, kurz die ganze anschauliche und greifbare und damit auch die unbegreifliche Welt wurde einem Verfahren unterzogen, das an das Laugebad erinnert, in dem der Anatom das Fleisch von den Knochen kocht.

Demgegenüber bildeten Bücher, besonders als ich noch sehr schutzlos und auf das Mittel des passiven Widerstandes angewiesen war, einen prächtigen und uneinnehmbaren Wall. Zu der Zeit, von der hier die Rede ist, war der erste wütende Hunger schon vorüber, durch den ich, ohne es zu beabsichtigen, den Grund zu der verbreiteten Untugend legte, die man bei uns zulande als Belesenheit zu bezeichnen pflegt und die zu den gefährlichsten Fußangeln gehört, die auf dem Wege zur Bildung verborgen sind. Es war jener Heißhunger, der selbst Steine und Leder schluckt, um sich zu sättigen, und bei dem die Masse leicht den feineren Geschmack für Unterschiede und Werte schon in der Anlage erstickt.

Trotzdem fühle ich mich allen Leuten zu Dank verpflichtet, deren

Aufgabe im Geschichtenschreiben besteht. Ich nehme keinen aus und könnte mir nichts denken, was ich zu seiner Zeit nicht gelesen haben möchte. Las ich doch während der Religionsstunden selbst das evangelische Kirchengesangbuch durch, besonders aber die Greuel während der Belagerung von Jerusalem unter Titus, die hinten angeheftet waren und sich sehr unauffällig studieren ließen. Glückliche Zeiten trotz allem, in denen das Was noch wichtiger war als das Wie und in denen der Erdball sich abenteuerlich bevölkerte, freilich mit Gestaltungen ohne Maß und Harmonie, im tollen und abgeschmackten, peruanischen Tempelfriesen vergleichbaren Gewirr, aber doch mit Wesen und Taten, die sich nicht um die Achse der platten Zweckmäßigkeit und des gemeinen Nutzens drehten – oftmals mit Kerlen, die die Kolportage dürftig genug zusammengeschneidert hatte, aber von denen doch noch zu spüren war, daß der unerschöpfliche Karl Moor Maß und Stoff geliefert hatte.

Glückliche Zeiten endlich trotz allem, in denen nach der ewig unvergeßlichen Entdeckung des »Robinson Crusoe« und der »Tausendundeinen Nacht«, nach den Cooper, Defoe, Sealsfield, Wörishöffer, Dumas und Sue andere Namen aufzutauchen begannen, wie Sternbilder, die groß und schweigend am unbeschriebenen Gewölbe aufziehen, um für immer ihren Platz zu wahren, durch den Rang, Grad und Richtung aller künftigen Erscheinungen sich bestimmt. War es nicht beim ersten Erlebnis des »Simplizius Simplizissimus« oder des »Don Quijote«, jener beiden von Grund auf kriegerischen Werke, die von alten Soldaten geschrieben wurden und nur von alten Soldaten geschrieben werden konnten, ein wunderbares Gefühl, zu spüren, daß hier noch etwas anderes unter der wilden und bunten Welt des Abenteuers lebendig war – wurde hier nicht eine entscheidende Lehre in der Form eines großen und neuartigen Genusses erteilt? Zur Dankbarkeit den geistigen Vätern gegenüber sind wir schon durch jenes Vergnügen verpflichtet, das wir empfinden, wenn wir so zum ersten Male ahnen, daß hinter dem Stoffe noch ein tieferes und notwendigeres Gesetz regiert. Bücher gibt es, die nur das eine zu wünschen übriglassen: daß wir sie nicht vergessen können – vergessen, um noch einmal in sie eindringen zu dürfen wie in ein zauberhaftes, völlig unerforschtes Land.

Gern kehrt man immer wieder von den Menschen in den Frieden der Bibliotheken ein. Dort, im »gotischen Gewölb«, wo sich die Bände aus Leder, Leinen und Pergament in strenger Ordnung türmen, faßt uns eine Ahnung an, daß der Grund der Welt ein geistiger ist, und gibt uns höhere Sicherheit. Ein Griff gestattet uns, aus dem unendlichen Register eine Stimme zu ziehen, die zu uns in einer reineren, reicheren und klareren Art spricht, als es dort draußen möglich ist. Wir sind eingeschlossen in die Freundlichkeit der Schenkenden. Wir fühlen voll Vertrauen, daß man uns hier nicht betrügen will um das schönere Bild der Welt, das wir so ängstlich in den Kammern des Herzens verwahren. Man wird nicht lachen über uns, wie man draußen über jeden lacht, der nicht das Gewöhnliche treibt. Wir treten in einen Kreis, der der billigen und plebejischen Überlegenheit der Ironie überlegen ist. Selbst das Häßliche wird bedeutungsvoll, der Widerstand förderlich. Ist es da ein Wunder, daß hinter so manchem die Tür dieser stillen Räume sich schon früh und für immer schloß? Einen Gruß, ihr Brüder, aus der Nacht in das Glück eurer nächtlichen Einsamkeit!

Aber ach, ich will es mir gestehen, daß ich stets zu den anderen von nicht so ruhiger Natur gehörte, denen es nicht liegt, sich von den Eitelkeiten des Lebens zurückzuziehen, und die, wenn sie eine Zeit gerastet haben, die Angst befällt, daß die Entscheidungen draußen ohne sie geschlagen werden könnten. Das ist die andere Brüderschaft, die es drängt, den Grund der Welt in der Fülle ihrer Dinge leidenschaftlich zu erkennen, und die die Maßstäbe des Herzens am Leben selbst erproben muß. Und der bunte Zug des Lebens zieht gerade an der Stille mit doppelt lachenden Jagdhörnern vorbei, mit heroischen Signalen, die sich wie aus blitzenden und in der Ferne verstreuten Reitergefechten verloren haben, und mit dem kühnen, einsamen Schrei der Raubvögel, der unwiderstehlich das junge Blut in die großen Wälder lockt.

Ja, wenn eine dieser frühen Stimmungen noch besonders warm in die Erinnerung eingebettet ist, so ist es jene, die sich dem Bussardschrei verknüpft. Es war der Gegensatz des heimlichen Waldes, dessen Laub die Sonnenstrahlen nur wie durch enge Turmfenster auf den Boden splittern ließ, und der Stimme eines stolzen, unsichtbaren Wesens, das sich weit über den Frieden der Geniste erhoben hatte, geheimnisvoll traurig und doch vom wilden Jubel des Sieges gestählt. Das war das erste Bewußtwerden von der Pracht des nordischen Heldentums, dessen Geist noch immer vor den Hünengräbern Wache hält, jenes besten Erbteils eines Blutes, das den Gegensatz von Leben und Tod mit besonderer Tiefe und Fruchtbarkeit empfing.

Wo von diesem Blut, das auch heute noch an jeder schwirrenden Achse zischt und das letzte Schwungrad unserer Maschinen treibt, noch ein Tropfen vorhanden ist, da ist oftmals freilich wenig Unterschied in der Wirkung eines Buches oder eines Bussardschreies. Wer Ohren dafür besitzt, der hat es auch erlebt, das »Hinaus, hinan!« wenn die Hand die letzte Seite gewendet hat und der freiere Schwung einer idealen Landschaft, deren Nachbild sich auf der Netzhaut des inneren Auges kaum verwischte, noch frisch und lebendig ist. Von alten Heldenliedern stammt die Literatur, deren Grundwert ihrem kriegerischen Werte entspricht und deren Wirkung vom männlichen Gemüt als Aufforderung zum Kampfe empfunden wird.

Mögen wir niemals so alt werden, daß wir das rechte Lachen verlieren über die Taten derer, die plötzlich als Taugenichtse auf und davon gingen, weil ihnen die Bücher den Kopf verdrehten. Mögen wir im Gegenteil immer bei denen sein, die eines Morgens ausziehen, fest in den Steigbügeln und mitten in die Sonne hinein, mit dem festen Glauben an sich und die Schatzkammern der Welt. Von solchen zu hören, von ihrer Begeisterung, ihrem Kampf und Untergang, kann man nicht müde werden. Was ist dagegen der Erfolg, den der Krämer mit der Elle mißt? Mehr als den Abenteurer Balzacs, der südlich und listig in die große Stadt einzieht und der sie erobern wird, liebe ich den Helden Stendhals, in dem das nordische Feuer mit der stolzen und wilden Flamme der Wikinger und des Adels der Kreuzzüge brennt und von denen dieser merkwürdige Mensch in seinen besten Augenblicken mit einer Stimme erzählt, die zwischen Lachen und Weinen schwankt. Doch mehr noch als die Julien Sorels und die Fabricio del Dongos liebe ich den Ritter von der traurigen Gestalt.

Als mir, ich mochte nicht viel älter als zehn Jahre sein, dieses Buch eines Mannes in die Hände fiel, dem Schwert und Feder mit tieferer Notwendigkeit beieinanderlagen, da fand ich keine Spur von Humor darin. Ich las es mit einem wirklich spanischen Ernst. Daß sich hinter dem Ritter vom Monde ein Friseur verbarg und daß es eigentlich unsinnig ist, Weinschläuche mit Degenhieben zu zerfetzen – ich habe es, bei Gott, nicht gemerkt. Ich nahm an der Waffenweihe voll Ehrfurcht teil und machte unter Zittern und Zagen die furchtbare Nacht vor dem Walkmühlenabenteuer mit. Daß sie Sancho auf Bettlaken prellten, das stellte sich ungefähr in der Weise dar, daß einem wackeren Waffengenossen und ehrlichen Kumpan bitteres Unrecht geschah. Jedesmal, wenn das Schwert aus der Scheide fuhr oder die Lanze eingelegt wurde, um dem Gemeinen gegenüber Zeugnis zu geben für ritterliche Art, war ich auf meinen Herrn von der Mancha stolz. Aber was mir heute noch genau so gefällt wie damals, das ist, daß dieser Mensch kein Jüngling mehr war, als er die Hintergründe entdeckte, die die Welt besitzt. Das ist ein Schauspiel, wie das Reis der Torheit auf diesem schon dürren und angetrockneten Leben zu grünen beginnt und, von innerem Feuer getrieben, zum Urwald wird, der es undurchdringlich umstellt. Damals glaubte ich, daß man alt sein müsse, um sich auf so große und würdige Taten zu verstehen, und heute weiß ich, daß die alten Narren die besten sind.

Allerdings ist die rechte Torheit, ebenso wie der rechte Humor, eine sehr ernste Angelegenheit. Beide hängen eng mit dem Glauben zusammen, die eine mit dem an den ideellen, der andere mit dem an den moralischen Grund der Welt. Aber wenn es einmal schwer war, sich den Glauben zu wahren, dann war es in unserer so hoch gepriesenen Zeit. Der blasse Nachtrupp der Aufklärung – jener ersten, die doch wenigstens noch an die Aufklärung glauben konnte – brach schon in unsere frühen Träume ein. Wohl dem, dem es gelang, den Götzendienern der Vernunft und den Scharlatanen der Wissenschaft zum Trotz den Glauben an die lebendige Fülle der Welt zu knüpfen und an das bunte, sinnvolle und schicksalhafte Spiel, das sie bewegt. Es ist ein tieferer Lohn, der sich hinter dem verheißungsvollen Glanze des Abenteuers verbirgt. Wer wie der Abenteurer an Schicksal und Sterne glaubt, folgt wenigstens den Spiegelbildern einer höheren Wirklichkeit; für ihn ist noch nicht jeder Pfad verstellt, der aus der Welt der Zwecke in die des Sinnes führt. Daher sind denn auch oft alte Soldaten, denen von je der Charakter, der sich unter dem Zugriff des Schicksals formt und im Ringkampf mit ihm, mehr galt als der bloße Verstand, der Gnade teilhaftig geworden; und ein rührendes Bild ist das des Einsiedlers, der nach einem wilden Leben vordringt zu jener Einfalt, die die Sprache der Tiere versteht.

So sind denn auch zu Zeiten, in denen das Zweckmäßige das Leben regiert, die Herzen der Narren das einzig Unzweckmäßige und die Irrwege der jungen Leute das einzige Zeichen, daß noch ein Gefühl für andere Bahnen als die der Heerstraße besteht.

Früh schon hatte ich eine Ahnung, als ob weite Gebiete des Lebens unserer Zeit verschlossen wären, als ob alle Dinge viel brennender empfunden werden müßten und als ob es eigentlich nur unsere Masken wären, die mit solcher Geschäftigkeit ihr Wesen trieben. Schon als ich noch nicht zur Schule ging, hegte ich Verdacht, daß die Großen irgendwie Theater spielten, daß das, was ich zu sehen bekam, nur das Belanglose wäre und daß das Wichtige und Entscheidende in geheimen Zimmern abgehandelt würde. Es war die Frage nach dem Warum, die sich bei einer andersartigen Begabung vielleicht in der Form eines ersten erkenntniskritischen Zweifels geäußert hätte, so aber nur als drohende Kälte empfunden und abgewehrt wurde durch den festen Glauben an einen zwar verborgenen, doch unbedingt vorhandenen Sinn. Doch der Mensch wird größer, und es gibt immer weniger Kulissen, die er nicht auch von der Rückseite kennt. Und das größte Erstaunen, das er erlebt, ist das, daß das Leben wirklich verflucht alltäglich ist. Das Kind stirbt immer mehr in ihm und damit jene Liebe, die noch die Maßlosigkeit der Verschwendung kennt und die Unbedingtheit des Ergriffenseins.

Ich schätze die Gesprächigkeit nicht, aber ich entsinne mich hier einer flüchtigen Laune, die mich eines Tages trieb, einem Kinde, das in seinem Wägelchen saß, eines jener Spielzeuge zu schenken, die jeder Straßenhändler für wenige Pfennige verkauft. Es sind dies Dinge, die wir für gewöhnlich übersehen, gebogene Rosetten aus buntem Karton, die sich um Nadeln an roten Stielen drehen, oder Papageienfedern, die an kleinen Holzscheiben zu Windrädern geordnet sind. Das Ganze ist ein farbiges Etwas, das kreist, sehr einfach, aber gerade deshalb geeignet, die ersten Aussagen zu machen über das, was Farbe und Bewegung ist. Wir haben heutzutage wenig Zeit, auf Kinder zu achten, deshalb machte das, was ich bei dieser Gelegenheit sah, einen besonders starken Eindruck auf mich. Es war das erste Entzücken, noch von keinem Tropfen der Kritik getrübt. Große, gläubig-ungläubige Augen, ein Atem, der plötzlich stockt, fast wie durch einen jähen Schreck in die kleine Brust zurückgedrängt, und dann ein so fröhliches, heißes Begreifen und Ergreifen – soviel ist gewiß, daß wir uns sehr schämen müssen über das, was aus uns geworden ist. Wir gleichen den Erwachsenen, die überheblich durch den Trubel des Jahrmarktes schreiten, durch eine Welt des Lebens, in der nur die Kinder wirkliche Menschen sind. Es ist nicht die größte Sünde, böse zu sein, sondern stumpf, und das Wort von den Lauen, welche ausgespieen werden sollen, ist ein herrliches Wort der göttlichen Unbarmherzigkeit.

Später, als ich in die alte Stadt kam, gab mir ein wachsendes Gefühl für Werte größere Sicherheit. Einige Male war ich während der Ferien im Museum der Provinzialhauptstadt, in der ich einen Teil meiner Kindheit verbracht hatte und in der meine Großeltern wohnten. Gern verbrachte ich dort die Sonntagvormittage in der Gemäldegalerie. Obwohl ich dank einer zeitgemäßen Erziehung nicht zu glauben glaubte, denn so ist jener seltsam zwiespältige Zustand wohl am besten ausgedrückt, so wurde ich doch vor mittelalterlichen Bildern tief berührt So fiel mir auf, daß manche der in bunte Gewänder gekleideten Gestalten höchst merkwürdige, ja beunruhigende Gesichter besaßen. Es war sehr rätselhaft, wie diese oft bäuerischen und hölzernen, wie mit dem groben Messer zugestutzten Züge dennoch ein Glanz verklären konnte, der jenseits der Möglichkeiten des Pinsels und der Farbe zu liegen schien. Da hielten Männer, die unter Steinwürfen zusammenbrachen, über denen scharfe Messer tödlich geschwungen wurden oder an denen satanische Wesen ihr blutiges Handwerk übten, das Haupt erhoben, strahlend in der Weißglut des Martyriums, während über ihnen aus zerrissenen Wolken das Leuchtauge Gottes im Dreieck erschien. Hier drang aus einer volleren Vergangenheit die Mahnung eines Sinnes, für den das Organ fast verlorengegangen war und die daher mit unbewußter Scheu wie eine Stimme aus dem Unsichtbaren vernommen wurde.

So war denn auch das Verhältnis zu anderen Bildern, in denen das Geheimnisvolle sich durch die verständlichere Sprache der Schönheit vermittelte, ein klareres. Sehr liebte ich den Brueghel, den man den Sammetbrueghel nennt und der auf winzige Gemälde eine Tiefe zu bannen verstand, die ein Gefühl des Schwindels erregt und den Betrachtenden wie mit körperlichen Armen in den Bildhintergrund zieht. Diese Tiefe scheint nicht durch die gewöhnlichen Mittel der Zeichnung und Färbung erreicht; es scheint hier vielmehr neben der künstlerischen noch eine zauberische Perspektive lebendig zu sein. Denn so muß man ja wohl den Eindruck eines Bildes bezeichnen, das unter dem Blicke zu rauchen, zu brennen, sich zu bewegen oder zu erstarren und gläsern zu werden beginnt. Dieses Gefühl einer gläsernen Welt besaß ich vor jenen kleinen Stücken in hohem Maße, vor ihren wunderlich zartgefiederten Bäumen, vor ihren strohgedeckten Hütten, die ausgestorben und doch irgendwie magisch bewohnt erschienen, vor dem schillernden Blau glasiger Flüsse, in denen sie sich spiegelten und die gleichermaßen durchsichtig und unergründlich waren. Diese Bäume waren, als ob sie gleich sprechen, diese Hütten, als ob sie gleich ihre Tür öffnen und eine sonderbare Gestalt erscheinen lassen, diese Gewässer, als ob sie gleich einen prächtigen, schuppenglitzernden Fisch als Geschenk der Tiefe aus sich hervorheben würden. Ich mußte an die Seele denken, die ich als Kind mir wie eine Maus vorzustellen pflegte: Wenn man ganz still und verloren im Zimmer sitzt, sieht man sie plötzlich aus dem Dunkel ihrer Höhle huschen, sehr vertraut, lange bekannt, und doch fremd, unheimlich, ja etwas abstoßend zugleich. Aber wie man im Zimmer überrascht, neugierig und ein wenig erschreckt, mit äußerster Schärfe diesen kleinen, grauhuschenden Schatten ins Auge faßt und kaum zu atmen wagt, so ist man gespannt wie der Jäger und geängstigt wie das Wild überall, wo die Seele für einen kurzen Augenblick im Zwielicht sich aus ihren Dickichten wagt.

Dies war auch von je der eigentliche Wert der Kunstwerke für mich. Wer sich lange und geduldig damit beschäftigte, Menschen vor die Mündung seines Gewehres zu bringen, der weiß, daß dies nur in sehr seltenen und bedeutsamen Augenblicken möglich ist, denn es gehört viel dazu, ehe der Mensch seinen Körper vergißt. Ebenso selten und für eine ebenso kurze Spanne gibt ein Kunstwerk sein Wesentlichstes preis, seine Essenz, den großen und eigenartigen Appell der menschlichen Seele an das Unendliche.

Wie und weil das Leben durchaus kriegerisch ist, so ist es auch von Grund auf bewegt. Und wie man im grimmigen und prächtigen Augenfunkeln und in der wechselnden Spannung von Sprung und Haltung die innere Bewegung des Gegners errät, so trifft zuweilen ein Satz, ein Ton, ein Vers oder ein Bild wie ein Pistolenschuß. Diese Augenblicke, die allein das Leben des Lebens würdig machen, wiederholen sich schon deshalb nicht, weil *so* nur einmal empfangen wird; alle späteren Entzükkungen sind nur gespiegelter Glanz. Deshalb sollten Menschen, deren

Leben sich dynamisch bestimmt, nicht die Bilder und Dinge, die sie am höchsten schätzen, stets blickgerecht in ihrer Nähe dulden. Dies mag für beschauliche Gemüter, Wissenschaftler oder geistige Arbeiter passend sein, aber nicht für Naturen, die nur dort fruchtbar sind, wo im Blitzstrahl empfangen wird. Daher kommt es auch, daß so oft Meister zweiten und dritten Ranges dem Geiste die lockendsten und heimlichsten Feste bereiten, nachdem die allgemeine Anerkennung die großen Gipfel allzu zugänglich gemacht, die fernen, heroischen Landschaften in öffentliche Anlagen verwandelt hat.

Die Ruhe des wirklichen Schauens ist nur eine scheinbare, das Schauen ist ein höchster und wildester Bewegungsprozeß. Die Schönheit läßt sich nicht durch Kunst- und Literarhistoriker vorverdauen, sie ist lebendig und geschmeidig wie ein Fisch, den es an seinen blutroten Kiemen zu packen gilt, wenn man den schnellenden und noch im sprühenden Wasser funkelnden erbeuten will.

Das Wunderbare, das tiefer als die Schönheit ist und sich durch sie als eines seiner Mittel offenbart, teilte sich so durch Träume, Bücher und Bilder mit und störte die Bestrebungen einer Erziehung, die es gänzlich zu vernichten und auszurotten suchte – oder auch zu erklären, was ja wohl dasselbe ist. Diese Unterstützung des Wunderbaren war stark, stärker, als es dem Bewußtsein klar wurde, ja manchmal sogar ins Körperliche übergreifend. Wer Sinn dafür besitzt, hat diese Angriffe des Wunderbaren auf die Welt der Tatsachen sicherlich an sich selbst erlebt, als Gleichgewichtsstörung in Augenblicken, in denen die magische Perspektive sich erschließt, als Stocken des Atems und des Herzschlages, als blitzartiges Erlöschen der Wahrnehmung und als ihr Wiedererwachen, dem, besonders nach dem optischen Einbruch gewisser Landschaften, die Welt irgendwie verändert erscheint. Sicher haben auch die Ärzte in ihrem großen Katalog von Geschmacklosigkeiten, mit denen sie die Krankheiten besprechen, diesen Zustand rubriziert.

Dicht neben jener Galerie, an die letzte ihrer Nischen sich anschließend, lag ein etwas verwildertes, aber vielleicht gerade deshalb um so anziehenderes Naturalienkabinett, vom Geruch alkoholischer Präparate, kampferiger Pulver und glasbrauner Mumiensubstanz dicht und streng imprägniert. Dort, unter den Scheiben der Vitrinen, vor denen nur selten ein halb pflichteifriger, halb gelangweilter Besucher stand, hatte sich ein seltsames Gewirr angehäuft: Prachtstücke von Muscheln, noch aus einer Zeit, in der die Leidenschaft für diesen bunten Auswurf der Tiefe mit der für seltene Tulpen wetteifern konnte, Glasschalen über mit Kolibris besteckten Zweigen, nikotingelbe Schädel, die lange Reißzähne bleckten, Gestein, lederne Häute, gesprenkelte Felle, Donnerkeile aus bernsteinrotem und flaschengrünem Feuerstein, ausgeblasene, narbig gemusterte Straußeneier, Schlangen, in lange Standröhren voll Spiritus gerollt, der ihre Schuppen entfärbt und ihre Augen mit einem weißen Fell überzogen hatte. In unzähligen flachen, mit grünem Glanzpapier bezogenen Pappkästchen, die dicht aneinander standen, lehnten Kärtchen, mit blaßbrauner, durch die Zeit ausgezogener Tusche sorgfältig bemalt, etwa »Schwertigel, Molukken, 1856« oder nur der lakonische Steckbrief der binären Nomenklatur, mit ihrem von griechischen Einschlüssen gesprenkelten Latein, durch die Anfangsbuchstaben des ersten Autors mit dem nie fehlenden Stempel versehen.

Es schien mir hinter manchem dieser absonderlichen Kunstwerke der Natur der Kopf der Maus besonders deutlich und lauernd aufzutauchen. Von welcher Seele konnte denn hier die Rede sein? Phantastische Formen bringt das Leben hervor, in seinen verschwiegenen Laboratorien und Zauberküchen im Abgrund der Meere, im glühenden Wachstumssturm überhitzter Wälder oder in seinen Steinschneidereien und Miniaturschmieden, in denen Kalk, Horn und Kieselsäure gemeistert werden. Schwer fällt es, hinter all diesem einen Sinn zu sehen, und oft setzt sich einem jener bizarren Einfälle gegenüber der Gedanke in Positur: »Dies gibt es ja gar nicht.« Aber dann überrascht uns der beglükkende Augenblick, in dem das scheinbar Tote und Absurde mit einem Schlage belebt und sinnvoll wird. Es ist, als ob wir eine jener Asseln, die sich zu wie aus Onyx geschliffenen Kugeln einzurollen pflegen, auf unserem Handteller plötzlich, durch die Wärme erregt, ihre Scharniere ausstrecken und auf geschwinden Füßen mit vorgestreckten Fühlhörnern dahineilen sähen. Tiere, die wir nur im Zustande der Ruhe kannten und die wir dann in die Bewegung übergehen sehen, vermitteln dieses Gefühl des kräftig einströmenden Sinnes überhaupt besonders stark, und es ließen sich hier viele prächtige Beispiele anführen, etwa das des Knurrhahns, der für gewöhnlich wie ein kiesfarbig gemaserter Holzkloben am Grunde liegt, um sich dann mit breiten schimmernden

Flossen und bunter Unterseite als ein graziöser Schmetterling des Meeres aufzuschwingen, oder das des Rochens, dessen Umrisse sich nur wie ein Hauch auf den Boden zeichnen und der plötzlich, im wellenförmigen Spiel seiner breiten Flossensäume, dem aufgepeitschten Sande entsteigt. Aber vielleicht kommt doch von all diesen Kostbarkeiten nichts auf gegen das Schauspiel aus grüner Goldbronze und Lapislazuli, mit dem der sein Rad schlagende Pfauhahn schon so oft unsere Augen blendete und das uns doch immer wieder einen wilden Schrei des Erstaunens und der Bewunderung entreißt.

Auf diese Dinge lege ich, um dem Zustande jener Tage näherzurükken, Wert. Es war der vielen jungen Herzen wohlbekannte Zustand der Heimatlosigkeit inmitten einer engen, durch Erziehung und bürgerliche Gewohnheiten mit mancherlei Stoffblenden künstlich verspannten Welt. Man befand sich schließlich, im lauen Wohlbehagen einer liberalistischen Zeit, gar nicht schlecht dabei. Aber irgend etwas mußte doch wohl zu wünschen übrig sein. Und Wünsche, die zu lange ohne Bestimmung, ja ohne Bewußtsein bleiben, dringen zuletzt wie fällendes Gift ins Blut; sie bringen jenes Altjüngferliche hervor, das satten Generationen und ganzen Epochen eigentümlich ist. So aber leuchtete doch hier und da, im Geheimnisvollen, im Traum, im Schönen oder im Besonderen, ein Funke auf als eine beruhigende und doch zugleich spornende Bestätigung der anderen, im Weiten geahnten und dem Herzen näheren Welt. Es schien dies alles ein Versprechen des Glückes zu sein. Dieses Versprechen war wie ein von fern her klingender Ton, der tief und innig ausschwingen konnte in der schläfrigen Ruhe der alten Stadt. Es war wie ein vager Duft, von fremden Küsten verweht, in dem die Seele gierig ein Unbestimmt-Bekanntes witterte. Ja, und dieses Land des Glükkes, das Land eines reicheren und sinnvolleren Lebens, der heißen, kühnen Bewegung und der großen, einsamen Abenteuer – es mußte wohl Afrika sein.

Ich sagte, daß das Ungeahnte, die magische Perspektive, das Versprechen des Glückes, den Atem stocken läßt. Der Volksglaube kennt ein schönes Beispiel für diesen Augenblick, ein Beispiel, das auch das in die Verheißung gebettete Wesen des Glückes errät. Es ist das vom Wanderer, der, vom sprühenden Bogen einer Sternschnuppe überrascht, seine Bewunderung verhält und mit schweigendem Nachdruck auf einen

Wunsch versammelt, dessen Erfüllung dann nicht ausbleiben kann. So sprang auch damals, wenn ein solcher Augenblick unerwartet die Schmetterlingsflügel öffnete, ein Wunsch wie ein Pfeil von der Bogensehne: der Wunsch, die erhabenen, bunten und giftigen Wunder des dunklen Erdteils zu schauen, nach dem jeder von uns einmal Sehnsucht trug und der doch für jeden einen anderen Namen besaß – – – oder noch heute besitzt.

Berlin

Der erste Traum in der neuen Wohnung war wenig erfreulicher Natur. Ich schritt eine staubige, langweilige Straße entlang, die sich durch eine hügelige Wiesenlandschaft zog. Plötzlich glitt eine herrliche, stahlgrau und distelblau gemusterte Natter an mir vorbei, und obwohl ich das Gefühl hatte, sie aufnehmen zu müssen, ließ ich es zu, daß sie im dichten Grase verschwand. Dieser Vorgang wiederholte sich, nur wurden die Schlangen immer matter, unansehnlicher und farbloser; die letzten lagen sogar tot und schon ganz von Staub überzogen auf dem Wege. Bald danach fand ich einen Haufen von Geldscheinen in einer Pfütze verstreut. Ich las sorgfältig jeden einzelnen auf, säuberte ihn vom Schmutz und steckte ihn ein.

Berlin

Ich glaube, daß folgendes Bild das *Entsetzen* besonders treffend zum Ausdruck bringt: Es gibt eine Art von sehr dünnem und großflächigem Blech, mittels dessen man an kleinen Theatern den Donner vorzutäuschen pflegt. Sehr viele solcher Bleche, noch dünner und klangfähiger, denke ich mir in regelmäßigen Abständen übereinander angebracht, gleich Blättern eines Buches, die jedoch nicht gepreßt liegen, sondern durch irgendeine Vorrichtung voneinander entfernt gehalten werden.

Auf das oberste Blatt dieses gewaltigen Stoßes hebe ich dich empor, und sowie das Gewicht deines Körpers es berührt, reißt es krachend entzwei. Du stürzt, und stürzt auf das zweite Blatt, das ebenfalls, und mit heftigerem Knalle, zerbirst. Der Sturz trifft auf das dritte, vierte und fünfte Blatt und so fort, und die Steigerung der Fallgeschwindigkeit läßt die Detonationen in einer Beschleunigung aufeinander folgen, die den Eindruck eines an Tempo und Heftigkeit ununterbrochen verstärkten Trommelwirbels erweckt. Immer noch rasender werden Fall und Wirbel, in einen mächtig rollenden Donner sich verwandelnd, bis endlich ein einziger, fürchterlicher Lärm die Grenzen des Bewußtseins sprengt.

So pflegt das Entsetzen den Menschen zu vergewaltigen – das Entsetzen, das etwas ganz anderes ist als das Grauen, die Angst oder die Furcht. Eher ist es schon dem Grausen verwandt, das das Gesicht der Gorgo mit gesträubtem Haar und zum Schrei geöffnetem Mund erkennt, während das Grauen das Unheimliche mehr ahnt als sieht, aber gerade deshalb von ihm mit mächtigerem Griffe gefesselt wird. Die Furcht ist noch von der Grenze entfernt und darf mit der Hoffnung Zwiesprache halten, und der Schreck – ja, der Schreck ist das, was empfunden wird, wenn das oberste Blatt zerreißt. Und dann, im tödlichen Sturze, steigern sich die grellen Paukenschläge und roten Glühlichter der Schreckempfindungen bis zum Entsetzlichen.

Ahnst du, was vorgeht in jenem Raume, den wir vielleicht eines Tages durchstürzen werden und der sich zwischen der Erkenntnis des Unterganges und dem Untergange erstreckt?

Leipzig

Traum: Ich schlief in einem altertümlichen Hause und erwachte durch eine Reihe seltsamer Töne, die wie ein nasales »dang, dang, dang« klangen und mich sofort auf das höchste beunruhigten. Ich sprang auf und lief mit gelähmtem Kopfe um einen Tisch. Als ich an der Tischdecke zog, bewegte sie sich. Da wußte ich: es ist kein Traum, du bist wach. Meine Angst steigerte sich, während das »dang, dang« immer schneller und drohender klang. Es wurde durch eine geheimnisvolle, in der Mauer verborgene Warnungsplatte hervorgebracht. Ich lief ans Fenster, aus dem ich auf eine alte, ganz schmale Gasse blickte, die im tiefen Schachte der Häuser lag. Unten stand eine Gruppe von Menschen, Männer mit hohen, spitzen Hüten, Frauen und Mädchen, altertümlich und unordentlich angetan. Sie schienen eben aus den Häusern auf die Gasse gelaufen zu sein; ihre Stimmen schollen zu mir herauf. Ich hörte den Satz: »Der *Fremde* ist wieder in der Stadt.«

Als ich mich umwandte, saß jemand auf meinem Bette. Ich wollte aus dem Fenster springen, aber ich war wie an den Boden gebannt. Die Gestalt erhob sich ganz langsam und starrte mich an. Ihre Augen waren glühend und nahmen mit der Schärfe des Anstarrens an Umfang zu, was ihnen etwas grauenhaft Drohendes verlieh. In dem Augenblick, in dem ihre Größe und ihr roter Glanz unerträglich wurden, zersprangen sie und rieselten in Funken herab. Es war, als ob glühende Kohlenbrocken einen Rost durchglitten. Nur die schwarzen, ausgebrannten Augenhöhlen blieben zurück, gleichsam das absolute Nichts, das sich hinter dem letzten Schleier des Grauens verbirgt.

AFRIKANISCHE SPIELE, 1936

1

Es ist ein wunderlicher Vorgang, wie die Phantasie gleich einem Fieber, dessen Keime von weither getrieben werden, von unserem Leben Besitz ergreift und immer tiefer und glühender sich in ihm einnistet. Endlich erscheint nur die Einbildung uns noch als das Wirkliche, und das Alltägliche als ein Traum, in dem wir uns mit Unlust bewegen wie ein Schauspieler, den seine Rolle verwirrt. Dann ist der Augenblick gekommen, in dem der wachsende Überdruß den Verstand in Anspruch nimmt und ihm die Aufgabe stellt, sich nach einem Ausweg umzusehen.

Das war der Grund, aus dem das Wörtchen »fliehen« seinen besonderen Klang für mich besaß, denn von einer bestimmten Gefahr, die seine Anwendung berechtigt hätte, konnte schlecht die Rede sein – vielleicht abgesehen von den sich häufenden und in den letzten Wochen recht drohend gewordenen Klagen der Lehrerschaft, die sich mit mir wie mit einem Schlafwandler beschäftigte.

»Berger, Sie schlafen, Berger, Sie träumen, Berger, Sie sind nicht bei der Sache«, war da der ewige Reim. Auch meine Eltern, die auf dem Lande wohnten, hatten bereits einige der bekannten Briefe bekommen, deren unangenehmer Inhalt mit den Worten »Ihr Sohn Herbert …« begann.

Diese Klagen aber waren weniger die Ursache als die Folge meines Entschlusses – oder sie standen vielmehr in jener Wechselwirkung zu ihm, die abschüssige Bewegungen zu beschleunigen pflegt. Ich lebte seit Monaten in einem geheimen Aufstand, der in solchen Räumen schlecht verborgen bleiben kann. So war ich bereits dazu übergegangen, mich am Unterricht nicht mehr zu beteiligen und mich statt dessen in afrikanische Reisebeschreibungen zu vertiefen, die ich unter dem Pult durchblätterte. Wenn eine Frage an mich gerichtet wurde, mußte ich erst all jene Wüsten und Meere überwinden, bevor ich ein Lebenszeichen gab. Ich war im Grunde nur als Stellvertreter eines fernen Reisenden anwesend. Auch liebte ich es, ein plötzliches Unwohlsein vorschützend, das

Klassenzimmer zu verlassen, um unter den Bäumen des Schulhofes spazierenzugehen. Dort sann ich über die Einzelheiten meines Planes nach.

Schon hatte der Klassenlehrer das vorletzte Mittel der Erziehung gegen mich ergriffen, das die endgültige Trennung andeuten soll – ich wurde von ihm als Luft behandelt, »mit Nichtachtung gestraft«. Es war ein schlimmes Zeichen, daß selbst diese Strafe nicht mehr verfing – ein Zeichen dafür, wie sehr ich eigentlich schon abwesend war. Diese Absonderung durch Verachtung war mir eher angenehm; sie legte einen leeren Raum um mich, in dem ich mich ungestört meinen Vorbereitungen widmete.

Es gibt eine Zeit, in der dem Herzen das Geheimnisvolle nur räumlich, nur auf den weißen Flecken der Landkarte erreichbar scheint und in der alles Dunkle und Unbekannte eine mächtige Anziehung übt. Lange, halb trunkene Wachträume während meiner nächtlichen Spaziergänge über den Stadtwall hatten mir jene entfernten Länder so nahegerückt, daß nur noch der Entschluß nötig schien, um in sie einzudringen und ihrer Genüsse teilhaftig zu sein. Das Wort »Urwald« schloß für mich ein Leben ein, dessen Aussicht man mit sechzehn Jahren nicht widersteht – ein Leben, das der Jagd, dem Raube und seltsamen Entdeckungen zu widmen war.

Eines Tages stand es für mich fest, daß der verlorene Garten im oberen Stromgeflecht des Niles oder des Kongo verborgen lag. Und da das Heimweh nach solchen Orten zu den unwiderstehlichsten gehört, begann ich eine Reihe von tollen Plänen auszubrüten, wie man sich am besten dem Gebiete der großen Sümpfe, der Schlafkrankheit und der Menschenfresserei nähern könne. Ich heckte Gedanken aus, wie sie wohl jeder aus seinen frühen Erinnerungen kennt: ich wollte mich als blinder Passagier, als Schiffsjunge oder als wandernder Handwerksbursche durchschlagen. Endlich aber verfiel ich darauf, mich als Fremdenlegionär anwerben zu lassen, um auf diese Weise wenigstens den Rand des Gelobten Landes zu erreichen und um dann auf eigene Faust in sein Inneres vorzudringen – natürlich nicht, ohne mich zuvor an einigen Gefechten beteiligt zu haben, denn das Pfeifen der Kugeln kam mir wie eine Musik aus höheren Sphären vor, von der nur in den Büchern zu lesen war und deren teilhaftig zu werden man wallfahrten mußte wie die Amerikaner nach Bayreuth.

Ich war also bereit, auf jedes Kalbsfell der Welt zu schwören, wenn es mich wie Fausts Zaubermantel bis zum Äquator getragen hätte. Aber auch die Fremdenlegion gehörte schließlich nicht zu den dunklen Mächten, die man nur an den nächsten Kreuzweg zu zitieren braucht, wenn man mit ihnen zu paktieren gedenkt. Irgendwo mußte es sie zwar geben, soviel war sicher, denn oft genug las ich in den Zeitungen über sie Berichte von so ausgesuchten Gefahren, Entbehrungen und Grausamkeiten, wie sie ein geschickter Reklamechef nicht besser hätte entwerfen können, um Tunichtgute meines Schlages anzuziehen. Ich hätte viel darum gegeben, wenn einer dieser Werber, die junge Leute betrunken machen und verschleppen und vor denen mit Engelszungen gewarnt wurde, sich an mich herangemacht hätte; doch diese Möglichkeit kam mir für unser so friedlich im Wesertale schlummerndes Städtchen recht unwahrscheinlich vor.

So schien es mir denn richtiger, erst einmal die Grenze zu überschreiten, um damit den ersten Schritt aus der Ordnung in das Ungeordnete zu tun. Ich hatte die Vorstellung, daß das Wunderbare, das Reich der sagenhaften Zufälle und Verwicklungen sich mit jedem Schritt deutlicher offenbaren würde, wenn man den Mut hatte, sich aus dem Gewöhnlichen zu entfernen – man mußte seine Anziehung um so stärker erfahren, je mehr man ihm entgegenging.

Es blieb mir aber nicht verborgen, daß jedem Zustand eine große Schwerkraft innewohnt, aus der sich herauszuspielen der bloße Gedanke nicht genügt. Freilich, wenn ich, etwa abends vor dem Einschlafen, daran dachte, auf und davon zu gehen, schien mir nichts leichter und einfacher, als mich gleich anzuziehen und auf dem Bahnhof in den nächsten Zug zu steigen. Aber sobald ich dann mich auch nur zu regen suchte, fühlte ich mich durch bleierne Gewichte beschwert. Dieses Mißverhältnis zwischen den ausschweifenden Möglichkeiten der Träumerei und den geringsten Maßnahmen zu ihrer Verwirklichung bereitete mir viel Verdruß. Wie mühelos ich auch im Geist die unwegsamsten Landschaften nach Herzenslust zu durchstreifen vermochte, so merkte ich doch zugleich, daß in der wirklichen Welt auch nur eine Fahrkarte zu lösen einen weit stärkeren Aufwand voraussetzte, als ich geahnt hatte.

Wenn man, des Springens ungewohnt, auf einem hohen Sprungbrett steht, fühlt man sehr deutlich den Unterschied zwischen einem, der hinunter möchte, und einem anderen, der sich dagegen sträubt. Wenn der Versuch, sich selbst am Kragen zu nehmen und hinunterzuwerfen, mißglückt, so bietet sich ein anderer Ausweg an. Er besteht darin, daß man sich überlistet, indem man den Körper am äußersten Rand des Brettes solange ins Schwanken bringt, bis man sich plötzlich zum Absprung gezwungen sieht.

Ich fühlte wohl, daß diesen Bemühungen, mir den ersten Anstoß in die Abenteuerwelt zu geben, nichts hinderlicher war als meine eigene Furcht. Mein stärkster Gegner war in diesem Falle ich selbst, das heißt, ein bequemer Geselle, der es liebte, die Zeit hinter den Büchern zu verträumen und seine Helden in gefährlichen Landschaften sich bewegen zu sehen, anstatt bei Nacht und Nebel aufzubrechen, um es ihnen gleichzutun.

Da war aber noch ein anderer, wilderer Geist, der mir zuflüsterte, daß die Gefahr kein Schauspiel sei, an dem man sich vom sicheren Sessel aus ergötzt, sondern daß eine ganz andere Erfüllung darin liegen müsse, in ihre Wirklichkeit sich vorzuwagen, und dieser andere versuchte, mich auf die Bühne hinauszuziehen.

Mir war bei diesen geheimen Unterhaltungen, bei diesen immer erbitterteren Ansprüchen, die an mich gestellt wurden, oft himmelangst. Auch fehlte es mir an praktischer Begabung; die Aussicht auf all die kleinen Mittel und Schliche, die aufgewendet werden mußten, um fortzukommen, bedrückte mich. Ich wünschte mir, wie alle diese Träumer, Aladins Wunderlampe oder den Ring Dschudars, des Fischers, mit dessen Hilfe man dienstbare Genien beschwören kann.

Auf der anderen Seite drang die Langeweile jeden Tag stärker wie tödliches Gift in mich ein. Es schien mir ganz unmöglich, etwas »werden« zu können; schon das Wort war mir zuwider, und von den tausend Anstellungen, die die Zivilisation zu vergeben hat, schien mir nicht eine für mich gemacht. Eher hätten mich noch die ganz einfachen Tätigkeiten gelockt, wie die des Fischers, der Jägers oder des Holzfällers, allein seitdem ich gehört hatte, daß die Förster heute eine Art von Rechnungsbeamten geworden sind, die mehr mit der Feder als mit der Flinte arbeiten, und daß man die Fische in Motorbooten fängt, war mir auch das zur Last. Mir fehlte hier selbst der mindeste Ehrgeiz, und jenen Gesprächen, wie sie die Eltern mit ihren heranwachsenden Söhnen über die

Aussichten der verschiedenen Berufe zu führen pflegen, wohnte ich bei wie einer, der zu Zuchthaus verurteilt werden soll.

Die Abneigung gegen alles Nützliche verdichtete sich von Tag zu Tag. Lesen und Träumen waren die Gegengifte – doch die Gebiete, in denen Taten möglich waren, schienen unerreichbar fern. Dort stellte ich mir eine verwegene männliche Gesellschaft vor, deren Symbol das Lagerfeuer, das Element der Flamme war. Um in sie aufgenommen zu werden, ja nur um einen einzigen Kerl kennenzulernen, vor dem man Respekt haben konnte, hätte ich gern alle Ehren dahingegeben, die man innerhalb und außerhalb der vier Fakultäten erringen kann.

Ich vermutete mit Recht, daß man den natürlichen Söhnen des Lebens nur begegnen könne, indem man seinen legitimen Ordnungen den Rücken kehrt. Freilich waren meine Vorbilder nach den Maßen eines Sechzehnjährigen geformt, der den Unterschied zwischen Helden und Abenteurern noch nicht kennt und schlechte Bücher liest. Gesundheit aber besaß ich insofern, als ich das Außerordentliche jenseits der sozialen und moralischen Sphäre vermutete, die mich umschloß. Daher wollte ich auch nicht, wie es diesem Alter oft eigentümlich ist, Erfinder, Revolutionär, Soldat oder irgendein Wohltäter der Menschheit werden – mich zog vielmehr eine Zone an, in der der Kampf natürlicher Gewalten rein und zwecklos zum Ausdruck kam.

Eine solche Zone hielt ich für wirklich; ich verlegte sie in die tropische Welt, deren bunter Gürtel die blauen Eiskappen der Pole umkreist.

2

Ich hatte mir ein Ultimatum gestellt, dessen Frist eine Woche nach Beginn der Schule endigte. Das Mittel, das ich mir ersonnen hatte, um mich auf eine entscheidende Weise aus dem Gleichgewicht zu bringen, war nicht übel; es bestand darin, daß ich das Schulgeld, mit dem versehen ich nach den Herbstferien in der kleinen Stadt wieder eingetroffen war, in den Dienst meiner großen Pläne zu stellen beabsichtigte.

Obwohl eine solche Verwendung des Geldes mir unvergleichlich sinnvoller erschien als der Zweck, zu dem es eigentlich berechnet war, zögerte ich lange mit diesem ernsthaften Schritt. Ich fühlte wohl, daß ich mit ihm unwiderruflich den Kriegspfad betrat und daß die Verfügung über diese Summe nur statthaft war als eine bereits dem offenen Gegner auferlegte Kontribution. Im Kriege ist bekanntlich alles erlaubt.

Erst kurz vor Ablauf der Frist, an einem feuchten und dunstigen Herbstnachmittag, trat ich mit Zittern und Bangen in einen Trödlerladen ein, um einen sechsschüssigen Revolver mit Munition zu erstehen. Er kostete zwölf Mark – das war eine Ausgabe, die unter keinen Umständen wieder zu ersetzen war. Ich verließ den Laden mit einem Triumphgefühl, um mich gleich darauf zu einem Buchhändler zu begeben und ein dickes Buch »Die Geheimnisse des dunklen Erdteils« zu erwerben, das ich für unentbehrlich hielt. Es wurde in einem großen Rucksack verstaut, der dann an die Reihe kam.

Nach diesen Einkäufen fühlte ich, halb mit Befriedigung, daß mir der Boden unter den Füßen zu brennen begann. Ich ging in meine Wohnung zurück, um Schuhe und Wäsche einzupacken, und was mir sonst noch für eine lange Reise nötig schien.

Als ich endlich gerüstet auf der Schwelle stand, kam es mir vor, als ob mein kleines Zimmer noch nie so gemütlich gewesen wäre wie gerade heut. Zum ersten Male seit dem Winter brannte Feuer im Ofen, und das Bett war einladend aufgeschlagen für die Nacht. Selbst in den Schulbüchern auf dem wurmstichigen Brett über der Kommode, in der halbzerfetzten Ploetzschen Grammatik für den Gebrauch der Unterprima und in dem dicken lateinischen Handwörterbuch von Georges offenbarte sich eine heimische Anziehungskraft, ein Bann, der gar nicht so leicht zu brechen war. Es schien mir mit einem Male sinnlos und unerklärlich, dies alles im Stich zu lassen, es gegen eine ganz ungewisse Zukunft vertauschen zu sollen, in welcher sicher die gute Frau Krüger mir morgens nicht das Bett machen und abends die brennende Lampe in das Zimmer bringen würde. Es wurde mir plötzlich deutlich, daß die Fremde auch eine eisige Seite besitzt. Aber das war eine Einsicht, die bereits von außen kam. Denn schon hatte ich diesen traulichen Kreis verlassen, und ich fühlte wohl, daß jetzt die Zeit der Überlegungen vorüber, daß ich selbständig war und damit in einem mir bisher fremden Sinne zu handeln hatte.

Es war ein ungemütliches Wetter, als ich meine Wanderung begann, mehr ein Wetter, um im trockenen Zimmer mit angezogenen Knien auf dem Sofa zu liegen und zu lesen, wie ich es gewohnt war, mit einer Kanne voll Tee auf dem Stuhl daneben und einer kurzen Pfeife in Brand. Wind und Regen warfen mit vollen Händen zackiges Platanenlaub auf die Steinplatten der zum Bahnhof führenden Allee. Die Gaslaternen spiegelten sich in der feuchten Schwärze des Weges, der von den vergilbten Blättern wie ein Mosaikband gemustert war. Ich hatte meinen weiten Regenmantel über den Rucksack gehängt und meine rote Schülermütze, zum äußeren Zeichen meiner neuen Freiheit, mit einem Hut vertauscht. Am Schalter löste ich eine Karte nach der nächsten Großstadt, die der Provinz ihren Namen gab.

Ich hatte Glück, denn der Zug stand bereits unter Dampf. Ich war auf das Geratewohl gegangen, weil ich unfähig war, die rätselhaften Zeichen des Kursbuches und der in den Wartesälen ausgehängten Tafeln zu entziffern. Alles, was ich wußte, war, daß Köln, Trier oder Metz in der Nähe der westlichen Grenze lagen, denn meine geographischen Kenntnisse waren schwach, und für mich begannen gar bald die unbekannten und fabelhaften Länder dieser Welt, wie sie auf den Landkarten der Alten verzeichnet sind.

Nur den Namen Verdun hatte ich mir gemerkt, denn ich hatte in der Zeitung gelesen, daß dort der Bürgermeister einer deutschen Kleinstadt in die Fremdenlegion eingetreten war. Sein Fall hatte vor kurzem bedeutendes Aufsehen erregt, und das Ausschneiden der Notizen, die sich mit ihm beschäftigten, war vielleicht die einzige Maßnahme gewesen, die einen sachlichen Zusammenhang mit meinem Plane besaß. Was ich meine Vorbereitung nannte, bezog sich durchaus auf das andere, auf jene rätselhafte, schmerzliche und doch innige Verwirrung, die sich plötzlich wie ein Wirbel im stillen Wasser meiner bemächtigt hatte, und auf ihre Deutung als einen Ruf, der aus der Ferne kam.

Ich setzte mich in einen Wagen vierter Klasse, der überfüllt war mit Bauern aus dem Wesertal, kleinen Händlern und Marktfrauen, die hinter ihren Tragkörben kauerten. Als der Zug anfuhr, spürte ich, daß ich mich jetzt in einer neuen Lage befand wie ein Späher in Feindesland, der niemanden mehr hat, mit dem er sich unterhalten kann. Ich war zufrieden mit mir, denn ich hatte kaum geglaubt, daß ich mich bis an diesen Punkt bringen würde. Nur hatte ich ein wenig Angst, daß der Wunsch umzukehren in mir erwachen würde, und ich nahm mir das Versprechen ab, ihm unter allen Umständen zu widerstehen. Das Rollen und Schlagen der Räder machte mir Mut, und ich murmelte in ihrem Takte kurze Sätze, etwa »Umkehren ist ausgeschlossen!« vor mich hin.

Auch war mir die Gesellschaft neu, die sich, ohne mich zu beachten, lebhaft unterhielt und durch die Aus- und Zusteigenden mannigfaltigen Wechsel erfuhr. Zuweilen traten merkwürdige Gestalten ein, um kleine, verbotene Schaustellungen zu geben und, nachdem sie mit ihrem Hute die Runde gemacht hatten, am nächsten Haltepunkt wieder zu verschwinden – so ein ausgemergelter Geselle, der, nachdem er sich in einer überraschenden Ansprache wundersamer Künste gerühmt, einen schmalen Degen aus seinem Stocke zog und ihn mehrere Male bis zum Griff im Munde verschwinden ließ. Auch ein dicker, leutseliger Herr, der etwas betrunken war und mit kräftiger Stimme einige Lieder wie »Kehrt ein Student um Mitternacht« oder »Der Liebe geweihter Altar« zum besten gab, fuhr eine Strecke lang mit. So fand ich denn, in meine Ecke gedrückt, daß die Reise ganz gut begann, und die zwei Stunden bis zur Großstadt waren bald vorbei.

Auf dem Hauptbahnhof forderte ich eine Fahrkarte nach Trier und hatte dabei das Gefühl, eine so auffällige Handlung zu begehen wie etwa einer, der ein Billett nach dem Amazonenstrom verlangt. Allein der Mann am Schalter nahm zu meiner geheimen Freude ganz gleichgültig das Geld in Empfang und beantwortete ebenso gleichgültig meine Frage nach der Abfahrtzeit. Der nächste Zug in dieser Richtung fuhr erst mitten in der Nacht, und so gab ich denn meinen Rucksack ab, um in die Stadt zu gehen. Es regnete immer noch, und ich trieb mich eine Zeitlang planlos in den Straßen umher. Es kam mir darauf an, in Bewegung zu bleiben und die Zeit totzuschlagen, deren plötzlicher Überfluß mir lästig war.

Bald wirkte jedoch die Schwerkraft auf mich ein, mit der jede Großstadt sich den Obdachlosen unterwirft, um ihn an ganz bestimmte Punkte zu ziehen. Ich folgte dem Verkehr, der noch lebendig war, bis in die Hauptstraße, um endlich von einem jener überdachten Verkaufsgänge eingesogen zu werden, die man Passagen nennt und in denen man zu jeder Stunde auf Gestalten stoßen wird, deren einzige Aufgabe im Schlendern oder im Verweilen besteht.

Hier fühlte ich mich geborgener, zugehöriger – ich hatte bereits vorhin im Zuge unklar gespürt, daß es für einen, der auf Abenteuer zieht, einen leeren Raum nicht gibt, sondern daß er bald mit unbekannten Kräften Berührung gewinnt. Es wird ihm, allein durch die veränderte Art, sich zu bewegen, ein neues Treiben sichtbar, das dem Müßiggange, dem Verbrechen, dem Vagantentum gewidmet ist – eine breite und überall verteilte Schicht, die das bürgerliche Element begrenzt und ihn als Bundesgenossen in Anspruch zu nehmen sucht.

Dieser Ort, an dem die Straße etwas von der verdächtigen Wärme eines rot beleuchteten Hausflures gewann und die Geschäfte an die Schaubuden auf den Jahrmärkten erinnerten, schien mir wohl geeignet für jemanden, der sich auf der Flucht befand und der zuweilen verstohlen mit der Hand in die Hosentasche fuhr, um den angerauhten Griff eines sechsschüssigen Revolvers zu liebkosen.

Ich verbrachte einige Zeit damit, die zweifelhaften Postkarten zu studieren, die in ungeheuren Mengen hinter den Schaufenstern aushingen. Dann zog mich der grelle Eingang eines Wachsfigurenkabinetts an. Mit beklommener Neugier wandelte ich in vielen verwinkelten Räumen zwischen den starren Abbildern berühmter und berüchtigter Zeitgenossen umher, mannigfaltigen Beispielen für die beiden Richtungen, in denen man die Heerstraße des gewöhnlichen Lebens verlassen kann. Vor dem letzten Zimmer wurde noch ein besonderes Eintrittsgeld erhoben: eine Sammlung von anatomischen, elektrisch beleuchteten Gebilden war dort unter Glasstürzen aufgebaut. Unerhörte Krankheiten waren da mit blauen, roten und grünen Farben auf wächserne Körperteile gemalt. Bei den ganz schrecklichen dachte ich mit einer halb grausenden Befriedigung: »Die kommen gewiß nur in den Tropen vor!«

Dem Wachsfigurenkabinett gegenüber, auf der anderen Seite des Ganges, lag ein erleuchtetes Restaurant. Beim Eintreten sah ich, daß es automatisch betrieben war. Die verschiedensten, für das Auge bunt zubereiteten Speisen standen auf runden Platten oder in kleinen Aufzügen zur Wahl, und man brauchte nur ein Geldstück einzuwerfen, um durch ein schnurrendes Uhrwerk bedient zu werden. Ebenso konnte man kleine Hähne veranlassen, alle Getränke, die man sich denken mochte, in ein daruntergehaltenes Glas zu sprudeln. Für den, der so, von unsichtbaren Kräften bedient, gespeist und getrunken hatte, standen andere Apparate bereit, die bunte Bilder zeigten oder in Hörmuscheln kurze Musikstükke ertönen ließen. Selbst der Geruchssinn war nicht vergessen, denn es gab auch sinnreiche Zerstäuber, aus denen man sich durch winzige Düsen wohlriechende Flüssigkeiten mit exotischen Namen auf den Anzug sprühen lassen konnte.

Die geisterhafte Bedienung schien mir äußerst bequem und wie geschaffen für einen, der triftige Gründe zur Zurückhaltung besitzt. Ich begann, verschiedene Salate und belegte Brötchen hervorzuzaubern, und trank dazu weit über den Durst, schon aus Neugierde, die Getränke mit den seltsamen Namen kennenzulernen. Ich sah mir die Bilder an, die eins nach dem andern herunterklappten, wenn man an einer Kurbel drehte, und denen man Überschriften wie »Der Besuch der Schwiegermutter« oder »Die gestörte Brautnacht« gegeben hatte. Dann ließ ich mir Musikstücke vorspielen und setzte die Parfümzerstäuber in Tätigkeit.

Diese Zerstreuungen bereiteten mir ein Vergnügen, das, wie jede Berührung mit der automatischen Welt, nicht ohne einen Stich von Bösartigkeit war. Ich wußte nicht, daß gerade an solchen Orten die Polizei ihre besten Fischgründe besitzt.

Es war hohe Zeit, als ich mich wieder zum Bahnhof begab. Der Zug wartete auf einem verödeten Bahnsteige, der vom weißen Licht elektrischer Bogenlampen überflossen war. Fast alle Wagen standen leer. Ich streckte mich auf eine Bank, legte meinen Rucksack unter den Kopf und breitete den Regenmantel über mich aus. Das Lager war hart und ungewohnt, allein ich war von den verschiedenen Likören halb betäubt, so daß ich schon fest eingeschlafen war, ehe die Fahrt begann.

Mitten in der Nacht wachte ich auf. Ein Eisenbahner mit einer kleinen Lampe schüttelte mich und fragte nach meinem Reiseziel. Er sah mich mißtrauisch an, denn ich mußte erst meinen Fahrschein hervorsuchen, um ihm Auskunft geben zu können. Endlich brummte er:

»Hier ist Endstation! Anschluß um fünf Uhr früh!«

Ich nahm also meinen Rucksack auf und setzte mich in den leeren Wartesaal. Ich verspürte nun eine üble Nüchternheit, und auch an die Liköre hatte ich eine fade Erinnerung. Wieder kam mir der Einfall umzukehren, und wieder murmelte ich, allerdings schon bedeutend schwächer, mein »Rückkehr ist ausgeschlossen« vor mich hin. Allerlei lästige Gedanken tauchten auf, wie sie uns in den Morgenstunden solcher Unternehmungen zu beschleichen pflegen, so etwa der, daß es doch selbst in der Schule nicht langweiliger und ungemütlicher sei.

Ein anderer Umstand, der mich beunruhigte, lag in der Wahrnehmung, daß sich mein Zeitgefühl auf eine seltsame Weise zu verändern begann. So schien es mir ganz unglaublich, daß seit meiner Flucht noch nicht einmal ein voller Tag verstrichen war und daß, wenn ich zu Hause geblieben wäre, ich jetzt noch über vier Stunden im Bette liegen könnte, ehe Frau Krüger mich aus dem Schlafe wecken würde. Wie ich auch nachrechnen mochte – es blieb unzweifelhaft, daß ich mich nicht etwa schon seit einem Jahre, sondern erst seit wenigen Stunden auf dem Wege befand. Dieses Mißverhältnis hatte etwas Erschreckendes; es bestätigte mir mehr als alles andere, daß ich in ganz neue Bereiche eingetreten war.

Das Ungemütliche der Lage wurde gleichsam unterstrichen durch die Figur eines Stationsbeamten, der hin und wieder den Saal durchschritt, ohne mich eines Blickes zu würdigen, und den eine Witterung von behaglicher Geschäftigkeit und frisch aufgebrühtem Kaffee umgab. Er trug seinen Dienstrock bequem aufgeknöpft, und ein stattlicher Pfeifenkopf, dem er mächtige blaue Wolken zu entlocken verstand, hing ihm an einem gebogenen Mundstück bis zur Brust herab.

Sein Anblick erfüllte mich halb mit Neid, halb fühlte ich mich auf eine merkwürdige Weise durch ihn erquickt, wie ein Wanderer durch ein Licht, das er in großer Ferne neben seinem Wege leuchten sieht.

DAS ABENTEUERLICHE HERZ. Zweite Fassung, 1938
Figuren und Capriccios

Die Kiesgrube

Goslar

Die eigenen Bücher nimmt man deshalb so ungern zur Hand, weil man sich ihnen gegenüber als Falschmünzer erscheint. Man ist in der Höhle des Ali Baba gewesen und hat nur eine lumpige Handvoll Silber zutage gebracht. Auch hat man das Gefühl, zu Zuständen zurückzukehren, die man abstreifte wie eine vergilbte Schlangenhaut.

So ergeht es mir auch mit diesen Aufzeichnungen, die ich nach fast zehn Jahren zum ersten Male wieder aufschlage. Wie ich höre, finden sie seit langem mit erstaunlicher Regelmäßigkeit ihre fünfzehn Leser im Vierteljahr. Ein solcher Zuspruch erinnert an gewisse Blumen, wie an Silene noctiflora, deren während einer einzigen Nachtstunde geöffnete Kelche eine winzige Gesellschaft beflügelter Gäste umkreist.

Dennoch ist für den Autor gerade die Wiederaufnahme des bereits Abgeschlossenen von besonderem Wert – als seltene Gelegenheit, die Sprache im Stück, gewissermaßen mit dem Auge des Bildhauers, zu erfassen und an ihr als an einem Körper zu arbeiten. Auf diese Weise hoffe ich noch ein wenig schärfer zu treffen, was den Leser vielleicht fesselte. Zunächst soll an Abstrichen nicht gespart und sodann das so Gewonnene aus dem Vorrat ergänzt werden. Auch sind einige verbotene Stücke nachzutragen, die ich damals zurücklegte – denn was die Gewürze betrifft, so gewinnt man erst im Laufe der Zeit die sichere Hand.

Als Form dieses Mannigfaltigen schwebt mir eine jener Vertiefungen vor, wie man sie auf Alpengängen zuweilen in ausgetrockneten Bachbetten erblickt. Wir finden da grobe Stücke, geschliffene Kiesel, blinkende Splitter und Sand – ein buntes Geröll, wie es der Strudel im Frühling und Herbst aus den oberen Schichten zu Tale trug. Hin und wieder greifen wir ein Fundstück mit der Hand und wenden es vor den Augen hin und her – vielleicht einen Bergkristall, vielleicht ein zerbrochenes Schneckenhaus, an dem uns der Bau der inneren Spindel überrascht, oder einen mondblassen Tropfsteinzacken aus den unbekannten Höhlen, in denen die Fledermaus ihre lautlosen Kreise beschreibt. Hier ist die Heimat der Capriccios, nächtlicher Scherze, die der Geist ohne Regung wie in einer einsamen Loge und nicht ohne Gefährdung genießt. Doch gibt es auch runde Granite, die in den Gletschermühlen geschliffen sind, an Punkten weiter Aussicht, an denen die Welt ein wenig kleiner, aber auch klarer und regelmäßiger, wie auf gestochenen Landkarten, erscheint, denn die hohe Ordnung ist im Mannigfaltigen wie in einem Vexierbild versteckt. Das sind erstaunliche Rätsel – mit wachsender Entfernung nähern wir uns der Auflösung. Am äußersten Punkt, im Unendlichen, wird sie erfaßt.

An Stoff ist also kein Mangel, doch soll ihm die Sprache noch etwas hinzufügen. Sie hat das Wasser wieder herbeizuzaubern, das mit und über diesen Gebilden spielt – ein Wasser, das zugleich bewegt und *durchsichtig* ist.

Violette Endivien

Steglitz

Ich trat in ein üppiges Schlemmergeschäft ein, weil eine im Schaufenster ausgestellte, ganz besondere, violette Art von Endivien mir aufgefallen war. Es überraschte mich nicht, daß der Verkäufer mir erklärte, die einzige Sorte Fleisch, für die dieses Gericht als Zukost in Frage komme, sei Menschenfleisch – ich hatte das vielmehr schon dunkel vorausgeahnt.

Es entspann sich eine lange Unterhaltung über die Art der Zubereitung, dann stiegen wir in die Kühlräume hinab, in denen ich die Menschen, wie Hasen vor dem Laden eines Wildbrethändlers, an den Wänden hängen sah. Der Verkäufer hob besonders hervor, daß ich hier durchweg auf der Jagd erbeutete und nicht etwa in den Zuchtanstalten reihenweise gemästete Stücke betrachtete: »Magerer, aber – ich sage das nicht, um Reklame zu machen – weit aromatischer.« Die Hände, Füße und Köpfe waren in besonderen Schüsseln ausgestellt und mit kleinen Preistäfelchen besteckt.

Als wir die Treppe wieder hinaufstiegen, machte ich die Bemerkung: »Ich wußte nicht, daß die Zivilisation in dieser Stadt schon so weit fortgeschritten ist« – worauf der Verkäufer einen Augenblick zu stutzen schien, um dann mit einem sehr verbindlichen Lächeln zu quittieren.

Das Entsetzen

Berlin

Es gibt eine Art von dünnem und großflächigem Blech, mittels dessen man an kleinen Theatern den Donner vorzutäuschen pflegt. Sehr viele solcher Bleche, noch dünner und klangfähiger, denke ich mir in regelmäßigen Abständen übereinander angebracht, gleich Blättern eines Buches, die jedoch nicht gepreßt liegen, sondern durch eine sperrige Vorrichtung voneinander entfernt gehalten sind.

Auf das oberste Blatt dieses gewaltigen Stoßes hebe ich dich empor, und sowie das Gewicht deines Körpers es berührt, reißt es krachend entzwei. Du stürzt, und stürzest auf das zweite Blatt, das ebenfalls und mit heftigerem Knalle zerbirst. Der Sturz trifft auf das dritte, vierte und fünfte Blatt und so fort, und die Steigerung des Falles läßt die Schläge in einer Beschleunigung aufeinanderfolgen, die einem an Tempo und Heftigkeit anwachsenden Trommelwirbel gleicht. Immer noch rasender werden Fall und Wirbel, in einen mächtig rollenden Donner sich verwandelnd, der endlich die Grenzen des Bewußtseins sprengt.

So pflegt das Entsetzen den Menschen zu vergewaltigen – das Entsetzen, das etwas ganz anderes ist als das Grauen, die Angst oder die Furcht. Eher ist es schon dem Grausen verwandt, das das Gesicht der Gorgo mit gesträubtem Haar und zum Schrei geöffnetem Munde erkennt, während das Grauen das Unheimliche mehr ahnt als sieht, aber gerade deshalb von ihm mit mächtigerem Griff gefesselt wird. Die Furcht ist noch von der Grenze entfernt und darf mit der Hoffnung Zwiesprach halten, und der Schreck – ja, der Schreck ist das, was empfunden wird, wenn das oberste Blatt zerreißt. Und dann, im tödlichen Sturze, steigern sich die grellen Paukenschläge und roten Glühlichter, nicht mehr als Warnungen, sondern als schreckliche Bestätigungen, bis zum Entsetzlichen.

Ahnst du, was vorgeht in jenem Raume, den wir vielleicht eines Tages durchstürzen werden und der sich zwischen der Erkenntnis des Unterganges und dem Untergang erstreckt?

Fremder Besuch

Leipzig

Ich schlief in einem altertümlichen Hause und erwachte durch eine Reihe seltsamer Töne, die wie ein nasales »dang, dang, dang« summend erklangen und mich sofort auf das höchste beunruhigten. Ich sprang auf und lief mit gelähmtem Kopfe um einen Tisch. Als ich an der Tischdekke zog, bewegte sie sich. Da wußte ich: es ist kein Traum, du bist wach. Meine Angst steigerte sich, während das »dang, dang« immer schneller und drohender klang. Es wurde durch eine schwingende, in der Mauer verborgene Warnungsplatte hervorgebracht. Ich lief an das Fenster, aus dem ich auf eine alte, ganz schmale Gasse blickte, die im tiefen Schacht der Häuser lag, während über ihr der gezackte Schweif eines Kometen funkelte. Unten stand eine Gruppe von Menschen, Männer mit hohen, spitzen Hüten, Frauen und Mädchen, altertümlich und unordentlich angetan. Sie schienen soeben aus den Häusern auf die Gasse gelaufen zu sein; ihre Stimmen schollen zu mir herauf. Ich hörte den Satz: »Der *Fremde* ist wieder in der Stadt.«

Als ich mich umwandte, saß jemand auf meinem Bett. Ich wollte aus dem Fenster springen, aber ich war an den Boden gebannt. Die Gestalt erhob sich langsam und starrte mich an. Ihre Augen waren glühend und nahmen mit der Schärfe des Anstarrens an Umfang zu, was ihnen etwas grauenhaft Drohendes verlieh. In dem Augenblick, in dem ihre Größe und ihr roter Glanz unerträglich wurden, zersprangen sie und rieselten, als ob glühende Kohlenbrocken einen Rost durchglitten, in Funken herab. Nur die schwarzen, ausgebrannten Augenhöhlen blieben zurück, als das absolute Nichts, das sich hinter dem letzten Schleier des Grauens verbirgt.

Blaue Nattern

Berlin, Osthafen

Ich schritt eine staubige, langweilige Straße entlang, die sich durch eine hügelige Wiesenlandschaft zog. Plötzlich glitt eine herrliche, stahlgrau und distelblau gemusterte Natter an mir vorbei, und obwohl ich das Gefühl hatte, sie aufnehmen zu müssen, ließ ich es zu, daß sie im dichten Grase verschwand. Dieser Vorgang wiederholte sich, nur wurden die Schlangen immer matter, unansehnlicher und farbloser; die letzten lagen sogar tot und schon ganz von Staub überzogen auf dem Weg. Bald danach fand ich einen Haufen von Geldscheinen in einer Pfütze verstreut. Ich las sorgfältig jeden einzelnen auf, säuberte ihn vom Schmutz und steckte ihn ein.

Die Schleife

Leipzig

… und in die Methodik führte mich Nigromontanus ein, ein vortrefflicher Lehrer, dessen ich mich leider nur tastend zu entsinnen vermag. Daß ich ihn fast ganz vergaß, liegt daran, daß er hinter sich die Spur zu löschen liebte wie ein Tier, das im innersten Dickicht haust. Doch ist der Vergleich nicht gut gewählt; besser ließe sich von ihm berichten, daß er wie ein Lichtstrahl war, der das Verborgene sichtbar macht, während er selbst im Unsichtbaren bleibt.

Nur wenn ich guter Laune bin, bei vorzüglichem innerem Barometerstand, fallen mir gewisse seiner Eigentümlichkeiten ein, aber auch dann nur wie die Zeichen einer längst vergessenen Schrift. So strenge ich mich stets vergeblich an, im Geist den Weg zu seinem Seminar zurückzulegen, wie man doch oft verflossener Schulwege gedenkt. Indem ich darüber nachgrüble, gerate ich sogleich in sonderbare Verwirrungen. So weiß ich wohl, daß er den dritten Stock eines Braunschweiger Mietshauses bewohnte, das sich nahe der Oker zwischen Laubengärten erhob. Auch Schuttplätze waren in das Viertel eingesprengt, in deren Zäune der bittersüße Nachtschatten seine Ranken flocht, während auf ihren Halden der Flughafer gilbte und der Stechapfel die weißen Kelchfähnchen im Abendwinde schaukelte. Wenn ich durch die schmalen Wege schritt, hörte ich die Drosseln, Goldhähnchen und Zaunkönige, die mich in den Hecken flatternd begleiteten. Noch waren hier weder Laternen noch Straßenschilder angebracht, und so kam es wohl, daß ich oft in die Irre ging. In der Erinnerung nun vergrößern sich diese Irrwege auf unentwirrbare Art, so daß es mir fast scheint, als ob er inmitten eines Archipels auf einer Insel gewohnt hätte, und zwar auf einer solchen, der kein Schiff sich zu nähern vermag, weil die Abweichung allen Berechnungen trotzt.

Hier fällt mir ein, daß er einmal auf gewisse Gegenstücke des Magnetberges zu sprechen kam, auf geistige Zentren von so abweisender Kraft, daß sie dem gewöhnlichen Sinn unnahbar und unbekannter als die Rückseite des Mondes sind. Es geschah dies in seiner Vorlesung über die metalogischen Figuren, und zwar im besonderen über jene, die er als die *Schleife* bezeichnete. Unter der Schleife verstand er eine höhere Art, sich den empirischen Verhältnissen zu entziehen. So betrachtete er die Welt als einen Saal mit vielen Türen, die jeder benützt, und mit anderen, die nur wenigen sichtbar sind. Wie man in Schlössern, wenn Fürsten erscheinen, besondere, sonst streng verschlossene Portale zu öffnen pflegt, so springen vor der Geistesmacht des hohen Menschen die unsichtbaren Türen auf. Sie gleichen Fugen im groben Bau der Welt, die nur das feinste Vermögen zu durchgleiten vermag, und alle, die sie je durchschritten, erkennen sich an Zeichen von geheimer Art.

Wer so die Schleife zu beschreiben weiß, genießt inmitten der riesigen Städte und im Sturm der Bewegung die herrliche Windstille der Einsamkeit. Er dringt in verkleidete Gemächer ein, in denen man der Schwerkraft und den Angriffen der Zeit in geringerem Maß unterliegt. Hier wird leichter gedacht; im unfaßbaren Augenblick erntet der Geist Früchte ein, die er sonst durch jahrelange Arbeit nicht gewinnt. Auch schwindet der Unterschied zwischen Gegenwart, Vergangenheit und Zukunft dahin. Das Urteil wird wohltätig wie eine leuchtende Flamme, ungetrübt von den Einflüssen der Leidenschaft. Hier auch findet der Mensch die rechten Maße, an denen er sich zu prüfen hat, wenn er am Scheidewege steht.

Nigromontanus wußte von einsamen Geistern zu berichten, deren

Wohnung, obwohl sie mitten unter uns zu weilen scheinen, das Unzugängliche ist. Diese, an die reinen, hohen Grade des Feuers gewöhnt, treten nur hervor, wenn die Nähe der höchsten Gefahr ihnen den Übergang erträglich macht. Glücklich aber, meinte er, sei schon der zu schätzen, der im umgekehrten Verhältnis in der Welt sich tätig bewege und nur für einen Augenblick der Schleife fähig sei. Als Gleichnis solcher Augenblicke führte Nigromontanus gern das kurze Schweigen an, das der Aufforderung zur Übergabe folgt: Dann wird sie verneint.

Wie hoch indessen er die Kraft, die Wände unserer stumpfen Sinne zu durchschreiten, pries, so sehr pflegte er auch vor der Verachtung des Menschen zu warnen, die der Anblick der Schwäche allzu leicht erzeugt. Wenn er dies berührte, hörte ich ihn oft erwähnen, daß es *eine* Schleife gebe, die auch der Letzte zu beschreiben fähig sei, und daß das Todestor, als das wichtigste der unsichtbaren Tore, für uns alle, ohne Unterscheidung, Tag und Nacht geöffnet sei. Er nannte den Tod die wundersamste Reise, die der Mensch vermöchte, ein wahres Zauberstück, die Tarnkappe aller Tarnkappen, auch die ironischste Replik im ewigen Streit, die letzte und unangreifbare Burg aller Freien und Tapferen – überhaupt war er bei der Behandlung dieser Materie ganz unerschöpflich in Vergleichen und Lobsprüchen.

Es ist leider richtig, daß ich seine Lehren allzu bald vergaß. Anstatt bei meinen Studien zu verweilen, trat ich bei den Mauretaniern ein, den subalternen Polytechnikern der Macht.

Der Oberförster

Goslar

Der ungeheure Wald, den ich durchschritt, war mir vertraut und unbekannt zugleich. Er bestand aus regelmäßigen Forsten, die sonntags von Großstädtern wimmelten, dazwischen aber waren Urwaldinseln und unerforschte Gebirgszüge eingesprengt. Ich war in sein Inneres eingedrungen, um den Oberförster aufzusuchen, denn ich hatte erfahren, daß er einen Adepten vernichten wollte, der nach der blauen Natter auf Jagd gegangen war.

Ich traf ihn in seinem gotischen Jagdzimmer an, das einer Rüstkammer glich. Alle Wände waren mit Fallen behangen, sie waren ganz unter Fußangeln, Reusen, Netzen, Dohnen und Maulwurfsgalgen versteckt. Von der Decke hing eine Sammlung von listig geflochtenen Schlingen und Knoten herab – ein krauses Alphabet, und jeder Buchstabe war fängisch gestellt. Selbst der Leuchter entsprach dieser Einrichtung: seine Kerzen waren auf die Stacheln eines großen, ringförmigen Tellereisens gesteckt. Es war von der Sorte, die man im Herbst auf einsamen Waldwegen unter dürrem Laub verbirgt und die bei der leisesten Berührung durch einen Menschenfuß wie ein tödliches Gebiß in Brusthöhe zusammenschnellt. Heute jedoch ragten seine Zähne kaum sichtbar hervor, denn zu Ehren meines Besuches umwand sie ein aus mattgrüner Mistel und roten Vogelbeeren geflochtener Kranz.

Der Oberförster saß hinter einem klobigen Tisch aus rötlichem Erlenholz, das in der Dämmerung phosphorisch erglimmt. Er war damit beschäftigt, kleine, drehbare Spiegelchen zu putzen, mit denen man im Herbst die Lerchen berückt. Nachdem er mir den Gruß erwiesen hatte, gerieten wir gleich in ein lebhaftes Gespräch, das sich auf die Jagdgerechtsame an den Hängen der blauen Natter bezog. Da ich beobachtete, daß er während dieses Gespräches zuweilen unauffällig die Anordnung der Lerchenspiegel veränderte, war ich sehr auf der Hut. Überhaupt benahm er sich recht sonderbar; so beschränkte er sich während langer Abschnitte unseres Streites, anstatt zu antworten, darauf, verschiedenartige Lockflöten aus der Tasche zu ziehen, auf denen er pfiff, fiepte oder blattete. Bei den bedeutsamen Wendungen des Gespräches aber griff er immer wieder auf eine große hölzerne Kuckucksflöte zurück und stieß Töne wie eine Kuckucksuhr hervor. Ich begriff, daß das seine Art zu lachen war.

Wie verwickelt unsere Unterhaltung auch war, so kehrte sie doch stets zu ein und demselben Punkte zurück. Immer wieder betonte er:

»In meinen Wäldern ist die blaue Natter das wichtigste – sie lockt mir das beste Wild ins Revier.«

Und immer wieder versuchte ich vergebens, ihn zu beschwichtigen:

»Aber die Hänge, an denen die blaue Natter lebt, werden doch nie von Menschen besucht.«

Es schien, daß dieser Einwand ihn besonders erheiterte, denn sowie ich ihn vorbrachte, wiederholte er schier endlos seinen närrischen Kukkucksruf. Da Nigromontanus mir das Ohr auch für die ausgestorbenen Figuren der Ironie geschärft hatte, verzichtete ich weislich auf die Replik.

So stritten wir lange in rätselhaften Sätzen, die zuweilen in eine reine Zeichensprache übergingen, hin und her. Endlich brach der Oberförster die Unterhaltung ab:

»Ich sehe wohl, daß Sie mir im hieroglyphischen Dominospiel gewachsen sind. Sie sind seit dem Alten Pulverkopf der erste, der ansetzen kann. Aber steigen Sie nur selbst einmal zu den Hängen empor, dann werden Sie ja merken, was da oben im Gange ist!«

Ich machte mich also auf den Weg, geleitet durch die tief im Tann verlorenen Wirbel der Feuerhenne, die zu den Wappentieren der Mauretanier zählt. Bei höchstem Sonnenstand verließ ich den Wald und trat in den heißen, öden Bergkessel ein, dessen Boden ganz von niedrigen Disteln bewachsen war. Sie waren von der stengellosen, wie ein Wetterstern gezackten Art, die man die Eberwurz nennt. Auch Wolfsmilch war spärlich eingemengt. Viele schmale, uralte Pfade zogen sich kreuz und quer durch das Gestrüpp dahin. Sie alle waren durch die blaue Natter versperrt. Als ich die Tiere erblickte, wurde ich sehr vergnügt und dachte: »Da sieht man doch gleich, daß der alte Fuchs auch mit gar zu billigen Mitteln spielt.« Ich schloß das aus dem Umstand, daß ihr Leib zu einem Sperrknoten verschlungen war, dessen Bedeutung nur der übersehen konnte, der in solchen Schlichen noch ein Neuling war. Trotzdem verbarg ich mich hinter einem Busch und lauerte den ganzen Nachmittag, natürlich ohne einen *Menschen* zu sehen.

Gegen Abend erschien eine steinalte Frau, die einen kleinen Spatel in den Händen trug. Sie kauerte sich auf der offenen Fläche nieder und riß mit ihrem Gerät ein Rechteck, ungefähr von der Größe einer Tischplatte, in den Grund. Dann trat sie hinein, hob an jeder Ecke einen Stich Erde aus, besprach ihn und schleuderte ihn über die Schulter davon. Bei jedem Wurf sah ich das Eisen wie ein Spiegelchen aufblitzen.

Da dieser Vorgang mich mit so starker Neugier erfüllte, daß ich die Sperrknoten ganz vergaß, schlich ich mich leise hinter sie und flüsterte ihr zu:

»He, Mütterchen, was machst du denn da?«

Sie wandte sich ohne eine Spur von Überraschung um, gleichsam als ob sie mich erwartet hätte, sah mich an und flüsterte mit einem Kichern, das mir das Blut gerinnen ließ, zurück:

»Söhnchen, das soll dich nichts kümmern – das erfährst du schon früh genug!«

Da leuchtete mir mit entsetzlicher Klarheit ein, daß ich dem Oberförster dennoch ins Garn gegangen war. Und ich begann meiner Klugheit zu fluchen und meinem einsamen Übermut, der mich in solche Gesellschaft verstrickt hatte, denn zu spät sah ich ein, daß alle Feinheit meiner Operationen nur dazu gedient hatte, die Fäden unsichtbar zu machen, mit denen er mich umspann. Ich selbst war ja der Adept gewesen, der Mensch, den er vernichten wollte, ich selbst das Wild, das durch die blaue Natter verlockt worden war!

Das Lied der Maschinen

Berlin

Gestern, bei einem nächtlichen Spaziergang durch entlegene Straßen des östlichen Viertels, in dem ich wohne, sah ich ein einsames und finsteres Bild. Ein vergittertes Kellerfenster öffnete dem Blick einen Maschinenraum, in dem ohne jede menschliche Wartung ein ungeheures Schwungrad um die Achse pfiff. Während ein warmer, öliger Dunst von innen heraus durch das Fenster trieb, wurde das Ohr vom prachtvollen Gang einer sicheren, gesteuerten Energie fasziniert, der sich ganz leise wie auf den Sohlen des Panthers der Sinne bemächtigte, begleitet von einem feinen Knistern, wie es aus dem schwarzen Fell der Katzen springt, und vom pfeifenden Summen des Stahles in der Luft – dies alles ein wenig einschläfernd und sehr aufreizend zugleich. Und hier empfand ich wieder, was man hinter dem Triebwerk des Flugzeugs empfindet, wenn die Faust den Gashebel nach vorne stößt und das schreckliche Gebrüll der Kraft, die der Erde entfliehen will, sich erhebt; oder wenn man nächtlich sich durch zyklopische Landschaften stürzt, während die glühenden Flammenhauben der Hochöfen das Dunkel zerreißen und inmitten der rasenden Bewegung dem Gemüt kein Atom mehr möglich scheint, das nicht in *Arbeit* ist. Hoch über den Wolken und tief im Inneren der funkelnden Schiffe, wenn die Kraft die silbernen Flügel und die eisernen Rippen durchströmt, ergreift uns ein stolzes und schmerzliches Gefühl – das Gefühl, im Ernstfall zu stehen, gleichviel ob wir in der Luxuskabine wie in einer Perlmutterschale dahintreiben oder ob unser Auge den Gegner im Fadenkreuz des Visiers erblickt.

Das Bild dieses Ernstfalles ist schwer zu erfassen, weil die Einsamkeit zu seinen Bedingungen gehört, und stärker noch wird es verschleiert durch den kollektiven Charakter unserer Zeit. Und doch besetzt ein jeder heute seinen Posten sans phrase und allein, gleichviel ob er hinter den Feuern einer Kesselanlage steht oder in die verantwortliche Zone des Denkens einschneidet. Der große Prozeß wird dadurch erhalten, daß der Mensch ihm nicht auszuweichen gedenkt und daß seine Zeit ihn bereit findet. Was ihm jedoch begegnet, indem er sich stellt, ist schwer zu beschreiben; vielleicht ist es auch wie in den Mysterien nur ein allgemeines Gefühl, etwa daß die Luft allmählich glühender wird. Wenn Nietzsche sich wundert, daß der Arbeiter nicht auswandert, so irrt er insofern, als er die schwächere Lösung für die stärkere hält. Es gehört eben zu den Kennzeichen des Ernstfalles, daß es ein Ausweichen in ihm nicht gibt; der Wille führt vielleicht auf ihn zu, dann aber vollziehen sich die Dinge, wie bei der Geburt oder beim Sterben, unter pressendem Zwang. Daher ist unsere Wirklichkeit denn auch jener Sprache entzogen, mit welcher der Miles gloriosus sie zu meistern sucht. In einem Vorgang wie dem der Sommeschlacht war der Angriff doch eine Erholung, ein geselliger Akt.

Die stählerne Schlange der Erkenntnis hat Ringe um Ringe und Schuppen um Schuppen angesetzt, und unter den Händen des Menschen hat seine Arbeit sich übermächtig belebt. Nun dehnt sie als blitzender Lindwurm sich über Länder und Meere aus, den hier fast ein Kind zu zügeln vermag, während dort sein glühender Atem volkreiche Städte zu Asche verbrennt. Und doch gibt es Augenblicke, in denen das Lied der Maschinen, das feine Summen der elektrischen Ströme, das Beben der Turbinen, die in den Katarakten stehen, und die rhythmische Explosion der Motoren uns mit einem geheimeren Stolz als mit dem des Siegers ergreift.

An der Abzucht

Goslar

Goslar wird von der Gose durchflossen, einem schmalen Gewässer, das am Frankenberger Plan in die Stadt einfließt und sie durch das große Wasserloch der Stadtmauer wieder verläßt. Diese schwache Stelle wurde früher durch die Wasserburg gedeckt, ein Gebäude, das zu den unbekannten Schätzen der Stadt gehört und sich sehr gut erhalten hat.

Innerhalb der Mauern wird die Gose seit alten Zeiten die »Abzucht« genannt; dieser Name kam mir als Bezeichnung der verbrauchten und abziehenden Wässer sinnreich vor. Wie ich erfahre, führt er sich jedoch über *Agetocht* auf das lateinische *aquaeductus* zurück, das mir weniger angemessen erscheint. Das ist ein schönes Beispiel dafür, wie die Volkssprache ein Fremdwort verdaut.

Bei meinem täglichen Gang um den Wall biege ich häufig in den Kanal der Wasserburg ein und gehe längs der Abzucht zurück. Friedrich Georg, der mich heute begleitete, machte mich auf ein vom Wasser überströmtes Gebilde aufmerksam, das wir zunächst für eines jener Stoffspielzeuge hielten, wie man sie für Kinder anfertigt. Bei näherer Betrachtung entdeckten wir jedoch, daß es sich um ein winziges Lämmchen handelte, an dem noch die Nabelschnur zu sehen war. Das Gebilde, das uns auf den ersten, flüchtigen Blick ergötzt hatte, wurde uns sogleich zuwider, besonders als wir immer deutlicher erkannten, daß es sich eigentlich nur noch um die letzte Nachbildung einer lebendigen Form handelte, und zwar um eine Nachbildung aus höchst feinen Schlammflöckchen, die in der Strömung zitterten.

Die Entdeckung, daß sich uns eine Erscheinung, wie in diesem Falle die des Lieblichen, nur vorspiegelt und daß sich im Grunde das Nichts hinter ihr verbirgt, ist mir nicht neu, und doch hat sie immer etwas Beunruhigendes. So blickt man zuweilen in Augen, die nur aus trübem gefrorenem Schlamm bestehen und in denen sich der höchste Grad menschlicher Abgestorbenheit verrät. Es gibt heute eine neue Art des Schreckens, ähnlich als ob man auf eine verborgene Wasserleiche stieße – Begegnungen, in denen eine ganz bestimmte theologische Lage sich andeutet und denen gegenüber der Mensch des längst vergessenen Schutzes strenger Reinigungsvorschriften bedürftig wird.

Der umgekehrte Fall dagegen, in dem das Tote sich als lebend offenbart, hat etwas Erheiterndes. Man meint etwa, ein Stück verschimmeltes Holz zu erblicken, und gleich darauf fliegt eine große Heuschrecke davon, indem sie unter ihren grauen Deckflügeln ein zweites, leuchtendes Flügelpaar enthüllt.

Die Phosphorfliege

Goslar

Um die Mittagsstunde beobachtete ich in einer Schonung am Steinberg ein großes Wespennest, das halb geöffnet war. Dabei fiel mir eine kleine Fliege auf, schwarz mit gelben Ringen und besonders ausgezeichnet durch zwei grelle Flecke, die wie Katzenaugen vorn am Bruststück leuchteten. Die Tierchen lauerten vor der Öffnung des Nestes, während die Wespen aus- und einschwirrten. Sie trugen sich wohl mit Plänen räuberischer Art, deren Ausführung ich gern belauscht hätte. Vielleicht hatten sie auch eine Kindesunterschiebung im Sinn.

Während dieser Beschäftigung hörte ich, wie zwei Knaben am Rande der Schonung vorbeischlenderten. Sie waren in ein metaphysisches Gespräch vertieft, wie es Kinder gar nicht selten führen, wenn keine Erwachsenen in der Nähe sind. Leider erhaschte ich nur einen Satz, nämlich:

»– – – und weißt du, was *ich* glaube? Was wir hier leben, ist nur geträumt; wir erleben aber nach dem Tode dasselbe in Wirklichkeit.«

Ich schlug rasch einen Bogen, um diesen Burschen zu sehen; es war der elfjährige Sohn eines Wegewärters, der in der Nähe wohnt. Solche Kinder sind natürlich klüger als wir. Leider kann man verfolgen, daß sich diese Art unmittelbarer Einsicht bald verliert; die entscheidende Zeit ist die des Stimmwechsels. Auch ich erinnere mich noch gut an meine ersten metaphysischen Vorstellungen; eine von ihnen bestand darin, daß ich die Erwachsenen für Schauspieler hielt, die sich, sowie sie unter sich wären, mit ganz anderen Dingen beschäftigten. So hielt ich auch die Schule für eine von ihnen erfundene Vorspiegelung. Einmal, als ich andere, ältere Kinder mit Tornistern an mir vorbeikommen sah, begann ich doch zu zweifeln, dachte mir dann aber sogleich: »Die sind nur hier vorbeigeschickt, damit ich das glauben soll; hinter der nächsten Ecke werfen sie die Ranzen fort.«

Es fällt mir übrigens auf, daß, wenn man ein beliebiges Verhältnis belauscht, wie hier das der Wespen, man zugleich von anderen verborgenen Dingen Kenntnis gewinnt, wie der Jäger auf dem Anstande oder der Soldat auf Vorposten. Der erste erotische Vorgang drängte sich mir auf, als wir als Kinder in einem alten Hause Versteck spielten. Wenn man an einem beliebigen Punkte zu beobachten beginnt, tritt man in eine besondere Beziehung zur Welt überhaupt, und wer *ein* Geheimnis erfaßt, dem nähern sich, ohne daß er es beabsichtigte, auch viele andere. Auf untergeordneter Stufe trifft das auch für den Erfinder zu; man kann sich dazu nicht entschließen, sondern man wird es, indem man die Position des Erfinders gewinnt. Daher haben Menschen mit solcher Veranlagung oft auf den verschiedensten Gebieten eine glückliche Hand.

An der Zollstation

Überlingen

Der Tod gleicht einem fremden Kontinent, über den niemand berichten wird, der ihn betrat. Seine Geheimnisse beschäftigen uns so stark, daß ihr Schatten den Weg verdunkelt, der dorthin führt – das heißt, wir unterscheiden zwischen dem Tode und dem Sterben nicht scharf genug. Diese Unterscheidung ist insofern von Wert, als vieles, was wir dem Tode zuschreiben, sich bereits im Sterben vollzieht und als unsere Blicke und Vorstellungen in das Zwischenreich zuweilen noch eindringen. Wie fern uns der Tod auch liege, so vermögen wir doch das Klima zu schmecken, das ihn umgibt.

Es gibt Fälle, die auf Messers Schneide stehen und in denen der Mensch den Tod bereits gewahrt wie Klippen, die hinter der nahen Brandung stehen. Dann aber zieht das Leben wieder in ihn ein, wie in einem fast erkalteten Herde die Flamme von neuem erwacht. Solche Fälle gleichen einem falschen Alarm; und wie es Schiffe gibt, auf denen der Kapitän erst bei drohendem Sturm die Brücke betritt, so erscheint hier eine sonst verborgene Instanz und trifft ihre Vorkehrungen. Der Mensch besitzt Fähigkeiten, die er wie eine verschlossene Ordre mit sich führt; er verfügt über sie nicht eher, als er ihrer bedarf. Zu diesen Fähigkeiten gehört, daß er seine Lage erfaßt, und in der Tat ist das der Fall – nach einem Augenblick der Verblüffung geht der Annäherung des Todes Erkenntnis voraus.

Während wir ihm die Stirne kühlen, ist der Sterbende bereits unendlich von uns entfernt – er weilt in Landschaften, die sich eröffnen, nachdem der Geist den flammenden Vorhang des Schmerzes durchschritten hat. Zeit und Raum als die beiden Keimblätter, zwischen denen das Leben erblüht, falten sich wieder ein, und in diesem Dahinschwinden der Bedingungen fällt dem inneren Auge eine neue Art der Anschauung zu. Nun erscheint ihm das Leben in einem neuen Sinn, ferner und deutlicher als sonst. Es wird übersichtlich wie ein Gebiet auf der Landkarte, und seine Entwicklung, die sich über viele Jahre erstreckte, ist in ihrem Kern zu erblicken wie die Linien der Hand. Der Mensch erfaßt seinen Wandel in der Perspektive des Notwendigen, zum ersten Male ohne Schatten und Licht. Auch tauchen weniger die Bilder wieder auf als die Essenz ihrer Inhalte – als ob nach einer Oper bei schon gefallenem Vorhang noch einmal im leeren Raume von einem unsichtbaren Orchester das Grundmotiv gespielt würde, einsam, tragisch, stolz und mit einer tödlichen Bedeutsamkeit. Er erfaßt eine neue Art, sein Leben zu lieben – ohne Erhaltungstrieb; und seine Gedanken gewinnen Souveränität, indem sie sich der Furcht entwinden, die alle Begriffe, alle Urteile trübt und beschwert.

Bereits hier entscheidet sich die Frage der Unsterblichkeit, die den Geist im Leben so ungemein beunruhigte. Das Außerordentliche der Lösung liegt darin, daß der Sterbende einen Punkt erreicht, an dem er wie von einem Grat die Landschaft des Lebens und des Todes überblickt – und er gewinnt vollkommene Sicherheit, indem er sich sowohl in der einen als in der anderen gewahrt. Er erfährt einen Aufenthalt, wie vor einer einsamen Zollstation im höchsten Gebirge, wo ihm die Scheidemünze der Erinnerung in Gold gewechselt wird. Sein Bewußtsein reicht vor wie ein Licht, bei dessen Schein er erkennt, daß man ihn nicht hintergeht, sondern daß er Furcht gegen Sicherheit vertauscht.

In dieser Spanne, die zugleich zur Zeit und auch schon nicht mehr zur Zeit gehört, darf man auch die Bezirke vermuten, die von den Kulten als die Purgatorien geschildert sind. Es ist der Weg, auf dem die menschliche Würde ihre Wiederherstellung erfährt. Es gibt kein Leben, das sich ganz vor dem Niederen bewahrt hätte; niemand kommt ohne Einbuße davon. Nun aber gibt es kein Ausweichen mehr, wie in einem felsigen Engpasse, und auch kein Zögern, welche Hindernisse sich auch auftürmen. Der Tod regiert jetzt den Schritt, wie ein ferner Katarakt den Lauf der Strömung bestimmt Der Mensch gleicht auf diesem einsamen Marsche, den nichts zu hindern vermag, einem Soldaten, der seinen Rang zurückgewinnen wird.

Wie dem Kinde Organe gegeben sind, welche die Geburt erleichtern und ermöglichen, so besitzt der Mensch auch Organe für den Tod, deren Bildung und Kräftigung zur theologischen Praxis gehört. Wo diese Kenntnis erlischt, verbreitet sich dem Tode gegenüber eine Art von Idiotie, die sich im Anwachsen der blinden Angst wie auch einer ebenso blinden, mechanischen Todesverachtung verrät.

Das Echo der Bilder

Rio

Seit der Morgendämmerung war ich in dieser Residenz des Sonnengottes umhergestreift, deren Felsentor den Fremdling gleich neuen Säulen des Herkules empfängt, jenseits deren er die Alte Welt vergißt. Ich hatte die Märkte und Hafenquartiere durchdrungen und war die hohen Prunkstraßen entlanggeschritten bis zu den äußersten Vorstädten, in denen der Kolibri die großen Blüten der Gärten befliegt. Dann wieder war ich durch Alleen von Königspalmen und Flamboyants in die volkreichen Viertel zurückgekehrt und hatte das Leben bei seinen geschäftigen und müßigen Gängen belauscht.

Erst spät am Nachmittag erwachte ich wie aus einem Traum, bei dem man Essen und Trinken vergaß, und fühlte, daß der Geist unter der Überfülle der Bilder zu ermatten begann. Dennoch vermochte ich mich nicht zu trennen und war wie ein Geizhals mit meiner Zeit. Ohne mir Rast zu gönnen, bog ich in immer neue Straßen und Plätze ein.

Bald aber schien es mir, als ob meine Schritte wieder leichter würden und die Stadt sich seltsam veränderte. Zugleich veränderte sich meine Art zu sehen – denn während ich bislang die Blicke an das Neue und Unbekannte verschwendet hatte, drangen nun die Bilder spielend in mich ein. Auch waren sie mir jetzt bekannt; sie schienen mir Erinnerungen, Kompositionen meines Selbst zu sein. Ich instrumentierte meine Laune nach Belieben damit, wie jemand, der mit seinem Taktstock spazierengeht und, indem er bald hier, bald dort hinweist, mit der Welt musiziert.

Nun hatte ich das Gefühl, bei Reich und Arm zu Gast zu sein, und der Bettler, der mich ansprach, erwies mir einen Dienst, indem er mir Gelegenheit gab, es zu bestätigen. An Punkten, an denen der Blick die Stadt als Amphitheater umfaßt, leuchtete mir ein, daß ein solches Bauwerk wohl von vielen Geschlechtern wie von Bienen zusammengemörtelt ist, daß es jedoch zugleich ein Geist erstehen ließ wie den Traum einer Nacht, und nicht als Wohnsitz für Menschen allein. Auch die Perlmuscheln werden mühsam aus Schichten erbaut, und doch liegt nicht darin ihr Wert.

Am Abend, in einem Café an der Copacabana, dachte ich über diese Verhältnisse nach. Es schien mir, daß es nicht nur für das Ohr, sondern auch für das Auge ein Echo gibt – auch die Bilder, die wir betrachten, rufen einen Reim zurück. Und wie es für jedes Echo besonders günstige Verhältnisse gibt, so ist es hier die Schönheit, die am mächtigsten widerklingt.

Einfacher und gründlicher gefaßt aber liegen die Dinge so: Mit dem tiefen, lustvollen Blick, den wir auf die Bilder richten, bringen wir ein Opfer dar, und je nach unserer Spende werden wir erhört.

16

Zwei Tatsachen müssen wir erkennen und anerkennen, wenn wir aus dem bloßen Zugzwang heraustreten wollen zur überlegten Partie. Wir müssen erstens wissen, wie wir am Beispiel der Wahl gesehen haben, daß nur ein Bruchteil der großen Menschenmassen fähig ist, den mächtigen Fiktionen der Zeit zu trotzen und der Bedrohung, die sie ausstrahlen. Dieser Bruchteil freilich kann stellvertretend sein. Zum zweiten sahen wir am Beispiel des Schiffes, daß die Mächte der Gegenwart zum Widerstand nicht ausreichen.

Die beiden Feststellungen enthalten nichts Neuartiges. Sie liegen in der Ordnung der Dinge und werden sich stets von neuem aufzwingen, wo Katastrophen sich ankünden. Immer wird dann das Handeln auf Auslesen übergehen, die die *Gefahr* der Knechtschaft vorziehen. Und immer wird den Aktionen Besinnung vorausgehen. Sie äußert sich einmal als Zeitkritik, das heißt: in der Erkenntnis, daß die geltenden Werte nicht mehr genügen, und dann als Erinnerung. Diese Erinnerung kann sich auf die Väter richten und ihre dem Ursprung näheren Ordnungen. Sie wird dann auf konservative Wiederherstellungen abzielen. Bei großen Gefahren wird das Rettende tiefer gesucht werden, und zwar bei den Müttern, und in dieser Berührung wird Urkraft befreit. Ihr können die reinen Zeitmächte nicht standhalten.

Zwei Eigenschaften werden also beim Waldgänger vorausgesetzt. Er läßt sich durch keine Übermacht das Gesetz vorschreiben, weder propagandistisch noch durch Gewalt. Und er gedenkt sich zu verteidigen, indem er nicht nur Mittel und Ideen der Zeit verwendet, sondern zugleich den Zugang offen hält zu Mächten, die den zeitlichen überlegen und niemals rein in Bewegung aufzulösen sind. Dann kann der Gang gewagt werden.

Es stellt sich nun die Frage nach der Absicht einer solchen Anstrengung. Wie bereits angedeutet, kann sie nicht auf die Eroberung reiner Innenreiche beschränkt werden. Das gehört zu den Vorstellungen, die sich nach der Niederlage ausbreiten. Ebenso ungenügend würde die Beschränkung auf reale Ziele, wie etwa auf die Führung des nationalen Freiheitskampfes, sein. Wir werden vielmehr sehen, daß es sich um Anstrengungen handelt, die *auch* die nationale Freiheit als ein Hinzutretendes krönt. Wir sind ja nicht lediglich in einen nationalen Zusammenbruch verwickelt, sondern in eine Weltkatastrophe, bei der sich kaum sagen und noch weniger prophezeien läßt, wer eigentlich die Sieger und wer die Besiegten sind.

Es ist vielmehr so, daß der einfache Mensch, der Mann auf der Straße, dem wir täglich und überall begegnen, die Lage besser erfaßt hat als alle Regierungen und alle Theoretiker. Das beruht darauf, daß in ihm immer noch die Spuren eines Wissens leben, das tiefer reicht als die Gemeinplätze der Zeit. Daher kommt es, daß auf Konferenzen und Kongressen Beschlüsse gefaßt werden, die viel dümmer und gefährlicher sind, als es der Schiedsspruch des Nächsten, Besten wäre, den man aus einer Straßenbahn herauszöge.

Der Einzelne hat immer noch Organe, in denen mehr Weisheit lebt als in der gesamten Organisation. Das zeigt sich selbst in seiner Verwirrung, in seiner Furcht. Wenn er sich zermartert, um einen Ausweg, einen Fluchtweg zu ermitteln, so zeigt er damit ein Verhalten, das der Nähe und Größe der Bedrohung Rechnung trägt. Wenn er den Währungen mißtraut und auf die Sachen geht, verhält er sich wie jemand, der noch den Unterschied zwischen Gold und Druckerschwärze kennt. Wenn er in reichen, friedlichen Ländern nachts vor Schrecken erwacht, dann ist das so natürlich wie der Schwindel vor dem Abgrunde. Es hat keinen Sinn, ihn überreden zu wollen, daß der Abgrund gar nicht vorhanden sei. Und wenn man sich berät, so ist es gut, daß es hart am Abgrunde geschieht.

Wie verhält sich der Mensch angesichts und innerhalb der Katastrophe? Das ist das Thema, das sich immer dringender stellt. Alle Fragen vereinen sich zu dieser einen und wichtigsten. Auch innerhalb der Völker, die gegeneinander zu planen scheinen, sinnt man im Grunde über die gleiche Bedrohung nach.

Auf alle Fälle ist es nützlich, die Katastrophe ins Auge zu fassen und auch die Art, auf die man in sie verwickelt werden kann. Das ist ein geistiges Exerzitium. Wenn wir es recht angreifen, wird die Furcht verringert werden, und darin liegt der erste, bedeutende Schritt zur Sicherheit. Die Wirkung ist nicht nur persönlich heilsam, sondern auch verhütend, denn in dem gleichen Maße, in dem sich in den Einzelnen die Furcht vermindert, nimmt die Wahrscheinlichkeit der Katastrophe ab.

17

Das Schiff bedeutet das zeitliche, der Wald das überzeitliche Sein. In unserer nihilistischen Epoche wächst die Augentäuschung, die das Bewegte auf Kosten des Ruhenden zu mehren scheint. In Wahrheit ist alles, was sich heute an technischer Macht entfaltet, ein flüchtiger Schimmer aus den Schatzkammern des Seins. Gelingt es dem Menschen, auch nur für unmeßbare Augenblicke in sie einzutreten, so wird er Sicherheit gewinnen: das Zeitliche wird nicht nur das Drohende verlieren, sondern ihn sinnvoll anmuten.

Wir wollen diese Zuwendung den *Waldgang* nennen und den Menschen, der sie vollzieht, den *Waldgänger*. Ähnlich wie das Wort *Arbeiter* bezeichnet auch dieses eine Skala, indem es nicht nur die verschiedensten Formen und Felder, sondern auch Stufen eines Verhaltens kennzeichnet. Es kann nicht schaden, daß der Ausdruck bereits als eines der alten Isländerwörter Vorgeschichte hat, wenngleich er hier weiter gefaßt sein soll. Der Waldgang folgte auf die Ächtung; durch ihn bekundete der Mann den Willen zur Behauptung aus eigener Kraft. Das galt als ehrenhaft und ist es heute noch, trotz allen Gemeinplätzen.

Der Ächtung war meist der Totschlag vorausgegangen, während sie heute automatisch, gleich der Umdrehung der Roulette, den Menschen trifft. Niemand weiß, ob er nicht schon morgen zu einer Gruppe gezählt wird, die außerhalb des Gesetzes steht. Dann wechselt der zivilisatorische Anstrich des Lebens, indem die komfortablen Kulissen schwinden und sich in Vernichtungszeichen umwandeln. Der Luxusdampfer wird zum Schlachtschiff, oder die schwarzen Piraten- und die roten Henkersflaggen werden auf ihm gehißt:

Wer nun zu unserer Urväter Zeiten geächtet wurde, der war an eigene Gedanken, an hartes Leben und selbstherrliches Handeln gewöhnt. Er mochte sich in späteren Zeiten stark genug fühlen, auch noch den

Bann in Kauf zu nehmen und nicht nur Kriegsmann, Arzt und Richter, sondern auch Priester aus Eigenem zu sein. So ist das heute nicht. Die Menschen sind im Kollektiven und Konstruktiven auf eine Weise eingebettet, die sie sehr schutzlos macht. Sie geben sich kaum darüber Rechenschaft, wie ganz besonders stark in unserer Zeit der Aufklärung die Vorurteile geworden sind. Dazu kommt das Leben aus Anschlüssen, Konserven und Leitungen; die Gleichschaltungen, Wiederholungen, Übertragungen. Auch mit der Gesundheit ist es meist nicht gut bestellt. Plötzlich kommt dann die Ächtung, oft wie aus heiterem Himmel: Du bist ein Roter, Weißer, Schwarzer, ein Russe, Jude, Deutscher, Koreaner, ein Jesuit, Freimaurer und in jedem Falle viel schlimmer als ein Hund. Da konnte man erleben, daß die Betroffenen in ihre eigene Verdammung mit einstimmten.

Es dürfte daher nützlich sein, dem also Bedrohten die Lage zu schildern, in der er sich befindet und die er zumeist verkennt. Daraus läßt sich vielleicht die Art des Handelns ableiten. Wir sahen am Beispiel der Wahlen, wie fein verborgen die Fallen sind. Zunächst wären noch einige Mißverständnisse auszuschließen, die sich leicht an das Wort anheften und es in seiner Absicht schwächen könnten zugunsten beschränkter Zielsetzungen:

Der Waldgang soll nicht verstanden werden als eine gegen die Maschinenwelt gerichtete Form des Anarchismus, obwohl die Versuchung dazu nahe liegt, besonders wenn das Bestreben zugleich auf eine Verknüpfung mit dem Mythos gerichtet ist. Mythisches wird ohne Zweifel kommen und ist bereits im Anzuge. Es ist ja immer vorhanden und steigt zur guten Stunde wie ein Schatz zur Oberfläche empor. Doch wird es gerade der höchsten, gesteigerten Bewegung entspringen als anderes Prinzip. Bewegung in diesem Sinne ist nur der Mechanismus, der Schrei der Geburt. Zum Mythischen kehrt man nicht zurück, man begegnet ihm wieder, wenn die Zeit in ihrem Gefüge wankt, und im Bannkreis der höchsten Gefahr. Auch heißt es nicht, der Weinstock *oder* – sondern es heißt: der Weinstock *und* das Schiff. Es wächst die Zahl derjenigen, die das Schiff verlassen wollen und unter denen auch scharfe Köpfe und gute Geister sind. Im Grunde heißt das, auf hoher See aussteigen. Dann kommen der Hunger, der Kannibalismus und die Haifische, kurz, alle Schrecken, die uns vom Floße der »Medusa« berichtet sind. Es ist daher auf alle Fälle rätlich, an Bord und auf Deck zu bleiben, selbst auf die Gefahr hin, daß man mit in die Luft fliegen wird.

Der Einwand richtet sich nicht gegen den Dichter, der die gewaltige Überlegenheit der musischen über die technische Welt sichtbar macht, sowohl im Werk als in der Existenz. Er hilft dem Menschen, zu sich zurückzufinden: der Dichter *ist* Waldgänger.

Nicht minder gefährlich wäre die Beschränkung des Wortes auf den deutschen Freiheitskampf. Deutschland ist durch die Katastrophe in eine Lage geraten, die eine Heeresneuordnung bedingt. Eine solche Neuordnung hat seit der Niederlage von 1806 nicht stattgefunden – denn obwohl sich die Armeen sowohl im Umfang als auch technisch und taktisch auf das stärkste verändert haben, beruhen sie dennoch auf den Grundgedanken der Französischen Revolution, wie alle unsere politischen Einrichtungen. Eine echte Heeresreorganisation besteht jedoch nicht darin, daß man die Wehrmacht auf Luft- oder Atomstrategie einrichtet. Es handelt sich vielmehr darum, daß eine neue Idee der Freiheit Macht und Gestalt gewinne, wie das in den Revolutionsheeren nach 1789 und in der preußischen Armee nach 1806 der Fall gewesen ist. In dieser Hinsicht sind allerdings auch heute Machtentfaltungen möglich, welche aus anderen Prinzipien als aus denen der Totalen Mobilmachung Nahrung ziehen. Diese Prinzipien sind aber nicht den Nationen zugeordnet, sondern sie werden an jeder Stelle, wo Freiheit wach wird, anzuwenden sein. Technisch gesehen, erreichten wir einen Stand, in dem nur noch zwei Mächte völlig autark sind, das heißt: befähigt zu einem politisch-strategischen Verhalten, das, sich auf Großkampfmittel stützend, planetarischen Zielen gewachsen ist. Waldgang dagegen wird an jedem Punkte der Erde möglich sein.

Damit ist ferner gesagt, daß sich hinter dem Worte keine antiöstliche Absicht verbirgt. Die Furcht, die heute auf dem Planeten umgeht, ist weithin durch den Osten inspiriert. Sie äußert sich in gewaltigen Zurüstungen, sowohl auf materiellem wie auf geistigem Gebiet. Wie sehr das auch in die Augen springen möge, so handelt es sich doch nicht um ein Grundmotiv, sondern um eine Folge der Weltlage. Die Russen stecken in dem gleichen Engpaß wie alle anderen, ja sind vielleicht noch stärker in seinem Banne, wenn man die Furcht als Maßstab nehmen will. Die Furcht kann aber durch Rüstungen nicht vermindert werden, sondern nur dadurch, daß ein neuer Zugang zur Freiheit gefunden wird. In dieser Hinsicht werden sich die Russen und die Deutschen noch viel zu sagen haben; sie verfügen über die gleichen Erfahrungen. Der Waldgang ist auch für den Russen das Kernproblem. Als Bolschewik befindet er sich auf dem Schiffe, als Russe ist er im Wald. Durch dieses Verhältnis wird seine Gefährdung und seine Sicherheit bestimmt.

Die Absicht richtet sich überhaupt nicht auf die politisch-technischen Vordergründe und ihre Gruppierungen. Sie ziehen flüchtig vorüber, während die Bedrohung bleibt, ja schneller und stärker wiederkehrt. Die Gegner werden sich so ähnlich, daß man sie unschwer als Verkleidungen ein und derselben Macht errät. Es handelt sich nicht darum, die Erscheinung hier oder dort zu zwingen, sondern darum, die Zeit zu bändigen. Das fordert Souveränität. Und diese wird man heute weniger in den großen Entschlüssen finden als im Menschen, der in seinem Inneren der Furcht abschwört. Die ungeheuren Vorkehrungen sind gegen ihn allein gerichtet, und dennoch sind sie im letzten für seinen Triumph bestimmt. Diese Erkenntnis macht ihn frei. Dann sinken Diktaturen in den Staub. Hier liegen die kaum angeschürften Reserven unserer Zeit, und nicht nur der unseren. Diese Freiheit ist das Thema der Geschichte überhaupt und grenzt sie ab: hier gegen die Dämonenreiche, dort gegen das bloß zoologische Geschehen. Das ist im Mythos und in den Religionen vorgebildet und kehrt stets wieder, und immer erscheinen die Riesen und Titanen in gleicher Übermacht. Der Freie fällt sie; er braucht nicht immer ein Fürst und Herakles zu sein. Der Stein aus einer Hirtenschleuder, die Fahne, die eine Jungfrau aufnahm, und eine Armbrust haben schon genügt.

18

Hier fügt sich eine andere Frage an. Inwiefern ist Freiheit wünschbar, ja überhaupt sinnvoll innerhalb unserer historischen Lage und ihrer Eigenart? Liegt denn nicht ein besonderes und leicht zu unterschätzendes Verdienst des Menschen dieser Zeit gerade darin, daß er in weitem Umfang auf Freiheit zu verzichten weiß? In vielem gleicht er einem Soldaten auf dem Marsche zu unbekannten Zielen oder dem Arbeiter an einem

Palast, den andere bewohnen werden; und das ist nicht sein schlechtester Aspekt. Soll man ihn ablenken, solange die Bewegung im Gange ist?

Wer dem Geschehen, das mit so viel Leiden verbunden ist, sinnvolle Züge abzugewinnen sucht, macht sich zum Stein des Anstoßes. Dennoch sind alle Prognosen verfehlt, die auf der reinen Untergangsstimmung beruhen. Wir durchschreiten vielmehr eine Reihe immer deutlicherer Bilder, immer klarerer Prägungen. Auch Katastrophen unterbrechen kaum die Bahn, kürzen sie eher in vielem ab. Es ist kein Zweifel, daß Ziele vorhanden sind. Millionen stehen in ihrem Banne, führen ein Leben, das ohne diese Aussicht unerträglich wäre und das durch bloßen Zwang nicht zu erklären ist. Die Opfer werden vielleicht spät gekrönt, doch nicht vergeblich gewesen sein.

Wir berühren hier das Notwendige, das Schicksal, das die Gestalt des Arbeiters bestimmt. Geburten sind nie ohne Schmerz. Die Prozesse werden sich fortsetzen, und wie in jeder Schicksalslage werden alle Versuche, sie aufzuhalten und in die Ausgangslinie zurückzukehren, sie eher fördern und beschleunigen.

Man tut daher auch gut, stets das Notwendige im Auge zu behalten, wenn man sich nicht in Illusionen verlieren will. Die Freiheit allerdings ist *mit* dem Notwendigen gegeben, und erst, wenn sie zu ihm in Relation tritt, stellt sich die neue Verfassung dar. Zeitlich gesehen, bringt jede Veränderung im Notwendigen auch eine Veränderung der Freiheit mit. Daraus erklärt sich, daß die Freiheitsbegriffe von 1789 hinfällig geworden sind und der Gewalt gegenüber nicht durchgreifen. *Die* Freiheit dagegen ist unsterblich, wenngleich sich immer in die Zeitgewänder einkleidend. Dazu kommt, daß sie stets von neuem erworben werden muß. Ererbte Freiheit muß behauptet werden in den Formen, wie sie die Begegnung mit dem historisch Notwendigen prägt.

Es muß nun zugegeben werden, daß die Behauptung der Freiheit heute besonders schwierig ist. Der Widerstand erfordert große Opfer; daraus erklärt sich die Überzahl derjenigen, die den Zwang vorziehen. Dennoch kann echte Geschichte nur durch Freie gemacht werden. Geschichte ist die Prägung, die der Freie dem Schicksal gibt. In diesem Sinne freilich kann er stellvertretend wirken; sein Opfer zählt für die anderen mit.

Wir wollen unterstellen, daß wir die Hemisphäre, auf der sich das Notwendige vollzieht, in ihren Umrissen erforscht hätten. Hier zeichnet sich das Technische, das Typische, das Kollektive ab, bald grandios, bald fürchterlich. Wir nähern uns nun dem anderen Pole, an dem der Einzelne nicht nur leidend, sondern zugleich erkennend und richtend wirkt. Da ändern sich die Aspekte; sie werden geistiger und freier, doch werden auch die Gefahren deutlicher.

Man hätte indessen mit diesem Teil der Aufgabe nicht beginnen können, denn das Notwendige wird zuerst gesetzt. Es mag als Zwang, als Krankheit, als Chaos, ja selbst als Tod an uns herantreten – in jedem Falle will es als Aufgabe begriffen sein.

Es kann also nicht darauf ankommen, den Grundriß der Arbeitswelt zu ändern; die große Zerstörung legt ihn eher frei. Es könnten aber andere Paläste darauf errichtet werden als jene Termitenhügel, wie sie die Utopie teils fordert, teils befürchtet; so einfach ist der Plan nicht angelegt. Auch handelt es sich nicht darum, der Zeit den Zoll zu weigern, dessen sie bedarf, denn Pflicht und Freiheit lassen sich vereinigen.

19

Ein weiterer Einwand sei erwogen: soll man sich auf die Katastrophe festlegen? Soll man, und sei es auch nur geistig, die äußersten Gewässer aufsuchen, die Katarakte, den Malstromwirbel, die großen Abgründe?

Das ist ein Einwand, der nicht zu unterschätzen ist. Es hat viel für sich, die sicheren Routen abzustecken, wie die Vernunft sie vorschreibt, mit dem Willen, auf ihnen zu beharren. Dieses Dilemma wird ja auch praktisch, wie bei den Rüstungen. Die Rüstung ist auf den Kriegsfall angelegt, zunächst als Sicherung. Sie führt dann an eine Grenze, an der sie dem Kriege zutreibt und ihn anzuziehen scheint. Es gibt hier einen Grad der Investierung, der auf alle Fälle dem Bankrott entgegenführt. So wären Systeme von Blitzableitern denkbar, die endlich die Gewitter heranführen.

Das gleiche gilt im Geistigen. Indem man die äußersten Bahnen übersinnt, vernachlässigt man die Fahrwege. Auch hier indessen schließt das eine das andere nicht aus. Vielmehr gebietet die Vernunft, die möglichen

Fälle in ihrer Gesamtheit zu überlegen und auf *jeden* die Antwort bereitzuhalten wie eine Reihe von Schachzügen.

In unserer Lage sind wir verpflichtet, mit der Katastrophe zu rechnen und mit ihr schlafen zu gehen, damit sie uns nicht zur Nacht überrascht. Nur dadurch werden wir zu einem Vorrat an Sicherheit gelangen, der das vernunftgemäße Handeln möglich macht. Bei voller Sicherheit *spielt* der Gedanke nur mit der Katastrophe; er bezieht sie als unwahrscheinliche Größe in seine Pläne ein und deckt sich durch geringe Versicherungen ab. In unseren Tagen ist das umgekehrt. Wir müssen beinahe das ganze Kapital an die Katastrophe wenden – um gerade dadurch den Mittelweg offen zu halten, der messerschmal geworden ist.

Die Kenntnis des mittleren Weges, den die Vernunft gebietet, bleibt unentbehrlich; sie gleicht der Kompaßnadel, die jede Bewegung und selbst die Abweichung bestimmt. Nur so wird man zu Normen kommen, die alle anerkennen, ohne daß Gewalt sie zwingt. So werden auch die Grenzen des Rechtes eingehalten; das führt auf die Dauer zum Triumph.

Daß es nun einen Rechtsweg gebe, den alle im Grunde anerkennen, darüber kann kein Zweifel sein. Ganz sichtbar bewegen wir uns aus den Nationalstaaten, ja aus den Großräumen heraus zu planetarischen Ordnungen. Diese sind durch Verträge zu erreichen, falls nur die Partner den Willen dazu haben, wie es vor allem eine Lockerung der Souveränitätsansprüche zu erweisen hätte – denn im Verzicht verbirgt sich die Fruchtbarkeit. Es gibt Ideen, und es gibt auch Tatsachen, auf denen ein großer Friede errichtet werden kann. Das setzt voraus, daß man die Grenzen achtet; Annektion von Provinzen, Bevölkerungsabschub, Errichtung von Korridoren und Trennung nach Breitengraden verewigen die Gewalt. Es ist daher ein Vorteil, daß es zum Frieden noch nicht gediehen ist und damit das Ungeheuerliche noch der Sanktion entbehrt.

Der Friede von Versailles schloß bereits den Zweiten Weltkrieg ein. Auf offene Gewalt begründet, gab er das Evangelium, auf das jede Gewalttat sich bezog. Ein zweiter Friede nach diesem Muster würde noch kürzer dauern und die Zerstörung Europas einschließen.

Soviel in Kürze, da uns hier andere als politische Ideen beschäftigen. Es handelt sich vielmehr um die Gefährdung und um die Furcht des Einzelnen. Der gleiche Zwiespalt beschäftigt ja auch ihn. An sich belebt ihn der Wunsch, sich seinem Beruf und seiner Familie zu widmen, seinen Neigungen nachzugehen. Dann macht die Zeit sich geltend – sei es, daß die Bedingungen allmählich sich verschlechtern, sei es, daß er sich plötzlich von extremer Seite aus angegangen sieht. Enteignung, Zwangsarbeit und Schlimmeres tauchen in seinem Umkreis auf. Bald wird ihm deutlich, daß Neutralität mit Selbstmord gleichbedeutend wäre – hier heißt es, mit den Wölfen heulen oder gegen sie ins Feld ziehen.

Wie findet er in solcher Bedrängnis ein Drittes, das nicht gänzlich in der Bewegung untergeht? Wohl nur in seiner Eigenschaft als Einzelner, in seinem menschlichen Sein, das unerschüttert bleibt. Es ist in solchen Lagen als großes Verdienst zu preisen, wenn die Kenntnis des rechten Weges nicht gänzlich verloren geht. Wer Katastrophen entronnen ist, der weiß, daß er es im Grunde der Hilfe von einfachen Menschen verdankt, über die der Haß, der Schrecken, der Automatismus der Gemeinplätze nicht Macht gewann. Sie widerstanden der Propaganda und ihren Einflüsterungen, die rein dämonisch sind. Unendlicher Segen kann erwachsen, wenn diese Tugend in den Führern der Völker, wie in Augustus, sichtbar wird. Darauf begründen sich Imperien. Der Fürst herrscht nicht, indem er tötet, sondern indem er das Leben schenkt. Darin liegt eine der großen Hoffnungen: daß unter den zahllosen Millionen ein vollkommener Mensch auftrete.

Soviel zur Theorie der Katastrophe. Es steht nicht frei, sie zu vermeiden, doch gibt es Freiheit in ihr. Sie zählt zu den Prüfungen.

III. STREIFZÜGE

REHBURGER REMINISZENZEN, 1967

Die Jagd konnte beginnen: der Vater hatte uns zu Weihnachten die Ausrüstung geschenkt. Die Alten sahen es gern, wenn die Söhne Steine, Pflanzen und Tiere eintrugen, wie es seit Generationen Brauch gewesen war. Der Großvater hatte viele Stunden auf sein Herbarium verwandt. Das gehörte zum Bildungsgang der Seminare und wurde manchem der jungen Lehrer zur Gewohnheit, der er bis an sein Ende treu blieb und die auch für die Schüler fruchtete.

Die große Zeit für solche Neigungen war schon vorbei. Die eigentliche Naturkunde, das liebevolle Betrachten, Vergleichen, Ordnen und Beschreiben von Objekten, galt kaum noch als Wissenschaft. Dem Behagen an der Anschauung war der Genuß an der exakten, gezielten und messenden Beobachtung gefolgt.

Der Vater war noch ein guter Botaniker gewesen; die gewichtige, mit Tausenden von Holzschnitten gezierte »Synopsis der drei Naturreiche« des Hildesheimer Professors Johannes Leunis hatte zu seinen Schulbüchern gehört. Aber er war nicht der Bezauberung erlegen, mit der seit Linné die scientia amabilis über hundert Jahr lang die Geister in einen Bann geschlagen hatte, der uns unvorstellbar geworden ist. Obwohl mich auf unseren Gängen oft die Sicherheit erstaunte, mit der er ein unscheinbares Kraut ansprach, war er weniger mit den Tugenden der Pflanzen als mit ihrem Chemismus vertraut. Als Assistent von Victor Meyer, dessen Bild seine Bibliothek zierte, hatte er aus dem Waldmeister das Cumarin isoliert, einen Stoff, der inzwischen in der Parfümerie zur Erzeugung von Heu- und Lavendeldüften unentbehrlich geworden ist.

Als Schüler schon hatte er sich unter dem Dach des elterlichen Hauses in der Hannoverschen Weinstraße ein kleines Laboratorium eingerichtet, in dem er nachts arbeitete. Auch abgesehen davon, daß dabei einmal etwas in die Luft geflogen war, behagte diese Vorliebe dem Großvater wenig, denn die Chemie galt damals noch als brotlose Kunst. Er legte dem Sohn daher auf, zugleich die Apothekerei zu betreiben und die dazu nötigen Examina zu bestehen. Das sollte sich übrigens als segensreich erweisen, denn als durch die Inflation nach dem Ersten Weltkrieg die Gelder rapid zusammenschmolzen, langten sie gerade noch, um in Sachsen eine gute Apotheke zu erstehen.

Zur Zeit, als wir die Ausrüstung bekamen, lebten wir auf dem Lande; der Vater hatte sich schon vor dem fünfundvierzigsten Jahr zur Ruhe gesetzt. Nach diesem Datum sollte eigentlich niemand mehr arbeiten und jeder sich seinen Neigungen widmen – das war einer seiner vernünftigen Gedanken, dem ich von Herzen beistimmte, ja den ich im geheimen noch übertrumpfte: besser finge man mit dem Arbeiten gar nicht erst an.

Der Vater machte seinem Sternzeichen, dem Widder, Ehre als Mensch von schnellen, zugreifenden und meist erfolgreichen Bewegungen. Das galt auch für seine Neigungen, die ihn nach kurzer Inkubationszeit heftig ergriffen und ein Jahrzehnt lang Tag und Nacht beschäftigten, bis er sie wechselte. Sie schwanden dann nicht ganz aus seinem Leben, doch verlor er die Leidenschaft dafür. Es schien, daß ihn, wenn er ein Feld beherrschte, die Lust daran verließ. So hörte er mit dem Geldverdienen auf, als es ihm leicht geworden war, und mit dem Autofahren gerade dann, als die Wagen zuverlässig und die Straßen bequem wurden. Offenbar ging es ihm eher um das Ergreifen als um den Besitz.

Damals begann das Schachspiel im Haus zu dominieren; es wurde nach dem Frühstück begonnen und getrieben, bis der Mittag die Partie unterbrach. Auch nach dem Abendessen wurde oft noch bis über Mitternacht hinaus gespielt. Die großen Bretter mit den Stauntonfiguren durften nicht abgestaubt werden, weil Hängepartien auf ihnen eingefroren waren oder ein Problem konserviert wurde. Außerdem führte der Vater bei Tag und Nacht ein Steckschach in Form einer Brieftasche mit, um sich im Bett oder auf Reisen mit dem Spiel der Spiele zu beschäftigen.

Die Ankunft von Bücherpaketen gehörte zu den ersten Anzeichen einer neuen Manie. In diesem Falle kam zunächst der »Kleine Dufresne« und dann der »Große Bilguer«; dem folgten alte Werke bis zurück zu Philidors Zeiten, Biographien berühmter Spieler, Reihen von Zeitschriftenjahrgängen. Damals erfuhr ich zum ersten Mal, daß man selbst auf so beschränktem Felde die Hoffnung, »vollständig zu werden«, bald aufgeben muß. Immerhin kam ein Grundstock zusammen, der sich auch Kennern vorzeigen ließ.

Die Mutter, die andere Anschaffungen für wichtiger hielt, schüttelte oft den Kopf, wenn der Postbote kam. Aber in solchen Fragen können die Hausfrauen wenig ausrichten, denn im Rüstzeug sieht der Mann sich ungern beschränkt. Bedenklich wurde es nach dem Ersten Weltkrieg, als den Vater die Leidenschaft für Astronomie und Fernrohre ergriff. Da sollte ein neues Dach aufs Haus.

Auf dem Lande sind die Schachspieler spärlich gesät. Ich glaube, es war Steinitz, der, um sich mit einem ebenbürtigen Gegner zu messen, einige Male in der Woche einen weiten Fußmarsch zurücklegte. Der Vater fuhr nach Hannover, wo sich in einem Café am Raschplatz die Schachfreunde versammelten. Auch lud er Gäste ein, die für Wochen oder Monate im Haus weilten – Liebhaber gleich ihm wie Leonhard, den Vorsitzenden des Leipziger Schachklubs Augustea, oder den jungen Lasker, einen Neffen des Weltmeisters, der auch schon auf Turnieren geglänzt hatte. Ein beliebter Hausgast war ein Berliner Student namens Pahl, der trotz seiner Jugend zu den Matadoren gezählt wurde. Schon als Gymnasiast hatte er Preise eingeheimst.

Wenig erbaut war die Mutter über den Aufenthalt von Berufsspielern wie etwa des Herrn von Wurtensleben, der in seiner Jugend als Anwärter auf die Weltmeisterschaft gegolten hatte, nun aber recht hinfällig geworden war. Bei Tisch mußte man ihm das Fleisch vorschneiden. Nur am Schachbrett zeigte sich der alte Löwe noch. Der Vater spielte mit ihm turniermäßig; eine Doppeluhr stand zwischen beiden auf dem Tisch.

Rotlevi kam aus Lodz als einer von der jungen Garde, die dort, kaum daß sie lesen gelernt hat, in den Cafés den Meistern über die Schulter blickt und schon vor dem zwanzigsten Jahr eine enorme Spielstärke gewinnt. Der Vater hatte ihn im Romanischen Café kennengelernt, wo er mit Amateuren spielte, die Partie um fünfzig Pfennig oder, wenn es hoch kam, um eine Mark. Beim Schachspiel geht es wie in der Lyrik oder anderen Schönen Künsten: der erste Rang ist nur von Einzelnen besetzt oder gar ledig, dicht hinter ihm wird die Konkurrenz gleich sehr stark.

Rotlevi war lang, hager, kränklich; die Nase ragte wie ein Papageienschnabel aus dem olivgrünen Gesicht. Bei uns war er zum ersten Mal auf dem Lande; der Garten, dann Feld und Wiesen waren ihm eine neue Welt. Den Wald vermied er; der schien ihm unheimlich. Bald merkte er, daß die Gänge ihm gut taten, ihn auf eine Weise belebten, die er nie gekannt hatte. Er streifte lieber mit uns Kindern durch die Gegend, als daß er mit dem Vater spielte, und wurde zum unermüdlichen Wanderer, doch ging er ungern allein. Noch spät am Abend kam er und forderte mich zu einem Gang in die Heide auf, von dem wir erst gegen Mitternacht zurückkehrten.

Ich begleitete ihn gern. Sein Aufenthalt muß für mich in jenes Alter gefallen sein, in dem uns die Gesellschaft der Erwachsenen, der wir kurz vorher noch auswichen, zum Erlebnis und selbst zum Abenteuer wird. Die neue Welt wird zwar noch nicht gesehen und noch weniger begriffen, obwohl sie sich im Umriß wie am Ende einer Seefahrt ankündet. Wir wissen nicht, ob es Wolken oder Berge sind.

So kommt es, daß ich fast vergessen habe, was wir in der Nacht verhandelten, wenngleich die Stimmung sich gut erhalten hat. Für meinen Begleiter war bislang der Alltag das Caféhaus gewesen, der Festtag das Turnier. Einmal war er zum Wettkampf mit anderen bei einem Großfürsten zu Gast gewesen; inmitten des Aufwandes hatte ihn der Gedanke an das Trinkgeld bedrückt. Wenn man im Hotel vergeblich auf Geld hoffte, mußte man sinnen, am Portier vorbeizukommen; man wartete draußen vor der Glastür auf den Augenblick, in dem er beschäftigt war, und drückte sich dann die Treppe hinauf.

Offenbar brauchte er einen Vertrauten und nahm mit mir vorlieb. Wohl hätte er einen verständigeren Zuhörer finden können, doch keinen begierigeren. So pflegt der erste Roman auf uns zu wirken, weniger durch seinen Inhalt als durch den Einblick in eine neue Welt. Eines konnte mir nicht verborgen bleiben: die schwere Melancholie, die diesen Erwachsenen bedrückte, der im Grunde nur wenig älter war als ich. Doch wiegen in diesem Alter die Jahre schwer.

Zum ersten Mal im Leben begegnete ich hier einem Typus, der mit der Differenzierung der Gesellschaft immer häufiger auftritt: frühreifer Begabung auf einem Feld der Schönen Künste, die den Kenner überrascht und entzückt. Soll nun die Existenz darauf gegründet werden, so ergeben sich Probleme besonderer Art. Das Spiel ruht in sich selbst als Frucht der Muße; wo es zum Mittel wird, können böse Erfahrungen nicht ausbleiben.

Von solchen Sorgen hatte ich nur eine unklare Vorstellung. Aber was sind Sorgen anders als sichtbare und veränderliche Schatten, die auf ein unsichtbares und unveränderliches Leid deuten? Die Sorgen wechseln, die Sorge bleibt. Das teilte sich mir mit und bedrückte mich schwer, als wir durch die Nacht schritten. Es ergriff mich wie ein Alb, wie eine bleierne Wolke, die über dem Haupt des Gastes lastete.

»Bad« Rehburg, auch »der Brunnen« genannt, war ein Kurort, der den Besuchen des Hannoverschen Hofes sein Ansehen verdankte und der sich wenig verändert hatte, seitdem der Blinde König gegangen war. In Menckes Hotel hatte man ihn noch gut gekannt, auch im »Herzog von Cumberland«. »Stadt« Rehburg war kaum mehr als ein entlegenes Heidedorf. Dort gab es noch Häuser ohne Schornstein, bei denen der Rauch durch die Dielentür nach draußen zog. Es roch nach Torf, nach Kühen, nach den Schinken und Speckseiten, die über der Tenne hingen, nach dem moorigen Bach, der das Wasser des Steinhuder Meeres zur Weser hinabführte. Es durchfloß die Schwimmenden Wiesen, an deren Rändern Kranich und Reiher fischten, dann ausgedehnte Brüche, auf denen im April der Kiebitz brütete. Um diese Zeit sahen wir auch schon die Störche die Stichgräben abschreiten.

Die Bauern pflügten mit Kühen; Roggen, Hafer, Kartoffeln, Buchweizen wurden gebaut, auch Lupinen seit kurzer Zeit. Viel anders konnte es hier nie ausgesehen haben, nach Mardorf, nach Leese, nach Nienburg hin. Das Moor ist geschichtslos; da ist mehr Wesendes als Werdendes, graues und braunes Nornengespinst. Die Römer waren kaum hier gewesen; Germanicus hatte das Land nur gestreift und ganz in der Nähe, »einen Fluß in der Front und einen See im Rücken«, erfolglos operiert. Zuvor waren sie durch den Teutoburger Wald gezogen und hatten dort an den Bäumen bemooste Schädel von Menschen und Pferden gesehen, Relikte der Varusschlacht. Karl der Große hatte das Weihwasser gebracht, allerdings, wenn man den Pastoren glauben wollte, mit nicht viel größerem Erfolg. Immerhin war das Kloster Loccum in der Nähe; die Zisterzienser bauten sich wie die Biber gern in solchen Sümpfen an. Jahrhundertelang hatten die Münchhausens hier eine Burg besessen; sie war in der Hildesheimer Stiftsfehde so gründlich zerstört worden, daß keine Spur mehr geblieben war. Beim Pflügen kamen zuweilen Ziegel und steinerne Kugeln hoch.

Rotlevi ging schnell, als ob er eine Pflicht oder eine heilsame Übung verrichtete. Selbst im Krug war es schon dunkel, nur beim Pastor brannte noch Licht. Wir sahen ihn vor der Haustür stehen; er litt an Atemnot, die ihn in schwülen Nächten wie dieser ins Freie zwang. Er ging dann vor der Kirche auf und ab und legte sich Gedanken für den Sonntag zurecht. In der Predigt suchte er die Bauern beim alten zu halten und bekämpfte die neuen Moden, wie etwa die der Gardinen, die um diese Zeit aufkamen. In ihm war viel Unruhe; eines Tages war er verschwunden und blieb trotz allen Nachforschungen verschollen; nach Jahren wollte ein Soldat ihm während des Krieges in Polen begegnet sein. Andere meinten, daß ihn die Freimaurer »ausgelost« hätten, und wieder andere, daß er bei einem seiner nächtlichen Gänge in ein Moorloch gefallen sei, wie es seltsamerweise einem seiner Vorgänger zugestoßen war, von dem man auch nie wieder gehört hatte.

Wir ließen den Ort im Rücken und gingen noch ein Stück die Nienburger Landstraße entlang, bis wir am Waldrand umkehrten. Zur Rechten lag der Friedhof; wir hatten unlängst ein Brüderchen dort begraben, das in der Wiege gestorben war. »Ich wußte schon, warum ich dich Felix genannt habe«, sagte die Mutter, als sie von ihm Abschied nahm.

Den kleinen Judenfriedhof auf der anderen Seite umringte ein niedriger Wall von Findlingen. Es mußte vieler Jahre bedurft haben, um den Heidesand mit all den Gräbern zu beschicken, denn es lebten immer nur eine oder zwei jüdische Familien im Ort, Schlachter und Lederhändler – Hammerschlag, Hamlet, Löwenstein. Der Urgroßvater Hamlet war im Walde von einem Handwerksburschen erschlagen und seiner Barschaft von acht Pfennigen beraubt worden. Chamisso hat die Untat und ihre späte Sühne in einem Gedicht geschildert, das damals in keinem Lesebuch fehlte: »Die Sonne bringt es an den Tag«.

An der Abzweigung nach Mardorf oder nach Maderup, wie es auf Platt genannt wurde, stand eine Gruppe sehr alter Scheunen, die nach dem Weltkrieg abbrannten. Vermutlich hatten Stromer dort genächtigt und geraucht. Der Zugang war nicht schwierig, denn es gab Lücken, an denen der Lehm aus dem Fachwerk gefallen war. Unten wurden Feldfrüchte, oben Heu und Stroh verwahrt. Auf unseren Streifzügen pflegten wir uns dort einzuschleichen, um uns mit Kartoffeln zu bewerfen und anderen Unfug zu treiben, wenn niemand in der Nähe war. Einmal hätte uns fast der Bauer erwischt; wir konnten eben noch die Leiter hinaufklettern und uns im Heu verstecken, als er schon die Tür aufschloß.

Als er die Unordnung bemerkte, begann er gräßlich zu fluchen, während uns oben der Atem stockte, aber offenbar hatte er uns nicht gehört. Seitdem mieden wir den Ort. Das Erlebnis ging mir nach, und zwar mit einer Stärke, die seinen episodischen Charakter bei weitem übertraf. Es wiederholte sich in Träumen, in denen es sich auf mannigfache, doch stets bedrückende Weise spiegelte.

Der Schachfreund ging noch schneller, um sich zu ermüden; er hatte die Erschöpfung durch körperliche Anstrengung als eine ihm bisher unbekannte Wohltat entdeckt. Ich konnte mit ihm leicht Schritt halten, denn wir legten, wie wir es im »Lederstrumpf« gelesen hatten, oft lange Strecken in einer Art von Hundetrab zurück. Wir sprachen dabei über dieses und jenes, und immer hing seine Schwermut bleiern über dem Gespräch.

Als wir die Friedhöfe wieder passiert hatten, hielten wir bei den Scheunen ein wenig an. Im Mondlicht sah ich das bleiche Gesicht; es war immer, und nicht nur, wenn es sich beim Spiel konzentrierte, Bewegung darin, als ob feine Spiralen sich krümmten und wieder ausstreckten. Zu meinem Erstaunen hörte ich mich sagen, und ich erschrak, als ich es gesagt hatte:

»Herr Rotlevi, ich halte das nicht länger aus. Ich kann nicht begreifen, warum Sie so traurig sind.«

War es eine Frage, eine Klage, eine Anklage? Ein Wagnis auf jeden Fall. Noch mehr erstaunte mich, daß ich auch eine Antwort erhielt – einer der Großen vertraute mir sein Geheimnis an. Ich sah ihn im Schatten des Strohdachs die Hände emporheben wie einen der alten Propheten, der während einer langen Dürre um Regen fleht:

»Was ist ein Leben ohne Liebesglanz?«

War es ein Anruf, eine Gegenfrage? Ich ahnte es nicht; eine Klage war es gewiß. Ich kannte auch den Dichter nicht, der hier zitiert wurde. Aber ich fühlte, daß dem nichts hinzuzusetzen war. Wir gingen still durch den Ort zurück.

Auch dieses Gespräch blieb, ähnlich wie die Erinnerung an den Einbruch in die Scheune, mit großer Stärke in mir haften; zum ersten Mal kam eine Frage, auf die es keine Antwort gab. Auch das ist eine der Marken, die das Ende der Kindheit ankünden.

Rotlevi entschwand dann bald aus unserm Gesichtskreis; er muß in den Wirbeln des Ersten Weltkrieges untergegangen sein. Auch im »Milieu« wußte man nichts mehr von ihm. Seine Spur ist verschwunden bis auf einige schöne Partien in den Jahrgängen der Schachblätter.

Dieses Verschwinden hat mich immer beunruhigt, auch wenn ich auf schon halb bemoosten Gräbern Namen entzifferte. Schnell hinter Booten und Schiffen glättet sich die Bahn. Oft sind wir die einzigen, die den flüchtigen Gast noch im Gedächtnis haben; mit uns stirbt er noch einmal, zerbricht die letzte Stele, in die sein Name eingegraben war. Daher kommen die Toten auch immer wieder, selbst alte Feinde, und klopfen bei uns an.

Die Mutter hörte mich spät die Treppe hinaufgehen; ihr waren diese Gänge suspekt. Sie vermutete, daß ich da wenig Gutes lernte; außerdem erschien ihr die Art, mit der bei uns im Hause das Schachspiel zelebriert wurde, immer bedenklicher. Es gab eine Spanne, in der Morphy fast mit derselben Begeisterung wie Napoleon genannt wurde, und das wollte viel sagen. Wir begannen, uns mit Eröffnungen, Problemen, Endspielen lieber zu beschäftigen als mit Dingen, die die Mutter für wichtiger hielt, und auch eine gewisse Überheblichkeit zu entwickeln – »Der weiß nicht einmal, wie man en passant schlägt«, oder »kann nicht mit Pferd und Läufer matt setzen«. Oft mußten wir als Partner einspringen. Der Vater gab uns erst einen Turm vor, dann einen leichten Offizier und den Anzug, aber es kam immer häufiger dazu, daß er sagte: »Donnerwetter, da hab ich nicht aufgepaßt« oder »Den will ich nochmal zurücknehmen«.

Ich spielte lieber mit dem Bruder oder mit den Gästen, denn »den Vater schlagen« hat selbst im Spiel keinen guten Klang. Leonhard spielte »blind« gegen den Bruder, die Schwester und mich gleichzeitig drei Partien und wußte es manchmal so einzurichten, daß er uns gewinnen ließ.

Das Schachspiel hat den Vorzug, daß geistige Macht so unwiderleglich bezeugt wird wie auf keinem anderen Feld, und zwar durch eine Reihe von Vorweisungen, die nur durch andere Vorweisungen bestritten werden können – so hält es die Mitte zwischen dem Disput und der strategischen Aktion. Vom Disput unterscheidet es sich dadurch, daß jedem Zug eine unbezweifelbare Realität innewohnt. Es gibt, auch wenn sie nicht gefunden wird, die beste Erwiderung, die, wie ein Richtspruch, nicht der Zustimmung des Gegners bedarf. Diese Realität ist andererseits den materiellen Schwierigkeiten und Zufällen entzogen, mit denen der Stratege zu rechnen hat. Man möchte meinen, daß die Ersinnung eines solchen Spieles das menschliche Vermögen überschreite und daß es Zeiten entstamme, in denen Götter mit uns Umgang hielten und bei uns einkehrten. Irgendwo im Universum könnte um Reiche und Länder oder um Sterne gespielt werden, die Figuren könnten Heere bedeuten – doch bliebe nur das Bedeutende, der Schicksalszug in seinem schwerelosen, unerschütterlichen Wandel, gleichviel ob es um Nüsse oder Königreiche geht. Das Spiel gibt eine Ahnung von dem, was an ganz anderen Orten, was unter Geistern, ja was in fremden Welten möglich ist.

So war die Leidenschaft verständlich, mit der es den Vater ergriff. Noch viele Jahre später, als ich selbst sein Alter erreicht hatte, fand ich ihn mit seinem Taschenschach beschäftigt, wenn ich in sein Schlafzimmer trat. Er saß in die Kissen gelehnt und schob die Elfenbeinplättchen hin und her. Da war Macht um ihn. Ich fragte mich dann, wie das mit einem Geist, der alle Urteile und Vorurteile seines Jahrhunderts so klar und oft so schneidend zum Ausdruck brachte, vereinbar sei. Immer gab es noch eine andere Seite, eine Welt des Spieles und der Spiele, der reinen, absichtslosen Neigung, die dieser Klarheit widersprach und doch zuweilen sich mit ihr vereinte und sie erwärmte wie ein Licht. Mozart, die »Zauberflöte«, Alexander und die Diadochen, Cortez und die Konquistadoren, »Tausendundeine Nacht«, Champollion und die Entzifferung der Hieroglyphen – das alles mußte einen gemeinsamen Nenner haben, und wenn man tief genug ansetzte, gehörten auch die exakten Naturwissenschaften und der Atheismus, gehörte der Gegensatz dazu.

Die Mutter sah weniger das Schachspiel als die Spieler, von denen die einen, wie Pahl und Leonhard, sich beim Spiel erholten, während die anderen es zum Beruf machten. Die einen waren ihr angenehm, die anderen unheimlich. Sie brachten ein fremdes Element ins Haus. Die jungen Matadore waren nervös, abwesend, hatten Caféhausallüren und sprachen kein gutes Deutsch. Die Alten waren bis zur Hilflosigkeit abgenutzt. Ihr Gehirn hatte in ähnlicher Weise an Kontur verloren wie das Gesicht betagter Mimen – die einen hatten sich in Kombinationen, die anderen in Charakteren erschöpft. Wurtensleben gab sich zu allerhand Geschäften her, so für die Anpreisung von Patentmedizinen – aus keinem anderen Grund als dem, daß er denselben Namen trug wie ein berühmter Internist, ein entfernter Verwandter von ihm. Auch adoptierte er für Geld.

Außerdem vermutete die Mutter nicht ganz zu Unrecht, daß die Besucher meist en panne wären, wenn sie ankamen, und daß sie flottgemacht werden müßten, wenn sie abreisten. Das sprach sich dann herum. So war Giacomo Isis, der kurz zuvor noch das Prager Turnier gewonnen hatte, eine Weltkapazität, und doch mußte, als er zusammen mit Wurtensleben in einer Provinzstadt spielte, beiden das Geld ausgegangen sein, denn es kam ein Telegramm mit der Bitte um Auslösung. Leonhard, der gerade im Haus war, nahm sich der Sache an. Er sandte das Lösegeld zusammen mit einem Gedicht, dessen Anfang mir in Erinnerung geblieben ist:

Der Wurtensleben und der Isis
Sind beide in sehr großer Krisis:
Der Isis und der C. v. W.
Haben nichts im Portemonnaie.

In solche Händel hätte die Mutter uns ungern verstrickt gesehen. Einmal fragte sie mich, ob ich es nicht mit dem Malen versuchen wolle; das sprach ihre Anschauung an. Das Feuer schien ihr da nicht gänzlich in Rauch aufzugehen, denn ein Bild, selbst wenn es keinen Anklang findet, blieb doch etwas anderes als eine gewonnene Partie. Aus diesem Grunde begrüßte sie auch, daß der Vater uns die Ausrüstung schenkte; das würde uns von der Schachspielerei ablenken.

Da hatte sie recht vermutet, obwohl nicht mehr geschah, als daß die Passion sich auf ein anderes Ziel richtete. Es fragt sich immer, ob man sie im Zaum behält. Selbst der unvergleichliche Morphy, der schon als Zehnjähriger den Europameister Löwenthal besiegt hatte, führte in New Orleans ein Anwaltsbüro und verlor mit der Zeit die Lust am Spiel, ähnlich wie Rimbaud die am Gedicht.

Die Gefahr liegt in der Person, nicht in der Sache, und daher kann jede Neigung Formen der Sucht annehmen. Freilich gibt es Zeitvertreibe, die der Manie entgegenkommen; zu ihnen gehört, wie man seit altersher weiß, die Jagd als Muster unermüdlicher und ergötzlicher Nachstellung.

Fischefangen und Vogelstellen
Verderben manchen Junggesellen.

Die Ausrüstung war vorerst bescheiden – Netz, Nadeln, Fangflasche, ein Kasten, dessen Boden mit Torf gefüttert und mit Glanzpapier bezogen war. Damit beginnen alle Entomologen, und die meisten in früher Jugend – Subtile Jäger, die den Kerfen, den Entoma, nachstellen. Dazu ein Buch mit vielen Bildern: Fleischer, »Der Käferfreund«.

Damit war bereits eine erste Weiche gestellt. Die bunten Bilder waren Köder; bald saß ich an der Angel fest. Was den Zeitverlust angeht, so lief es fast auf dasselbe hinaus wie beim Schachspiel, doch war die Lockung stärker, denn die Partie erschöpfte sich nicht in reinen Kombinationen, sondern eröffnete zugleich ein unerschöpfliches Feld der Anschauung.

Zum Glück kamen die Anfälle schubweis; die kleinen Objekte gewannen dann magischen Glanz. In solchen Phasen fehlte es mir nie an Zeit für sie; wunderlich war eher, daß noch Zeit für anderes blieb.

AUS DER GOLDENEN MUSCHEL, 1944

Mondello, 18. April 1929

Vormittags nach der Landung Spaziergang mit dem Magister in den Gärten von Partana und ihrer maurischen Pracht. Durch die Terrassenbeete glitten lange schwarze Nattern wie Ahnungen dahin. Entsprechend äußerte der Magister auch nur ein vages Mißbehagen, fast wie im Traum. Ein großer Scarabaeus mit Bronzepunkten rollte seine Kugel über den Kalksteinpfad, an dessen Rand die fruchtbare goldbraune Erde verwitterte. Auf dem zartgrünen Fenchel, den Ringelrosen, den strotzenden Gemüsen lag noch der Tau, während in überreichen Lasten die Früchte der Orangen- und Zitronenhaine leuchteten. Am Felsweg in hohen Hecken die Opuntie mit den indischen Feigen, die gleich rötlich violetten, eirunden Kerzen auf ihre breiten Blätter gesteckt waren. Die Conca d'oro, die Goldene Muschel – im Morgenlichte spürten wir ihr Leben, und es flog uns ein Hauch göttlicher Zeitalter an.

Auf dem Strandwege nach Sferracavallo. Dort setzten wir uns zu einem bescheidenen Essen, Spaghetti mit Tomaten, an den Tisch. Auf dem Rückweg ergötzten uns die kleinen sizilischen Wagen, die, von Eselchen gezogen, an uns vorüberkamen; ihre Schütten waren mit Bildern der Tafelrunde Karls des Großen bemalt.

Mondello, 20. April 1929

Am Morgen trennten wir uns zum Lesen und zum Arbeiten. Der Magister setzte sich in den Fruchtgärten an einen steinernen Tisch, und ich begab mich in ein verfallenes Haus, aus dessen Mauerspalten wilde Feigenbäume wucherten. Während ich still in einer alten Fensternische saß, sah ich die Geckos sich ganz langsam, wie Mittagsträume, aus den Ritzen hervorwagen. Das Tier ist stark auf Sonne angewiesen, daher sein Leben an der Südwand, die dunkle Farbe und vor allem die Art, in der es, um mehr an Strahlen aufzufangen, den Körper abplattet. Dieses Bestreben, die Oberfläche zu vergrößern, ist vielen Wesen gemeinsam, die still im Mittagslicht verharren; so fallen mir die Buprestiden ein.

Auch zählt die Gabe des schnellen, fast unsichtbaren Enteilens zu den Merkmalen dieses Lebens – es bildet eine Welt von wachsamen Geschöpfen, die an der Spannkraft von Apollons Bogen, doch auch an der Gefährdung durch seine Pfeile teilhaben.

Nachmittags kletterten wir an den steilen Hängen, mit denen der Monte Gallo ins Meer abstürzt. Uralte Efeubüsche, wahre Stämme, zogen sich, ihn dunkel musternd, am Fels empor. An ihrem Fuße sprossen aus dichtem Rasen zierliche Alpenveilchen und kleine blautraubige Hyazinthen auf.

Wir schritten auf halber Höhe einen Ziegenpfad entlang, bis zu der Stelle, an der er sich spurlos im Abgrunde verlor. Dann stiegen wir zum Strand hinab und lasen zwischen den überschäumten Klippen Meeresfrüchte auf. Mir fiel dabei ein großer rosaroter Taschenkrebs zur Beute, während der Magister einige dunkelblaue Seeigel vom Felsgrund ablöste.

Auf dem Rückweg nach Mondello rasteten wir auf einer Lavaklippe, die wie ein Kamel gebildet war. Wir sahen dort die Wogen erst dunkel, darauf grün und endlich als weißen Schaum den Strand hinaufjagen, dann sog das Meer sie wieder ein. Der helle Schlag zahlloser Uferkiesel schloß sich wie Musketenfeuer jeder Senkung an.

Mondello, 21. April 1929

In den Geröllhalden am Monte Gallo, aus denen zwischen den großen Blöcken mannshohe Wolfsmilch ragt. Die Polster der saftig grünen Blätter sind von den Blüten, die weithin leuchten, wie von Kronen überhöht. Dort beobachtete ich die Tiere, die an- und abflogen. Unter ihnen war Danacaea zigzag – ein zierlicher Gesell.

Die Färbung der Euphorbiaceen ist meist in grellem Gelb, Grün, Rot gehalten in einer Skala, die wir als giftig ansprechen. Sie sind wohl auf die Optik der Insektenaugen abgestimmt – bunte Leuchtfeuer beim blitzschnellen Fluge durch die Sonnenwelt. Dem entsprechen nicht nur die Farben, sondern auch die Formen, zu denen die Blüten angeordnet sind: Scheinwerfer, Kandelaber, Feuerkronen, Leuchttürme, deren Spiegel der Sonne zu gerichtet sind.

Große Pflanzenfamilien sind wie Dynastien, deren Macht nur Augen begreifen können, die nicht Arten, sondern Geschlechter wahrnehmen.

Mondello, 22. April 1929
Schirokko. Wir fuhren mit Catalfamo nach Palermo hinein und suchten die Kaisergräber und die Architekturen auf. Darunter wirkte San Cataldo mit seinen drei roten Kuppeln auf mich besonders stark. Die Insel ist ein Juwel, an dessen Fassung alle Mächte, die es je besaßen, ziseliert haben. Vor allem aber wirkt die Nähe Afrikas beherrschend ein – die reine Schwerkraft des fremden Kontinents, die mitarbeitet an der Landschaft wie die Schwerkraft des Mondes an der Meeresflut. In Pflanzen, Tieren und Gesteinen, in Panoramen und Perspektiven, in Gesten, Köpfen und Gesichtern der Menschen, in ihren Sitten, Formen und Werten drückt sich die afrikanische Vermählung aus, der Hauch der Wüsten und Oasen, der Bannkreis der großen Sonnenmacht. Daher ist es kein Zufall, daß um diese Insel zwischen Europa und Afrika so oft gekämpft wurde, ähnlich wie um die Inseln der Agäis zwischen Europa und Asien.

Nachmittags durchirrte ich mit dem Magister die engen Gassen, um Fassaden und Höfe der in sie eingebauten Paläste anzuschauen. Wir stießen dabei immer wieder auf den Platz der Quattro Canti, an dem man die ideale Bildung einer Straßenkreuzung studieren kann. Dann hielten wir bei einem Konditor Rast, um Eis zu essen – die berühmte cassata siciliana, in die kandierte Früchte eingesplittert sind. Überhaupt erheben sich die Konditoren zu Künstlern in diesem Land.

Am Fischmarkt. Hier fiel mir die Triglie auf, die sich silberglänzend mit roten Flecken und Bändern präsentiert. Seitlich trägt sie einen gelben Längsstreifen; die kobaltblauen Augen umschließt ein leuchtend blutroter Rand.

Auf dem Heimwege besuchten wir einen deutschen Autor, Herrn Schmidt, und seine Frau, die in der Nähe von Mondello ein einsames Häuschen gemietet haben, das sich in einem ummauerten Fruchtgarten verbirgt. Die Räume waren kaum eingerichtet, doch teilten Orangen und Zitronen, die an belaubten Zweigen die kahlen Wände schmückten, ihnen die heitere Note mit. Es herrschte musische Stimmung, Lebensleichtigkeit.

Wir plauderten zunächst bei Obst und Wein und ergingen uns dann im Garten, einem dichten Zitronenhain. In ihm ergriff mich wieder das Gefühl, mit dem wir fremde Früchte, die wir von Kind auf kannten, im Lande ihres Ursprungs wachsen und reifen sehen. Darin liegt eine Ahnung von Paradiesesgärten – wir drangen zu den Inseln der Gewürze, den Quellen des Reichtums, vor. Und einmal treten wir vielleicht in Räume, die den edlen Früchten des Menschenlebens, den Heldentaten, den guten Werken, den Liebesopfern, heimatlich sind. Wir werden im Ursprung erquickt.

Ich lobte unserem Wirt die stille, südliche Klause, in der er seit über einem Jahre haust und tätig ist. Indessen erzählte er, daß mit dem Beginn des Sommers ein Mann mit einem Eselchen erschienen sei, um es dicht bei der Mauer an ein Wasserrad zu schirren, dessen Knarren dann während der ganzen heißen Jahreszeit die Arbeit und die Muße begleitete.

Mondello, 23. April 1929

Segesta. Der Tempel verbindet sich mit der Landschaft zu einer Einheit von wilder Kraft und Harmonie. Es war trübe und windig; der Zug der Wolken und das Gleichgewicht der Berge schienen durch das Heiligtum beherrscht. Wenn dieses nicht stünde, würden die Naturkräfte titanisch übereinander herfallen. Das ideale Verhältnis von Macht und Ordnung ist in der waagerechten und vertikalen Aufteilung getroffen: der Geist fühlt sich durch die Betrachtung gesichert und beruhigt.

Bauten wie diese sind Kraftwerke höchster Ordnung, in deren Bannkreis musisches und Heldenleben Jahrhunderte gedeiht. Es äußert sich in ihnen einmal die Erdkraft; in diesem Sinne treibt sie der Boden als Auskristallisation hervor. Man fühlt, sie sind mit ihm verwandt. Zum anderen sind sie Kompositionen des Geistes – das heißt, sie sind zugleich Bildungen der unbewußten und der bewußten Macht.

Beim Anstieg zum Theater blickte ich oft auf das Heiligtum zurück und fand, daß mit der Entfernung das Wunderbare wächst. Es ziert die Griechen, daß sie den Rang der Verkleinerung kannten und ihr Verhältnis zur Größe, wie ja auch der Kristall als verkleinertes, aber zugleich offenbartes Modell des Erdreiches erscheint. Der Staat, der allen anderen Künsten gegenüber als Mäzen auftritt, wird in der Architektur zum Ausübenden, und in den hohen Bauten spiegelt sich seine Ordnung unmittelbar. Er könnte in ihnen seine Größe nun zyklopisch offenbaren, doch bietet er statt dessen ein sublimiertes Muster dar. Das ist es, was ihnen die Verbindung von Macht und musischem Charakter gibt.

Der Tempel von Segesta kam infolge kriegerischer Wirren nicht zur Einweihung. Die Blöcke seiner Basis tragen noch die Stützen, die der Steinmetz zur Erleichterung beim Tragen stehen ließ und später abmeißelte. Man sieht die Nabelschnur des Werkes noch.

Auf dem Rückwege hielten wir in Alcamo. Es gibt eine besondere Weise, in der die Sonne den Stein verwittert, indem sie ihn bis in den Kern vergoldet und durchglüht. Sein Umriß zerbröckelt, und auf die Entfernung verschmilzt solch eine Sonnensiedlung mit dem Grunde der Berge und Felsen, auf denen sie errichtet ist. Die Patina läßt zunächst altern, dann aber zerstört sie die Spuren der Historie und gibt die Werke der Natur zurück. Sie werden dann Bauten im Sinne von Höhlen und Genisten, gleich denen der Bienen, Ameisen und Eidechsen. Bei ihrem Anblick erfaßt uns eine Art von Sonnenschläfrigkeit; wir ahnen, daß auch das Leben hier sein historisches Format verloren hat und instinktiver, elementarer pulst. Das fühlt man besonders in Sizilien; dazu fließt Afrikanisches mit seiner dunklen Urkraft in die Strukturen ein. Der Boden ist zu kräftig für geistige Formen wie die des Staates, sie gleiten über ihn hinweg, ihn höchstens schürfend; lösen sich vielfach auf ihm ab. Dafür treten die natürlichen Bindungen, wie die der Familie, um so bedeutender hervor.

Mondello, 24. April 1929

Spaziergang mit dem Magister durch die Orangen- und Zitronenhaine, die hier, wie alle Gärten, durch hohe Mauern eingeschlossen sind. Gleich wie der Bau des Hauses dem südlich-levantinischen, ja fast orientalischen Familienleben sich anpaßt, so drücken diese Mauern den romanischen Eigentumsbegriff in seiner ganzen Schärfe aus. Das ist besonders lästig für den Botaniker, der lange zwischen ihnen wie in den prall besonnten Fluren eines Gefängnisses wandern muß, ehe er ein freies Stückchen Grün erreicht.

Indessen sind die Besitzer oder ihre Gärtner sehr freundlich, wenn man sie um die Erlaubnis, einzutreten, fragt. Wie jeder Fehler seine Tugend hat und umgekehrt, gesellt sich hier dem Mißtrauen vor allem Fremden eine besondere Form der Gastlichkeit. Auf diese Weise ergehen wir uns in der Einsamkeit der Gärten und werden zum Abschied noch mit Früchten beschenkt.

Die Conca d'oro ist überaus wohl bestellt. Unsere Gespräche begleiten das Zwitschern kleiner Vögel, das Schnarren der Zikaden in den Mandelbäumen und das Murmeln des Wassers, das durch steinerne Adern springt. Der Boden ist rotbraun, mürbe und treibt die Gewächse aus seinem garen Schoße mit großer Kraft hervor. Das Auge fühlt sich zauberhaft erheitert, wenn es sie so im Sonnenglanze grün leuchten sieht. Besonders wohl scheint sich die Ringelrose hier zu fühlen, die überall wild wuchernd ihre gelben und roten Feuerblüten zeigt. Die Leuchtkraft dieser Blume nimmt mit der Dämmerung zu. Um diese Stunde steigt auch aus den Gärten, vor allem aus dem königlichen Park La Favorita, Orangenblütenduft betäubend auf. Dann kehren wir zurück, an den kleinen maurischen Villen vorbei, von denen weiße Kletterrosen und Glyzinen überreich herabhängen. Wir nehmen vom Krämer eine strohumflochtene Flasche vino vecchio zum Abendessen mit. Meist gibt es Fisch, der eben in der Bucht gefangen wurde und noch atmend ins Haus getragen wird. Man röstet ihn auf einem Holzkohlenfeuer, das durch Fächeln in Glut gehalten werden muß.

Sant' Agata Militello, 25. April 1929

Fahrt nach Sant' Agata. Wir rasteten in Cefalù, um dort den Dom und seine Mosaiken zu betrachten, vor allem den gewaltigen Christus, der sich über dem Altar erhebt, wie aus Atomen ausstrahlend. Dann glitten wir weiter auf dem schmalen Bande zwischen Fels und Meer dahin.

Unweit Caronia, wo der Magister einige Aufnahmen machte, gelang mir ein guter Fang. Ich sah ein Tier, das ich zunächst für einen großen Scarabaeus hielt, über die Straße in die Macchia fliegen, wo es in einem Busch verschwand. Da ich es allzu scharf fixiert hatte, um über das Ende seiner Flugbahn im Zweifel zu sein, entdeckte ich es bald an einem dürren Zweige und löste es zu näherer Betrachtung von ihm ab. Es war der große Capnodis, ein breit kahnförmiger Buprestide, schwarz bronzefarben und zierlich weiß gescheckt, ein Tier, das auf ein Leben in heißerer Sonne zugeschnitten ist, als man sie bei uns zulande kennt. Ich sah es mit Rührung, denn schon als Kind war ich ihm in den Sammlungen des Hannoverschen Museums am Maschpark begegnet und hatte mich gefragt, ob ich dies fliegende Juwel einmal im Leben in seinem Revier antreffen würde – nun hielt ich es in der Hand.

Es sind drei Lebenselemente, die dieser Familie die Form verleihen: die Sonne, der Flug, das Holz. Sie modellieren nach ihrem Wirkungsgrade an der Gestalt. Dem Lichte entspricht die Schildform, der schnellen Bewegung der kahn- oder torpedoförmige Zuschnitt, dem Leben im Holze der drehrunde oder meißelförmige Leib.

Bei diesen Einflüssen der Lebenselemente auf die Form der Tiere verwundert mich immer stärker ein Widerspruch: es scheint, daß die Natur nach zwei verschiedenen Gesetzen dabei verfährt. Das erste dieser Gesetze ist das der Entsprechung – und in diesem Sinne stehen die Tiere zu den Elementen in ähnlicher Beziehung wie das Werkzeug zum Werkstoff, den es spaltet, schneidet und mit scharfsinnig berechneter Ökonomie durchdringt. Die Flügel, das Gefieder, die Flossen, die Schuppen sind ihrer Welt, in der sie sich bewegen, eng angepaßt, so wie der rote Lack dem Siegel, das ihn prägt. Diese Entsprechung ist oft gesehen und gut studiert.

Dann aber gibt es auch ein Gesetz der Homogenität: die Elemente zeichnen sich nicht nur der Wirkung, sondern auch dem Wesen nach in den Tieren ab. So drückt sich etwa in den Brillantfarben vieler Mittagstiere das Licht in seinem Wesen aus. Oft liegt darin für diese Arten, die große Wärme lieben, ein Widerspruch zur Wirkung, denn der besten Bestrahlung würde die schwarze Farbe angemessen sein. Gerade bei den Buprestiden ergötzt mich nun folgendes: wo man bei ihnen schwarze Arten findet, wird man doch das Licht auch seinem Wesen nach in Andeutungen auf ihnen spielen sehen, sei es als Erz- und Bronzeschimmer, sei es als irisierender Puder, der in mikroskopischen Kristallen aufleuchtet oder in bunten Makeln, mit denen die dunkle Panzerung sich ziert. Das ist ein Merkmal, das man nie bei einem Nacht- oder Dämmerungstier erblicken wird.

Auf diese Weise gleicht der Habitus des Tieres einem Schilde, der seinen Träger in der Bewegung des Lebens schirmt und der auf seine Notdurft zugeschnitten ist. Zugleich jedoch ist auch sein Wappen darin eingelassen, sein Symbolon, das Zeichen des großen Ordens, zu dem er zählt. Und wenn man ein wenig Übung im Lesen dieser Ideogramme hat, erkennt man sogleich den Vogel an den Federn, die er trägt. »Ich bin ein Ritter der Sonne, des Waldes, von der dürren Heide, vom halben Mond.« Hier darf man nicht nach den Zwecken fragen – es liegt ein Urgenuß darin, zu zeigen, was man ist. Und darin liegt auch die Bedeutung dieser prunkvollen Zeichen beim Liebesspiele: die Weibchen lieben nicht, was die Männchen wirken, sie lieben, was sie sind.

Mondello, 26. April 1929
Wir übernachteten im großen Saale eines Albergo, den noch ein reines Rokoko zierte, das ohne jeden musealen Anspruch im täglichen Gebrauch erhalten war. Oft schreiten an den Rändern unseres Raumes die Zeiger sachter vor, und die Geräte, die Moden, die Sitten nützen sich langsamer ab. Im Grunde ist das der Unterschied an Eile zwischen der Metropole und der Provinz, der immer lehrreich für die geschichtliche Einsicht bleiben wird. Wie viele Schilderungen urtümlicher Zustände, von Herodot, von Tacitus an, verdanken wir der Tatsache, daß ihr Autor einige hundert Meilen vom Zentrum des Bewußtseins entfernt auf Studien ging. Die Korrespondenz von Raum und Zeit gilt auch in dieser Hinsicht; wir können durch räumliche Veränderungen uns verflossenen Zeiten annähern. Über alle Einsicht hinaus liegt in diesem Eintauchen auch etwas Heilsames verborgen: »In Italien« oder »Auf dem Lande« bedeutet vor allem eine Minderung an Tempo, geringere Verbrennung durch die Zeit. Man geht ins Kinder- und Märchenland zurück. Jenseits des Brenners fällt ein Stein von unserer Brust, eins der Gewichte an der Lebensuhr.

Am Vormittag vergnügte ich mich, aus unserem Fenster den kleinen Fischmarkt zu betrachten, auf dem die Frauen einkauften. Das Angebot war ärmlich; einige wie mit silbergrauem Hauch galvanisierte Thune streckten in aufgespannter Haltung gleich Apparaten einer höheren Mechanik die starren Flossen aus. Daneben lag ein kleiner Haifisch auf dem Stein. Wie an allen Szenen südlichen Lebens fiel mir auch hier der mindere Grad an Willensfreiheit auf, dem ein stärkerer Zwang der Sitte zugeordnet ist. Das gibt den Bildern das Dekorative, das Malerische und oft Opernhafte, das uns anzieht; es treten in ihnen weniger Individuen als Repräsentanten auf.

Am Mittag fuhren wir, nachdem wir uns von Catalfamo verabschiedet hatten, mit der Bahn zurück. Perpetua war das Geschütteltwerden im Wagen schlecht bekommen; sie hatte Fieber und mußte sich hinlegen. War recht in Sorge um sie. In den Abendstunden besuchte uns signora Bosco und brachte in einer runden Karaffe einen milchig opalisierenden Aufguß mit. Bevor sie Perpetua davon zu trinken gab, versäumte sie nicht, die Flasche zu besprechen, indem sie einige Worte darüber murmelte und die Finger dagegen ausstreckte. Sei es nun durch die Ruhe oder durch die Kraft des Elixieres: am nächsten Morgen war das Unwohlsein vorbei.

Zuvor hatten wir in Palermo eine Dentice gegessen: die Zahnbrasse, die sich unter den Fischen des Mittelmeeres durch ihr festes Fleisch auszeichnet, dessen Wohlgeschmack durch Überträufeln mit Zitronensaft gesteigert wird. Es ist jetzt auch die Zeit, in der man bei Messina dem Schwertfisch nachstellt, der seinerseits den ziehenden Thunen folgt. Sein Fleisch wird auf dem Grill geröstet und kommt in weißen Scheiben auf den Tisch. Die Kost der Insel mit ihrem Reichtum an Fischen, Früchten und jungen Gemüsen ist leicht und angenehm. Dazu das weiße Mehl, das gute Olivenöl und ein schwarzer Kaffee von krosser Röstung, der caffè nero, der stark belebt.

Mondello, 27. April 1929

Da der Magister und Alma über Messina nach Kalabrien abgefahren waren, hausten wir die erste Nacht allein. Schirocko; unruhige Träume: so irrte ich durch brennende Gemächer, ohne daß ich den Ausweg fand. Das Angstgefühl blieb auch nach dem Erwachen, als Depression, die unbezwingbar war. Auch schien mir, während der afrikanische Sturm an Fenstern und Türen rüttelte, das Land von ungewissen, bösen Kräften ringsum belebt. Es fehlt eben der Staat auf dieser Insel, oder er hat bis vor kurzem gefehlt. Das prägt sich dem Bewußtsein auch atmosphärisch ein. Vor zwanzig Jahren noch wäre es wohl unmöglich gewesen, sich außerhalb der Stadt so anzusetzen, wie wir es tun. Übrigens bemerke ich, daß unsere Wirte immer bedenklich werden, wenn sie uns von einer neuen Bekanntschaft sprechen hören; nach einigen Tagen geben sie dann ihr Urteil ab. Es müssen also besondere Möglichkeiten, Auskünfte einzuholen, bestehen. Die Häuser sind auf fast orientalische Weise abgeschlossen, die vielfach dem modernen Leben widerspricht. Das gilt besonders für die Zeiten, in denen die Männer auswärts weilen; dann läßt die Frau nicht einmal den Kontrolleur der Gas- und Elektrizitätsgesellschaft eintreten.

Nachmittags erging ich mich in Begleitung des Hundes Nello am Meer, hinter dem Türmchen, das am Felshange des Monte Gallo sein Blinklicht kreisen läßt. An einem Vorsprung, an dem die Klippe überspült war, vertiefte ich mich in die Betrachtung eines Korallengärtchens, in dem zierliche Turmschnecken weideten. Hinter Büscheln von braunem und dunkelgrünem Seetang, die in der Brandung hin und her schwangen, lagen große Taschenkrebse in der Haltung des Jägers auf dem Anstande. Ich hatte mich schon manchmal gefragt, warum denn die Schere dieser roten oder malvenfarbenen Tiere eine lackschwarze Spitze trägt. Hier glaubte ich es zu erraten: sie pflegen sich in kleinen Höhlungen des Felsens zu verbergen und schließen diese Räume nach außen durch die vorgestreckten Scheren wie mit einem Pfropfen ab. Da ist es aus Gründen der Jagd natürlich wichtig, daß der Verschluß nicht vorleuchtet.

Die große Schere der Taschenkrebse stellt eine ideale Verbindung von Verteidigungs- und Angriffswaffe dar. Sie bildet einen festen Schild, hinter dem der Körper sich decken kann und der zugleich als starke Zange über malmende, panzerbrechende Kraft verfügt. Dieses Motiv ist in den Arsenalen der menschlichen Bewaffnung kaum angedeutet, vielleicht von jenen alten Schilden, deren Buckel in eine Spitze ausläuft, abgesehen.

Über die Symmetrie und Asymmetrie der Tiere: was soll man hier als höhere Form betrachten und welchem Ziele wendet sich die Entwicklung zu? Gebilde höchster Symmetrie, wie Kugel- und Strahlenformen, finden wir gerade in Klassen, die wir als niedere ansprechen. Doch sind sie immer von einer Neigung zur Auflösung, zur Abweichung begleitet – wie etwa bei den Schildigeln, bei denen durch einfache Verschiebung des Mittelpunktes die fünfstrahlige Ordnung in die spiegelbildliche übergeht. Sonderbar ist auch bei den Mollusken der Hang zur Aufrollung und zur Spiralenform.

Zwischen Symmetrie und Asymmetrie besteht in der organischen Welt eine ähnliche Polarität wie zwischen Notwendigkeit und Freiheit in der geistigen. Daher scheint es auch ebenso schwierig, zur Symmetrie zurückzufinden, wie zum Ursprünglichen. Alle symmetrischen Formen neigen zur Beharrung, daher wird man auch vielfach finden, daß ihnen ein Hang zur Panzerung entspricht. Die asymmetrischen Formen dagegen sind voll befreiter Möglichkeiten, sind Träger der Entwicklung, der Veränderung, der Abweichung. Amoeba proteus verkörpert fast die Idee des Asymmetrischen. Hier müßte man auch die Klasse der Würmer mustern als große Modellsammlung abweichender Bildungen. Dasselbe gilt für die einzelnen Organe; so ist die Bildung des Daumens nicht nur ein Fortschritt zur Asymmetrie, sondern zugleich ein Fortschritt zur freien Bildungskraft.

Auch in die menschlichen Stile spielt das Verhältnis ein. Soziale Veränderungen, Gewinne an Freiheit künden sich durch Verschiebungen, durch Unregelmäßigkeiten im Stile an. Wie wunderbar ist diese Entwindung aus den Fesseln des Mathematischen an der Bilderfolge der ägyptischen Kunst zu beobachten, etwa an jenen köstlichen Statuen, an deren Gewändern der erste, noch strenge Faltenwurf gleich einem Wellenspiel erscheint. So steht auch unser Barock in enger Beziehung zu einer neuen Art der Freiheit; und wenn sich die Säulen zu drehen beginnen, dann entspricht das auf der geistigen Ebene Windungen, wie man sie an den Übergängen vom Orthoceras zum Ammonshorn studieren kann. In diesem Sinne ist der Jugendstil ein fatales Vorzeichen und wurde auch vielfach als solches erkannt. Die Technik dagegen drängt zur Symmetrie und damit wahrscheinlich auch zu höchst konservativen Zuständen.

Mondello, 28. April 1929

Nach dem Schirokko regnete es fast den ganzen Tag. Nachmittags war es etwas heiterer. Gerade bei bedecktem Himmel wird die Strahlung oft stechend, als ob die weißen Wolken sie spiegelten.

Abends am Kai, an dem ich einen Knaben mit dem Dreizack Pulpen spießen sah. Die langen Arme der Tiere ringelten sich geschmeidig um das Eisen, an dem ihr Körper haftete. Das Bild erinnerte mich an den Zoologen, mit dem ich vor Jahren in einem der Arbeitsräume des Neapolitanischen Aquariums stand und dem ein kleiner Oktopus defilippi, den ich ihm aus der frischen Beute überreicht hatte, mit einem seiner ausgestreckten, von Saugnäpfen besternten Tentakeln unter die Manschette griff. Sein ganz unwissenschaftliches Entsetzen, besonders als sich bei dem Versuch, das Tier zurückzureißen, der Fangarm löste und haftend weiterschlängelte.

Dann kam ein Boot vorüber, in dem ein halbnackter Fischer bäuchlings den Grund mit einer Art von Sehrohr musterte. Er manövrierte, indem er mit gekrümmtem Fuße das Ruder in langsamen Flossenschlägen spielen ließ. Als er mich sah, erhob er sich und bot mir mit beiden Händen eine prächtige Aurata zum Kaufe an. Der Körper dieses königlichen Fisches glänzte in der Abendsonne wie ein Barren von reinem Golde, aus dessen Schmelz tief veilchenblaue Punkte leuchteten. Die Flossen spreizten sich zuckend, und wie purpurnes Meermoos oder roter Sammet schienen unter den goldenen Deckeln, die sich rhythmisch hoben, die blutfrischen Kiemen hervor.

Im Garten führte ich dann mit dem Vater Bosco ein hochpolitisches Gespräch, in dessen Verlauf er sich als Liberaler der alten Schule offenbarte, der viele Ideen geboren werden und viele scheitern sah. Es blieb ihm eine melancholische Ruhe, mit der er den Weltlauf verfolgt, zurück. Der »wahre Sozialismus« ist sein Ideal. Doch muß man immer im Auge behalten, daß auf dieser Insel die reale Politik die der Familie ist, die noch antike Dichtigkeit besitzt. Daneben fällt das starke Verhältnis, sei es der städtischen Honoratioren, sei es der Grundbesitzer, zu den Klienten auf. Diese, zum großen Teil Analphabeten, sind kräftiger, unabgeschliffener von der Allgemeinen Bildung als ihresgleichen in den westlichen und nördlichen Großstädten. Aus diesem Unterschied entspringt eine besondere Spannung, eine besondere Entsprechung von Kopf und Hand. Aus ihr erklärt sich auch der Aufbau und der Zusammenhang der örtlichen Geheimbünde, zu deren Zeichen übrigens auch die Hand als Sinnbild der unmittelbaren Aktion gehört und denen gegenüber der Staat erst in den letzten Jahren wirksam aufzutreten imstande war. Dafür bilden sie auf dem Nährboden der späten Demokratie, wie in den amerikanischen Großstädten, kräftige Ableger.

Mondello, 29. April 1929

Früh in Palermo, bei den Cappuccini. Dort erging ich mich einsam inmitten eines gewaltigen Kellers zwischen über achttausend Skeletten oder vielmehr Mumien. Der Raum erhielt durch Fenster Oberlicht; die Toten lagen in offenen Särgen, lehnten an den Wänden oder waren gleich der Beute eines grimmigen Jägers an den Mauern aufgeknüpft, darunter eine ganze Mönchskongregation. Die Kutten waren ausgestopft, und die Verschiedenartigkeit der Kappen verriet den Rang, der diese Väter und Brüder zu Lebzeiten geziert hatte. Man sah Greise und Kinder, Männer mit weißen, grauen, schwarzen und roten Bärten, Frauen in Atlaskleidern, die ihre Photographien auf der Brust trugen. Die Leichen werden ein Jahr im heißen Dünensand mumifiziert, dann ausgestellt. Man kann also verstorbene Verwandte von Angesicht zu Angesicht aufsuchen.

Mondello, 30. April 1929

Nach dem gewohnten Gang am Fuße des Monte Gallo ruhte ich bei starker Hitze im Garten aus. An Tieren beobachtete ich dabei, im Korbstuhl liegend, große stahlblaue Hummeln, die die Akazienblüten besuchten und das Spalier des alten Weinstocks anflogen, aus dessen dunklem Holze jetzt das Grün in schweren Sprossen bricht. Heuschrecken, die wie aus Papier geschnittene Vögel schwirrten, fielen in den Garten ein. Um eine hohe Malve kreiste eine Traube winziger Buprestiden: bei tief erzblauem Körper leuchteten Kopf und Halsschild rot feuergolden auf. Die Tierchen hatten die breiten Blätter der Pflanze ausgenagt wie eine batistene Stickerei. Unweit davon in einer Mauerlücke sonnte sich der Skink, ein braunes Eidechslein, das, obwohl es Füße trägt, sich schlängelnd fortbewegt. Doch ist es in seiner Gestik unbeholfener als die Schlangen und selbst die Schleichen; es führt die Windung, statt sie in Wellen zu unterteilen, mit dem ganzen Körper aus. Die Pfoten hängen ihm dabei am Leibe wie uns die Fausthandschuhe, wenn warmes Wetter ist. Dies alles nahm ich lässig wahr, in angenehmer Erschlaffung, während der Duft wohlriechender Geranien und dichter Rabatten von Zitronenmelisse aus den Beeten stieg.

Am Abend aßen wir Gamberi, eine rot und weiß gestreifte Garnele, deren schwarze Augen und fadendünne Extremitäten verraten, daß sie in großer Tiefe lebt. In Meerwasser und mit Zitronenschnitten gesotten, schmecken sie zart und süß. Ihr Panzer ist so fein, daß man sie, ohne sie auszukernen, in Mehl und Butter braten kann.

Mondello, 1. Mai 1929

Mit Perpetua in Palermo, wo wir mit dem Buchhändler Mauksch und einigen Professoren im »Bologna« frühstückten. Ich stieg noch einmal zu den Cappuccini hinab; ihre Gruft gehört zu den merkwürdigen Dingen, die ich im Leben sah. Diese Versammlung von Toten ist einzigartig; man kann sie weder mit den alten Beinhäusern vergleichen noch mit den Katakomben, wie denen von Paris und Rom.

Mondello, 3. Mai 1929

Noch einmal durchirrte ich die Hänge des Monte Gallo und ritzte mit dem Nagel das Datum dieses Tages in die saftigen Blätter der Opuntie ein. Am Abend hatte ich mit Schmidt eine große Unterhaltung über den Krieg. Er bezeichnete ihn als Feind alles Menschlichen. Auch die schönste Landschaft würde durch seine Symbole verdüstert wie hier die Küste über dem blauen Meer durch die zum Schutze gegen die sarazenischen Seeräuber errichteten Wachttürme. In diesem speziellen Punkte konnte ich ihm nicht beistimmen – die über alle Winkel des Mittelmeeres verstreuten Ausluge übten immer eine geheime Anziehung auf mich aus.

Mondello, 5. Mai 1929

Bei Boscos, zum Abschiedsmahl. Mit dem ersten Zutrunk entfaltete sich die explosive Heiterkeit des Südländers, die in grellem Gegensatz zu seiner sonstigen Verschlossenheit dem Fremden gegenüber steht. Wir tranken einen moussierenden Rotwein und hatten als Hauptgang Pasta con sarde, das palermitanische Nationalgericht. Da seine Zubereitung große Sorgfalt erfordert, genießt man es am besten im Familienkreis.

Im Garten, in dem signora Bosco an einem offenen Herd kocht, hatte ich ihr ein wenig zugesehen und das umständliche Rezept notiert. Es läuft im wesentlichen darauf hinaus, daß eine besondere Sorte von Makkaroni mit zwei verschiedenen Saucen und einer großen Menge von Sardinen zu einer Einheit verbunden wird. Die eine dieser Saucen wird aus einem Sud von Fenchel entwickelt, der aber keineswegs in den Gärten, sondern als Wildkraut im Gebirge geerntet werden soll. Dann spielen noch eine besondere Rolle in Öl gesottene Schalotten, im Wasserbade zu einer Creme gekochte Sardinen, Rosinen, Pinienkerne und Safran, soviel man mit drei Fingern faßt und der zuvor am Feuer getrocknet werden muß. Die Mahlzeit gibt eine Quintessenz der Landschaft; zu ihr vereinen sich die Fische des Meeres mit dem reinen Mehl, dem Saft der Ölfrucht und den getrockneten Trauben der fruchtbaren Ebene, während Fenchel und Piniensamen die Würze der Berge hinzufügen.

Perpetua, als sie von diesen Zubereitungen hörte, bat sich ein einfaches Schnitzel aus.

Am Abend begannen wir zu packen; auch legte ich einen Obolos zurecht, um ihn im Augenblick der Abfahrt in das Wasser der Bucht zu werfen, denn ich hoffe, daß wir im nächsten Jahr zurückkehren.

SANDUHRSTIMMUNGEN, 1954

Sanduhren – der Leser wird die Stimmung kennen, in der ein Gegenstand, gleichviel ob wir uns täglich seiner bedienen oder ob wir ihn nur flüchtig erblicken, ansprechend wird. Das ist der Anfang jeder Neigung und jedes Sammlertums. Wir beginnen uns in den Gegenstand zu vertiefen und dringen in ihn ein. Er offenbart uns seine Geheimnisse, und wenn wir Geduld haben, werden wir finden, daß ein Geheimnis dem anderen folgt. Die kleinste Blume hat ja Verwurzelungen im Unendlichen, und unsere Neigung ist es, die sie entdeckt. Das Unscheinbare ist nur Verschleierung.

Ähnlich ging es mir mit den Sanduhren. Die erste schenkte mir Klaus Valentiner, der leider, wie so mancher liebe Freund, in Rußland verschollen ist. Ich sah sie als eines der Kuriosa an, wie man sie gern auf den Regalen oder zwischen den Büchern hat. Viel später erst, im Laufe nächtlicher Arbeiten, fiel mir auf, daß eine eigentümliche Beruhigung, ein stilles Leben von diesem Stundenglase ausging, das in sein eisernes Spindelwerk wie in einen Grillenkäfig eingezwingert war. War es das Alter, das ihm den opalenen Glanz verliehen hatte, den feinen Schleier, wie man ihn sonst bei ausgegrabenen Gläsern trifft? Der weiße Sand rann lautlos aus einer Mensur in die andere. Er höhlte sich trichterförmig in der oberen und wölbte sich zum Kegel in der unteren. Man konnte diesen Berg, der aus verlorenen Augenblicken sich häufte, als tröstliches Zeichen dafür nehmen, daß die Zeit wohl ent-, nicht aber verschwindet. Sie reichert sich in der Tiefe an.

Diese Verwandtschaft des Stundenglases zur Ruhe gelehrter Studien und zur häuslichen Gemütlichkeit ist oft bemerkt worden. Für beide haben wir das Zeugnis berühmter Bilder: Dürers »Melancholia« und »Hieronymus im Gehäus«. Auf dem ersten sehen wir einen sinnenden Engel, der einen Zirkel hält, inmitten eines faustischen Instrumentariums von Kristallen, Waagen, Zahlenanordnungen. Ein Alchimistenfeuer brennt vor kosmischem Hintergrund. Das andere zeigt den Heiligen in seiner Zelle bei einer Niederschrift. Bücher, Leuchter, Gefäße, Blätter voller Notizen, ein Totenkopf, ein Kruzifixus bilden die Einrichtung Unter der Bank steht ein Paar Gartenschuhe; die Sonne fällt durch die verbleiten Scheiben ein.

An beiden Bildern ist eine große Sanduhr merkwürdig, ein wahres Stundenglas. Auf beiden zeigt sie die halbe Zeit an, was vielleicht bedeutet, daß der Maler den Heiligen und den Engel mitten in ihrer Tätigkeit erblickt. Dem entspricht, daß die Waage der Melancholia im Gleichgewicht steht und daß die Glocke schwingt, das Feuer brennt. Wir sind tief in der Zeit.

Auf beiden Bildern ist die Jahreszahl 1514 vermerkt. Die Sanduhren sind nach verschiedenen Modellen gestochen, was wohl auf ihre Häufigkeit in jenen Zeiten schließen läßt. Während der Engel, umgeben von den Hilfsmitteln des Geistes, in müßige Gedanken versunken scheint, ja vielleicht über die Eitelkeit seines Wissens und seiner Werke meditiert, ist Hieronymus in seine Tätigkeit vertieft. Es kann sich dabei nicht um eine Abschrift handeln, da kein Buch vor ihm auf dem kleinen Tischpult liegt, sondern um eine schöpferische Niederschrift. Durch viele Generationen übte dieses Bild seinen Zauber auf kontemplative Geister aus. Wer möchte nicht teilhaben an dieser Stille, inmitten der warmen hölzernen Täfelung, während in der Ecke der Sand durch das Stundenglas rieselt und vor dem Pult ein Löwe träumt, den man sich auch durch eine Katze ersetzen kann? Und in der Tat hausen und wirken auch heute noch in Europa viele Geister ähnlich, und jedem wird vor Dürers Bilde sogleich der mehr oder weniger bescheidene Sitz eines gelehrten oder eines musischen Freundes einfallen, an den er erinnert wird. Dieses Erinnert-Werden gehört ja zum Wesen des Kunstwerks, das ein verborgenes, doch immer wiederkehrendes Verhältnis offenbart.

So ist in jedem Studierzimmer, in jeder Bücherstube ein wenig Sanduhrstimmung, ein wenig vom Geiste der Melancholia und des heiligen Hieronymus. Es ist da immer Trauer, aber auch immer Behaglichkeit, weil immer Besinnung ist. Jeder wird Stunden kennen, die er dort schweigend oder im Gespräch verbrachte und in denen die Zeit, wenn nicht stille zu stehen, so doch gemächlicher zu fließen schien. Vielleicht regnete es draußen, oder es brannte ein Feuer im Kamin.

Ich entsinne mich vieler solcher Orte, und wenn ich der Versuchung widerstehe, sie zu nennen, so nur deshalb, weil ich kein Ende absehe. Im Leben junger Menschen gibt es Jahre, in denen sie von einer dieser

Zellen, Klausen, geistigen Warten zur anderen wechseln wie zwischen Stützpunkten, deren jeder von einem mehr oder weniger sonderbaren Insassen besiedelt ist. Immer noch gibt es große und kleine Städte oder selbst Dörfer, in denen an solchen Gehäusen kein Mangel ist. Ob man im Süden aus dem Garten die Zikaden schnarren hört, ob man im Norden auf verschneite Giebel blickt, ob man ein Mietzimmer oder eine Wohnung im väterlichen Hause aufsucht: überall herrscht hieronymitischer Geist. Man wird der Armut und selbst der bitteren Not weit öfter als der Opulenz begegnen, und doch haben fast alle Reichen und Mächtigen der Erde Jahre, und meist ihre schönsten Jahre, in solchen Denkhütten verbracht, in denen Arbeit und Muße zwielichtig ineinander übergehen.

Schwer ist es, diese Stimmung in spätere Stände des Lebens zu übernehmen, vor allem, wenn der Erfolg sich andeutet. Doch ist es nicht unmöglich, da sie weder an ein Lebensalter noch an Armut oder Reichtum gebunden ist. Hieronymus wird von dem Künstler in hohem Alter dargestellt. Auch führte er eine nicht nur mächtige, sondern fürstliche Existenz, wie der Löwe ausweist, der ihm zu Füßen liegt. Das eigentümliche Behagen schafft also nicht ein Unterschied von Bildung oder Alter; wirksam ist vielmehr ein Unterschied der Zeit. Mit ihm wird sich die Schrift beschäftigen.

Das Selbstverständliche ist meist das letzte, was unsere Gedanken aufscheuchen. Es gleicht dem Hasen, der wohlgetarnt vor unseren Füßen liegt. Dafür erstaunt es um so mehr. Ich hatte bemerkt, daß die Sanduhr eine höchst behagliche Stimmung erweckt. Dem mußte vorausgegangen sein, daß ich sie überhaupt bei meiner Arbeit duldete. Erst in dem Zusammenhang fiel mir auf, daß ich noch nie eine Uhr, weder im Schlaf- noch im Arbeitszimmer, gemocht hatte. Das galt wenigstens für die Räume, die man als Interieur bezeichnet und über die man nicht immer, am wenigsten als Soldat in den Kriegen, verfügt. Die gleiche Abneigung bezog und bezieht sich auch auf Telephone und Radios, deren Uhrencharakter uns noch beschäftigen wird. Sie ging aber nicht so weit wie die meines Bruders, der, wie ich glaube, nie eine Uhr besessen hat. Das ist ein Luxus, den ich mir nicht leisten kann.

Im übrigen ist die Scheu vor Uhren im Innenraume nichts Besonderes. Ich glaube eher, daß sie weit verbreitet ist, ja daß sie vielleicht jeder empfindet in den Bereichen, in denen er kindlich oder musisch, mit einem Worte: in der Wildnis geblieben ist. Die Uhr gehört nicht in den Wald. Sie gehört auch nicht in die Welt der Liebenden und der Spiele, nicht zur Musik. Sie mißt nicht die Stunden, die der Geist in seiner Muße oder beim schöpferischen Werk verbringt. »Dem Glücklichen schlägt keine Uhr.«

Die Abneigung ist tief, indem sie einen Bann, ein Tabu berührt, während ihre Symptome einleuchtend sind. Man hat das Gefühl, daß man beim Ticken nicht arbeiten, nicht einschlafen kann. Man hat die Vorstellung, daß der Gedanke in den Takt der Unruhe gezwungen wird. Man will nicht angerufen, nicht geweckt werden. Im Grunde handelt es sich um einen Anspruch der Freiheit in Zonen, in denen man noch nicht gezähmt worden ist.

Dabei fällt mir die Anekdote ein, die über den Maler Degas berichtet wird. Es war zur Zeit der ersten Telephone in Paris. Degas war bei einem Gönner, der sich einen Anschluß hatte legen lassen, zu Tisch. Der Hausherr hatte sich, um die Erfindung ins rechte Licht zu setzen, auf diese Zeit einen Anruf bestellt. Als er von dem Gespräch zurückkam, sah er seinen Gast erwartungsvoll an. »Das ist also das Telephon«, sagte Degas: »man klingelt, und Sie gehen hin.«

Die Sanduhr gehört nicht zu diesen Sklaven, die durch ihre Ansprüche zur Last fallen. Sie ist ein bescheidener Diener aus der alten Zeit. Auch sie ist freilich bereits ein Zeitmesser, aber, wie wir bald sehen werden, für humaneren Gebrauch. Über das Wohlwollen hinaus, das ich ihr entgegenbrachte, begann ich mich näher mit ihr zu beschäftigen, als ich vor nicht allzu langer Zeit der Revision meines Buches über den Arbeiter mich zuwandte. In dessen Umkreis webt freilich keine Sanduhrstimmung, alles wird meßbar, teilbar, anschneidbar in kleinsten und kürzesten Spannen, wird ohne Gnade in das Blitzlicht des Bewußtseins gerückt. Schon längst genügt auch die Genauigkeit der mechanischen Uhren, der besten Chronometer hier nicht mehr. Was haben also die Sanduhren mit uns zu tun?

Einiges doch. Wer ganz in dieser stolzen Titanenwelt lebt, in ihrem Genusse, ihren Rhythmen und Gefahren, kann Großes in ihr erreichen, aber er kann sie nicht beurteilen. Es wird ihm im besten Falle wie Napoleon gehen, der eine Welt erobern konnte und doch so blind hinsichtlich seiner eigenen Person und Lage war. Tolstoi streift diese Lage in seinem Vorwort zu »Krieg und Frieden«, indem er sagt, daß den großen Tätern vielleicht am wenigsten Freiheit gegeben sei. Je mehr man in seiner Zeit ist und in ihr lebt, desto mehr unterliegt man ihrem Vorurteil. Nun aber ist die Zeit als solche das größte Vorurteil; das ist ein altes Thema der Philosophie. Neueren Datums ist die Einsicht, daß dieses Vorurteil nicht immer gleich bleibt, daß es in seinen Formen wechselt und seine Moden hat.

In diesem Sinne ist die Sanduhr ein guter Stützpunkt für die Kritik der Urteilskraft, ein ruhender, vorkopernikanischer Einschluß in unserer kreisenden Welt. Das gilt um so mehr, als wir an einer Marke stehen, welche die kopernikanische von einer neuen Zeit- und Raumauffassung trennt.

Aber es ist nicht ihre exzentrische Rolle allein, die uns zu dieser Betrachtung anreizt, sondern auch eine gegenwärtige Bedeutung, die aus der Verschüttung zu heben ist. Sanduhrzeit lebt in uns allen, nicht nur in Kinder-, Garten- und Ferientagen, sondern tief auf dem Wesensgrund. Sie ist etwas anderes als die Zeit der mechanischen Uhren, etwas anderes aber auch als Sonnenzeit. Vielleicht lohnt es die Mühe, sie darzustellen, so wie man aus dem Schutt kaum noch befahrener Stollen ein seltenes Gestein gewinnt. Es mag in sonderbaren Kristallen blinken, vielleicht gar Heilkraft bergen oder auch nur den Sinn für Kuriosität befriedigen. Wir werden sehen.

Das waren Gedanken, wie sie mir allmählich kamen, als ich mich mit dem Gegenstand befreundete und Nachrichten darüber einzuziehen begann. Er ist von einer Art, die mehr auf Zufallsfunde anweist als auf gelehrte Studien und die vor allem der Mithilfe bedarf. Ein ausgedehnter Briefwechsel, wie ihn der Autor heute meist zu führen hat, bringt nicht nur Lasten, sondern hat auch seine Lichtseiten. Sanduhrnachrichten begannen einzuträufeln, für die ich auch an dieser Stelle meinen herzlichen Dank sage, und bald ergab sich eine gewisse Kenntnis und Übersicht. Ich mußte freilich in ähnlichen Fällen erfahren, daß die Veröffentlichung wie ein Magnet wirkt, der noch viel Ungehobenes anzieht; doch dafür gibt es Nachträge.

Es liegt in der Natur des Themas, daß es zu Abschweifungen reizt. Daher wollen wir ihnen nicht ausweichen. Sie gehen einmal ins Allgemeine, zur Betrachtung von Zeit und Zeitmessung. Sie gehen sodann in das Besondere, in die Sanduhrquisquilien. Das hängt damit zusammen, daß es meist verstaubte und entlegene Folianten sind, in welche die Jagd führt, zum Ärger der Treiber, das heißt, der Bibliothekare, die sich vom Asthma bedroht fühlen. Dabei stößt man auf apokryphe Stellen, die, wenn nicht »gut und nützlich«, so doch recht amüsant zu lesen sind und die man ungern unterschlägt. Wenn man sich über Uhren unterhalten will, muß man Zeit haben. Aber man soll sich nicht langweilen.

Wir sagen: »Jedes Ding hat seine Zeit.« Aber auch jeder Ort und jeder Mensch hat seine Zeit. Es ist ferner bekannt, daß wir keine Zeit haben. Das soll heißen, daß wir keine überflüssige Zeit haben, denn der eine hat mehr, der andere weniger Zeit. In der Epoche der Sanduhren hatte man mehr Zeit als heute, wo man von Uhren umzingelt ist. Auch stecken wir tiefer in unseren zeitlichen als in unseren räumlichen Grenzen, wenngleich die Fesseln weniger sichtbar sind.

Das alles deutet darauf hin, daß das Wort »Zeit« die verschiedensten Bedeutungen besitzt. Aber es handelt sich nicht nur um Wortbedeutungen, sondern um Schichten, die uns umlagern und auch durchdringen wie ein Labyrinth. Wenn uns bei einer Zeitbetrachtung dieser ihr labyrinthischer Charakter aufgeht, ist bereits viel gewonnen, denn das Rätsel der Zeit wird niemand auflösen. Doch ihre Mannigfaltigkeit schafft Spiegel, in denen auch das, was wir »unsere« Zeit nennen, deutlicher und damit deutbarer werden kann.

HERBST AUF SARDINIEN, 1965

Der Herbst ist am Mittelmeer eine schöne Zeit. Vor allem der September bringt eine Folge von goldenen Tagen, die oft bis tief in den Oktober, bis zu den ersten Regengüssen, andauern. Die Wärme ist nicht mehr ermattend wie im Hochsommer, doch hat die Sonne noch gute, strahlende Kraft. Das Meer wird mit jedem Tage erfrischender. In den Nächten genügt noch ein Leintuch als Decke, aber der Schlaf wird ruhiger als im August, da zuweilen selbst der Südländer nach Luft ringt, besonders wenn der sengende Wind von der afrikanischen Küste weht. Wenn man des Abends ein Feuer entzündet, sei es aus Reb- oder Mandelbaumzweigen, sei es aus dem duftenden Holz des Erdbeerbaumes, mit dem die Backöfen geheizt werden, so geschieht das mehr der Geselligkeit wegen, als daß danach ein Bedürfnis bestünde: es plaudert sich gut am Kamin.

Wie überall in unseren Breiten sind Lese und Ernte in vollem Gange; die Jagd geht auf. Das Meer spendet seinen Überfluß wie zu jeder anderen Zeit. Das kommt der Küche zugut. Es ist aber nicht nur der Überfluß der Feld- und Meeresfrüchte, welcher der mediterranen Küche ihren Reiz verleiht. Man merkt auch hier, daß die Sonne kräftiger strahlt, daß sie die Säfte stärker einkocht und mit einem farbigen Geschmack begabt. Dazu kommt die Vorliebe für das starke, lebhafte Gewürz. Sie erstreckt sich auch auf die Weine – nicht nur dort, wo sie wie an den Küsten des östlichen Mittelmeers geharzt, sondern auch dort, wo sie wie in Sizilien und Sardinien mit Fenchel und anderen Kräutern gebeizt werden. Die Sitte reicht in eine graue Vergangenheit zurück. Sie wäre nicht auf die erlesenen Weine anzuwenden, die man am Rhein und an der Rhône zieht. Dafür weiß man im Süden bis zum Hirten und bis zum Contadino, welche Ansprüche an den Tischwein zu stellen sind. Er gehört zum täglichen Brot, und man fährt von der Lombardei bis nach Kalabrien durch das Land wie durch einen Weingarten. Seit altersher besteht ein unbefangenes, natürliches Verhältnis zum Wein und seiner Kraft.

Ähnliches läßt sich der italienischen Küche überhaupt nachrühmen. In ihr herrscht ein Sinn für die natürliche Zurichtung. Sie verfährt ungekünstelt und läßt die Grundstoffe schmecken, ohne sie zu verhüllen, vor allem das Öl und das Mehl, denen sie große Sorgfalt zuwendet. Der Fremde gewöhnt sich bald an die guten, kräftigen Gerichte, die mit der Sonne, dem Meer, dem Duft der Macchia übereinstimmen, mit der Palette, die das Klima ausbreitet. Nach der Rückkehr in den Norden vermißt er sie noch eine Weile; er hat den Eindruck, daß dem Gaumen, wie überhaupt dem Reich der Sinne, eine farblosere Kost geboten wird.

Leider ist der seit alten Zeiten berühmte Markt von Cagliari verschwunden; er zeigte in gedrängter Fülle, was die Insel zu bieten hat. Sein Leben war schon von weitem zu hören wie das Summen eines großen Bienenstockes, wenn man die Via Roma hinaufschritt, die vom Meer zur befestigten Oberstadt führt. Nun mußte er einem der Bankpaläste weichen, und sein reicher Zustrom hat sich in die verschiedenen Viertel verzweigt. Einen dieser Tochtermärkte durchquert man, wenn man die Via Roma verlassen hat, um zum Elefantenturm emporzusteigen, doch gibt er nur eine Ahnung der alten Pracht. Zu ihr vereinten sich wie in einem Becken die drei großen Quellen des natürlichen Reichtums: aus dem üppigen Schwemmland, dem Gebirge und dem Meer.

Die Hauptstadt Sardiniens ist in das Fruchtland einer heißen Tiefebene eingebettet: den Campidano di Cagliari. Man überblickt ihn bis zu den Küsten und den fernen Bergen, wenn man auf der Plattform des Elefantenturms steht. Nahe der Küste wird die Fläche gegittert von schwelenden Salzgärten; sie zittert im glasigen Licht.

Hier löst seit römischen und vorrömischen Zeiten eine Ernte die andere ab. Die Beete sind reich bestellt und tragen auch im Schatten der Mandelbäume Frucht: Puffbohnen und grüne Erbsen im frühen Jahre, in dem bei uns oft noch der Schnee die Felder deckt. Opuntienhecken schirmen den Anbau gegen den kalten wie gegen den heißen Wind. Der Campidano zählt, wie die Goldene Muschel von Palermo oder das Land der roten Arbeitserde bei Neapel, zu den fruchtbaren Buchten und Küstenstreifen, wo wir den Menschen seit den ersten Zeiten vermuten dürfen, in denen er Ackerbau trieb. Schon Hesiod und Homer kannten sie als altbesiedeltes Land, und Hesiod rühmt ihre Fruchtbarkeit, ebenso der ältere Cato, der übrigens zu Beginn des zweiten vorchristlichen Jahrhunderts Statthalter in Sardinien war. Damals befand sich die Insel erst seit kurzem in römischer Hand. Die Wirtschaft war einfacher, die Zahl der angebauten Gewächse geringer als heut. Unter ihnen fehlten auch solche, die für uns zum Charakter der Landschaft zählen, wie die Opuntie, zwischen deren mächtigen graugrünen Hecken sich der Wanderer oft für Stunden gefangen sieht. Sie kam mit der Agave, dem Mais, dem Tabak, der Kartoffel, der Tomate erst nach der Entdeckung Amerikas. Andere folgten der Befahrung des Seeweges nach Ostindien, und wiederum andere, wie die Kirsche, sind schon von den späteren Römern aus Kleinasien gebracht worden. Uns fällt es schwer, zu glauben, daß die Aloe und all die Zitrusarten, die als »Agrumen« gezogen werden, nicht seit jeher den Süden geziert, nicht immer in der Vereinzelung das Profil der Klippen betont oder in ihrer Masse die fruchtbare Ebene begrünt haben. Dennoch gehören sie zum flüchtigen Schmuck der Erde und wirken an einem ihrer Kleider, wie sie deren schon viele getragen hat und viele noch tragen wird. Sie fliehen dahin wie Mignons Lied, das sie besingt.

In Stunden, in denen wir dieses Wandels innewerden, fragen wir uns, was denn am schönen Bilde unsrer Erde bestehen mag. Wo tausend Jahre wie ein Tag sind, welken nicht nur die Bäume, nicht nur die Wälder wie Gras dahin. Es schwindet auch ihre Eigenart. Inseln versinken, und andere tauchen auf.

Der ältere Cato, der den Begriff des Erzkonservativen verkörpert, kannte nicht die Zitrone, die die Araber, und nicht die Apfelsine, die die Portugiesen einführten. Er kannte auch noch nicht die Kirsche, die hundert Jahre nach ihm Lucullus mitbrachte. Cato rühmte die süße Eichel, die Zwiebel, den Knoblauch, die grobe Bohne: die einfachen und kräftigen Gerichte, die schon den Vorvätern geschmeckt hatten. Er mochte wohl annehmen, daß mit dem Menschen zugleich das ihm Zukommende dem Boden entsprossen sei und jede Neuerung vom Rechten, vom Sinn der Erde abweiche. Aber auch das Alte war einmal neu, und das Neue wird einmal alt werden. Es muß etwas anderes sein, das uns bewegt, die Dinge ihres Alters wegen zu verehren, etwas anderes als zeitliche Hortung, als Lebenshumus und angereicherte Substanz. Das ist schon daraus zu schließen, daß die Gegenstände der Verehrung wechseln, während die Verehrung bleibt. Die Treue wohnt im Herzen, nicht in der Welt.

Die alten Dinge fallen in den Spiegel des »semper idem«, der Identität. Dort gibt es Sicherheit. Doch diese Identität kann immer nur im Spiegel, kann nur im Gleichnis geschaut werden. Sie wohnt nicht in der Zeit. Wir werden nicht müde, sie zu suchen, wie oft wir auch durch die Erfahrung enttäuscht werden. Das Große ist unsere Zuversicht.

Beginnen wir beim Anblick der alten Dinge an der Identität zu zweifeln, so liegt der Gedanke nahe, sie im Augenblick zu suchen, in der Sekunde und ihrer Lust. Aus ihr errichtet sich der phantasmagorische Palast der Zeit. Durch ihre Kapillaren sickern die Jahrtausende. In unserem Leben suchen wir bald diese, bald jene Perspektive auf. Wir bleiben immer in den Vorhöfen.

In einer fremden Stadt zieht es mich zunächst zu den Märkten, dann zu den Friedhöfen. Oft liegen beide nah beisammen; das gilt besonders für die Gottesäcker auf alt geweihtem Grund. Es ist kein Zufall, daß es in so vielen Städten eine Marktkirche gibt. Der Marktfriedhof gehörte dazu.

Gräber umringen San Saturnino, die älteste Kirche von Cagliari, ein byzantinisches Juwel. Gräber sind in die von den Pisanern erbaute Kathedrale eingesenkt. Auf Marmortafeln entziffert das Auge im Halbdunkel unter Krummstäben und Kardinalshüten die Namen verschollener Bischöfe. Marmorhäupter ruhen auf marmornen Kopfkissen.

Der Vorplatz ist mit buntem Granit getäfelt; jedesmal, wenn ich die Platten beschreite, denke ich an meinen Gastfreund Valentino, der sie mit seinem Bruder Mario vor fünfzig Jahren behauen und aneinandergefügt hat. Beide sind sehr erfahren in der Behandlung des Granits, den sie bis in die Faser kennen; sie haben nicht nur als Werkleute und Meister, sondern auch als Künstler an ihm gearbeitet. Mittags schliefen sie in der Sonne wie Katzen auf dem Stein. Wenn der Erzbischof um diese Stunde die Kirche verließ, streckte er die Segenshand über sie aus.

In den Kirchen ruht es sich gut nach den Gängen durch die lärmenden Märkte, durch die stickigen Quartiere der Stadt. Tritt man aus ihrem Schatten in den südlichen Mittag zurück, so ist es, als würde ein rotes Tuch mit jäher Bewegung ausgeworfen, wie geschickte Händler es tun.

Zwei Zeiten, zwei Fahrzeuge. Ein Schritt führt aus der Ruhe der Jahrhunderte in den Wirbel des Augenblicks und seine Lust.

Die südliche Sonne bringt zwei entgegengesetzte Wirkungen hervor, indem sie den Gemüsen einen zarteren, den Kräutern einen kräftigeren Geschmack verleiht. Der Unterschied rührt daher, daß die einen im gut bestellten Boden nicht Zeit finden, die Fasern auszubilden, während die anderen an heißen Hängen und Mauern die Säfte eindicken. Sie stammen aus der Macchia oder werden noch dort gefunden, wie etwa der Rosmarin, der baumartig gedeiht. Er wächst in Gesellschaft von anderen stark duftenden Pflanzen wie des Ysop, der Raute, des Lavendels, des Thymians.

Der Fenchel ist hier wie dort zu Hause; er wird als Gemüse in den Gärten gezogen und als Würzkraut in den Bergen gesucht. Sein Grün zerfiedert sich zu zarten Schleiern, in die das Wasser durch Kapillaren steigt. Es wirkt ungemein erfrischend, besonders in der Frühe, wenn die Sinne noch empfänglich sind. Die Luft ist reiner, durchsichtiger als am Mittag; wenn wir vor den Toren wandern, scheinen die waldlosen Berge nahe herangerückt. Wir begegnen Hirten, die zu Fuß oder zu Pferde den Herden folgen, und zweirädrigen Karren, die, von rotbraunen Ochsen im Joch gezogen, zum Markt fahren. Sie sind hoch mit Gemüsen beladen; Schichten von Zwiebeln, Lauch und Fenchel sind auf schmaler Fläche getürmt. Das Weiß der Knollen scheint getrübt; es wird durch ein Geflecht hauchfeiner Würzelchen gedämpft. Bei jedem Schritt der Tiere bewegt sich wiegend die grüne Last. Inmitten des auf rote, gelbe und violette Töne gestimmten Landes erquickt der Anblick die Augen wie ein Krug kühlen Wassers den Dürstenden.

Einzeln oder in kleinen Gruppen kommen Mädchen und Frauen aus den Fruchtgärten. Sie tragen, ohne sie mit der Hand zu halten, breite geflochtene Körbe auf dem Kopf. Wenn sie dem Wanderer begegnen, setzen sie die Last zu Boden und laden mit einer Handbewegung zu den Früchten ein: den blauen, weißen und rötlichen Trauben, den reifen Feigen, den grünen Mandeln, die man mit einem Stein aufklopfen muß.

An dieser Spendung erstaunte mich in den ersten Jahren besonders der Umstand, daß dieselben Frauen, alte oder junge, wenn ich ihnen sonst begegnete, in keiner Weise von mir Notiz nahmen. Sie gingen auf orientalische Art vorüber, als ob sie den Schleier vorm Gesicht trügen. Doch wenn sie mit den Früchten kamen, veränderten sie sich auf wunderbare Art.

Valentino hat mehrere Gärten, den Gemüsegarten am Friedhof mit Wasserrad und Brunnen, den Weingarten an der Straße nach Castiadas, den kleinen Fruchtgarten, der an die Lagune des Rio Campus grenzt. Dieser ist mir der liebste – wie oft kam ich an ihm vorüber, wenn mich am Vormittag die Sonne durchglüht hatte. Kaum fand ich den Eingang, denn die zerfallene Mauer ist unter Brombeergesträuch verborgen, das die Opuntien durchflicht. Dann aber war es wie im Garten Eden, still, friedlich, unberührt. Was hier in Fülle reifte, schien kaum Arbeit zu fordern; die Reben zogen sich wie Unkraut durch das hohe Gras. Doch wenn man sie aufhob, waren sie von Früchten schwer. Da wuchs vor allem eine helle mit dünner Schale, die sich im Laub verbarg. Ebenso gab es Feigenbäume mit besonders guten Sorten; man mußte warten, bis die Fruchthaut gesprungen war. Nicht einfach war ein Pflaumenbäumchen wiederzufinden; es war klein und verwachsen, auch trug es nicht in jedem Herbst. Valentino hatte es mir gezeigt. Die Frucht war schmal und länglich wie eine übergroße Olive, goldgelb und von einer Süße, wie jemals auf einer Tafel, sei es im Norden oder Süden, sie gekostet zu haben ich mich nicht entsann. In manchen Jahren gab es dort auch Brombeeren. Meist aber war es so heiß, daß sie vor der Reife vertrockneten.

Nach langen Meer- und Sonnenbädern war dieser Garten die Oase vor dem staubigen Rückweg zur Stadt. Die Vögel flogen an und ab. Besonders eine blaue Amsel ist mir noch in Erinnerung und auch die grün und schwarz gescheckten Eidechsen, die sich auf dem Stein sonnten. Das waren Mittagsstunden, die viel Trübes aufwogen. Die Alte Mutter war im Festkleid, trat etwas näher und heimlicher heran.

Auch hier an den Rändern werden die Reiter immer seltener. Selbst Valentino hat sein Pferdchen abgeschafft, ohne das er vor kurzem noch kaum zu denken war.

Obwohl schon über sechzig und Invalide des Ersten Weltkriegs – Gewehrschuß in Mazedonien – rückte Valentino beritten zu Beginn des Zweiten als Freiwilliger ein. Er zog drei Jahre lang, halb marodierend, im Land umher und besorgte Proviant für eine Offiziersmesse. Wenn es ihm paßte, ging er auf Urlaub, um zu jagen; er läßt keine Gelegenheit dazu aus. Selbst als er vor 1914 in Assuan am Staudamm arbeitete, kam er allherbstlich herüber, wenn die Jagd aufging. Er verdiente damals ein Goldpfund am Tag; damit konnte er in Sardinien als großer Herr leben. Wie man sich »debrouilliert«, schnell und gewandt eine Lage erfaßt, um mit List und, wenn es sein muß, auch mutig, ihr die beste Seite abzugewinnen – das kann man von ihm lernen.

So, lässig im Sattel, die Flinte auf dem Rücken, von zwei, drei Hunden umspielt, sah ich ihn oft kommen, wenn wir uns am Strande zum Fischen verabredet hatten oder in der Macchia zur Jagd. Jeden Winkel hier kennend und weithin gekannt, bot er noch das Bild des Sarden aus der guten alten Zeit.

Heut stehen immer zwei, drei Autos im cortile, die den Söhnen gehören; der Schwiegersohn hat einen kleinen Lastwagen, die Töchter haben fahren gelernt. Innerhalb der zehn Jahre, während deren ich hier entweder im Frühling oder im Herbst jeweils einige Wochen verbracht habe, erlitt der Ort eine Veränderung, die bei uns ein Jahrhundert in Anspruch genommen hat. Daß die Technik Weltsprache ist, erweist sich, mehr noch als durch ihre Ausbreitung, durch die Geschwindigkeit, mit der sie erlernt werden kann.

Eins der wiederkehrenden Bilder ist das des verlorenen Paradieses: wir finden die heimische Stätte verwüstet, den Garten zerstört. Hier hat ein reicher Mann das Strandstück ummauert, an dem wir gebadet haben; an einem anderen unserer Lieblingsplätze steht jetzt ein Luxushotel. Um es mit Wasser und Strom zu versorgen, hat man das Flüßchen gestaut, dessen Bett nun vertrocknet ist. Damit fehlen Weide und Tränke für die Herden; die Hirten, an deren Feuer wir saßen, sind unten Kellner und Fahrer geworden oder gehen in die Fremde als Arbeiter. Obwohl viel weniger heiter, scheinen sie sich doch wohler zu fühlen, denn sie teilen nicht unser Heimweh nach den Zeiten, in denen das elektrische Licht fehlte.

Wenn in den ersten Septembertagen die Jagd aufgeht, durchstreifen nicht nur die Sarden, sondern auch Scharen von Kontinentalen das Revier. Die landenden Schiffe sind mit Jägern und Hunden überfüllt Die

Insel gilt seit altersher als wildreich und ist es noch heute in den Gebirgen und den geschützten Wäldern, in denen man den Hirsch, den Steinbock und das Mufflon trifft. Im bestellten Land ist das Wildschwein das einzige größere Tier, das zuweilen erlegt wird, wenn es sich in den Äckern und Weinbergen gütlich tut. Häufig ist das wilde Kaninchen, und man begegnet Jägern, deren Leibgurt rundum mit dieser im Fell schlotternden Beute behangen ist.

Die Hauptjagd gilt dem Flugwild, und wenn man es in der Macchia und den Mandelhainen oder an den Hecken und den Schilfgürteln rings um die Wasserstellen knallen hört, kann man wetten, daß auf Vögel geschossen wird. Begehrt ist vor allem das Felsenhuhn, das als Standwild europäischen Boden nur bei Gibraltar und auf Sardinien besetzt. Man sieht es beim Durchstreifen der heißen Hänge zu zweit oder dritt aufschwirren und nach kurzem, niedrigem Flug in Deckung gehen. Es muß daher mit Hunden gejagt werden. Der Vogel ist schwerer und bunter als unser Rebhuhn, auch wohlschmeckender. Er trägt einen roten Kragen, den ein Kollier von weißen Flecken säumt. Valentinos Hausfrau begrüßt ihn in ihrer Küche und kündet ihn an, bevor wir zum Strand gehen. Sie pflegt ihn zu halbieren, um die eine Hälfte am Spieß zu rösten, während die andere mit Rosmarin und Wacholder gedünstet wird. Zum Nachtisch gibt es dann Feigen, die aufgeschnitten und während des Vormittags in der Sonne getrocknet worden sind. Nachdem wir sie mit einer Mandel gespickt haben, schließen wir die Frucht wie eine Muschel wieder zu.

Wie überall auf den Inseln und Halbinseln des südlichen Europa, wimmelt es auch auf Sardinien im Herbst von ziehenden Wachteln, die dort entweder als Wintergäste bleiben oder die Reise nach Nordafrika fortsetzen. Im September erscheint die »Quaglia« auf den Speisekarten mit einer Ausdauer, die darauf schließen läßt, daß sie in Massen im Garn gefangen wird. Zuweilen sieht man sie auch, als Zier- und Singvogel gehalten, vor den Häusern in Käfigen.

Zu erwähnen sind noch einige Arten von Wildtauben, die als schnelle und scheue Flieger selten erlegt werden. Zu ihnen gehört die Felsentaube, ein Vogel, der die Grotten und Höhlen mariner Steilufer liebt. Sie nistet dort an unzugänglichen Plätzen, und ich verfolgte oft ihren pfeilschnellen Flug vom Boot oder vom oberen Rand der Klippe aus. Wenn man die felsigen Ufer umfährt, schwebt sie wie ein Geistervogel aus den Klüften heraus. Graue, blaue und rosige Töne verbinden sich auf die zarteste Art in ihrem Gefieder, das an der Halskrause, als ob es zu glühen begänne, bunt aufschillert.

Diese Montur und ihr Verhalten an der Steilwand begründen die Vermutung, daß die Felsentaube die Stammutter unserer Haustaube sei. Wenn diese halbverwildert in großen Schwärmen die Städte bevölkert, stellt sich aus ihren Rassen der Habitus der Urform wieder her.

Die Taube gilt als eines der Paradebeispiele für die Variabilität. Von solchen Wesen könnte man sagen, daß sie die Nähte am Schöpfungskleid besetzen; das macht sie besonders anziehend. Es gab zu allen Zeiten Taubennarren, wie es Tulpen- und andere Narren gegeben hat. Sie folgen einer Leidenschaft, die sich auf Wesen richtet, an denen die Natur ihre musterbildende Kraft zu erproben scheint. Ihre Verschwendung läßt auch den Menschen Maß und Sparsamkeit vergessen; das ist eine Verführung, der schon mancher Sammler erlegen ist.

Bei der Taube kommt noch ein anderes hinzu: die unmittelbare Neigung, zu der das Tier herausfordert. Der Mensch hat ihm daher auch in seinen Fabeln, Sprichwörtern und Gleichnissen viel Tugenden verliehen. Diese Ausstattung hält der Beobachtung nicht stand. Dennoch ist höhere Wahrheit in ihr verborgen, insofern als dem Liebhaber warm ums Herz wird, wenn er sich in den Anblick und in die Spiele seiner Lieblinge vertieft. Das zu gewähren, vermag die Taube auf besondere Weise; sie macht wie ein Juwel nicht nur den Reichtum sichtbar, sondern auch den Eros, der sich als Grundmacht in der Welt verbirgt. Überall, wo wir ein solches Fenster finden, wo wir eine der zahllosen Facetten liebevoll betrachten, wird das Universum auf diese Weise antworten.

ANNÄHERUNGEN. Drogen und Rausch, 1970

Qu'elle soit ramassée pour »le bien« ou pour »le mal«, la mandragore est crainte et respectée comme une plante miraculeuse … En elle sont renfermées des forces extraordinaires, qui peuvent multiplier la vie ou donner la mort. En une certaine mesure donc, la mandragore est »l'herbe de la vie et de la mort«.
Mircea Eliade in »Le culte de la mandragore en Roumanie«, »Zalmoxis«, 1938

13

Der Einfluß der Droge ist ambivalent; sie wirkt sowohl auf die Aktion wie auf die Kontemplation: auf den Willen wie auf die Anschauung. Diese beiden Kräfte, die sich auszuschließen scheinen, werden oft durch dasselbe Mittel hervorgerufen, wie jeder weiß, der einmal eine zechende Gesellschaft beobachtet hat.

Allerdings ist es fraglich, ob man den Wein zu den Drogen im engeren Sinne rechnen darf. Vielleicht wurde seine ursprüngliche Gewalt in Jahrtausenden des Genusses domestiziert. Mächtigeres, aber auch Unheimlicheres erfahren wir aus den Mythen, in denen Dionysos als Festherr mit seinem Gefolge von Satyrn, Silenen, Mänaden und Raubtieren erscheint.

Der Siegeszug des Gottes geschah in umgekehrter Richtung wie der Alexanders: von Indien über den Vorderen Orient nach Europa, und seine Eroberungen sind nachhaltiger. Dionysos gilt, gleich dem Adonis, als Stifter orgiastischer Feste, deren Periodik sich tief in die Geschichtswelt einflicht und mit denen ein üppiger Phallosdienst verbunden war. Dieser bildete nicht den Inhalt der Dionysien, sondern eine der Offenbarungen, die das Mysterium und seine bindende Kraft bestätigten. Demgegenüber konnten, einem alten Autor zufolge, »die Feste der Aphrodite auf Cythere fromme Kinderspiele genannt werden«.

Diese ursprüngliche Kraft des Weines ist geschwunden; wir sehen sie gemildert wiederkehren in den Herbst- und Frühlingsfesten der Weinländer. Nur selten tritt aus der Steigerung von Lebenslust, von Farben,

Melodien, grotesken Bildern noch eine Spur der alten Mysterienwelt mit ihrer unheimlich ansteckenden Gewalt hervor. Archaisches taucht dann in den Gesichtern, den Sprüngen und Tänzen auf. Vor allem die Maske gehört dazu, das Symbolon der »verkehrten Welt«.

Wenn wir die Triumphe von Alexander und Dionysos vergleichen, so berühren wir damit auch den Unterschied von historischer und elementarer Macht. Der Erfolg in der Geschichte, etwa die Eroberung Babylons, ist flüchtig und an Namen geknüpft. Der Augenblick kehrt in dieser Form nicht wieder; er bildet ein Glied in der Kette der historischen Zeit. Für Wandlungen innerhalb der Elementarwelt sind dagegen weder Namen noch Daten wichtig, und doch geschehen sie immer wieder, nicht nur unter-, sondern auch innerhalb der historischen Zeit. Sie brechen wie Magma aus der Kruste hervor.

Um beim Wein zu bleiben: Alexander mußte aus Indien weichen, während Dionysos noch heute als namenloser Festherr regiert. Der Wein hat Europa stärker verändert als das Schwert. Immer noch gilt er als Medium kultischer Wandlungen.

Der Austausch von neuen Giften und Räuschen, auch von Lastern, Fiebern und Krankheiten, entbehrt der festen Daten, mit denen sich eine Krönung oder eine Entscheidungsschlacht dem Gedächtnis einprägen. Das bleibt im Dunkel, im Wurzelgeflecht. Wir können die Vorgänge ahnen, doch weder ihren Umfang ermessen noch in ihre Tiefe eindringen.

Als Cortez 1519 in Mexiko landete, fiel das für die Europäer in die historische, für die Azteken in eine magische Weltordnung. Dort ist der Traum noch mächtiger als das wache Bewußtsein, die Ahnung bindet stärker als das Wort. Bei solchen Kontakten webt ein spiegelbildliches Hin und Her, das bald als Raub und bald als Gabe, dann wieder als Schuld und Sühne begriffen wird – etwa im Opfer: hier Montezuma, dort Maximilian, beide Kaiser von Mexiko. Unter der Oberfläche werden Keime, Bilder, Träume gegeben und empfangen in einem Wechsel, der Stämme vernichtet und andere befruchtet, doch dessen Wirken sich der exakten Beschreibung und Datierung entzieht.

14

Die Statistik kann, auch wo sie präzis ist, aus einem Problem nicht mehr als Ziffern herausholen. Das Problem wird in der Tiefe nicht davon berührt; es bleibt im eigentlichen Sinn des Wortes Streitfrage. Das gilt besonders für Gebiete, die an die Psyche angrenzen, wie für jedes Verhalten, auch das der Tiere, und nicht minder für unser Thema: die Drogen und der Rausch.

So hat man, um in diesem Zusammenhang eines der großen Geschenke Amerikas an Europa, den Tabak, zu erwähnen, ziemlich genaue Ziffern hinsichtlich des Verhältnisses gewonnen, das zwischen dem Nikotin und einer Reihe von Krankheiten besteht. Solche Ermittlungen gehören in das Gebiet der Ökonomie; man muß jedoch, um sie anzuerkennen, bereits den Begriff des »Nutzens« akzeptiert haben, unter dem sie getroffen sind.

Der Nutzen ist in diesem Falle hygienischer Natur. Indessen könnte mit dem Rauchen in anderer Hinsicht auch Gewinn verknüpft sein – schon das Wort »Genuß« deutet es an. Man könnte an die Behaglichkeit im Gespräch denken, an die Verkürzung einer langweiligen und an die Verflüchtigung einer trüben Stunde, an eine Assoziation, die eben auf diese Weise gefördert wird – an einen Augenblick des Glücks schlechthin. Jede Konzentration, aber auch jede Entspannung muß bezahlt werden. Ist der Genuß die Ausgabe wert? Hier ruht das Problem, zu dem die Statistik nur Daten liefern kann. Es taucht im Raucher vor jeder Zigarette auf.

Die Statistik bestätigt nur eine seit jeher bekannte Tatsache: daß die Droge gefährlich ist. Wer sich mit ihr einläßt, geht ein Risiko ein, das um so höher wird, je weniger er kalkuliert. In dieser Hinsicht freilich, zum Vergleich von Gewinn und Einsatz, hat die Statistik ihren Wert.

15

Wenn wir den Wein und den Tabak in die Betrachtung einbeziehen, so deshalb, weil es sich empfiehlt, von möglichst bekannten Größen auszugehen. Zum eigentlichen Thema gehören beide nur am Rand. Sie werden um so weniger davon berührt, je schärfer wir den Begriff der Droge abgrenzen. Für Baudelaire öffnet der Wein die Pforte zu den künstlichen Paradiesen neben dem Haschisch und dem Opium. Mit Recht widerstrebt es dem Freund des Weines, ihn als Droge anzusehen. Es ist ihm auch lieber, daß Winzer und Küfer, als daß Chemiker und Fabrikanten sich mit dem Wein beschäftigen. Immer noch sind ihm vom Anbau der Rebe bis zur Auferstehung der Traube aus dem Keller Sorgfalt und Kunst von Gärtnern und Handwerkern gewidmet; immer noch gilt er als Göttergeschenk von wunderbarer, verwandelnder Kraft. Blut der Erde, Blut der Götter zugleich.

Wollte man den Wein als Droge betrachten, so wäre das eine Feststellung unter anderen, wie etwa jene, daß er Alkohol enthält. Näher scheint jener Welt schon der Tabak zu stehen. Das Nikotin gibt eine Ahnung dessen, was in der Sphäre der Alkaloide möglich ist. In den Rauchopfern, die täglich auf dem Planeten gebracht werden, kündet sich die Leichtigkeit, die geistige Befreiung großer Flugträume an. Sie bringt jedoch, mit der Zauberkraft des Opiums verglichen, nur ein schwaches Anheben, eine gelinde Euphorie.

16

Wie viele etymologische Erklärungen, so ist auch die des Wortes »Droge« unbefriedigend. Es ist obskuren Ursprunges. Wie bei »Alkohol« gibt es Ableitungen aus dem Hispano-Arabischen, auch aus dem mittelalterlichen Latein. Die Herkunft vom niederländischen »drog«, trocken, ist wahrscheinlicher. Drogen waren Stoffe, die aus vielen Ländern über die Kräuterböden, die Drogerien, in den Handel gebracht und von Ärzten, Köchen, Parfümerie- und Spezereihändlern verwandt wurden. Von jeher haftete dem Wort ein Beiklang des Geheimnisvollen, der magischen Verrichtung, speziell auch morgenländischer Herkunft an.

In unserem Zusammenhang ist »Droge« ein Stoff, der Rausch erzeugt. Allerdings muß etwas Spezifisches dazukommen, das diese Stoffe unterscheidet von solchen, die als Medizin oder zum reinen Genuß dienen. Dieses Spezifische ist nicht im Stoff, sondern in der Absicht zu suchen, denn sowohl Medizinen wie Genußmittel können auch in diesem engeren Sinn als berauschende Drogen verwandt werden.

Shakespeare spricht einmal im »Sommernachtstraum« vom »gemeinen« Schlaf, den er unterscheidet vom stärkeren, magischen Bann. Der eine bringt Träume, der andere Visionen und Prophezeiungen. Ähnlich zeigt auch der durch die Droge erzeugte Rausch besondere, schwer zu umschreibende Wirkungen. Wer ihn erstrebt, verfolgt besondere Absichten. Und wer das Wort »Droge« in diesem Sinn verwendet, setzt ein Einverständnis des Hörers oder des Lesers voraus, das sich nicht more geometrico definieren läßt. Er betritt mit ihnen ein Grenzgebiet.

17

Aufgüsse und Konzentrate, Abkochungen und Elixiere, Pulver und Pillen, Salben, Pasten und Harze können in diesem spezifischen Sinn als Drogen verwandt werden. Der Stoff kann fest, flüssig, rauch- oder gasförmig sein; er kann gegessen, getrunken, eingerieben, inhaliert, geraucht, geschnupft, gespritzt werden.

Um den Rausch zu erzeugen, bedarf es nicht nur eines bestimmten Stoffes, sondern auch einer gewissen Menge oder Konzentration. Die Dosis kann zu gering oder zu stark sein – im ersten Fall wird sie nicht über die Nüchternheit hinaus-, im zweiten wird sie in die Bewußtlosigkeit hineinführen. Bei der Gewöhnung an eine Droge fällt es bekanntlich immer schwerer, den Mittelweg zu halten – auf der einen Seite wird die Depression, auf der anderen die Dosis bedrohlicher. Der Preis wird immer höher, der für die Lust gefordert wird. Da heißt es umkehren oder zugrunde gehen.

Wenn die Wirkung der Droge nachläßt, kann entweder die Menge oder die Konzentration erhöht werden. Das ist der Fall des Rauchers oder des Trinkers, der zunächst den gewohnten Konsum steigert und dann zu stärkeren Sorten übergeht. Damit deutet sich zugleich an, daß ihm der reine Genuß nicht mehr genügt. Eine dritte Möglichkeit liegt in der Veränderung der Periodik – im Übergang von der täglichen Gewöhnung zum seltenen, festlichen Exzeß.

In diesem dritten Falle wird nicht die Dosis gesteigert, sondern die Empfänglichkeit. Der Raucher, der die Disziplin aufbringt, sich mit einer Morgenzigarette zu begnügen, wird dennoch insofern auf seine Kosten kommen, als er eine Intensität des Genusses erreicht, die ihm trotz einem viel stärkeren Konsum bislang fremd geblieben war. Das trägt allerdings wiederum zur Versuchung bei.

18

Die Sensibilität kann äußerst stark und entsprechend die Dosis gering, ja minimal werden. Wir wissen seit Hahnemann, daß selbst feinste Spuren von Stoffen wirksam werden können, und die moderne Chemie bestätigt es. Immer muß aber dem Rezept auch eine rezeptive Bereitschaft zur Seite stehen. Daher helfen homöopathische Medizinen nicht jedermann; sie setzen ein homöopathisches Verhalten voraus. Dem Feinfühligen genügt eine Andeutung. Das ist ein allgemeines Gesetz, nicht nur im Rahmen der Hygiene, sondern der Lebensführung überhaupt. Andererseits gilt das Sprichwort: »Auf einen groben Klotz gehört ein grober Keil.«

Die Dosis kann also minimal werden. Auch können unter Umständen Stoffe berauschen, die als neutral gelten, wie die Atemluft. Darauf beruht die »Idee des Doktor Ox« von Jules Verne. Unter der Vorspiegelung, eine Gasanstalt bauen zu wollen, verändert der Doktor Ox in einer Kleinstadt durch Zufuhr von reinem Sauerstoff auf rauschhafte Weise die Mentalität der Einwohner. Durch Konzentration wird also ein Stoff »giftig«, den wir mit jedem Atemzug einholen. Paracelsus: »Sola dosis facit venenum.«

Der Doktor Ox hat die Luft destilliert. Das läßt vermuten, daß sie für sensible Naturen an sich berauschend werden kann. So ist es in der Tat. Es wird wohl wenig Menschen geben, denen sich nicht, wenigstens für Augenblicke, das Goethesche »Jugend ist Trunkenheit ohne Wein« verwirklichte. Gewiß ist dazu die unberührte Bereitschaft nötig, die zu den Kennzeichen der Jugend gehört. Immer aber werden auch äußere Faktoren mitwirken, seien es »höhere Potenzen« bekannter oder unbekannter Stoffe, seien es atmosphärische Einflüsse. In den Romanen finden sich Floskeln wie: »Die Luft war wie Wein«. Die »unerklärliche Heiterkeit« steigt aus fast immateriellen Quellen auf.

Doch kann die »gute Stunde« auch Melancholie bringen. Sie hat oft mahnende, warnende Kraft und ist in dieser Eigenschaft nicht minder günstig, denn oft künden sich drohende Gefahren auf solche Weise an. Neben Wahrnehmungen, die ebenso schwer zu erklären wie zu bestreiten sind, gibt es viele, zu deren Begründung die verfeinerte Empfindsamkeit genügt. Alexander von Humboldt beschäftigt sich in seiner »Reise in die Äquinoktialgegenden« ausführlich mit den Erscheinungen, die den Vulkanausbrüchen und Erdbeben vorausgehen, und in diesem Zusammenhang mit der Beunruhigung von Menschen und Tieren, die man ebenso gut als Ahnung wie als Wahrnehmung bezeichnen kann.

19

Immer wieder bis auf den heutigen Tag hat man Stoffe oder psychogene Kräfte gewissermaßen aus der Atmosphäre zu extrahieren versucht. So Mesmer, der, vom Magnetismus ausgehend, ein »Fluidum« zu erkennen glaubte, das dem menschlichen Körper entströme und in bestimmten Gegenständen wie in Akkumulatoren zu speichern sei. Der Mesmerismus hat in der Heilkunst kaum mehr als eine Mode gemacht, wohl aber leben Einflüsse in der Dichtung nach. Er hat vor allem E. Th. A. Hoffmann fasziniert. Schon Mesmers Dissertation hatte Aufsehen erregt. »De planetarum influxu« könnte als Titel auch über einer Betrachtung von Novalis oder einem Beitrag im »Athenäum« stehen.

Weniger bekannt geworden und doch bedeutender als Mesmer ist Carl-Ludwig von Reichenbach, der sich nicht nur als Naturphilosoph, sondern auch als Geologe, Chemiker und Industrieller auszeichnete. Reichenbach wollte im »Od« einen Stoff erkannt haben, dessen Kraft oder Ausstrahlung sich dem Mesmerschen Fluidum vergleichen läßt. Dieses Od, obwohl überall in der Natur vorhanden, wird nur von zart organisierten Wesen wahrgenommen, die Reichenbach die Sensitiven oder bei besonderer Feinfühligkeit die Hochsensitiven nennt.

Reichenbach, in dem sich die naturphilosophische Begabung mit naturwissenschaftlicher Exaktheit vereinigt, bemühte sich, das Od experimentell nachzuweisen, und bediente sich dazu der Sensitiven, etwa derart, wie ein Kurzsichtiger seine Brille benutzt. Er entwickelte dazu Verfahren, die wir heute als Tests bezeichnen würden, zwar ohne Anwendung von Apparaten, doch mit sehr feinen Differenzierungen. So schied etwa als Sensitiver aus, wer zwischen der spitzen und der stumpfen Seite eines Hühnereies, das er zwischen zwei Fingern halten mußte, keinen Temperaturunterschied fand. Reichenbach unternahm das Wagnis, in Regionen einzudringen, die, obwohl weder fern noch verschlossen, den groben Sinnen unzugänglich sind.

Die Physiker wollten jedoch vom Od ebensowenig wie die Psychiater und Neurologen von den Sensitiven Notiz nehmen. Das bekümmerte Reichenbach als Naturwissenschaftler, als Philosoph konnte er sich darüber hinwegsetzen. Er kam mit seinen Ideen in eine denkbar ungünstige Zeit. Noch stärker gilt das für Fechner, der das mathematisch-physikalische Weltbild als die »Nachtseite« des Universums ansah und für seine »Psychophysik« aus Reichenbachs Schriften den größten Nutzen zog.

Fechners Gedanken über die Beseelung der Himmelskörper und der Pflanzen mußten in einer Zeit verhallen, in der mechanistische Theorien sich mit unerhörter Wucht Bahn brachen. In der Medizin bereitete sich der massive Positivismus vor, aus dessen Hybris heraus ein Chirurg sich rühmte, er habe bei seiner Arbeit noch nie eine Seele erblickt.

Solche Gegensätze innerhalb der Anschauung erwecken den Eindruck, als ob der Geist sich in zwei Flügeln eines Hauses beschäftigte, zwischen denen es keine Türen gibt. Man könnte auch an einen Doppelspiegel denken, dessen Seiten von einer undurchsichtigen Schicht geschieden sind. Immerhin kommen stets wieder Zeiten, die sich der Einheit der Anschauung annähern. Sie kann nie absolut gelingen, denn sowohl das mathematisch-physikalische Weltbild als auch das naturphilosophische der Reichenbach und Fechner sind nur Aspekte des »Innren der Natur«.

20

Die Dosis, die zum Rausch führt, kann also minimal sein, wenn die Bereitschaft genügt. Auch in dieser Hinsicht gibt es Sensitive, die besonders anfällig sind. Die Normen, die der Gesetzgeber aufzustellen sich veranlaßt sieht, etwa im Verkehrsrecht, geben nur einen groben Maßstab ab. Er wird immer strenger werden, weil die empirische Welt täglich neue Beweise dafür bringt, daß in Rausch und Technik zwei Mächte zusammenstoßen, die sich ausschließen. Das gilt freilich nicht für die Droge überhaupt. Vielmehr nehmen die Zahl der Mittel und der Umfang ihrer Anwendung ununterbrochen zu. Es mehren sich die Leistungen, bei denen die angemessene Drogierung nicht nur geboten, sondern unumgänglich ist. Das wird zu einer besonderen Wissenschaft.

Die Bereitschaft, die zum Rausch führt, kann so stark werden, daß reine Verhaltensweisen genügen und Mittel sich erübrigen. Das ist vor allem der Askese vorbehalten; ihr enges Verhältnis zur Ekstase ist seit jeher bekannt. Zur Enthaltsamkeit, zum Wachen und Fasten kommt die Einsamkeit, die auch dem Künstler und dem Gelehrten immer wieder Kraft spendet. Das Anfluten von Bildern in der Thebais: Televisionen, die nicht auf Drogen, geschweige denn auf Apparate angewiesen sind.

Der Denker, der Künstler, der gut in Form ist, kennt solche Phasen, in denen neues Licht zuflutet Die Welt beginnt zu sprechen und dem Geist mit quellender Kraft zu antworten. Die Dinge scheinen sich aufzuladen; ihre Schönheit, ihre sinnvolle Ordnung tritt auf eine neue Weise hervor. Dieses In-Form-Sein ist vom physischen Wohlbehagen unabhängig; oft steht es in Gegensatz zu ihm, fast als ob im Zustand der Schwächung die Bilder leichter Zugang fänden als sonst. Allerdings hat schon Reichenbach davor gewarnt, Sensitivität und Krankheit zu verwechseln – doch ist es nicht einfach, hier dem Irrtum zu entgehen. Das zeigt sich besonders bei den Disputen, in denen vom Werk her auf die Psyche des Künstlers geschlossen wird. Es ist kein Zufall, daß gerade unsere Zeit reich an solchen Streitfällen ist Wahrscheinlich gehen nicht nur produktiven Phasen im Leben des Einzelnen, sondern auch dem Stilwandel innerhalb der Kulturen Zustände erhöhter Bereitschaft voraus. Sie zeitigen notwendig eine babylonische Verwirrung sowohl der Formensprache als auch der Sprache überhaupt.

21

Jung-Stilling bezeichnet dieBereitschaft als »Ahnungs-Vermögen« und meint damit eine erhöhte Empfänglichkeit, die durch Lebensführung erreicht werden kann. »Endlich aber kann auch ein reiner gottergebener Mensch durch lange Übungen und im Wandel vor Gott in Entzückungen und in den Zustand magnetischen Schlafs gelangen.« Nach ihm »wirkt die Seele im natürlichen Zustand durch das Gehirn und die Nerven, im magnetischen ohne beide«. Erst nach dem Tode gewinnt der Mensch die volle Kraft des hellsehenden Schlafes, da er sich nun ganz vom Körper getrennt hat, und diese Fähigkeit ist weit vollkommener, als sie im Leben erreicht werden kann.

Jung-Stillings mit Ahnungsvermögen Begabte entsprechen ungefähr den Reichenbachschen Hochsensitiven; nach heutigem Sprachgebrauch könnte man sie als äußerst seltene, doch immer wieder auftretende Mutanten auffassen. Das Ahnungsvermögen kann entwickelt werden, muß aber angeboren sein. Damit erklärt Jung-Stilling unter anderem Fälle, in denen warnende Träume oder Erscheinungen nicht dem Bedrohten, sondern einem Dritten zuteil werden, der für ihn die Rolle des Empfängers spielt. Diese Fähigkeit braucht nicht mit ethischer oder geistiger Begabung gekoppelt zu sein; sie kann sowohl in einer dumpfen wie in einer genialen Existenz auftreten. In der Gestalt des Fürsten Myschkin schildert Dostojewski einen Typ von hochentwickeltem Ahnungsvermögen, der auf seine Umwelt den Eindruck eines Idioten macht.

In alten und neuen Biographien stößt man immer wieder auf die Figur des Sensitiven, der vor einem Feuer, einem Blitzschlag oder einem anderen Unglück, von unbezwinglicher Unruhe oder Atemnot ergriffen, den Raum verläßt, in dem er mit anderen, die sorglos bleiben, beisammen war.

22

Zustände der Exzitation oder der Meditation, die denen des Rausches ähnlich sind, können auch auftreten, ohne daß toxische Mittel verwandt worden sind. Das weist darauf hin, daß durch die Droge Kräfte geweckt werden, die umfassender sind als die einer spezifischen Intoxikation. Sie ist ein Schlüssel zu Reichen, die der normalen Wahrnehmung verschlossen sind, doch nicht der einzige.

Für das, was erstrebt wird, dürfte der Begriff des Rausches nicht ausreichen, falls er nicht auf eine Weise erweitert wird, die mannigfaltige und auch konträre Erscheinungen umgreift. Wir begannen ja mit der Feststellung, daß die Droge sowohl auf den Willen wie auf die Anschauung wirkt. Innerhalb dieser Ambivalenz gibt es eine große Skala, die nach beiden Seiten zur Bewußtlosigkeit führt und endlich zum Tod. Die Drogen können als Exzitantien und Stimulantien, als Somnifera, Narcotica und Phantastica begehrt werden; sie dienen sowohl zur Betäubung wie zur Anregung. Hasan Sabbâh, der Alte vom Berge, war mit dieser Skala in ihrem vollen Umfang vertraut. Er führte die Fedavis, die Geweihten, die später auch die Assassinen genannt wurden, aus der Ruhe künstlicher Paradiese bis zum rasenden Amoklauf gegen Fürsten und Statthalter. Nichts Gleiches, wohl aber Verwandtes findet sich innerhalb der Verstrickung unserer technischen Welt. Zu ihren Tendenzen gehören sowohl die Flucht in die Betäubung wie die Steigerung der Motorik durch Stimulantien.

Der Gesetzgeber muß diese Fülle vereinfachen. Er sieht den Rausch als den »durch Rauschgifte bewirkten Zustand, insbesondere die akute Alkoholvergiftung« an. Ihm liegt es ob, zu entscheiden, wo individuell der Rausch mit einer Tat, auch einem Unterlassen, zu schaffen hatte oder nicht. Zu beurteilen, mit welcher Bewußtseinslage die strafbare Abweichung beginnt, ist schon deshalb schwierig, weil es Drogen gibt, die wenigstens zeitweilig die technische Leistung begünstigen. Die Wettkämpfer haben solche Mittel zu allen Zeiten gekannt, doch die Grenze ist flüssig, die das Doping von der erlaubten Anregung trennt.

Alljährlich kommen neue Drogen in den Handel, deren Gefährlichkeit oft erst erkannt wird, wenn sie bereits Schaden getan haben. Bei anderen ist die Schädigung minimal, doch summiert sie sich in Jahrzehnten der Anwendung auf oft verhängnisvolle Art. Das gilt für anregende Drogen wie den Tabak und auch für betäubende wie die leichten Schlafmittel. Dazu kommt, daß Stimulantia und Narcotica oft nebeneinander oder, besser gesagt, gegeneinander gebraucht werden. Die Säge geht hin und her. Man könnte auch an die Belastung einer Waage denken: zu jedem Gewicht wird ein Gegengewicht auf die Schalen gelegt. So wird ein künstliches Äquilibrium gehalten, bis eines Tages der Waagbalken bricht.

23

Der Unbeteiligte, der Nüchterne, bemerkt am Spektrum des Rausches vor allem jene Seite, auf der Bewegung stattfindet. Dort ist das Anderssein nicht zu ignorieren; es kündet sich weithin den Augen und Ohren an. Die Worte für diesen Zustand beziehen sich, wenigstens in den Bier- und den Weinländern, entweder auf das übermäßige Trinken oder auf die gesteigerte Aktivität. Meist führen sie sich auf das lateinische »bibo« und »ebrius«, auf das althochdeutsche »trinkan« und das gotische »drigkan« zurück.

»Rauschen« dagegen bezeichnet eine lebhafte Bewegung, etwa von Flügeln, die auch akustisch, als »Geräusch«, bemerkbar wird. Die Bewegung kann heftig werden – das angelsächsische »rush« für »stürzen« gehört hierher. Zu denken ist ferner an erhöhte, vibrierende Vitalität. »Rauschzeit« ist Paarungszeit. Vom Eber sagt man, daß er dann »rauschig« wird. Insekten und Vögel versammeln sich zu Schwärmen; gleich nach dem Hochzeitsflug fallen den Termiten die Flügel ab.

Rauschzeit ist Schwarmzeit; Menschen und Tiere versammeln sich. Schon deshalb ist die aktive, willensmäßige Seite des Rausches besser bekannt. Der Berauschte scheut die Gesellschaft nicht; er fühlt sich wohl im festlichen Trubel und sucht nicht die Einsamkeit. Oft benimmt er sich auffällig, doch genießt er hinsichtlich seines Verhaltens eine größere Lizenz als der Nüchterne. Den Lachenden sieht man lieber als den Betrübten; der Angeheiterte wird mit Wohlwollen betrachtet, oft auch als jener, der die Langeweile vertreibt und die Stimmung belebt. Ein Bote des Dionysos tritt ein und öffnet das Tor zur närrischen Welt. Das wirkt selbst auf den Nüchternen ansteckend.

Diese gesteigerte und nicht zu übersehende Aktivität hat dem Wort »Rausch« den Akzent erteilt. Ganz allgemein beansprucht die sichtbare Seite der Dinge auch in der Sprache einen stärkeren Anteil als die verborgene. Ein Beispiel dafür bietet das Wort »Tag«. Wenn wir es aussprechen, umfassen wir damit zugleich die Nacht. Die Lichtseite bezieht also den Schatten mit ein. Wir denken gemeinhin kaum darüber nach. Ganz ähnlich bezieht das Wort »Rausch«, obwohl es die augenfällige Steigerung der Lebenskräfte betont, auch ihre Dämpfung mit ein: die lethargischen und reglosen, dem Schlaf und dem Traum ähnelnden Zustände.

Der Rausch äußert sich in verschiedenen, oft konträren Erscheinungen; die Droge erzeugt ebenso verschiedene Wirkungen. Trotzdem ergänzen sich beide zu einem Komplex von großer Spannweite. Hasan Sabbâh soll seine Assassinen durch ein und dasselbe Mittel, den Haschisch, sowohl in die Welt glückseliger Träume wie in die des Mordes geführt haben.

24

Wer sich betäuben will, verhält sich anders als jener, der sich nach Art der Schwärmer zu berauschen gedenkt. Er sucht nicht die Gesellschaft, sondern die Einsamkeit auf. Er steht der Sucht näher, daher pflegt er sein Tun zu verbergen, dem auch die festliche Periodik fehlt. Der »heimliche Trinker« gilt als bedenklicher Typ.

Wer sich schwer und gewohnheitsmäßig betäubt, ist schon deshalb auf Heimlichkeit angewiesen, weil die Droge fast immer aus dunklen Quellen stammt. Ihr Genuß führt in eine Zone der Illegalität. Es gehört daher zu den Anzeichen beginnender Anarchie, wenn derart Berauschte die Öffentlichkeit nicht mehr scheuen. So konnte man nach dem Ersten Weltkrieg in den Cafés Drogierte beobachten, die dort »Löcher in die Luft starrten«.

Der Betäubte meidet aber nicht nur deshalb die Gesellschaft, weil er sie aus verschiedenen Gründen zu fürchten hat. Er ist seiner Natur nach auf Einsamkeit angewiesen; sein Wesen ist nicht mitteilender, sondern empfangender, rezeptiver Natur. Er sitzt wie vor einem magischen Spiegel, regungslos in sich selbst versunken, und immer ist es dieses Selbst, das er genießt, sei es als reine Euphorie, sei es als Bildwelt, die sein Inneres erzeugt und die auf ihn zurückflutet. So gibt es Lampen, deren fluoreszierendes Licht einen grauen Stein in eine Goldstufe verwandeln kann.

Baudelaire, der den Haschisch »eine Waffe zum Selbstmord« nennt, erwähnt unter anderen Wirkungen die außerordentliche Kälte nach dem Genuß der Droge, den er zur »Klasse der einsamen Freuden« zählt. Dieses Frieren, das auch andere Phantastica erzeugen, ist nicht nur physischer Natur. Es ist auch ein Zeichen der Einsamkeit.

25

Narkissos war der Sohn eines Flußgottes und einer Nymphe, der Liriope. Die Mutter war von seiner Schönheit ebenso entzückt wie durch seine Kaltsinnigkeit erschreckt. Um sein Schicksal besorgt, fragte sie den Seher Teiresias um Rat und hörte von ihm das Orakel: ihrem Sohn werde, falls er sich selbst nicht kennenlernen würde, ein langes Leben beschieden sein. Das rätselhafte Wort ging in Erfüllung, als Narkissos eines Tages, von der Jagd heimkehrend, sich durstig über einen Quell beugte und in ihm sein Spiegelbild sah. Der Jüngling verliebte sich in das Phantom, und er verzehrte sich in ungestillter Sehnsucht nach dem eigenen Bilde, bis er zugrunde ging. Die Götter verwandelten ihn in eine Blume von betäubendem Duft, in die Narzisse, die noch heute seinen Namen trägt und deren Blüte sich gern über stille Gewässer neigt.

Wahrscheinlich haben sich vom Narkissos-Mythos, wie von so vielen anderen, nur Rudimente erhalten; sein großes Thema scheint die Sehnsucht gewesen zu sein. Ihr erlag auch die Nymphe Echo, die sich vergeblich nach der Umarmung des Narkissos sehnte und sich vor Gram verzehrte, bis endlich von ihr nichts mehr als die Stimme blieb.

Narkissos lernte sich kennen, doch er erkannte sich nicht. »Erkenne dich selbst!« stand über dem Apollo-Tempel zu Delphi; Narkissos scheiterte wie so viele andere vor und nach ihm an dieser schwersten der Aufgaben; er suchte vergeblich sein Selbst in seinem Spiegelbild. Das Wort »erkennen« hat doppelte Bedeutung; Narkissos läßt sich auf ein erotisches wie Faust auf ein geistiges Wagnis ein.

Eben diese verzehrende Sehnsucht ist auch ein Kennzeichen der Droge und ihres Genusses; die Begier bleibt immer wieder hinter der Erfüllung zurück. Die Bilder locken wie eine Wüstenspiegelung; der Durst wird brennender. Wir können auch an den Einstieg in eine Grotte denken, die sich in ein Labyrinth von immer engeren und unwegsameren Gängen verzweigt. Dort droht das Schicksal Elis Fröboms, des Helden in Hoffmanns »Bergwerken zu Falun«. Er kommt nicht wieder, ist der Welt verloren, und ähnlich erging es dem Mönch von Heisterbach, der sich im Wald verirrte und erst nach dreihundert Jahren wieder in sein Kloster fand. Dieser Wald ist die Zeit.

26

Wir halten die Stoffe, die den narkotischen Rausch erzeugen, für feiner, ätherischer als jene, die den Willen anspannen. Faust wird nach der großen Beschwörung im nächtlichen Studierzimmer zunächst zu den wüsten Zechern in Auerbachs Keller und dann erst in die Hexenküche geführt.

Wir sprechen vom »narkotischen Duft«. Das Wort stammt vom griechischen ναρκόω, ich betäube, ab. Im Süden gibt es Narzissenarten, deren Duft als gefährlich gilt. Euphorie und Schmerzlosigkeit folgen der Einatmung flüchtiger Substanzen wie der des Lachgases oder des Äthers, der um die Jahrhundertwende auch einmal als Genußmittel in Mode gewesen ist und dem Maupassant eine Studie gewidmet hat. In der klassischen Magie wird immer wieder der Rauch erwähnt, der nicht nur betäubt, sondern auch als feines Medium für die der Betäubung folgenden Visionen dient. Wir finden solche Szenen in »Tausend und einer Nacht«, aber auch noch bei Autoren wie Cazotte, Hoffmann, Poe, Kubin und anderen.

Die Vermutung liegt nahe, daß diese der Anschauung zugewandte Seite des Rausches auch die qualitativ bedeutendere ist. Wenn wir uns darüber ein Urteil bilden wollen, müssen wir auf die gemeinsame Wurzel zurückgreifen, aus der so verschiedenartige Formen der Imagination aufsteigen. Das Wagnis, das wir mit der Droge eingehen, besteht darin, daß wir an einer Grundmacht des Daseins rütteln, nämlich an der Zeit. Das freilich auf verschiedene Weise: je nachdem, ob wir uns betäuben oder stimulieren, dehnen oder komprimieren wir die Zeit. Damit hängt wiederum die Begehung des Raumes zusammen: hier das Bestreben, die Bewegung in ihm zu steigern, dort die Starre der magischen Welt.

Wenn wir die Zeit, wie es von jeher geschehen ist, einem Strom vergleichen, so scheint er sich dem Stimulierten zu verengen, schneller zu fließen, in Wirbeln und Kaskaden zu Tal zu sprühen. Dem folgen die Gedanken, die Mimik und Gestik; der so Berauschte denkt und handelt geschwinder und impulsiver als der Nüchterne, auch weniger berechenbar.

Unter dem Einfluß narkotischer Mittel dagegen verlangsamt sich die Zeit. Der Strom fließt ruhiger; die Ufer treten zurück. Mit der beginnenden Betäubung treibt das Bewußtsein wie in einem Boot auf einem See, dessen Grenzen es nicht mehr erblickt. Die Zeit wird uferlos; sie wird zum Meer.

So kommt es zu den endlosen Opiumträumen, die de Quincey beschreibt. Er wähnt, »für Jahrtausende in den Eingeweiden ewiger Pyramiden bestattet zu sein«. In den »Suspiria de Profundis«, einer Essay-Sammlung, die ein Vierteljahrhundert nach den »Confessions« erschienen ist, blickt er auf diese ungeheure Ausweitung der Zeit zurück und sagt, sie zu schildern, würden astronomische Maßstäbe nicht ausreichen. »Ja, lächerlich wäre es, den Zeitraum, den man während eines Traumes durchlebt, nach Generationen zu bestimmen – oder selbst nach Jahrtausenden.«

Das Gefühl der Entfernung vom menschlichen Zeitbewußtsein überhaupt wird auch von anderen bestätigt, so von Cocteau: »Tout ce qu'on fait dans la vie, même l'amour, on le fait dans le train express qui roule vers la mort. Fumer l'opium, c'est quitter le train en marche; c'est s'occuper d'autre chose que de la vie, de la mort.«

27

Die Zeit läuft schneller am animalischen, langsamer am vegetativen Pol. Von hier aus fällt auch Licht auf das Verhältnis der Narcotica zum Schmerz. Die meisten Menschen werden mit den Narcoticis dank deren anästhetisierenden Eigenschaften bekannt. Zur Gewöhnung führt das damit verbundene Glücksgefühl, die Euphorie. Daß die Depressiven besonders leicht dem Morphium anheimfallen, erklärt sich daraus, daß von ihnen bereits die Existenz an sich als schmerzhaft empfunden wird.

Viele Narcotica sind zugleich Phantastica. Sertürner hat, indem er 1803 das Morphium isolierte, die schmerzstillende Potenz des Opiums von der eidetischen getrennt. Er hat damit zahllosen Leidenden geholfen, aber zugleich dem Mohnsaft, wie ihn Novalis besingt, die Farben geraubt.

Wer der Bildwelt zustrebt, will durch das Narcoticum weder dem Schmerz entgehen noch Euphorie genießen; er sucht das Phantasticum.

Ihn bewegt nicht die Furcht vor dem Leiden, sondern höhere Neugier, vielleicht auch Vermessenheit. In das Zauber- und Hexenwesen des Mittelalters spielt immer wieder die Welt der Alkaloide ein: die Beschwörung mit Hilfe von Tränken, Salben und Dünsten, von Mandragora, Stechapfel, Bilsenkraut.

28

Die Beschwörung wurde in jenen Zeiten zu den Kapitalverbrechen gezählt. Die Erscheinungen waren glaubwürdiger als heut. Für Faust ist das Geisterreich, obwohl bereits weithin zur Geisteswelt geworden, noch »nicht verschlossen«, doch ihn bewegt nur noch die Sorge, ob die Beschwörung gelingt. Religiöse oder moralische Bedenken quälen ihn nicht mehr.

Ganz ähnlich stellt sich in unserer Zeit dem geistigen und dem musischen Menschen die Frage, was die Droge gewähren kann. Ihm kann letzthin nicht an der motorischen Steigerung der Kräfte, am Glück oder gar an Schmerzlosigkeit gelegen sein. Ihm geht es nicht einmal um Schärfung und Verfeinerung der Einsicht, sondern wie in Faustens Kabinett um »Eintretendes«.

Dieses Eintreten bedeutet nicht, daß neue Fakten bekannt werden. Nicht die Bereicherung der empirischen Welt ist gemeint. Faust strebt aus dem Studierzimmer hinaus, in dem ein Wagner zeitlebens verharren und sich glücklich fühlen wird. »Zwar weiß ich viel, doch möcht ich alles wissen« – das hat kein Ende, und in diesem Sinne gehört auch die Entdeckung Amerikas zu den Fakten; kein Raumschiff führt aus ihrer Welt hinaus.

Keine Akzeleration, selbst wenn sie bis zu den Sternen trüge, kann das Urwort »Dir kannst du nicht entfliehen« außer Kraft setzen. Das gilt auch für die Steigerung der Lebenskraft. Die Multiplikation und selbst die Potenzierung verändern die Grundzahl nicht. Vom Eintretenden wird anderes erwartet als eine Steigerung dynamischer oder vitaler Art. Zu allen Zeiten erhoffte man von ihm eine Mehrung, eine Ergänzung, eine Hinzufügung. Das bedeutet nicht Potenzierung, sondern Addition.

Bei der Beschwörung, sei es mit Hilfe der Askese oder anderer Mittel, war früher kein Zweifel daran, daß Fremdes hinzuträte. Inzwischen hat das Denken eine Macht gewonnen, der gegenüber diese Überzeugung nur noch durch Nachhuten verteidigt wird. Es bleibt aber nur von spiegelbildlicher Bedeutung, ob ein Hinzutretendes von außen oder von innen kommt, ob es also dem Universum oder der eigenen Tiefe entstammt.

Nicht der Punkt, an dem die Sonde gesetzt wird, entscheidet, sondern jener, den sie erreicht. Dort überzeugt die Erscheinung mit solcher Stärke, daß für die Frage nach ihrer Realität, geschweige denn nach ihrer Herkunft, weder Raum noch Bedürfnis bleibt. Wo Gründe, Autoritäten oder gar Machtmittel nötig sind, um ihre Realität zu sichern, hat die Erscheinung schon die Macht verloren; sie wirkt nun wie ein Schatten oder ein Echo fort. Die Bereitschaft aber muß immer gewahrt bleiben.

IV. ERZÄHLTES

AUF DEN MARMORKLIPPEN, 1939

17

Es fiel uns auf, daß jene Tage, an denen uns der Spleen erfaßte, auch Nebeltage waren, an denen das Land sein heiteres Gesicht verlor. Die Schwaden brauten dann aus den Wäldern wie aus üblen Küchen und wallten in breiten Bänken auf die Campagna vor. Sie stauten sich an den Marmorklippen und schoben bei Sonnenaufgang träge Ströme ins Tal hinab, das bald bis an die Spitzen der Dome im weißen Dunst verschwunden war. Bei solchem Wetter fühlten wir uns der Augenkraft beraubt und spürten, daß sich das Unheil wie unter einem dichten Mantel ins Land einschlich. Wir taten daher gut, wenn wir den Tag bei Licht und Wein im Haus verbrachten; und dennoch trieb es uns oft, hinauszugehen. Es schien uns nämlich nicht allein, daß draußen die Feuerwürmer ihr Wesen trieben, sondern als ob zugleich das Land sich in der Form veränderte – als ob sich seine Wirklichkeit verminderte.

Daher beschlossen wir oft auch an Nebeltagen, auf Exkursion zu gehen, und suchten dann vor allem die Weidegründe auf. Auch war es stets ein ganz bestimmtes Kraut, das zu erbeuten wir uns zum Ziele setzten; wir suchten, wenn ich so sagen darf, im Chaos uns an Linnaeus' Wunderwerk zu halten, das einen der Säulentürme stellt, von denen der Geist die Zonen des wilden Wachstums überblickt. In diesem Sinne spendete ein kleines Pflänzlein, das wir brachen, uns oft großen Schein.

Es kam noch etwas anderes hinzu, das ich als eine Art von Scham bezeichnen möchte – wir sahen nämlich das Waldgelichter nicht als Gegner an. Aus diesem Grunde hielten wir stets darauf, daß wir auf Pflanzenjagd und nicht im Kampfe waren und so die niedere Bosheit zu vermeiden hatten, wie man den Sümpfen und wilden Tieren aus dem Wege geht. Wir billigten dem Lemurenvolke nicht Willensfreiheit zu. Nie dürfen solche Mächte uns in einem Maße das Gesetz vorschreiben, daß uns die Wahrheit aus den Augen kommt.

An solchen Tagen waren die Treppenstufen, die auf die Marmorklippen führten, vom Nebel feucht, und kühle Winde sprühten die Schwaden über sie hinab. Obwohl sich auf den Weidegründen viel verändert hatte, waren uns doch die alten Pfade noch vertraut. Sie führten durch die Ruinen reicher Höfe, die nun ein kalter Brandgeruch durchwob. Wir sahen in den eingestürzten Ställen die Knochen des Viehes bleichen, mit Huf und Horn und mit der Kette noch um den Hals. Im Innenhofe türmte sich der Hausrat, wie er von den Feuerwürmern aus den Fenstern geworfen und dann geplündert worden war. Da lag die Wiege zerbrochen zwischen Stuhl und Tisch, und Nesseln grünten um sie empor. Nur selten stießen wir auf versprengte Trupps von Hirten; sie führten wenig und kümmerliches Vieh. Von den Kadavern, die auf den Weiden faulten, waren Seuchen aufgestiegen und hatten das große Sterben in die Herden eingeführt. So bringt der Untergang der Ordnung niemandem Heil.

Nach einer Stunde stießen wir auf den Hof des alten Belovar, der fast allein an alte Zeiten erinnerte, denn er lag reich an Vieh und unversehrt im Kranze der grünen Weiden da. Der Grund lag darin, daß Belovar zugleich ein freier Hirte und Sippenführer war und daß er seit Beginn der Wirren sein Gut von allem streifenden Gesindel sauber gehalten hatte, so daß seit langem kein Jäger und kein Feuerwurm sich traute, auch nur von ferne an ihm vorbeizugehn. Was er von diesen in Feld und Busch erschlug, das zählte er seinen guten Werken zu und schnitt aus solchem Grunde nicht einmal eine neue Kerbe in seinen Dolch. Mit Strenge hielt er darauf, daß alles Vieh, das ihm in seinen Marken zugrunde ging, tief eingegraben und mit Kalk beschüttet wurde, damit die böse Luft sich nicht verbreitete. So kam es, daß man zu ihm durch große Herden von roten und bunt gescheckten Rindern ging und daß sein Haus und seine Scheuern noch weithin leuchteten. Auch lachten die kleinen Götter, die seine Grenzen schützten, uns stets im Glanze frischer Spenden an.

Im Kriege liegt zuweilen ein Außenfort noch unversehrt, wenn längst die Festung gefallen ist. In dieser Weise bot uns der Hof des Alten einen Stützpunkt dar. Wir konnten hier sicher rasten und mit ihm plaudern, indes Milina, sein junges Weibchen, uns in der Küche Wein mit Safran kochte und Kuchen im Butterkessel sott. Der Alte hatte noch eine Mutter, die an hundert Jahr alt war und dennoch aufrecht wie ein Licht durch Haus und Höfe schritt. Wir sprachen mit der Bestemutter gern, denn sie war kräuterkundig und kannte Sprüche, deren Kraft das Blut gerinnen macht. Auch ließen wir uns von ihrer Hand betasten, wenn wir Abschied nahmen, um weiter vorzugehen.

Meist wollte der Alte uns begleiten, doch nahmen wir ihn nur ungern mit. Es schien, als zöge seine Nähe uns das Gelichter aus den Tannichtdörfern auf den Hals, so wie die Hunde sich rühren, wenn der Wolf um die Gemarkung streift. Das war wohl nach des Alten Herzen; wir aber hatten dort anderes im Sinn. Wir gingen ohne Waffen, ohne Knechte und zogen leichte, silbergraue Mäntel über, um im Nebel verborgener zu sein. Dann tasteten wir uns durch Moor- und Schilfgelände behutsam auf die Hörner und auf den Waldrand vor.

Sehr bald, wenn wir den Weidegrund verließen, bemerkten wir, daß die Gewalt nun näher und stärker war. Die Nebel wallten in den Büschen, und das Röhricht zischelte im Wind. Ja selbst der Boden, auf dem wir schritten, kam uns fremder und unbekannter vor. Vor allem aber war es bedenklich, daß sich die Erinnerung verlor. Dann wurde das Land ganz trügerisch und schwankend und den Gefilden ähnlich, die man in Träumen sieht. Zwar gab es immer Orte, die wir mit Sicherheit erkannten, doch gleich daneben wuchsen wie Inseln, die aus dem Meere tauchen, neue und rätselhafte Streifen an. Um hier die rechte und wahre Topographie zu schaffen, bedurfte es unserer ganzen Kraft. Wir taten daher wohl, die Abenteuer zu vermeiden, nach denen der alte Belovar begierig war.

So schritten und weilten wir oft viele Stunden in Moor und Ried. Wenn ich die Einzelheiten dieses Weges nicht beschreibe, dann liegt das daran, daß wir Dinge trieben, die außerhalb der Sprache liegen und die daher dem Banne, den Worte üben, nicht unterworfen sind. Indessen erinnert sich ein jeder, daß sein Geist, sei es in Träumen oder tiefem Sinnen, sich angestrengt in Regionen mühte, die er nicht schildern kann. Es war, als ob er sich in Labyrinthen zurechtzutasten oder die Zeichnungen zu schauen suchte, die im Vexierbild eingeschlossen sind. Und manchmal erwachte er wundersam gestärkt. In solchem findet unsere beste Arbeit statt. Es schien uns, daß uns im Kampfe selbst die Sprache noch nicht genüge, sondern daß wir bis in die Traumestiefe dringen müßten, um die Bedrohung zu bestehen.

Und wirklich ergriff uns, wenn wir einsam in Moor und Röhricht standen, das Beginnen oft wie ein feines Spiel mit Zug und Gegenzug.

Dann brauten die Nebel stärker auf, und doch schien auch in unserem Innern zugleich die Kraft zu wachsen, die Ordnung schafft.

18

Indessen ließen wir bei keinem dieser Gänge die Blumen außer acht. Sie gaben uns die Richtung, wie der Kompaß den Weg durch ungewisse Meere weist. So war es auch an jenem Tage, an dem wir in das Innere des Fillerhornes drangen und dessen wir uns später nur mit Grausen erinnerten.

Wir hatten uns am Morgen, als wir die Nebel aus den Wäldern bis an die Marmorklippen kochen sahen, vorgenommen, nach dem Roten Waldvögelein zu fahnden, und hatten uns, nachdem Lampusa das Frühstück zugerüstet, bald auf den Weg gemacht. Das Rote Waldvögelein ist eine Blume, die vereinzelt in Wäldern und Dickichten gedeiht, und führt den Namen Rubra, den Linnaeus ihr verliehen, im Unterschiede zu zwei blassen Arten, doch blüht es seltener als sie. Da diese Pflanze die Stellen liebt, an denen die Dickungen sich lichten, meinte Bruder Otho, daß sie vielleicht am besten bei Köppelsbleek zu suchen sei. So nannten die Hirten einen alten Kahlschlag, der an dem Orte liegen sollte, an dem der Waldrand in die Sichel des Fillerhornes mündet, und der verrufen war.

Am Mittag waren wir bei dem alten Belovar, doch nahmen, da wir uns der vollen Geisteskraft bedürftig fühlten, wir keine Nahrung an. Wir streiften die silbergrauen Mäntel über, und da die Bestemutter uns, ohne Widerstand zu finden, abgetastet hatte, entließ der Alte uns getrost.

Gleich hinter seiner Grenze setzte ein tolles Nebeltreiben ein, das alle Formen verwischte und uns bald Weg und Steg verlieren ließ. Wir irrten im Kreis auf Moor und Heide und machten zuweilen zwischen Gruppen von alten Weiden oder an trüben Tümpeln, aus denen hohe Binsen wuchsen, halt.

Die Ödnis schien an diesem Tag belebter, denn wir hörten im Nebel Rufe und glaubten Gestalten zu erkennen, die nah im Dunst an uns vorüberglitten, doch ohne uns zu sehen. Wir hätten in diesem Trubel gewiß den Weg zum Fillerhorn verfehlt, allein wir hielten uns an den Sonnentau. Wir wußten, daß dieses Kräutlein den feuchten Gürtel, der den Wald umringte, besiedelt hielt, und folgten dem Muster seiner glänzend grünen und rot behaarten Blätter wie einem Teppichsaum. Auf diese Weise erreichten wir die drei hohen Pappeln, die sonst bei klarem Wetter die Spitze des Fillerhornes wie Lanzenschäfte weithin zeichneten. Von diesem Punkte tasteten wir uns an der Sichelschneide bis an den Waldrand vor und drangen dort in die größte Breite des Fillerhornes ein.

Nachdem wir einen dichten Saum von Schlehdorn und Kornellen durchbrochen hatten, traten wir in den Hochwald ein, in dessen Gründen noch nie der Schlag der Axt erklungen war. Die alten Stämme, die den Stolz des Oberförsters bildeten, standen im feuchten Glanz wie Säulen, deren Kapitelle der Dunst verbarg. Wir schritten unter ihnen wie durch weite Vestibüle, und gleich dem Zauberwerk auf einer Bühne hingen Efeuranken und Klematisblüten aus dem Unsichtbaren auf uns herab. Der Boden war hoch bedeckt mit Mulm und moderndem Geäst, auf dessen Rinde sich Pilze, brennend rote Becherlinge, angesiedelt hatten, so daß uns ein Gefühl von Tauchern, die durch Korallengärten wandeln, überschlich. Wo einer dieser Riesenstämme vom Alter oder durch den Blitz geworfen war, da traten wir auf kleine Lichtungen hinaus, auf denen der gelbe Fingerhut in dichten Büscheln stand. Auch wucherten Tollkirschensträucher auf dem morschen Grunde, an deren Zweigen die Blumenkelche in braunem Violett wie Totenglöckchen schaukelten.

Die Luft war still und drückend, doch scheuchten wir vielerlei Vögel auf. Wir hörten das feine Zirpen, mit dem das Feuerhähnchen durch die Lärchen streift, und auch die Warnungsrufe, mit denen die aufgeschreckte Drossel ihr Liedchen unterbricht. Kichernd barg sich der Wendehals im hohlen Erlenstamm, und in den Eichenkronen gaben uns die Pirole mit gaukelndem Gelächter das Geleit. Auch hörten wir in der Ferne den trunkenen Täuber gurren und das Hämmern der Spechte am toten Holz.

Behutsam und oft verharrend pürschten wir einen flachen Hügel an, bis Bruder Otho, der ein wenig voraus war, mir zurief, daß die Rodung ganz nahe sei. Das war der Augenblick, in dem ich das Rote Waldvögelein, nach dem wir suchten, im Dämmer schimmern sah, und freudig eilte ich darauf zu. Das Blümlein machte seinem Namen Ehre, denn es schien einem Vögelchen zu gleichen, das heimlich im kupferbraunen

Buchenlaube nistete. Ich sah die schmalen Blätter und die Purpurblüte mit der blassen Spitze der Honiglippe, durch die sie ausgezeichnet ist. Den Forscher, den so der Anblick eines Pflänzleins oder eines Tieres überrascht, ergreift ein glückliches Gefühl, als hätte die Natur ihn reich beschenkt. Bei solchen Funden pflegte ich, ehe ich sie berührte, Bruder Otho anzurufen, daß er die Freude mit mir teile, doch als ich eben den Blick zu ihm erheben wollte, hörte ich einen Klagelaut, der mich erschrecken ließ. So strömt nach Wunden, die uns tief verletzten, der Lebensatem langsam aus der Brust. Ich sah ihn wie gebannt dicht vor mir auf der Hügelkuppe stehen, und als ich zu ihm eilte, hob er die Hand und lenkte meinen Blick. Da fühlte ich es wie mit Krallen mir nach dem Herzen greifen, denn vor mir ausgebreitet lag die Stätte der Unterdrükkung in ihrer vollen Schmach.

19

Wir standen hinter einem kleinen Busche, der feuerrote Beeren trug, und schauten auf die Rodung von Köppelsbleek hinaus. Das Wetter hatte sich geändert, denn wir erblickten von den Nebelschwaden, die uns seit den Marmorklippen begleitet hatten, hier keine Spur. Die Dinge traten vielmehr in voller Deutlichkeit hervor, so wie im Zentrum eines Wirbelsturmes, in stiller und unbewegter Luft. Auch waren die Vogelstimmen nun verstummt, und nur ein Kuckuck lichterte, wie es die Sitte seiner Sippschaft ist, am dunklen Waldrand hin und her. Bald nah, bald ferner hörten wir sein spöttisches und fragendes Gelächter Kuck-Kuck, Kuck-Kuck rufen und dann sich triumphierend überschlagen, daß uns ein Frösteln überlief.

Die Rodung war mit dürrem Grase überwachsen, das nur im Hintergrunde der grauen Kardendistel, die man auf Abraumplätzen findet, wich. Von diesem trockenen Bestande hoben sich seltsam frisch zwei große Büsche ab, die wir beim ersten Blick für Lorbeersträucher hielten, doch waren die Blätter gelb gescheckt, wie man sie in Fleischerläden sieht. Sie wuchsen zu beiden Seiten einer alten Scheuer, die weit geöffnet auf der Rodung stand. Das Licht, das sie beschien, war zwar kein Sonnenlicht, doch gleißend und schattenlos und hob den weißgetünchten Bau sehr scharf hervor. Die Mauern waren durch schwarze Balken, die auf drei Füßen standen, in Fächer eingeteilt, und über ihnen stieg spitz ein graues Schindeldach empor. Auch waren Stangen und Haken an sie angelehnt.

Über dem dunklen Tore war am Giebelfelde ein Schädel festgenagelt, der dort im fahlen Lichte die Zähne bleckte und mit Grinsen zum Eintritt aufzufordern schien. Wie eine Kette im Kleinod endet, so schloß in ihm ein schmaler Giebelfries, der wie aus braunen Spinnen gebildet schien. Doch gleich errieten wir, daß er aus Menschenhänden an die Mauer geheftet war. Wir sahen das so deutlich, daß wir den kleinen Pflock erkannten, der durch den Teller einer jeden getrieben war.

Auch an den Bäumen, die die Rodung säumten, bleichten die Totenköpfe, von denen mancher, dem in den Augenhöhlen schon Moos gewachsen war, mit dunklem Lächeln uns zu mustern schien. Es war ganz still bis auf den tollen Tanz, mit dem der Kuckuck um die Schädelbleiche lichterte. Ich hörte, wie Bruder Otho, halb träumend, flüsterte: »Ja, das ist Köppelsbleek.«

Das Innere der Scheune lag fast im Dunkel, und wir erkannten nur dicht am Eingang eine Schinderbank mit aufgespannter Haut. Dahinter schimmerten noch bleiche, schwammige Massen aus dem finstren Grund. Zu ihnen sahen wir in die Scheuer Schwärme stahlfarbener und goldener Fliegen schwirren wie in ein Bienenhaus. Dann fiel der Schatten eines großen Vogels auf den Platz. Er rührte von einem Geier, der mit ausgezackten Schwingen auf das Kardenfeld herniederstieß. Erst als wir ihn bis an den roten Hals langsam im aufgewühlten Grunde schnäbeln sahen, erkannten wir, daß dort ein Männlein mit der Hacke am Werke war und daß der Vogel seine Arbeit begleitete, so wie der Rabe dem Pfluge folgt.

Nun legte das Männlein die Hacke nieder und schritt, ein Liedchen pfeifend, auf die Scheuer zu. Es war in einen grauen Rock gekleidet, und wir sahen, daß es sich wie nach wackrem Werk die Hände rieb. Nachdem es in die Scheuer eingetreten war, begann ein Pochen und Schaben an der Schinderbank, dazu es in lemurenhafter Heiterkeit sein Liedchen weiterpfiff. Dann hörten wir, wie zur Begleitung, im Tannicht den Wind sich wiegen, so daß die bleichen Schädel an den Bäumen im Chore klapperten. Auch mischten sich in sein Wehen das Schwingen der Haken und das Kraspeln der dürren Hände an der Scheuerwand. Das klang so hölzern und beinern wie im Reich des Todes ein Marionettenspiel. Zugleich trieb mit dem Winde ein zäher, schwerer und süßer Hauch der Verwesung an, der uns bis in das Mark der Knochen erzittern ließ. Wir fühlten, wie in unserem Innern die Lebensmelodie auf ihre dunkelste, auf ihre tiefste Saite übergriff.

Wir wußten später nicht zu sagen, wie lange wir diesen Spuk betrachtet hatten – vielleicht nicht länger als einen Augenblick. Dann, wie erwachend, faßten wir uns an den Händen und stürzten in den Hochwald des Fillerhorns zurück, indes der Kuckucksruf uns höhnend geleitete. Nun kannten wir die üble Küche, aus der die Nebel über die Marina zogen – da wir nicht weichen wollten, hatte der Alte sie uns ein wenig deutlicher gezeigt. Das sind die Keller, darauf die stolzen Schlösser der Tyrannis sich erheben und über denen man die Wohlgerüche ihrer Feste sich kräuseln sieht: Stankhöhlen grauenhafter Sorte, darinnen auf alle Ewigkeit verworfenes Gelichter sich an der Schändung der Menschenwürde und Menschenfreiheit schauerlich ergötzt. Dann schweigen die Musen, und die Wahrheit beginnt zu flackern wie eine Leuchte in böser Wetterluft. Da sieht man die Schwachen schon weichen, wenn kaum die ersten Nebel brauen, doch selbst die Kriegerkaste beginnt zu zagen, wenn sie das Larvengelichter aus den Niederungen auf die Bastionen emporgestiegen sieht. So kommt es, daß Kriegesmut auf dieser Welt im zweiten Treffen steht; und nur die Höchsten, die mit uns leben, dringen bis in den Sitz des Schreckens ein. Sie wissen, daß alle diese Bilder ja nur in unserem Herzen leben, und schreiten als durch vorgestellte Spiegelungen durch sie in stolze Siegestore ein. Dann werden sie durch die Larven gar herrlich in ihrer Wirklichkeit erhöht.

Uns aber hatte der Totentanz auf Köppelsbleek im Innersten geschreckt, und schaudernd standen wir im tiefen Walde und lauschten dem Kuckucksruf. Nun aber begann die Scham uns zu ergreifen, und es war Bruder Otho, der verlangte, daß wir uns gleich noch einmal an die Rodung zurückbegeben sollten, weil das Rote Waldvögelein nicht in das Fundbuch eingetragen worden sei. Wir pflegten nämlich über alle Pflanzenfunde an Ort und Stelle Tagebuch zu führen, da wir erfahren hatten, daß uns in der Erinnerung viel entging. So dürfen wir wohl sagen, daß unsere »Florula Marinae« im Feld entstanden ist.

Wir pürschten also, ohne uns an den Kuckucksruf zu kehren, wieder bis an den kleinen Hügel vor und suchten dann im Laube das Pflänzlein auf. Nachdem wir es noch einmal gut betrachtet hatten, hob Bruder Otho seinen Wurzelstock mit unserem Spatel aus. Dann maßen wir das Kraut in allen seinen Teilen mit dem Zirkel aus und trugen mit dem Datum auch die Einzelheiten des Fundorts in unser Büchlein ein.

Wir Menschen, wenn wir so in den uns zugemessenen Berufen am Werke sind, stehen im Amt – und es ist seltsam, daß uns dann ein stärkeres Gefühl der Unversehrbarkeit ergreift. Wir hatten das bereits im Feld erfahren, wo der Krieger, wenn die Nähe des Todes an ihm zu zehren droht, sich gern den Pflichten widmet, die seinem Stande vorgeschrieben sind. In gleicher Weise hatte uns die Wissenschaft gar oft gestärkt. Es liegt im Blick des Auges, der sich erkennend und ohne niedere Blendung auf die Dinge richtet, eine große Kraft. Er nährt sich von der Schöpfung auf besondere Weise, und hierin liegt allein die Macht der Wissenschaft. So fühlten wir, wie selbst das schwache Blümlein in seiner Form und Bildung, die unverwelklich sind, uns stärkte, dem Hauche der Verwesung zu widerstehen.

Als wir dann durch das hohe Holz zum Waldrand schritten, war die Sonne hervorgetreten, wie man das zuweilen noch kurz vor ihrem Untergange an Nebeltagen sieht. In den durchbrochenen Kronen der Riesenbäume lag goldener Schein, und golden war auch der Glanz des Mooses, das unser Fuß betrat. Die Kuckucksrufe waren nun längst verstummt, doch in den höchsten, wipfeldürren Zweigen waren unsichtbar die Sprosser aufgezogen, köstliche Sänger, deren Stimme die kühle Feuchte inniglich durchdrang. Dann stieg mit grünem Schimmer, wie aus Grotten, der Abend auf. Den Geißblattranken, die aus der Höhe herniederhingen, entströmte tiefer Duft, und schwirrend stiegen die bunten Abendschwärmer zu ihren gelben Blütenhörnern auf. Wir sahen sie leise zitternd und wie im Wollusttraum verloren vor den Lippen der aufgereckten Kelche stehen, dann stießen sie vibrierend den schmalen und leicht gekrümmten Rüssel in den süßen Grund.

Als wir bei den drei Pappeln das Fillerhorn verließen, begann bereits die bleiche Sichel des Mondes sich in Gold zu färben, und die Sterne traten am Firmament hervor. Im Binsengrunde stießen wir auf den alten Belovar, der in der Dämmerung mit seinen Knechten und Hetzern auf unsere Spur gegangen war. Der Alte lachte, als wir ihm nachher beim Safranweine die rote Blume zeigten, die wir in Köppelsbleek erbeutet hatten; wir aber schwiegen und baten ihn beim Abschied, auf seinem schönen und unversehrten Hofe wohl auf der Hut zu sein.

20

Es gibt Erfahrungen, die uns von neuem zur Prüfung zwingen, und zu ihnen zählte für uns der Einblick in die Schinderhütte bei Köppelsbleek. Zunächst beschlossen wir, den Pater Lampros aufzusuchen, doch ehe wir in das Kloster der Falcifera gelangten, brach das Verhängnis über uns herein.

Am nächsten Tage ordneten wir lange Skripturen im Herbarium und in der Bibliothek und legten vieles schon brandgerecht. Wir hatten nun die Nähe der Gefahr erkannt. Dann saß ich noch ein wenig bei Beginn der Dunkelheit im Garten auf der Terrassenbrüstung, um mich am Duft der Blumen zu erfreuen. Noch lag die Sonnenwärme auf den Beeten, und doch stieg aus den Ufergräsern bereits die erste Kühlung auf, die den Geruch des Staubes niederschlug. Dann fiel der Hauch der Mondviolen und der hellen Nachtkerzenblüten kaskadisch von den Marmorklippen in den Garten der Rautenklause ein. Und wie es Düfte gibt, die sinken, und andere, die aufwärtssteigen, so drang durch diese schweren Wellen ein leichteres und feineres Arom empor.

Ich ging ihm nach und sah, daß in der Dämmerung die große Goldbandlilie aus Zipangu aufgesprungen war. Es war noch Licht genug, den goldenen Flammenstrich zu ahnen und auch die Tigerung, durch die der weiße Kelch gar prächtig gezeichnet war. In seinem hellen Grunde stand wie der Klöppel in der Glocke das Pistill, um das sechs schmale Staubgefäße sich im Kreise ordneten. Sie waren mit braunem Puder wie mit dem feinsten Auszug von Opium bedeckt und von den Faltern ganz unbeflogen, so daß die zarte Scheide in ihrer Mitte noch leuchtete. Ich beugte mich über sie und sah, daß sie an ihren Fäden zitterten wie Spielwerk der Natur: gleich einem Glockenspiele, das statt der Töne muskatische Essenz verströmen ließ. Für immer wird es ein Wunder bleiben, daß diese zarten Lebewesen so starke Liebeskraft beseelt.

Indem ich so die Lilien beschaute, blitzte unten am Weinbergwege ein feiner blauer Lichtstrahl auf und schob sich tastend am Rebenhügel vor. Dann hörte ich, wie vor der Rautenklausenpforte ein Wagen hielt. Obgleich wir Gäste nicht erwarteten, eilte ich doch der Lanzenottern wegen zum Tor hinab und sah dort einen starken Wagen stehen, der leise summte wie ein Insekt, das fast unhörbar schwirrt. Er trug die Farben, die der hohe Adel von Neuburgund sich vorbehalten hat, und vor ihm standen zwei Männer, von denen der eine das Zeichen schlug, mit dem die Mauretanier sich in der Dunkelheit verständigen. Er nannte mir seinen Namen, Braquemart, an den ich mich erinnerte, und stellte mich dann dem andern vor, dem jungen Fürsten von Sunmyra, einem hohen Herren aus neuburgundischem Geschlecht.

Ich bat sie, in die Rautenklause einzutreten, und faßte sie, um sie zu führen, bei der Hand. Wir schritten zu dritt im schwachen Scheine den Schlangenpfad empor, und ich bemerkte, daß der Fürst der Tiere kaum achtete, indessen Braquemart sie spöttisch und doch sehr aufmerksam vermied.

Wir gingen in die Bibliothek, in der wir Bruder Otho trafen, und während Lampusa Wein und Gebäck aufsetzte, begannen wir mit unseren Gästen das Gespräch. Wir kannten Braquemart bereits von früher, doch hatten wir ihn immer nur kurz gesehen, da er häufig auf Reisen war. Er war ein kleiner, dunkler, hagerer Geselle, den wir ein wenig grobdrähtig fanden, doch wie alle Mauretanier nicht ohne Geist. Er zählte zu jenem Schlage, den wir im Scherz die Tigerjäger nannten, weil man ihnen zumeist in Abenteuern, die exotischen Charakter trugen, begegnete. Er ging in die Gefahr, wie man zum Sport in klüftereiche Massive steigt; ihm waren die Ebenen verhaßt. Er hatte ein starkes Herz von jener Sorte, die nicht vor Hindernissen scheut; doch leider gesellte sich dieser Tugend Verachtung zu. Wie alle Schwärmer von Macht und Übermacht verlegte er seine wilden Träume in die Reiche der Utopie. Er war der Meinung, daß es auf Erden seit Anbeginn zwei Rassen gebe, die Herren und die Knechte, und daß im Lauf der Zeiten zwischen ihnen Vermischung eingetreten sei. In dieser Hinsicht war er ein Schüler vom Alten Pulverkopf und forderte wie dieser die neue Sonderung. Auch lebte er, wie jeder grobe Theoretiker, vom Zeitgemäßen in der Wissenschaft und trieb besonders die Archäologie. Er war nicht fein genug, zu ahnen, daß unser Spaten unfehlbar alle Dinge findet, die uns im Sinne leben, und er hatte, wie schon so mancher vor ihm, auf diese Weise den ersten Sitz des menschlichen Geschlechts entdeckt. Wir waren mit in der Sitzung, in der er über diese Grabungen berichtete, und hörten, daß er in einer fernen Wüste auf ein groteskes Tafelland gestoßen war. Dort wuchsen hohe Porphyrsockel aus einer großen Ebene empor – sie waren von der Verwitterung ausgespart und standen wie Bastionen oder Felseninseln auf dem Grund. Sie hatte Braquemart erstiegen und auf den Hochplateaus Ruinen von Fürstenschlössern und Sonnentempeln aufgefunden, deren Alter er als vor der Zeit bezeichnete. Nachdem er ihre Maße und ihre Eigenart beschrieben hatte, ließ er das Land im Bilde auferstehen. Er zeigte die fetten grünen Weidegründe, auf denen, so weit das Auge reichte, die Hirten und die Ackerbauern mit ihren Herden saßen und über ihnen auf den Porphyrtürmen im roten Prunk die Adlernester der Urgebieter dieser Welt. Auch ließ er den längst versiegten Strom die Schiffe mit den Purpurdecks hinunterfahren; man sah die hundert Ruder mit insektenhaftem Regelmaß ins Wasser tauchen und hörte den Klang der Becken und der Geißel, die auf den Rücken der unglückseligen Galeerensklaven fiel. Das waren Bilder für Braquemart. Er zählte zum Schlage der konkreten Träumer, der sehr gefährlich ist.

Den jungen Fürsten sahen wir abwesend in ganz anderer Art. Er mochte zwanzig Jahr kaum überschritten haben, doch stand zu diesem Alter ein Ausdruck schweren Leidens, den wir an ihm bemerkten, in sonderbarem Gegensatz. Obwohl er hoch gewachsen war, hielt er sich tief gebeugt, als ob die Größe ihm Schwierigkeit bereitete. Auch schien er kaum zu hören, was wir verhandelten. Ich hatte den Eindruck, daß hohes Alter und große Jugend sich in ihm vereinten – das Alter des Geschlechtes und die Jugend der Person. In seinem Wesen war die Dekadenz tief ausgebildet; man merkte an ihm den Zug alt angestammter Größe und auch den Gegenzug, wie ihn die Erde auf alles Erbe übt – denn Erbe ist Totengut.

Ich hatte wohl erwartet, daß in der letzten Phase des Ringens um die Marina der Adel in Erscheinung treten würde – denn in den edlen Herzen brennt das Leiden des Volkes am heißesten. Wenn das Gefühl für Recht und Sitte schwindet und wenn der Schrecken die Sinne trübt, dann sind die Kräfte der Eintagsmenschen gar bald versiegt. Doch in den alten Stämmen lebt die Kenntnis des wahren und legitimen Maßes, und aus ihnen brechen die neuen Sprosse der Gerechtigkeit hervor. Aus diesem Grunde wird bei allen Völkern dem edlen Blute der Vorrang eingeräumt. Doch hatte ich geglaubt, daß eines Tages aus den Schlössern und Burgen sich Bewaffnete erheben würden als ritterliche Führer im Freiheitskampf. Statt dessen sah ich diesen frühen Greis, der selbst der Stütze bedürftig war und dessen Anblick mir vollends deutlich machte, wie weit der Untergang schon vorgeschritten war. Und dennoch schien es wunderbar, daß dieser müde Träumer sich berufen fühlte, Schutz zu gewähren – so drängen die Schwächsten und die Reinsten sich zu den ehernen Gewichten dieser Welt.

Ich hatte schon unten vor der Pforte geahnt, was diese beiden mit abgeblendeten Laternen zu uns führte, und auch mein Bruder Otho schien es zu wissen, ehe noch ein Wort gefallen war. Dann bat uns Braquemart um eine Schilderung der Lage, die Bruder Otho ihm bis ins einzelne erstattete. Der Art, in der sie Braquemart ergriff, war zu entnehmen, daß er über alle Kräfte und Gegenkräfte vortrefflich unterrichtet war. Die Klärung der Lage bis in die feinsten Züge gehört ja zum Handwerk der Mauretanier. Er hatte schon mit Biedenhorn gesprochen, nur Pater Lampros war ihm unbekannt.

Der Fürst hingegen verharrte in gebeugter Träumerei. Selbst die Erwähnung von Köppelsbleek, die Braquemart in Laune versetzte, schien von ihm abzugleiten; nur als er von der Schändung des Eburnums hörte, fuhr er zornig von seinem Sitz empor. Dann streifte Bruder Otho noch in allgemeinen Sätzen die Meinung, die wir von den Dingen hegten, und das Verhalten, das uns angemessen schien. Dem hörte Braquemart zwar höflich, jedoch mit schlecht verhehltem Spotte zu. Es war ihm von der Stirne abzulesen, daß er uns nur als schwächliche Phantasten betrachtete und daß sein Urteil schon gebildet war. So gibt es Lagen, in denen jeder jeden für einen Träumer hält.

Es mag nun wunderlich erscheinen, daß Braquemart in diesem Handel dem Alten entgegentreten wollte, obgleich doch beide in ihrem Sinnen und Trachten viel Ähnliches verband. Es ist jedoch ein Fehler, der uns im Denken häufig unterläuft, daß wir bei Gleichheit der Methoden auch auf die gleichen Ziele schließen und auf die Einheit des Willens, der hinter ihnen steht. Darin bestand Verschiedenheit insofern, als der

Alte die Marina mit Bestien zu bevölkern im Sinne hatte, indessen Braquemart sie als den Boden für Sklaven und für Sklavenheere betrachtete. Es drehte sich dabei im Grunde um einen der inneren Konflikte unter Mauretaniern, den hier in seinen Einzelheiten zu beschreiben nicht tunlich ist. Es sei nur angedeutet, daß zwischen dem ausgeformten Nihilismus und der wilden Anarchie ein tiefer Gegensatz besteht. Es handelt sich bei diesem Kampfe darum, ob die Menschensiedlung zur Wüste oder zum Urwald umgewandelt werden soll.

Was Braquemart betrifft, so waren alle Züge des späten Nihilismus an ihm sehr ausgeprägt. Ihm war die kalte, wurzellose Intelligenz zu eigen und auch die Neigung zur Utopie. Er faßte wie alle seinesgleichen das Leben als ein Uhrwerk auf, und er erblickte in Gewalt und Schrekken die Antriebsräder der Lebensuhr. Zugleich erging er sich in den Begriffen einer zweiten und künstlichen Natur, berauschte sich am Dufte nachgeahmter Blumen und den Genüssen einer vorgespielten Sinnlichkeit. Die Schöpfung war in seiner Brust getötet und wie ein Spielwerk wieder aufgebaut. Eisblumen blühten auf seiner Stirn. Wenn man ihn sah, dann mußte man an den tiefen Ausspruch seines Meisters denken: »Die Wüste wächst – weh dem, der Wüsten birgt!«

Und dennoch spürten wir eine leise Neigung zu Braquemart – nicht so sehr deshalb, weil er Herz besaß, denn wenn der Mensch sich den Gesteinen nähert, verringert sich auch das Verdienst, das auf dem Mut beruht. Es war vielmehr ein feiner Schmerz an ihm das Liebenswerte – die Bitterkeit des Menschen, der sein Heil verloren hat. Er suchte sich dafür an der Welt zu rächen, gleich wie ein Kind in eitlem Zorn den bunten Blumenflor zerstört. Auch schonte er nicht sich selbst und drang mit kaltem Mute in die Labyrinthe des Schreckens ein. So suchen wir, wenn uns der Sinn der Heimat verloren ging, die fernen Abenteuerwelten auf.

Im Denken suchte er das Leben nachzuzeichnen und hielt darauf, daß der Gedanke Zähne und Krallen zeigen muß. Doch glichen seine Theorien einem Destillate, in das die eigentliche Lebenskraft nicht überging; es fehlte ihnen das köstliche Ingrediens des Überflusses, das alle Speisen erst schmackhaft macht. Es herrschte Dürre in seinen Plänen, obgleich kein Fehler in der Logik zu finden war. So schwindet der Wohlklang der Glocke durch einen unsichtbaren Sprung. Es lag wohl daran, daß bei ihm die Macht zu sehr in den Gedanken lebte und zu wenig in der Grandezza, in der angeborenen Désinvolture. In dieser Hinsicht war ihm der Oberförster überlegen, der die Gewalt wie einen guten, alten Jagdrock trug, der stets bequemer wird, je öfter er sich mit Schlamm und Blut durchtränkt. Aus diesem Grunde hatte ich auch den Eindruck, daß Braquemart sich auf ein böses Abenteuer einzulassen auf dem Sprunge stand; bei solchen Treffen wurden die Ethiker noch immer von den Praktikern erlegt.

Wahrscheinlich ahnte Braquemart von seiner Schwäche dem Alten gegenüber und hatte deshalb den jungen Fürsten mitgebracht. Uns schien indessen, daß dieser in ganz anderen Zusammenhängen webte. Daraus ergeben sich oft Bünde wunderlicher Art. Vielleicht war es der Fürst, der Braquemart benutzte, wie man ein Boot zur Überfahrt benutzt. In diesem schwachen Körper lebte ein starker Zug aufs Leiden zu, und wie im Traume hielt er, fast ohne Überlegung und doch mit Sicherheit, die Richtung ein. Es raffen, wenn im Felde das Horn zum Angriff ruft, die guten Krieger sich sterbend noch vom Boden auf.

Mit Bruder Otho dachte ich später oft an dies Gespräch zurück, das unter keinem guten Sterne stand. Der Fürst sprach kaum ein Wort, und Braquemart entfaltete die unduldsame Überlegenheit, an der man den Techniker erkennt. Man sah ihm an, daß er sich im geheimen über unsere Bedenken lustig machte, und ohne daß er über seine Pläne ein Wort verloren hätte, fragte er uns nach der Lage der Wälder und der Weidegründe aus. Auch zeigte er sich begierig nach Einzelheiten über des Adepten Fortunio Abenteuer und Untergang. Wir sahen aus seinen Fragen, daß er dort zu erkunden oder auch zu operieren plante, und ahnten, daß er das Übel verschlimmern würde wie ein schlechter Arzt. Es war doch schließlich kein Zufall und kein Abenteuer, daß der Alte mit dem Lemurenvolke aus dem Wälderdunkel herauszutreten begann und Wirksamkeit entfaltete. Gelichter dieser Art ward früher gleich Gaudieben abgefertigt, und sein Erstarken deutete auf tiefe Veränderungen in der Ordnung, in der Gesundheit, ja im Heile des Volkes hin. Hier galt es anzusetzen, und daher taten Ordner not und neue Theologen, denen das Übel von den Erscheinungen bis in die feinsten Wurzeln deutlich war; dann erst der Hieb des konsekrierten Schwertes, der wie ein Blitz die Finsternis durchdringt. Aus diesem Grunde mußten die Einzelnen auch klarer und stärker in der Bindung leben als je zuvor – als Sammler an einem neuen Schatz von Legitimität. Man lebt doch schon auf besondere Weise, wenn man nur einen kurzen Lauf gewinnen will. Hier aber galt es das hohe Leben, die Freiheit und die Menschenwürde selbst. Dergleichen Pläne freilich hielt Braquemart, da er dem Alten mit gleicher Münze heimzuzahlen gedachte, für eitlen Firlefanz. Er hatte die Achtung vor sich selbst verloren, und damit fängt alles Unheil unter Menschen an.

Fast bis zum Morgengrauen sprachen wir fruchtlos hin und her. Wenn wir uns in den Worten nicht verstanden, so ging uns doch im Schweigen vieles auf. Vor der Entscheidung treffen sich die Geister wie Ärzte am Krankenbett. Der eine möchte zum Messer greifen, der andere will den Kranken schonen, und der Dritte sinnt auf Mittel von besonderer Art. Doch was sind Menschenrat und -wille, wenn in den Sternen schon der Untergang beschlossen liegt? Indessen hält man Kriegsrat auch vor verlorener Schlacht.

Der Fürst und Braquemart gedachten noch am gleichen Tage die Weidegründe aufzusuchen, und da sie weder Führung noch Begleitung annehmen wollten, empfahlen wir ihnen den alten Belovar. Dann gaben wir den beiden bis an die Stufen der Marmorklippenstiege das Geleit. Wir nahmen förmlich Abschied, wie man es pflegt, wenn die Begegnung ohne Wärme und ohne Frucht verlief. Doch schloß sich noch eine stumme Szene an. Die beiden blieben im ersten Dämmerlichte an den Klippen stehen und musterten uns schweigend eine lange Zeit. Schon stieg die Morgenkühle auf, in der die Dinge für eine kurze Spanne dem Auge sichtbar werden, als ob sie sich aus ihrem Ursprung entfalteten, neu und geheimnisvoll. In solchem Schimmer standen auch der Fürst und Braquemart. Mir schien, daß Braquemart den überlegenen Spott verloren hatte und menschlich lächelte. Der junge Fürst hingegen hatte sich aufgerichtet und blickte uns heiter an – als ob er um die Lösung eines Rätsels wüßte, das uns beschäftigte. Das Schweigen währte eine lange Zeit, dann faßte Bruder Otho noch einmal nach des Fürsten Hand und beugte sich tief auf sie hinab.

Nachdem die beiden am Zinnenrande der Marmorklippen dem Blick entschwunden waren, suchte ich noch, bevor ich mich zur Ruhe legte, die Goldbandlilie auf. Die feinen Staubgefäße waren schon beflogen, und die grüngoldene Tiefe des Kelches war mit Purpurstaub befleckt. Ihn hatten wohl die großen Nachtpapillonen beim Hochzeitsschmaus verstreut.

So fließen aus jeder Stunde Süße und Bitterkeit. Und während ich mich über die betauten Blütenkelche beugte, ertönte aus fernen Vorgehölzen der erste Kuckucksruf.

HELIOPOLIS, 1949

Ortners Erzählung

Es war in anderen Zeiten, und ich verschweige den Namen, den ich trug. Er ist nicht wert, daß er sich in der Überlieferung erhält.

Ich war unglücklich, zugrunde gerichtet an Leib und Seele durch eigene Schuld. Die Eltern hatten an meiner Erziehung nicht gespart. Ich hatte hohe Schulen absolviert, auch hatte es an Mitteln für meine Reisen und Studien nicht gefehlt. Doch war ich gescheitert, heruntergekommen durch Verschwendung, Laster und Hang zum Müßiggang. Seit langem war ich ohne Geld, selbst ohne Wohnung, und meine Bekannten, nachdem sie müde geworden, mir zu helfen, mieden mich. Mir wars nicht unlieb; auch ich ging ihnen aus dem Wege, denn ein Gefühl des Hasses gegen die Menschen und die Gesellschaft zerfraß mich ganz und gar. Ich fühlte mich nur an den Zufluchtsorten der Ausgestoßenen und der Verworfenen wohl.

Der Mittel beraubt, den teuren und auserwählten Lastern noch zu frönen, mußte ich mich mit Ausschweifungen begnügen, die billig und häßlich sind – dem rohen Trunke, der Gesellschaft von Dirnen, wie sie in den Elendsvierteln hausen, und vor allem dem Glücksspiel in den Spelunken der großen Stadt. Auf diese Weise lebte ich in einem trüben und schreckensvollen Traum. Mein Schicksal nahm mehr und mehr die Form der schmutzigen, von Schweiß und Fusel feuchten und von Fälschern gezinkten Blätter an: der Asse, der Könige, der Buben, der schwarzen und roten Damen und ihrer Konstellationen, an denen ich mich im halben Rausch mit Leidenschaft beteiligte. Niedrige und gierige Gesichter umringten mich am runden Tisch, und Hände, die ängstlich ihr Spiel umklammerten. Der Morgen brachte den Verlust und wilden Streit.

So schleppte ich meine Tage, und ihre Last vermehrte sich durch die Erinnerung an reiche Inseln, Luxus und Überfluß. Das alles hatte ich gekannt, genossen, und mich verzehrte der Wunsch, an diese Tafeln zurückzukehren, an denen man das Geld nicht zählt. Mir stellten das

Glück und die Zufriedenheit sich einzig unter der Form des Geldes, der großen Summe, dar. Kein anderer Weg zum Glück schien mir gegeben als jener der Kombinationen, die denen des Spielers gleichen und auf Gewinn gerichtet sind.

Man müßte, so dachte ich häufig, sich zu der Welt und ihren Schätzen in ein Verhältnis bringen, das der Spieler »die gute Strähne« nennt. Ich hatte zuweilen im Laufe der Partien die Ahnung einer Kraft erfahren, die wie ein feiner Magnetismus Einsicht in Fortunas Reich eröffnet und uns die gute Hand verleiht. Doch kam ich über das Gesetz der Serie nie hinaus – der Strom riß plötzlich ab, und doppelte Verluste folgten ihm. Dennoch war ich, wie jeder Spieler, überzeugt, daß man zu einer Art von Leichtigkeit gelangen könne, die der Macht des Zufalls nicht unterliegt. Ich glaubte, daß das Glück zu zwingen sei und daß es eine Macht in unserem Innern gebe, die darüber entscheidet, wie die Kugel fällt, die Karte sticht. Und während langer Nächte dachte ich über diese Möglichkeiten nach.

Wie alle diese Träumer näherte ich mich dabei den magischen Bereichen, ja Schlimmerem. Die Existenz des Spielers drängt mächtig auf den Aberglauben und dann auf Übeltaten zu, die schwerer sind, als daß sie menschliches Urteil, menschliches Gericht erfaßten – ja deren Namen selbst nicht in den Büchern stehen, in denen die Gesetze aufgezeichnet sind. Wir treten, wenn wir uns dem Spiel verschreiben, bald in die Welt der Talismane, der mantischen Orte und Stunden, der kabbalistischen Systeme ein. Wenn wir uns in diese Labyrinthe wagen, an deren Wänden Ziffern und Zeichen leuchten, nähern wir uns mit jeder Windung, mit jedem Irrgang stärkeren Trägern magischer Macht. Sie bleiben unsichtbar, doch wirken sie auf unser Denken, auf unsere Tat. Wenn das Verderben weit genug gediehen ist, dann treten sie zu allen Zeiten auch sichtbar auf und wiederholen das ewige Versprechen, daß wir die Welt gewinnen sollen auf Kosten unseres Heils.

Merkwürdig bleibt, daß gerade der Unglaube diese Mächte besonders stark, besonders wirksam macht. Seit meiner frühen Jugend hatte ich verachtet, was man die Sünde und das Jenseits nennt. Nun hatte ich mich jenen Sphären so entfremdet, daß ich nicht einmal ihrer spottete. Ich sah die Welt als einen großen Automaten; das Glück hing von dem Umfang ab, in dem man seine Konstruktion erriet. Der Teufel des

Mittelalters war ein dummer Wicht, ein Alfanz, den kindliche Furcht, kindlicher Wahn ersann. Er bot den Menschen Schätze an für einen Wechsel auf absurde Reiche, für eine wertlose Unterschrift. Es war kein übler Wunschtraum, daß es einen Burschen gäbe, der so glänzende Geschäfte vermittelte.

»Wenn ich der Teufel wäre, ich würde all diesen faulen Kunden nicht einen Pfennig geben für ihre Unterschrift. Und wenn er mir erschiene, ich ließe ihm die meine für einen Pfifferling. Er brauchte mir nicht Fortunats Säckel, nicht Dschudars Ring zu bieten, nicht einmal zwanzig Pfund. Mir sollte es genügen, daß er dies Gläschen wieder füllt.«

So brummte ich vor mich hin, indes ich in trunkenen Träumereien mit dem Kopf auf einem groben Holztisch lag. Es war in einem Wartesaal kurz vor dem Morgengrauen. Mir war beklommen und schwindelig zumute wie bei hohem Seegang auf einem Schiff. Ich hörte laute Stimmen und das Klirren von Gläsern um mich her. Betrunkene stritten sich mit den Kellnern, mit ihren Mädchen, mit Polizisten, die hier auf Fang ausgingen. Das schwoll und ebbte in einer Drehung, die Übelkeit bereitete. Nachtschwärmer pflegten hier noch einzufallen, wenn die Schenken geschlossen hatten, und Freudenmädchen spähten nach letzten Freiern aus. Auch wer, wie ich, kein Obdach hatte, erwartete in diesem trüben Saal den neuen Tag.

Ich konnte mich jetzt nur noch an Orten zeigen, an denen Zwielicht herrscht, denn auch die Lumpen fielen schon von mir ab. Ich bot ein Schreckensbild und kannte schon das Dickicht, in dem mein Leichnam die Kinder scheuchen würde, die spielend eindrangen. Ich fühlte, daß ich ganz und gar zu Unrat geworden war, durch eine Fäulnis, die von innen nach außen zehrend das Hemd, die Schuhe, die Kleider ergriffen hatte und auflöste. Es war notwendig, unvermeidlich geworden, daß ich mich abräumte. Doch immer noch verfolgte mich der vage Traum des Glückes wie eine Melodie auf einem Schiff, das schnell versinkt.

Mein Kopf schien ganz mit Quecksilber gefüllt. Mit Mühe, schwankend, richtete ich mich auf. Und mit Erstaunen sah ich mein Glas geschänkt. Ich rieb mir die Augen, doch es blieb kein Zweifel: ein rotes Elixier erfüllte es bis zum Rand.

»Blackberry-Brandy; Sie müssen sich stärken, guter Freund!«

So hörte ich eine sanfte, doch nachdrucksvolle Stimme neben mir. Ich blickte mich um und sah, daß dort ein Unbekannter saß, der mich aufmerksam betrachtete. Es war ein Mann in grauem Straßenanzug, der unauffällig, doch von bester Hand geschnitten war. Auch das Gesicht des Unbekannten war unauffällig, von einem Typus, wie man ihn in unserer Welt alltäglich trifft. Die scharfen, aufmerksamen Züge deuteten auf die Gewohnheit eigener und führender Entschlüsse, die blasse Haut auf Nachtarbeit. Man stößt auf solche Köpfe in den Ministerien, den Banken, der Industrie. Doch findet man sie dort nicht an den ersten Stellen, sie wirken eher von versteckten Zimmern aus. Wir irren lange in diesen Labyrinthen, wenn wir in Geschäften kommen, uns immer tiefer ins Gewirr verstrickend, bis endlich ein Diener uns in die Zelle solcher Eminenzen führt. Hier fällt dann Licht auf unsere Dinge; mit zwei, drei Sätzen wird das Entscheidende geklärt, zur Unterschrift gebracht. Zuweilen trifft man sie natürlich auch in den Nachtlokalen und in den Bars, als Gäste von Distinktion.

Zu anderen Zeiten würde man solche Geister als bösartig, ja fürchterlich begriffen haben, indessen in einer Welt, in der das Böse zum Allgemeinen wurde, wirken sie autoritär. Man wittert sogleich, daß sie das herrschende Prinzip verkörpern, daß sie die Führer sind. Doch legen sie auf Ehren keinen Wert und finden in der Arbeit ihren Lohn. Sie konstruieren in ihren Zellen Gedanken, die schärfer sind als alle Schwerter, erfinden ein Pülverchen, durch das man Völker entnerven kann. Im Auftreten sind sie bescheiden, doch sicher, und kennen ihren Rang. Man fühlt: sie sind die Herren der Probleme, mit denen die Zeitgenossen sich beschäftigen. Das Wissen gibt ihnen eine kaum wahrnehmbare Ironie.

Der Fremde ließ seinen Blick wohlwollend und prüfend auf mir ruhen. Er zeigte die aufmerksame Behutsamkeit des Arztes, der den Verband von einem Geschwür abhebt. Dann wiederholte er:

»Sie müssen sich stärken, guter Freund.«

Ich hob das Glas und stürzte den Trank hinab. Ich fühlte ihn feurig, belebend durch meine Adern rinnen und blickte mich freier um. Die Nebel wichen aus meinem Kopf, die Sinne schärften sich. Nur um so wunderlicher kam mir die Begegnung vor. Nichts lag mir von Natur aus ferner, als an Güte zu glauben, und ich beschloß, vor allem auf der Hut zu sein. Wer mich in diesem Zustand ansprach, konnte nur Verdächtiges im Sinn haben. Indessen war ich in einer Lage, in der man nichts zu verlieren hat. Der Unbekannte lächelte.

»Sie glauben vielleicht, daß ich Gedanken lesen kann? Und wenn dem so wäre, warum sollte es Sie erstaunen? Gedankenlesen ist keine Zauberei. Es ist eine Kunst, die rein auf Kombination beruht. Man kann sich in ihr üben, und man treibt sie auf den Jahrmärkten. Lassen Sie sich dadurch nicht beunruhigen. Was wäre einfacher, als zu erraten, daß ein Trinker vor einem leeren Glas erwartet, daß es sich wieder füllt? Nichts ist doch verständlicher. Es gibt ja keinen Gedanken, den nicht eine Triebfeder bewegte – in diesem Fall ist es der Durst. Das ist ein simples Beispiel, doch steigert sich die Einsicht in dem Maße, in dem sie die Kombinationen kennt Sie schließen dann die Köpfe mit dem Hauptschlüssel auf. In diesem Stande gibt es Partien, die man stets gewinnt.«

»Aha, ein Falschspieler. Wahrscheinlich sucht er einen Schlepper, mit dem er die Volte schlagen kann. Der Kerl kommt wie gerufen – jetzt heißt es behutsam sein.«

Und lässig wagte ich mich vor:

»Partien, die man stets gewinnt? Da müßte man wohl dem Gedankenlesen ein wenig nachhelfen.«

»Nachhelfen? Nicht im geringsten. Passen Sie auf.« Und wie ich vermutet hatte, zog der Graue ein Kartenspiel hervor, das er mit geübten Fingern mischte und fächerte:

»Nennen Sie mir drei Karten, wie sie Ihnen einfallen.«

Ich nannte die Pik-Sieben, den Karo-Buben, das Kreuz-As.

»Nun ziehen Sie.«

Und wirklich hatte ich die drei Karten in der genannten Reihenfolge in der Hand. Der Kerl war Gold wert; ich fühlte, daß meine Laune wuchs:

»Sehr gut gemacht. Nur weiß ich nicht, was das mit dem Gedankenlesen zu schaffen hat. Man könnte doch eher sagen, daß ich *Ihre* Gedanken erraten habe, indem ich die Karten zog.«

Der Graue sah mich belustigt an und kicherte.

»Vorzüglich, ich sah doch gleich, daß Sie nicht auf den Kopf gefallen sind. Ihr Einwand ist treffend; ich legte das Experiment zu billig an. Wir müssen es anders anfangen.«

Er mischte von neuem und legte das Buch vor mir auf:

»Sie werden sich jetzt drei Karten denken, doch mir die Namen nicht mitteilen. So, greifen Sie zu.«

Ich zog von neuem und deckte mit einem Ausdruck der Verblüffung, den ich nicht verbergen konnte, die drei gedachten Blätter auf. Der Fremde weidete sich an meiner Bestürzung, die offensichtlich war.

»Wer hat nun Gedanken gelesen – Sie oder ich? Sie werden diese Frage nicht beantworten, da Sie nicht wissen, was Gedanken sind. Gedanken sind nichts anderes als Aktionen der Materie. Und diese Materie bildet sowohl die Fasern des Gehirnes als auch die Kugel der Roulette oder ein Kartenspiel. Nur ist es unendlich leichter, zu erraten, was sich unter der Rückseite eines Kartenblattes als was sich hinter einer Stirn verbirgt. Doch wenn Sie wollen, lehre ich Sie die Kunst.«

Es wurde mir immer klarer, daß ich einem höchst geschickten Gauner ins Garn gegangen war. Nur schien mir unerklärlich, was er von mir wollte, denn jeder sah doch von ferne, daß an mir nichts zu rupfen war. Kein Lumpensammler hätte sich um mich bemüht. Am ersten war noch anzunehmen, daß er sich mit mir ein Späßchen machen wollte, und ich beschloß, wohl oder übel darauf einzugehn. Auch ich begann zu lachen und sagte:

»Wenn Sie die Kunst verständen, durch die Kartenblätter hindurchzusehen, dann würden Sie kaum um vier Uhr morgens durch die Wartesäle gehen, um Gesellschaft zu suchen wie die meinige.«

Die Heiterkeit des Grauen schien immer noch zu wachsen; er pfiff vergnügt vor sich hin.

»Schau, schau, ein aufgeweckter Kopf. Schon wieder hat er den wunden Punkt erwischt. Das ist ja auch der Einwand, den die Goldmacher fürchten: Was treibt euch, mit euren Künsten zu hausieren, anstatt gemütlich im stillen Kämmerchen Dukaten zu schlagen nach Herzenslust?«

Er schwieg ein Weilchen und blickte mich lächelnd an. Dann fügte er hinzu:

»Sie sind zu klug – Sie kennen nicht die Kräfte der Sympathie. Wie denn, wenn mir bei Ihrem Anblick ganz einfach der Gedanke gekommen wäre, daß Ihnen geholfen werden muß? Doch lassen wir das beiseite, es gibt auch Möglichkeiten, die Sie nicht übersehen. So könnte es Operationen geben, zu denen gerade Ihr Beistand unentbehrlich ist. Was trieb den Mauretanier, sich gerade an Aladin zu wenden, als es die

Lampe zu bergen galt? Ich wiederhole, daß ich Sie ein Wissen lehren will, mit dem man stets gewinnt. Doch ist hier kaum der Ort dazu.«

Er blickte sich um und fragte spöttisch:

»Ich halte Sie doch nicht von Geschäften ab?«

Der Lump – er wußte sicher, daß meine einzige Sorge nur noch darin, mir einen Strick zu suchen, lag. Daher beeilte ich mich zu sagen:

»Ich bin nicht würdig, daß Sie sich mit mir beschäftigen. Doch da es Ihnen einmal so gefällt, verfügen Sie über mich.«

»Ich glaube, Sie werden es nicht bereuen. Folgen Sie mir.«

Er rief den Kellner, um meine Zeche zu bezahlen, und wir brachen auf.

Der Bahnhofsplatz lag schon in fahlem Licht. Der Graue schritt ohne Eile und kleine Melodien pfeifend durch die noch leeren Straßen; ich hielt mich neben ihm als jämmerlicher Klient. Es war mir dumpf und unheimlich zumute; ich ahnte, daß ich in böse Fänge geraten war. Was mochte er von mir wollen, was plante er gegen mich? Zum ersten Mal ergriff mich wie ein feiner Schmerz die Sehnsucht nach der Kinderzeit. Was hatte ich aber zu verlieren in dieser Dämmerung vor dem Nichts?

Wir waren bald am Ziel. Der Unbekannte hielt vor einem der hohen Geschäftsgebäude, die ganz und gar mit Firmenschildern und Reklamen verhüllt sind wie mit buntem Lappenwerk. Wir traten ein, ein Fahrstuhl brachte uns empor. Der Graue öffnete eine Türe, über deren Klingel ich seinen Namen las: »Dr. Fancy, Augenarzt. Sprechstunden nur nach Vereinbarung.«

Ein kahler Vorraum führte in die Praxis, die der Werkstatt eines höchst intelligenten Handwerkers glich. Ein Tisch trug Brillen und optische Instrumente, und an den Wänden hingen Tafeln mit Ziffern und Buchstaben. Es war ein Raum, in dem der rechte Winkel und die gerade Linie herrschten; er schien mir ganz von scharfen, mitleidlosen Strahlungen erfüllt. Besonders fiel mir ein Kasten mit Glasaugen auf. Sie lagen auf rotem Sammet und leuchteten in Farben, die die des Lebens übertrafen und eher an Opale erinnerten. Sie deuteten auf einen Augenmacher ersten Ranges hin.

Der Doktor Fancy nötigte mich in einen Wachstuchsessel und nahm mir gegenüber auf einem Schemel Platz. Er hatte jetzt einen weißen Kittel angelegt. Er blickte mir scharf in die Augen; es schien mir, als ob aus seinen fast punktförmigen Pupillen zwei feine Strahlen in mich eindrängen. Mir wurde schläfrig, doch hörte ich genau die Sätze, die er langsam und mit unwiderstehlich sanfter Stimme zu mir sprach.

»Ich werde Sie nicht unnütz aufhalten. Seit langem sind Ihre geheimen Wünsche mir bekannt. Sie waren, wenngleich unklar, auf dem rechten Wege; Sie sollen belohnt werden. Sie ahnten, daß es zwei Sorten von Menschen gibt: die Toren und die Wissenden. Die einen sind die Sklaven, die anderen die Herren dieser Welt. Worauf nun beruht der Unterschied? Ganz einfach darauf, daß zwei große Gesetze im Universum wirken: der Zufall und das Notwendige. Merken Sie wohl: es gibt nichts außerdem. Die Sklaven regiert der Zufall; die Herren bestimmen ihn. Es gibt im namenlosen Heer der Blinden einige Geister, die sehend sind.«

Die Stimme schläferte mich ein. Der Rausch kam stärker als vorhin. Ich hörte, daß der Doktor sich mit Instrumenten beschäftigte. Dabei fuhr er gemessen, doch höchst eindringlich in seinem Vortrag fort, von dem mir kein Wort entging:

»Die Welt ist nach dem Vorbild der zwiefachen Kammer, der chambre double, ausgeformt. Wie alle Lebewesen aus zwei Blättern, so ist sie aus zwei Schichten angelegt, die im Verhältnis von Innen- und Außenseite stehen und von denen die eine höhere, die andere mindere Wirklichkeit besitzt. Doch wird die mindere Wirklichkeit bis in die feinsten Züge von der höheren bestimmt.

Nun denken Sie sich folgendes: Sie halten sich mit einer großen Gesellschaft in dieser Kammer oder in diesem Saale auf. Man spielt, man debattiert, man treibt Geschäfte, kurzum man tut, was Menschengewohnheit ist. Für die uneingeweihten Gäste werden die Dinge und ihre Konstellationen in diesem Saale mehr oder minder dem Zufall anheimgegeben sein. Daher vermag auch keiner unter ihnen mit Sicherheit zu sagen, was selbst die nächste Minute bringt. Hier herrscht das Unvorhergesehene, die blinde Kraft.

Jetzt denken Sie weiter: Der Saal ist noch von einer zweiten Schicht umkleidet, die unsichtbar wie eine Aura ist. Sie sei fast ohne Ausdehnung, doch signifikativ. Sie stellen sich diese Schicht als eine Art Tapete vor, durchwoben von Bild- und Ziffernschriften, die man übersieht. Ich werde Ihnen die Schuppen von den Augen nehmen, und voll Erstaunen entdecken Sie, daß diese Charaktere den Schlüssel zu allen Vorgängen bilden, die sich im Saal abspielen. Sie glichen bislang einem Menschen, der nächtlich der Bahn der Sterne folgte, doch ohne Kenntnis der Astronomie. Nun sind Sie wissend, und Ihre Macht gleicht jener der alten Priesterschaften, die Mond- und Sonnenfinsternisse verkündeten. Sie haben die Weihen angenommen, die Ihnen magisches Fürstentum verleihen. In *dieser* Welt verbirgt sich das Geheimnis; es gibt keine andere. Sie werden mir ewig dankbar sein.«

Bei diesen Worten beugte Doktor Fancy sich über mich. Ich sah, daß er die Stirn mit einem Band umgürtet hatte, das einen runden, in der Mitte durchbrochenen Spiegel trug. Mit einer Handbewegung brachte er meinen Stuhl in horizontale Lage und näherte sich mir mit einer spitzen Glasröhre.

»Ein Irrer – der Kerl will dir die Augen ausbeizen!«

Ein eisiger Schreck durchfuhr mich; ich konnte kein Glied regen. Ich sah ihn den Spiegel herunterdrehen; er blickte mich wie durch ein ungeheures, doch leeres Auge an. Ich hörte ihn murmeln:

»Der Brandy hat gewirkt.«

Die Haare sträubten sich mir. Ich öffnete den Mund, doch löste sich kein Schrei aus meiner Brust. Er brachte die Röhre über meine Augen und ließ zwei Tropfen, die wie Scheidewasser brannten, hineinfallen. Der Schmerz war unerträglich; es wurde dunkel, und ich fühlte, daß ich in Ohnmacht fiel.

Als ich erwachte, hatte Doktor Fancy den Stuhl schon wieder emporgeschraubt. Er tupfte mir mit einem Wattebausch die Augen aus.

»Es hat wohl ein wenig weh getan? Nun, ohne Schmerz keinen Preis. Darüber sind Sie nun hinweg. Wir sind jetzt fertig, und ich wiederhole: Sie werden mir dankbar sein.«

Ich wagte kaum zu glauben, daß ich davongekommen war. Vorsichtig blickte ich mich nach einem Werkzeug, mit dem ich ihn notfalls zu Boden schlagen könnte, im Raume um. Dann sagte ich höflich:

»Herr Doktor, Sie haben jetzt Ihren Spaß an mir gehabt. Nun lassen Sie mich bitte gehen – ich fühle mich sehr schwach.«

Mehr um ihn in Sicherheit zu wiegen, fügte ich hinzu:

»Wenn Sie mir ein kleines Zehrgeld reichten, würde ich Ihnen dankbar sein.«

Der Doktor lachte:

»Krösus bittet um eine milde Gabe – nun gut, man hört ja auch, daß Milliardäre oft ohne Kleingeld sind.«

Er trat an seinen Schreibtisch und gab mir, ohne nachzuzählen, ein Bündel Scheine:

»Verwenden Sie zunächst die kleinen Noten, solange Sie noch in diesem Aufzug sind. Sonst wird man Sie einstecken.«

Er blickte mich noch einmal an wie jemand, der mit seinem Werk zufrieden ist:

»Sie werden freilich bald erkennen, daß Schloß und Riegel nicht für Ihresgleichen geschaffen sind. Sie stehen jetzt über dem Gesetz.«

Damit entließ er mich.

Die Straßen waren schon belebt. Ich stürzte mich in ihr Gewühl. Noch hielt der Schrecken mich in seinem Bann. Um keine Summe hätte ich das Abenteuer wiederholt. Ich lief in einen öffentlichen Garten und setzte mich erschöpft auf eine Bank. Erst als ich in meine Tasche griff, fiel mir das Notenbündel ein. Ich zog es hervor und zählte es behutsam durch. Die Scheine waren ohne Zweifel echt. Die Summe war bedeutend – das machte den Vorgang vollends rätselhaft. Doch sann ich weiter nicht darüber nach. Mir war zumut wie einem Schiffbrüchigen, der festes Land gefunden hat.

Der Morgen war schön und warm. Allmählich rückte ich, in der Sonne sitzend, mir den Kopf zurecht. Dem Doktor Fancy war ohne Zweifel eine Schraube losgegangen; seine Umgebung hatte das noch nicht bemerkt. Ich hatte von seinem Wahnsinn profitiert. Das Abenteuer hätte auch eine üble Wendung nehmen können – man mußte Glück haben. Zuweilen blätterte ich unauffällig mein Notenbündel durch.

Ich sann nun über meine neuen Möglichkeiten nach. Zunächst kam es darauf an, daß ich mich vorsichtig aus dem Zustand zurückerhob, in den ich abgesunken war. Ich würde einen Altstadttrödler suchen und mich billig einkleiden. Dann würde ich das kleine Zimmer wieder mieten, das ich vor meiner Obdachlosigkeit bewohnt hatte. Dort könnte ich mir einen Schneideranzug machen lassen und wieder umziehen. So hob ich mich allmählich wie durch eine Reihe von Schleusen aus der Kloake auf.

Mit frischem Mut begab ich mich zur Schnellbahn, die in die Altstadt fuhr. Der gelbe Zug lief ein, die Türen rollten auf. Die Menge drängte sich in die Abteile, mich aber hielt eine seltsame Vision zurück. Mir war, als sollte ich in einen Leichenwagen einsteigen. Der Schaffner, die Passagiere blickten mich mit fürchterlichen Augen an. Das mußte noch eine Nachwirkung des Schreckens sein – ein Fetzen aus der Bildwelt eines Halbertrunkenen. Doch wurde mir unbehaglich, und ich beschloß, zu Fuß zu gehen. Ich folgte den auf hohen Pfeilern ruhenden Gerüsten des Schienenstranges zur Innenstadt. An einer Überführung in der Nähe des Gleisdreiecks hielt mich eine Menschenmenge auf. Ein großes Unglück war geschehen; die Schnellbahn war abgestürzt. Ich sah den Schaffner, den man mit zerquetschtem Schädel auf einer Bahre vorübertrug. Schnell machte ich mich davon, als hätte ich die Katastrophe nicht nur vorhergesehen, sondern auch mitbewirkt.

Am Abend saß ich beim Tee in meinem Zimmerchen. Vor allem wollte ich fortan den starken Getränken aus dem Wege gehen. Ich trug jetzt Seemannshosen und einen wollenen Sweater, auch war ich gebadet und frisch rasiert. Ein Köfferchen voll Wäsche stand neben mir. Zuweilen fühlte ich nach meiner Brieftasche. Ich stopfte mir ein Pfeifchen mit Virginiatabak. Die Wirtin hatte mich mißtrauisch empfangen, doch, als ich ihr die verjährten Schulden zahlte, mir gern das Zimmer wieder eingeräumt. Sie war ja nicht heikel, denn der Mieter, den sie vor mir hatte, war als Defraudant verurteilt worden, und dennoch besuchte sie ihn im Gefängnis, in dem er schon seit zwei Jahren saß. Er hatte lange bei ihr als kleiner Angestellter in unauffälligen Verhältnissen gelebt, dann hatten sich große Unterschleife herausgestellt.

Indem ich daran dachte, stieg mir ein wunderlicher Gedanke auf. Man hatte nie ermitteln können, wie er das Geld verbraucht hatte. Wahrscheinlich hielt er es versteckt. Wie denn, wenn er es ganz in der Nähe verborgen hätte, vielleicht sogar in diesem Zimmer selbst? Der Anteil, den er noch an seiner Wirtin nahm, war merkwürdig. Ich fühlte, wie ein gieriger Scharfsinn in mir wach wurde. In einer ganz anderen Weise als bisher sah ich mich in den altvertrauten vier Wänden um, bestrebt, mich in die Gedanken eines Menschen zu versetzen, der ein Versteck erkunden will. Ich wußte sogleich, daß dazu kein anderer Ort in Frage kommen könnte als der Kamin. Zwar hatte die Polizei schon gründlich nachgesucht, doch ist die Technik dieser Geister ja subaltern.

Vorsichtig schloß ich die Tür und machte mich ans Werk. Ich nahm zwei Leuchter und eine Stutzuhr ab, die auf dem Simse standen, und versuchte, die Marmorplatte hochzustemmen, die er trug. Sie war befestigt, doch hob sie sich ein wenig, wie etwa der Deckel einer Truhe, die verschlossen ist. Es schien, daß eine Art von Riegel sie sperrte, und wirklich fand sich ein Zierat, der, wenn man ihn bewegte, den Widerstand beseitigte. Die Platte ließ sich heben und gab eine Vertiefung frei. Banknotenbündel und Beutel voll gemünzten Goldes füllten sie. Ich hatte den Geheimtresor entdeckt.

So hatte ich also lange Zeit in tiefster Armut meine Tage neben einem Schatz dahingeschleppt, der sich kaum armesweit von mir befand, gleich einem, der über einer verborgenen Wasserader am Durst hinsiecht. Wie manche lange Nacht war ich, die Chancen übersinnend, im Zimmer auf und ab geschritten und hatte auf diesem Sims das Grogglas abgestellt. Zahllose Male hatte ich die Pfeife an ihm ausgeklopft. Und schier verächtlich wollte es mir scheinen, daß man so stumpfen Sinnes leben konnte, wie ich es getan. Behutsam und mit wachsendem Stolz über meine neue Intelligenz zählte ich die Scheine und Goldstücke. Mit solchen Mitteln in der Hand läßt man sich nicht festnehmen; der Bursche hatte seine Strafe verdient.

Es war kein Zweifel, daß die Begegnung mit Doktor Fancy mich verändert hatte – er hatte recht: ich mußte ihm dankbar sein. Von nun an erfuhr ich diese neue Kraft stets deutlicher, gleich einem Kinde, das täglich schärfer sehen lernt. Ganz ähnlich lernte ich täglich besser das Zweite Gesicht gebrauchen, das ungeheure Vorteile verleiht. Zunächst, wie bei dem Unfall der Schnellbahn und dem Kaminversteck, hatte sich mir diese Gabe in schlafwandlerischer Weise aufgedrängt; ich folgte ihr mit Traumessicherheit. Dann wurde sie mir bewußt. Ich lernte sie willkürlich lenken, kaltblütig und vom Verstande her. Vor allem wandte ich sie nur in mir genehmen Zusammenhängen an. Es war, als ob ich meine Sehkraft aufs höchste schärfen könnte, wenn ich sie anspannte. Ich lebte wie mit einem Mikroskop inmitten von Menschen, die nicht einmal ahnen, daß es solche Instrumente gibt. Doch machte ich nur nach Belieben von ihm Gebrauch. Dann sah ich die Elemente, die Atome, die

die Ereignisse bestimmen, die Keime, die Glück und Unglück zeitigen. Ich ging dabei behutsam vor, wie unter einer Tarnkappe.

Natürlich suchte ich sogleich die altvertrauten Stätten des Glücksspiels auf. Ich wußte jetzt, wie die Karten schlagen, die Kugel fällt. Der Wechsel der Farben und der Ziffern hatte sein Bedrohliches verloren; er fand in meinem Innern, auf meinem Augengrunde statt. Es waren andere Probleme, die mich beschäftigten. Ich mußte die neue Macht, die mir verliehen war, beherrschen lernen, mußte mich zugleich an sie gewöhnen und sie verheimlichen. In dieser Absicht saß ich zunächst lange und zögernd am grünen Tisch wie jemand, der nur ein einziges Goldstück mitbringt und ängstlich wartet, bis er es riskiert. Ich wollte mich in meiner Wissenschaft bestätigen. Bald sah ich, daß sie unfehlbar war.

Sodann begann ich zu pointieren und legte es darauf an, daß ich verlor. Ich machte mir als schlechter Spieler einen Ruf. Der Doktor Fancy hatte sich keinen Dummkopf ausgesucht. Darauf begann ich bescheiden zu gewinnen, hier dreißig, dort fünfzig Pfund. Ich machte die Verluste sichtbar und die Gewinne unsichtbar. Vor allem war es wichtig, daß ich meine Kunst verbarg. Zwar würde niemand sie auch nur ahnen, doch war es auf jeden Fall bedenklich, wenn man mich in großen Serien gewinnen sah. Ich wußte jetzt übrigens, was ich stets vermutet hatte: daß jeder Gewohnheitsspieler Falschspieler ist.

Sehr bald verlor ich den Genuß daran. Die wilde Spannung, die mich sonst ergriffen hatte und die Nacht im Nu verstreichen ließ, wich nach der ersten Überraschung der Langeweile, als ich meine Chance unfehlbar sah. Ich saß am Spieltisch, wie ein Beamter im Büro dem Dienstschluß entgegenharrt. Vergnüglich blieb dabei nur die Leidenschaft der anderen – die Art, in der ich die Gimpel im Garne flattern und die Betrüger wiederum von mir betrogen werden sah.

Bald wandte ich mich feineren Geschäften zu. Ich zog in den Westen und mietete ein Haus mit Dienerschaft. Die erste Transaktion, die ich von dort aus unternahm, bezog sich auf einen Erbschaftsfall. Ich kannte eine große Hinterlassenschaft und auch die armen Erben des verschollenen Verwandten – zwei Daten, deren Kenntnis ich durch einen Strohmann in bares Geld verwandelte. In dieser Weise erwarb ich Schiffe, die als überfällig galten, und schloß gewagte Versicherungen ab. Auch machte ich Erholungsreisen an Orte, an die sich Sagen von vergrabenen Schätzen knüpften, und spürte sie ohne Mühe auf. Doch plagte ich mich nicht mit ihrer Hebung; ich ließ sie an ihrem Platze, wo sie mir sicherer waren als auf der Bank. Ich nahm sie auf und füg-te die Skizzen und Karten meinen Wertpapieren bei. Ich machte dabei die Erfahrung, daß die Gerüchte, die sich derart im Volk erhalten, meist wohlbegründet sind. Auch ist die Zahl geheimer Schätze bei weitem größer, als man ahnt.

Noch müheloser war die Spekulation auf Mineralien. Ich kannte die Orte, an denen man fündig wird. Die Kenntnis hielt ich verborgen und schlug sie zu meinem Kapital. Dagegen reizte es mich, Gewinn zu ziehen aus Feldern, von denen ich wohl wußte, daß jede Mutung vergeblich war. Ich schloß Verträge mit den Grundbesitzern, um darauf Gewerkschaften zu gründen; man riß mir die Kuxe aus der Hand. Indem ich mich mit ihrem Geld begnügte, überließ ich den Käufern die Hoffnung auf reiche Funde und die Zahlung der Zubuße.

Nachdem ich eine Reihe von größeren Erfolgen ausgekostet hatte, erschien mir die Art, den einzelnen Objekten nachzustellen, zu mühselig. Sie hielt mich vom Vergnügen ab. Notwendig geriet ich auf das Feld der großen Geschäfte, des großen Geldes, dessen Bewegung fast reine Geisteskraft bestimmt. Ich drang in die Geheimnisse der Börse ein. Die Technik war mir bald vertraut. Ich lernte die Werte kennen und dann die Meinung, die den Kurs bestimmt. Wie alle Mächte dieser Erde, ist auch das Geld zugleich durchaus real und durchaus imaginär. Die großen Geschäfte meistert, wer beide Charaktere kennt. Daraus erklärt sich der Zusatz an Phantasie, der keinem der Fürsten des Geldes fehlt und der sie zu Kompositionen fähig macht, die denen der Musik sehr ähnlich sind. Man führt ja auch die Musikalität auf Wahrnehmung von feinsten Zahlenordnungen zurück.

»Verkaufe steigende Papiere und kaufe fallende.« In dieser Regel verbirgt sich die Strategie des Börsenspiels, und sie besagt, daß man die Serie im rechten Zeitpunkt unterbrechen soll. Der auf die Chance gerichtete Instinkt, die eingeborene Leidenschaft treibt uns zum Gegenteil, denn sie wähnt immer, daß die Serie endlos sei. Ich aber kannte die Gesetze, auf denen die Konjunktur beruht.

Nun trat ich in den Kreis der auserwählten Geister, denen der Menschenreichtum, die Menschenarbeit zinsbar wird. Geschäft ist anderer

Leute Mühe, ist anderer Leute Geld. Der Neger, der im blauen Grund den Diamanten nachspürt, der Ingenieur, der mit Legionen von fieberkranken Gräbern zwei Meere durch einen Trakt verbindet, der Farmer, der sorgenvoll den Stand der Frucht betrachtet, der Fürst, der Krieg und Frieden in seinem Kabinett erwägt – sie alle ahnen kaum, daß ihr Bemühen noch einmal aufgefangen wird im Spiegel der Spekulation, in Kammern, in denen man den Wert der Welt als Geldeswert erkennt. Geld ist die eigentliche Macht des Lebens, ist seine sinnvollste Abbreviatur – und daher der allgemeine und ungeheure Drang, sich seiner zu bemächtigen.

Geheimnisvoll ist auch das Ebben und Fluten des großen Geldes, bei dem Vermögen gewonnen werden und sich verflüchtigen. Die Kenntnis dieses Wechsels ist auf den höchsten Rängen ganz von den Werten abgelöst. Sie wirkt vielmehr mit mächtigen Fiktionen auf die Werte ein. Und es gibt Orte, an denen die Verluste nicht minder zinsbar werden als der Gewinn. An ihnen nimmt das Geschäft den idealen Charakter an.

Ich hatte mich bald derart eingerichtet, daß ich mit einem Mindestaufwand an Zeit ein Höchstmaß an Geld gewann. Teils durch Agenten, teils durch Telefonate gab ich den Banken Auftrag, Papiere anzukaufen, die sich zum Minimum bewegten, und andere abzustoßen kurz vor der Kulmination. Die eigentliche Schwierigkeit bestand nicht in der Auswahl, in der ich ja unfehlbar war. Vielmehr beruhte sie darauf, daß ich mich beschränken mußte, damit nicht durch meine Käufe eine Störung im Verhältnis von Angebot und Nachfrage entstand. Ich war da in der Lage eines Menschen, der zwar den Sieger im Rennen kennt, jedoch die Quote verringern würde, wenn er beliebig wettete. Die Lage fesselte mich auch philosophisch, denn sie gab einen exquisiten Einblick in das Gewebe von Willensfreiheit und Determination. Zuweilen pflegte ich die Serie zu unterbrechen und Verluste zu fingieren, damit die Operationen unübersichtlich blieben und man sich mir nicht anhängte. Das brachte manchem den Ruin. Doch wurde mein Vermögen bald enorm.

Ich richtete in allen Hauptstädten, an allen Börsenplätzen kleine, erlesen ausgeschmückte Villen ein, pieds à terre. Die ersten Schneider, die besten Lieferanten standen in meinem Dienst. Aufkäufer sahen sich nach Bildern und Kunstwerken für mich um. Von jeher hatte ich geliebt, mich mit Geschmack zu kleiden und auserwählte Dinge um mich zu sammeln; nun konnte ich jeden Wunsch befriedigen. Ich wurde zum Dandy, der das Unwichtige wichtig nahm, das Wichtige belächelte. Selbst kleinen Mühen ging ich aus dem Weg. So war ich der Anproben überdrüssig; ich hatte Puppen, die nach meinen Maßen gebildet waren und nach denen die Schneider arbeiteten. Ich hielt auf gute Wagen, gute Pferde und auch, obwohl ich mäßig trank, in meinen Kellern auf den besten Wein. Ein Haushofmeister mit den Manieren eines venezianischen Gesandten ersparte mir auch den leisesten Ärger mit der Dienerschaft.

In Longchamps sah man mich mit der Fürstin Pignatelli, in Epton mit Sarah Butler, deren Spiel seinen Höhepunkt erreicht hatte. Mir war enthüllt, was Frauen um so sorgsamer verbergen, je stärker es sie ergreift: die Neigung, die sie zu einem Unbekannten fassen, der ihre Sphäre streift. Ich war mir meiner Wirkung stets bewußt. Daher war mir das Bangen fremd, mit dem vor allem die Schönheit uns bezaubert; ich war von absoluter Sicherheit. Ihr folgte Unwiderstehlichkeit.

Ich saß in Wannsee beim Frühstück, als ein Herr Katzenstein sich melden ließ. Er war mir namentlich bekannt als einer der feinsten Finanziers. Ich ließ ihn eintreten. Nach einigen allgemeinen Redensarten kam er zur Sache; sein Anliegen war etwa folgendes:

Er hatte seit langem meine Aufträge verfolgt; auch jene der Makler, die ich beorderte. Er kannte meine Strohmänner. Es schien ihm, von diesem oder jenem Fehlschlag abgesehen, sich hinter diesen Transaktionen ein Scharfsinn zu verbergen, der ungewöhnlich war. Er ging auf Einzelheiten ein und sprach von genialer Kombination. Reine Bewunderung habe ihn zu dem Besuch veranlaßt, wie etwa die Lektüre eines Buches im Leser unwiderstehlich den Wunsch nach einer persönlichen Begegnung mit dem Autor entzünden mag. Er sah mich listig an und schnalzte mit der Zunge wie jemand, der einen Spitzenwein probiert.

Bei diesen Worten ergriff mich ein lebhafter Ärger; es schien mir, daß ich in der letzten Zeit zu wenig vorsichtig gewesen war. Nun war es am besten, eine autoritäre Miene aufzusetzen und auf seine Bewunderung einzugehen. Ich bot ihm mit gönnerhaftem Lächeln von meinem Portwein an. Was war denn auch natürlicher, als daß der Gewinn auf eine sonderliche Kenntnis des Geldes und seiner Kreisläufe gegründet war? Notwendig war zunächst die Einsicht in die große Politik und ihre

Wirkung auf die Märkte und die schwere Industrie. Von dieser hingen in mannigfacher Verflechtung die anderen Zweige ab. Sodann war da die Frage des freien Geldes und der großen Becken, in die es einströmte. Die Konjunkturen hatten zwar vielfache und oft verborgene Gründe, doch waren sie nicht unberechenbar. Wenn jemand einen Stein ins Wasser fallen sah, dann konnte er auch auf die Wirbel schließen, die sich bildeten. Es ließ sich berechnen, wann diese oder jene Stelle des Teiches in Bewegung kam.

Katzenstein hörte aufmerksam zu, als ich ihm diese Gemeinplätze entwickelte. Er antwortete mit großer Höflichkeit:

»Gewiß, so steht es in den Leitfäden der Nationalökonomie. Auf diese Weise sagt der Meteorologe mit ziemlicher Wahrscheinlichkeit die Witterung voraus. Freilich nicht ohne Stationen, Instrumente, Schiffe und auf der Welt verteiltes Personal.«

Er spreizte dabei die Hände, indem er ihre leeren Flächen betrachtete.

»Was wollen Sie damit sagen, Herr Kommerzienrat?«

Er sah mich mit entzückten Augen an, als ob er einen Raffael bewunderte:

»Ein guter Kopf, ich habe es gleich gesagt, ein exzellenter Kopf. Und auch ein Portweinchen – das kann nur vom alten Sandeman persönlich sein. Ich meine, daß die Wissenschaft vom Gelde in praxi nicht genügt. Sie setzt auch Kapital voraus. Das Geld gewinnt mit seinem Umfang an Anziehungskraft. Der Vorteil der Banken liegt darin, daß sie die Serie länger und auf verschiedeneren Feldern verfolgen können als der kleine Spieler und daß so die Wahrscheinlichkeit auf ihrer Seite steht. Es gibt nur eine Art des Spieles, das dem gewachsen wäre – und das ist jenes, das die Serie korrigieren, das Wetter machen kann.«

Mein Ärger wurde heftiger. Der Bursche mit den vom guten Leben und von der Galle getrübten Augen hatte sich ohne Zweifel genau nach mir erkundigt; er wußte, daß ich noch vor kurzem ein Bettler gewesen war. Natürlich war er weit vom Ziel. Er hielt mich für einen Agenten der Mächte, die unsichtbar im Hintergrund des Marktes stehen. Nur war er nicht klug genug, zu wissen, daß dieser Hintergrund ein irrationaler ist. Er ahnte nicht und konnte nicht ahnen, daß ich meine Tips vom größten Kulissier der Welt erhielt und daß ich Blankovollmacht von ihm besaß. Er wußte nicht, bei wem er frühstückte.

Mit der gebotenen Zurückhaltung ließ ich durchblicken, daß seine Ansicht nicht ganz unwahrscheinlich sei. Besaß ich aber in der Tat Verbindungen, wie er sie vermutete, so konnten sie nur dadurch wirksam werden, daß man sie verschwieg. Natürlich erhöhte mein Verhalten noch seine Aufmerksamkeit. Sie steigerte sich in dem Maß, in dem ich mich von ihm distanzieren zu wollen schien. Bei jedem Geschäft liegt ja der Vorteil beim Unbeteiligten. Er drängte sich mir nun förmlich auf, fuhr wie ein Raubfisch auf meine Köder los.

Von nun an suchte Katzenstein mich häufig auf und bat mich um meinen Rat. Er nahm mir damit, ohne daß er es ahnte, viel Arbeit ab, vor allem den Umgang mit Agenten, der immer lästig ist. Ich wurde sein Teilhaber. Als solcher baute ich in seine Konzerne eine Assekuranz-Gesellschaft ein, die Ernten belieh und sich dem ausgesprochenen Risikogeschäft zuwandte. Diese Gesellschaft behielt ich mir als meinen besonderen Anteil vor.

Kurz vor der Entspannung der marokkanischen Krise ließ ich die Papiere fallen, indem ich die Kriegsklausel strich. Der Coup war gegen Katzenstein gerichtet – obwohl er ihn nicht durchschauen konnte, wurde er mißtrauisch. Arglistig riet ich ihm zu umfangreichen Liquidationen, doch ging er nicht darauf ein. Die Baisse schien unnatürlich und versprach doppelten Gewinn. An solchen Tagen wird alles zwielichtig. Sie fordern Wendungen, die sich mit Worten nicht schildern lassen – die nur der Flair begreift. In ihnen erhebt das Geld sich zu fiktiver Höhe, zum Stoff der reinen Imagination. Mein Rat war richtig, warum befolgte er ihn nicht? Er kannte nur die arithmetische Wahrscheinlichkeit.

Es kam dann der Vertrag von Tanger, an den sich der schwarze Freitag schloß. Die Bank fallierte; das Assekuranzgeschäft trug ungeheure Gewinne ein. Stets wiederholt sich in solchen Krisen das alte Spiel »Krieg oder Nichtkrieg«, wie man mit einer Münze »Kopf oder Wappen« spielt. Dem folgte eine Unterredung zwischen Katzenstein und mir. Er sah sein Unrecht ein. Als ihn der Diener am nächsten Morgen wecken wollte, fand er ihn tot im Bett. Man sprach von einem Herzschlag; die Trauer seiner Gläubiger war groß.

Ich war jetzt Inhaber der Firma Katzenstein & Co. Es konnte sich nun niemand mehr wundern, wenn er mich in Weltgeschäfte verwickelt sah.

Ich wandte mich den Staatsanleihen zu, der höchsten und königlichen Sphäre der Finanz. Man machte mich zum deutschen Freiherrn, verlieh mir den Kordon der Ehrenlegion. Die Philanthropen zählten mich zu den Ihrigen. Die Fürstin ließ jetzt ihren Wagen offen vor meiner Türe halten; man drängte sich um meinen Platz im Jockey-Klub. Es war bekannt, daß ich dort große Summen im Spiel verlor.

Soviel zu meinen äußeren Umständen. Sie konnten nicht besser sein. Und dennoch fühlte ich mich im gleichen Maße unglücklicher, in dem ich an Macht und Ansehen gewann. Es war zunächst die Langeweile, die mich immer quälender ergriff. Ich merkte, daß mir die Spannung fehlte, das Ungewisse, das Für und Wider, das Rote und das Schwarze, das dem Leben den Reiz verleiht. Ich spielte die Rolle des Fechters, der nicht fallen kann. Die Chance war für mich berechenbar. Ihr fehlte das Rätselhafte, das Unbestimmte, das uns das Herz beschwingt.

Ich sagte schon, daß bald das Spiel den Reiz für mich verlor. So ging es auch mit jeder anderen Kombination. Es wurde mir lästig, das Geld der Narren zu kassieren, die es mir aufdrängten. Ich fühlte mich oft versucht, den Einsatz einzustreichen, bevor noch das Spiel begann. Wer mag noch Rätsel raten, wenn er die Lösung kennt. Das einzige, was mich noch lockte, war die Betrachtung der Erregung und der Verzweiflung der anderen. Sie kamen am nächsten Morgen, um sich vor mir zu demütigen. Doch mit der Zeit verlor ich auch daran den Genuß. Ich hatte mein Schicksal abgegeben, doch wurde ich zum Schicksal jener, die mir begegneten. Mit der Blasiertheit steigerte sich die Grausamkeit. Hierauf beruht es wohl, daß Menschen, die unbeschränkte Macht gewinnen, wie die Cäsaren, sich dem Morde zuwenden. Die Erde wandelt sich in ein Schauspiel, in einen Zirkus um.

Das gleiche Verhältnis gewann ich zu den Frauen; ich fühlte vor allem meine Macht. Sie näherten sich mir wie bunte Falter dem hellen Licht. Indem ich sie liebkoste, war ich mir meiner Krallen stets bewußt. Ich spielte Partien mit ihnen als der Partner, der nicht verlieren kann. Und wie ein Shylock war ich darauf bedacht, daß sie voll zahlten mit Fleisch und Blut. Ich hörte die leisesten Falsetti in der Melodie.

Merkwürdig war die Angst, daß man mich übervorteilte. Ich kannte genau den Preis der Dinge und hielt darauf, daß man mich nicht überteuerte. Ich wurde darin desto peinlicher, je mehr mein Vermögen wuchs. Man kauft ja um so billiger, je größeren Reichtum man besitzt. Bei absolutem Reichtum kauft man sogar umsonst.

Ein Bild, ein Haus, ein Möbel waren mir besonders teuer, wenn sich mit ihnen die Erinnerung an einen guten Kauf verband. Es war die Logik des Geldes, die mich immer mehr erfüllte und sich meiner bemächtigte. Daneben wuchs der Spleen; ich fühlte, daß die Genüsse mich immer weniger befriedigten. Im Maß, in dem sich meine Mittel steigerten, verloren sie für mich an Wert. Nach Jahren des Exzesses sah ich mich auf ein Leben angewiesen, wie man es in teuren Sanatorien führt. Ich liebte die graue Farbe, die lautlose Bedienung, die Tage bei verhüllten Fenstern, die ungewürzten Platten, die unpersönlichen Gespräche, die Frauen, in denen sich hohe Eleganz mit Nichtigkeit vereint.

Doch war es ein anderer Umstand, der mich weit mehr beunruhigte als das Ermatten der Heiterkeit, der Freude, der Lebenskraft. Er meldete sich gleich nach dem ersten Jubel des Erfolges an. Es wurde mir immer klarer, daß ich ein fürchterliches, ein unmitteilbares Geheimnis in mir trug. Und immer deutlicher erkannte ich dieses Geheimnis als verbrecherisch. Mein Anschlag gegen die Menschen war ungeheuerlich, war der des Erzfeindes. Er war so mächtig, daß er außerhalb des Gesetzes lag. Der Dieb, der eine sichere Gelegenheit erkundet, der Falschspieler, der seine Karten zinkt, der Mann, der Böses in seiner Kammer sinnt – sie alle nahmen noch an der Chance teil und unterstanden dem allumfassenden Gesetz. Sie wirkten als Menschen, indes ich automatische Kraft besaß. Sie konnten auch Komplizen haben, während mein Wissen die tiefste Einsamkeit voraussetzte. Ich merkte das daran, daß es mir unendlich lieber gewesen wäre, für einen Falschmünzer zu gelten, als daß man mein Geheimnis auch nur geahnt hätte. Die feine Hand, das unfehlbare Gelingen, das man an mir bewunderte – sie hätten Abscheu, Entsetzen und fürchterlichen Haß hervorgerufen, wenn man ihre Quellen erkannt hätte. Ein Wucherer, der das Wesen des Geldes besser kennt als jene Armen, von deren Blut er sich mästet, ein Don Juan, der die Technik der Verführung kaltblütig wiederholt wie eine Spieluhrmelodie – sie reichten nicht an meine Unfehlbarkeit heran. Damit entfernte ich mich vom menschlichen Geschlecht und trat in eine neue Ordnung ein. Der Mensch, der magische Macht gewinnt, wie sie die Tarnkappe, der Glücksring symbolisieren, verliert das Gleichgewicht, die Spannung, die uns im Lauf der Welt erhält; er tritt an Hebel, die unermeßlich sind. Bald schlagen die Gewalten gegen ihn zurück.

Das wurde mir zunächst durch dumpfes Unbehagen spürbar, denn immer schärfer sah ich das Unheil, in dem ich mich befand. Die Welt entleerte sich, sie wurde Wüste; und Schemen bewegten sich nach mechanischem Gesetz in ihr. Ich fühlte, daß ich mich verirrt, verstiegen hatte, und mich erfaßte Sehnsucht, mich zurückzuziehen. Die Leere wuchs – wie waren selbst die Unglücklichen beneidenswert. Sie hatten Hunger, Durst und Hoffnung, sie hatten Schicksal; das alles fehlte mir.

Damals erkannte ich, daß neben und über der Mechanik ein anderes Gesetz die Welt regiert und fruchtbar macht. Ich ahnte, daß es nur im Menschen zu finden sei, der liebend spendete. Die Leere zog mich zum Erfüllten, die Kälte zur Wärme hin. Ich fühlte, daß ich mich einem Herzen verknüpfen mußte, daß hier allein die Rettung lag. Doch war ich so verblendet, daß ich mich magischer Mittel bediente, als ich auf die Suche ging.

An einem Abend, an dem die Unruhe fast unerträglich geworden war, ließ ich mich treiben und fühlte, daß es mich zum Schlesischen Bahnhof zog. Ich trat in seine große Halle ein, in der es beim Schein der Bogenlampen von Reisenden wimmelte. Wie oft in solchen Lagen belebte mich eine Art von wissender Spannung – die Neugier, warum ich wohl hierher gekommen war. Ich glich dem Jäger, den nie ein Zweifel faßt, ob er dem Wild begegnet, das er sucht.

Ich fand es, als ich Helene traf. Sie saß im Bogen eines blinden Fensters auf einem Schließkorb, wie er das Gepäck der Mädchen bildet, die in Stellung gehen. Ich sah von hinten den billigen Mantel und die gebeugten Schultern eines Menschen, der einsam weint. Mit einem Blick erfaßte ich ihre Lage: verlassen, ohne Geld und Bekannte in der fremden Stadt. Das sind die Opfer, nach denen die Kupplerinnen, die Ausbeuter und die Vermittler dunkler Geschäfte auf Suche gehen.

Ich näherte mich ihr und sprach sie an. Sie war so dankbar, denn sie war in einer Lage, in der man nach jeder Hilfe greift. Auch war der Argwohn ihrem Herzen fremd. Sie sah in mir den Nächsten, den man herbeisehnt, wenn man sich in Not befindet, und sie vertraute mir. Ich bot ihr Schutz und Obdach an. Wir trugen ihren Korb in eine Droschke und fuhren nach Treptow; ich hatte dort eines meiner Standquartiere, in denen ich zuweilen unter fremdem Namen lebte und meinem Spleen nachhing. Es war ein bescheidenes Retiro, ein Gartenhäuschen an der Spree. Helene zog dort in eine Kammer ein.

Ich aß mit ihr zu Abend; wir tranken Tee und plauderten. Ich fand sie frisch und unbefangen und über das Seltsame der Begegnung kaum erstaunt. Sie hielt mich für ritterlich und gütig und konnte nicht ahnen, daß unsere Begegnung die des völlig naiven mit dem völlig bewußten Menschen war. Bald führte ich sie auf ihr Zimmer und gab ihr den Schlüssel, doch wußte ich, daß sie es nicht verschloß. Sie war ja wie ein Vogel in meiner Hand.

Nachdem ich sie verlassen hatte, ging ich noch lange im Garten auf und ab. Die Nacht war dunkel; zuweilen glitt ein Schleppzug mit bunten Lichtern die Spree hinab. Ich wußte, daß man die Unschuld am leichtesten verführt. Doch kam es mir darauf nicht an. Ich wollte die Spannung wiederfinden, den inneren Sinn. Das war nur möglich, wenn ich mir im Reiche meiner schrankenlosen Freiheit Verbote schuf. Ich wußte, daß das nur durch das Medium eines Menschen möglich war. Ihm wollte ich mich widmen, Sorgfalt auf ihn verwenden wie auf ein köstliches Wesen, das zu meiner Gesundung, meinem Heile geschaffen war. Helene sollte einem jungfräulichen Spiegel gleichen, auf den ich die Strahlen der Erkenntnis sandte und sie konzentrisch, wärmend zurückempfing. Ich sah nicht, daß ich auf diese Weise mein Verbrechen noch steigerte, indem ich Liebe auf magische Art beschwor.

Zunächst entwickelten sich die Dinge nach meinem Sinn. Ich räumte Helene die Führung meines kleinen Haushalts ein, in dem ich mich mit meinen Büchern und Studien beschäftigte. Vormittags fuhr ich nach Wannsee oder in das Zentrum und hielt von dort aus meine Operationen auf dem laufenden. Sie waren glücklicher denn je. Das Recht, von Glück zu reden, hatte ich freilich eingebüßt. Helene hielt mich für einen Bankbeamten mit gutem Einkommen. Ich ließ sie glauben, daß ich zwar nicht sparen, doch rechnen mußte; mein Reichtum hätte sie erschreckt. Ich suchte sie zu bilden, indem ich ihre Eigenart entwikkelte. Bald sah ich, daß sie für Farben, Formen und Düfte, wie ich sie liebte, Geschmack gewann. Zuweilen fuhren wir in die Geschäfte und kauften Stoffe, Gläser, ein Möbelstück. Ich schenkte ihr Bücher, die ich aussuchte. Sonnabends besuchten wir ein Theater und aßen sonntags auswärts, bei schönem Wetter auf dem Land. Bei alledem hielt ich den Luxus ferne oder verbarg ihn unter gediegenen Verkleidungen. Ich las ihr die Wünsche von den Augen ab.

So war es kein Wunder, daß mein Plan gelang. Ich hätte Helene gleich am ersten Abend besitzen können; wir hätten dann in häuslicher Vertraulichkeit gelebt. Statt dessen traten wir in ein geistiges Verhältnis ein. Ich merkte, wie sie sich immer fester mit sinnpflanzenhaften Wurzeln an mich heftete. Ich wurde ihr Liebhaber in dem Sinne, in dem man eine seltene Blume, ein erlesenes Kunstwerk hegt. Der Grund war jungfräulich; er brachte in immer schönerer Bildung Kristalle und Blütenflor hervor. Ich hatte das Schauspiel einer Seele, die sich erschließt und die geheimnisvoll im Wachstum an Macht gewinnt.

Im Laufe eines kurzen Jahres wendete sich das Blatt. Ich wurde zum Beschenkten; die Früchte, die reiften, wurden zu schwer für mich. Helene wurde für mich die Quelle höheren Lebens; ich sah die Welt durch sie. Je mehr ich von ihr abhängig wurde, desto stärker kehrte die Furcht zurück. Und immer deutlicher erkannte ich, daß ich, indem ich die Chance beherrschte, mich in eine Glücksmaschine verwandelt hatte, in einen Automaten, in ein wertloses Nichts. Ich trug ein Wissen in mir, schlimmer als das des Mannes, der den Schatten verloren hatte, und ich hatte durch dieses Wissen einen Menschen an mich geknüpft. Im Augenblick, in dem er mich durchschaute, in dem er mein Geheimnis faßte, mußte Ekel, ja Entsetzen die Liebe ablösen. Schon schien es mir, als ob Helene mich zuweilen nachdenklich betrachtete; ich hielt es für möglich, daß sie den Trug, mit dem ich sie umgarnte, durch Ahnungskraft erriet.

In diese Zeit fiel mein Zusammenbruch. Ich kam an eine der Wendemarken, die den Menschen, der sie erreicht, vernichten oder vor neue Entschlüsse stellen und die wohl jeder aus eigener Erfahrung kennt. Ein solcher Zusammenbruch kann physisch sein: seit langem spürten wir an kleinen Zeichen, daß in den Untergründen unserer Gesundheit sich eine Veränderung vollzog. Wir sollten ausspannen, doch überhören wir die Warnungen. Dann plötzlich kommt der Schlag, der uns zu Boden wirft. Ganz ähnlich lassen wir vor dem geistigen Zusammenbruch die feinen Stimmen in unserem Innern unbeachtet, bis wir den Stoß empfangen, der das System als Ganzes aus den Angeln hebt. Es geht sogar oft eine Spanne besonderer Sicherheit dem Bankerott voraus. Und endlich gibt es den moralischen Zusammenbruch, der noch den Schlaganfall, den Wahnsinn an Schrecknis übertrifft. Hier wanken die Grundfesten.

Ja, schauerlich ist die Begegnung mit dem Nichts. Mir wurde deutlich, daß ich mich von innen her entkernt, vernichtet hatte und daß der Reichtum mich trügerisch umgab wie jener feine Lack, mit dem man Mumien bestreicht. Und mich ergriff noch stärker als einst in meiner äußeren Verkommenheit ein ungeheurer Ekel vor mir selbst.

Helene hielt mich für schwer erkrankt; sie suchte Ärzte auf. Ich wußte wohl, daß keine Medizin mir helfen konnte, vor allem nicht die Künste der Psychologen, die bei den Schlossern in die Lehre gegangen sind. Von solchen Scharlatanen ist unsere Welt bevölkert; sie treiben eher dem Dämon zu.

Ich wollte beten, doch ich fühlte, daß mir der Mund versiegelt war. Scheußliche Wörter drängten sich hervor. Dem Häuschen gegenüber, am Stralauer Ufer, lag eine kleine Kirche; ich suchte den Geistlichen auf. Er kannte mich, da ich zu seinem Sprengel zählte und ihn hin und wieder mit Spenden bedacht hatte. Er empfing mich mit Hochachtung. Ich suchte ihm meine Lage zu erklären, doch merkte ich gleich, daß er mich nicht verstand. Mein Ansinnen beunruhigte, verwirrte ihn; er hielt mich ohne Zweifel für gestört. Er gab mir höfliche Worte wie einem Toren, den man sich auf gute Art vom Halse schaffen will; empfahl mir auch dringend einen Arzt.

Ich nahm dann Zuflucht bei einem Kleriker der alten Kirche, in der die Kenntnis von den tieferen Umtrieben des Bösen noch nicht ganz erloschen ist. Er hörte mich aufmerksam an und wies mich dann mit Entsetzen fort.

Oft war ich im Zentrum, um die Wohnung des Doktor Fancy zu erkunden, doch fand ich sie nicht mehr. Zuweilen dachte ich, daß alles auf Einbildung beruhe, auf wirren Träumen; das linderte nicht meinen Schmerz. Ich wußte, daß ich verloren war.

In dieser Zeit begann ich wieder zu trinken; die Stunden des Rausches waren die einzig erträglichen. Sie glichen buntgewebten Zelten, die ich in der Wüste über meinem Haupt entfaltete. Helene brachte mir den

Wein wie eine Krankenschwester die Medizin. Mein Anblick betrübte sie, jedoch sie fühlte, daß ich des Trunkes bedürftig war. Was hülfe es auch, daß man dem Unglücklichen die leere Nüchternheit verschreibt? Ihm ist der Rausch die letzte der Residenzen, der letzte Farbsaum an der Dunkelheit.

Dann, spät nach Mitternacht, brach ich in jene Viertel auf, in denen das Leben nie erlischt. Ich spürte den Hang, mich in die Massen einzumischen, die beim Schein der bunten Lichter unruhig geschäftig sind. In jeder der großen Städte gibt es ein dunkles Zentrum, in dem das Böse residiert. Ich wurde von ihm angezogen; auch war es mir örtlich bekannt. Es lag an einem Schnittpunkt der Grenadierstraße. Hier stand um diese Stunde wohl jeder außer den Polizisten unter dem Einfluß des Trunkes oder der Droge: man traf nur Frauen, die käuflich waren, und Männer, die dem Verbrechen nachgingen. Ich kreiste rastlos in dieser Menge, die sich bald im rotbestrahlten Becken des Alexanderplatzes sammelte und bald zerstreute bis an die stillen Brücken über der Spree. Zuweilen mischte ich mich in eine der Gruppen, die sich um eine Verhaftung, ein betrunkenes Freudenmädchen oder einen dunklen Handel bildeten. Dann wieder trat ich in eines der Cafés, deren Wände von Spiegeln glänzten, und starrte dort gleich den anderen Gästen beim Klange eines mechanischen Orchesters vor mich hin. Der Anblick der Architekturen rief finstere Gedanken in mir wach.

Wie früher beendete ich meine Gänge in großer Erschöpfung auf den Bahnhöfen. Es gibt Formen des Lebens, die jenseits von Reichtum und Armut uns auferlegt, uns zugemessen sind. Und wieder kam ein Morgen, an dem ich mich zwingend auf den Selbstmord verwiesen sah. Ich merkte nicht, daß ich am gleichen Platz wie damals saß. Wie immer um diese Stunde war ich stark berauscht. Zuweilen griff ich an meine Brusttasche; ich fühlte dort das Röhrchen mit dem starken Gifte, das ich bei mir trug. Die Nachricht vom jähen Tode eines Unbekannten kam noch für die Morgenzeitungen zurecht. Ich schüttete das Pulver in mein Glas.

In diesem Augenblick trat eilig ein Reisender in blauem Anzug ein und näherte sich meinem Tisch. Ich sah mit dumpfem Erstaunen, daß es der Doktor Fancy war. Er setzte sich mir gegenüber und sah mich prüfend an:

»Sieh da, ein alter Patient, wenn ich nicht irre – wie geht es Ihren Augen, wenn ich fragen darf?«

Ich musterte ihn mürrisch, haßerfüllt:

»Das dürften Sie wohl besser beurteilen als ich. Doch diesmal regle ich meine Angelegenheiten selbst.«

Der Doktor Fancy lächelte und pfiff die alte Melodie.

»Wir wissen wohl, daß es Patienten gibt, die unzufrieden sind, wenn ihnen der Star gestochen wird. Sie klagen über zu harte Sicht. Ein Zustand mittlerer Optik scheint am bekömmlichsten – ein clair obscur.«

Er nahm mein Glas und sog den Duft behaglich ein. Ich sah ihm bösartig zu, erwartungsvoll. Der Doktor lächelte von neuem und wiederholte seine Melodie in höherem Ton:

»Ich sehe, Sie haben Fortschritte gemacht. Das riecht sehr gut – nach Bittermandelöl.«

Er goß den Inhalt auf den Boden und fuhr dann fort:

»Wir wollen ernsthaft miteinander sprechen – es scheint, daß Sie den Eingriff für unzuträglich halten, obwohl er gut gelungen ist. Ich hatte sogar vor, ihn in den Fachzeitschriften zu veröffentlichen. Doch könnte man Ihnen auch mit geringer Mühe die alte Sicht zurückgeben.«

Ich wagte kaum zu glauben, was ich hörte, und rief:

»Wenn Sie das täten, Doktor, würde ich Ihnen mein Vermögen aufopfern. Sie wissen, daß es ungeheuer ist.«

»Ich weiß es. Doch zähle ich zu den Künstlern, die ohne Honorar arbeiten. Da Sie gewissermaßen am Schürzungspunkt der Schleife wieder angekommen sind, wäre der Ablauf der Dinge im umgekehrten Sinn erforderlich. Sie müßten mich zunächst zu einem Blackberry-Brandy einladen. Dann wären wir im wesentlichen quitt.«

Er rief den Kellner, und ich gab die Bestellung auf. Wir leerten die Gläser und machten uns wie damals auf den Weg. Er führte mich in das Haus und in das Sprechzimmer, das ich so oft gesucht hatte. Nachdem er seinen Kittel angezogen hatte, ließ Fancy mich in den Wachstuchsessel sitzen und sah mit einer großen Lupe meine Augen an. Indem er seine Instrumente ordnete, vertiefte er sich nach der Gewohnheit mancher Ärzte in ein Selbstgespräch, das halb auch an meine Adresse gerichtet war.

»Das Auge«, sagte er, »ist unvollkommen wie alle Instrumente des Demiurg. Ein wenig Feuchte, ein wenig Farbe in einer dunklen Kammer, mit Aussicht auf ein mittleres Band des Lichtes voll unbestimmter Eindrücke. Als Werkzeug der Einsicht wird es durch das Unvorhergesehene begrenzt. Wenn wir es schärfen, damit es das Spiel des Zufalls ein wenig klarer sehe, beklagen die Patienten sich über Schmerzen durch zu starkes Licht. Sie fordern die Illusion zurück. Sie ziehen die Bilder verschleiert vor. Das Auge ist für ein Schattenreich geschaffen, nicht für das ungefärbte Licht. Das Licht, die große Macht des Universums, würde euch blenden, wenn es sich unverhüllt euch näherte. Die Schönheit, die Wahrheit, das Wissen sind unerträglich für den trüben Blick: ein Schatten schon von alledem genügt. Was drängt ihr über euren Kreis hinaus?

Doch freilich«, fügte er hinzu, »wie könnte es anders sein? Das Universum ist ein Kunstwerk – darauf beruht die Unvollkommenheit; sie ist beabsichtigt.«

Er wandte sich mir zu:

»Ich habe Ihnen die Augen mit einer Säure angeschärft. Sie lassen sich durch eine Base wieder abstumpfen. Doch müßten Sie eine Minderung der Sehkraft in Kauf nehmen.«

»Gehn Sie ans Werk – auf jedes Risiko.«

Der Doktor zuckte die Achseln und wandte sich wieder seinen Instrumenten zu. Dann brachte er mich in die rechte Lage und ließ zwei Tropfen in meine Augen einfallen. Wieder durchglühte mich der blendende Schmerz, an den sich die Ohnmacht schloß. Als ich erwachte, sah ich, daß Doktor Fancy schon wieder im Straßenanzug war. Er sah mich prüfend an und sagte:

»Sie können jetzt gehen.«

»Ich dachte, Sie gäben mir noch Anweisungen mit?«

»Ach so, Sie meinen, daß Ihr Guthaben jetzt an die armen Leute aufzuteilen sei? Zerbrechen Sie sich deswegen nicht den Kopf.«

Er öffnete die Türe und ließ mich hinaus. Ich fühlte mich sehr elend und tastete mich an den Mauern fort. Die Dinge erschienen mir verschleiert, doch farbiger. An einer Kreuzung streifte mich ein Wagen und riß mich um. Mit meinen letzten Kräften erreichte ich das Haus.

Helene hatte mich erwartet; mit einem Blick erfaßte sie den Zustand, in dem ich mich befand. Sie fing mich auf, indem sie mich umarmte und an sich drückte … »Endlich«, hörte ich an meinem Ohr.

Meine Gesundheit war untergraben; die Augen schmerzten, und ihre Sehkraft war stark geschwächt. Ein Nervenfieber raffte mich fast dahin. Durch Wochen fühlte ich dunkel, wie Helene um mich rang, erkannte sie in Lichtblicken. Dann durfte ich im Garten sitzen, die ersten Gänge tun.

Oftmals und dringend hatten meine Prokuristen nach mir geschickt. Endlich fuhr ich ins Zentrum, um mich nach meinen Geschäften umzusehen. Ich fand sie in größter Unordnung. Versicherungsverluste durch Katastrophen, Sturz der Wertpapiere, Veruntreuungen hatten in Wochen verschlungen, was in Jahren gehortet worden war. Vor allem aber hatte ich die Affinität zum Geld verloren, die scharfe Witterung, die für Finanzgeschäfte unentbehrlich ist. Ich hatte den Zustand des Hohlen, des Nimmersatten eingebüßt, der bewirkt, daß die abstrakten Summen anströmen. Die spekulative Neigung war in mir erloschen, und ihre Zeichen verloren für mich den Sinn, die Wirklichkeit.

Ich ließ ein Verzeichnis meiner Effekten, Liegenschaften und Mobilien aufstellen. Alles in allem mochten sich Gewinne und Verluste ausgleichen. Es fand sich ein Liquidator, der in die Gesamtheit meiner Forderungen und Pflichten eintrat, mit allem Risiko. Mir blieben der Pavillon bei Stralau und die Geschenke, die ich Helene gemacht hatte. Sie gaben den Grundstock zu einem kleinen Antiquariat. Mein Sinn für alte und erlesene Dinge kam mir dabei zugut. Wir heirateten und lebten wie alle Welt.

Im kleinen, bescheidenen Treiben des Tages und seiner Sorgen kam mir das Vergangene bald wie ein Phantasiestück, wie ein Gebilde des Traumes und meiner Krankheit vor. Die Woge war angeschäumt und in sich selbst zurückgerollt, doch ohne mein Verdienst. Ich hatte dem Bösen und seiner Pracht entsagt, doch weniger aus Abscheu, als weil ich ihm nicht gewachsen war. Das Böse hatte mich in seinen Dienst genommen und aus ihm entlassen wie in Prokura eines sehr fernen, unsichtbaren Herrn. War ich nicht gänzlich verloren gegangen, so mußte das daran liegen, daß ich noch an einem Punkte mit dem Guten in Berührung geblieben war. Ich hatte mein Leben dann einer schwächeren Übersetzung des Bösen angepaßt und war von seinem akuten auf den moderierten Zustand zurückgekehrt.

Ich kehrte auch zur Kirche zurück, als einer von denen, die die Weltangst zu den Altären treibt. Ich folge den Geboten, erfülle das Gesetz.

Doch fühle ich, daß die Mysterien die Kraft verloren haben und die Gebete nicht durchdringen. Es liegt kein Verdienst in meiner Gerechtigkeit. Ich fühle kein Echo in meiner Brust.

Das ist der Grund, aus dem ich eingangs sagte, daß mein Name der Überlieferung unwert sei. Ich lebe, wie meine Zeitgenossen, im Niemandsland und werde wie sie dahingehen. Wir haben die ungeheuren Mächte angerufen, deren Antwort wir nicht gewachsen sind. Da faßt uns das Grauen an. Wir stehen vor der Wahl, in die Dämonenreiche einzutreten oder uns auf die geschwächte Domäne des Menschlichen zurückzuziehen. Hier mögen wir uns fristen, solange der Boden noch Nachfrucht bringt.

DIE EBERJAGD, 1952

Die Schützen hatten sich längs der Schneise aufgestellt. Der Fichtenschlag stand hinter ihnen mit schwarzen Zacken; die Zweige berührten noch den Grund. Vergilbtes Waldgras war in sie eingeflochten und hielt sie am Boden fest. Das machte den Eindruck, als ob dunkle Zelte aufgeschlagen wären, Herbergen gegen Sturm und Kälte im tief verschneiten Land. Ein Gürtel von fahlem Schilf verriet den Graben, der unter dem Schnee verborgen war.

Das Waldstück grenzte an das Fürstliche. Es war im Sommer schwül und stickig, und Schwärme von Bremsen zogen die Lichtungen entlang. Im Herbst, wenn die Gespinste flogen, bedeckten Legionen von Pilzen den moosigen Grund. Die Beeren glänzten wie Korallen auf den Kahlschlägen.

Es hatte eben erst zu schneien aufgehört. Die Luft war köstlich, als ob die Flocken sie gefiltert hätten; sie atmete sich leichter und trug den Ton weithin, so daß man unwillkürlich flüsterte. Die frische Decke schien jede Vorstellung des Weißen zu übertreffen; man ahnte herrliche, doch unberührbare Geheimnisse.

Die besten Plätze waren dort, wo eine Schonung an die Schneise stieß. Kaum ragten die grünen Spitzen aus dem Schnee hervor. Hier war das Schußfeld ideal. Richard stand neben dem Eleven Breyer in einem Querschlag, auf dem sich die Zweige fast berührten, so daß kaum Ausblick war. Es war ein schlechter Platz, ein Stand für Anfänger. Doch war die Erwartung so stark geworden, daß er nicht mehr an Einzelheiten dachte, ja daß sogar sein Kummer sich auflöste. Er hatte bis zuletzt gehofft, daß der Vater ihm eine Büchse geben würde; das war die Erfüllung, auf die sein Dichten und Trachten gerichtet war. Er kannte keinen heißeren, keinen zwingenderen Wunsch. Er träumte von dem blauen Stahl der Waffe, von ihrer Nußbaumschäftung, von den Stecheichenblättern, die in das Metall graviert waren. Wie leicht sie war, wie handlich, und wunderbarer als alle Spielzeuge. Im Dunkel ihres Laufes glänzten die Züge in silberner Spirale auf. Wenn man sie spannte, gab sie ein trockenes Knacken von sich, als ergriffe die Zuverlässigkeit selbst das

Wort, um das Herz zu erfreuen. Man konnte den Abzug durch einen Stecher verfeinern – dann war es, als ob ein Gedanke den Schuß entzündete. Daß dieses Kleinod, dieses Wunder, zugleich das Schicksal, den Tod in sich beschloß: das freilich ging über die Phantasie hinaus. Richard fühlte, daß in ihrem Besitze eine Ergänzung für ihn verborgen lag, eine vollkommene Veränderung. Bevor er einschlief, sah er sich zuweilen mit ihr nach Art der Wachträume im Walde – nicht etwa, um zu schießen, nein, nur um wie mit einer Geliebten mit ihr im Grünen sich zu ergehen. Es kam ihm dabei ein Wahrspruch in den Sinn, den er auf einem alten Zechkrug gelesen hatte, aus dem der Vater zuweilen einschenkte:

Ich und du, wir beide
Sind uns genug zur Freude.

Auch wenn ihm die Augen zugefallen waren, spannen sich die Bilder fort. Sie führten manchmal selbst zu Beängstigungen: er hatte die Waffe gespannt und wollte schießen, doch verhinderte ein böser Zauber, daß sie Feuer gab. Sein ganzer Wille heftete sich dann daran, doch seltsam, je mehr, je heftiger er ihn spannte, desto gründlicher verweigerte die Büchse ihm den Dienst. Er wollte schreien, doch die Stimme versagte ihm. Dann fuhr er aus dem Albdruck auf. Wie glücklich war er, wenn er erkannte, daß ihn ein Traum genarrt hatte.

Am sechzehnten Geburtstag sollte ihm das Wunder zufallen. Es wurde ihm nicht leicht, sich zu gedulden, wenn er Jägerburschen oder Eleven wie diesen Breyer sah, der knapp zwei Jahre älter und kaum größer als Richard war. Jetzt aber war es so still und klar im Walde, daß dieses Zehrende und Drängende in ihm erlosch. Die Welt war feierlich verhüllt.

Ein feines Zirpen durchzog das Tannicht und entfernte sich. Das waren die Goldhähnchen, die winzigen Gelbschöpfe; sie fühlten sich in den dunklen Schlägen wohl, in denen sie die Zapfen abkleibten. Dann hallte vom Rand des Forstes ein Hornruf durch die weiße Welt. Das Herz begann zu klopfen; die Jagd ging an.

Von fernher kam Unruhe in den Dickichten auf. Im Maß, in dem sie sich verstärkte, nahm auch der Herzschlag zu. Die Treiber brachen in schweren Lederschürzen durch das Gezweig und klopften mit dem

Axtholz an die Stämme; dazwischen hörte man ihre Rufe: »hurr-hurr, hurr-hurr, hurr-hurr«. Zuerst klang dieses Treiben fern und heiter, dann wurden die Stimmen gröber, gefährlicher. Sie klangen nach Pfeifenrauch, nach Obstbrand, nach Wirtshaushändeln und drängten sich in das Geheimnis des Waldes ein.

Jetzt hörte man das Rauschen und Rufen ganz in der Nähe, und dann ein Rascheln, das sich unterschied. Ein Schatten durchfuhr das Röhricht und wechselte in die andere Deckung, genau zwischen Richard und dem Eleven hindurch. Obwohl er wie ein Traumbild über die Blöße huschte, erfaßte Richard im Fluge die Einzelheiten: die Treiber hatten einen starken Keiler aus dem Lager aufgescheucht. Er sah ihn in einem Sprunge, wie von der Sehne geschossen, über den Weg fliegen. Das Vorderteil mit der mächtigen Brust lief keilförmig nach hinten zu. Die starken Rückenborsten, die der Weidmann Federn nennt, waren zum Kamm gesträubt. Richard hatte den Eindruck, daß ihn die kleinen Augen streiften; vor ihnen leuchteten die starken, gekrümmten Gewehre auf. Auch sah er die gebleckten Haderer, die dem Haupte den Ausdruck wütender Verachtung mitteilten. Das Wesen hatte etwas Wildes und Dunkelstruppiges, aber es war auch Röte, wie vom Feuer, dabei. Der dunkle Rüssel war absonderlich gebogen, ja fast geschraubt; er ließ den Ekel ahnen, mit dem dieser Freiherr die Nähe der menschlichen Verfolger und ihre Witterung empfand. Im Augenblick, in dem er die beiden wahrnahm, ließ er ein Schnarchen hören, doch wich er nicht aus der Bahn.

Im Nu war dieses Bild vorüber, doch prägte es sich mit traumhafter Schärfe ein. Der Eindruck blieb Richard für immer haften: Die Witterung von Macht und Schrecken, doch auch von Herrlichkeit. Er fühlte, daß er in den Knien wankte und daß er den Mund geöffnet hatte, doch brachte er keinen Laut hervor.

Genau so schien es den Eleven zu verstören; er war ganz blaß geworden und stierte dem Eber mit aufgesperrten Augen nach. Fast hätte das Untier ihn gestreift. Schon war es wieder im Grün verschwunden, als er die Büchse hochriß und ihm eine Kugel nachwarf, dorthin, wo noch die Zweige zitterten.

Im engen Dickicht dröhnte der Schuß betäubend wie ein Paukenschlag. Die beiden jungen Leute starrten sich wortlos an. Zwischen den

Fichten haftete die strenge, rauschige Witterung des Keilers, sie mischte sich mit dem Geruch des Harzes und dem Pulverdunst, der sich verbreitete. Ein zweiter Hornruf ertönte; er blies das Treiben ab. Man hatte nur diesen einen Schuß gehört.

Dann kam Moosbrugger, der Förster, von der Schneise her gelaufen, dem das Jagdhorn am grünen Bande flatterte. Die Nase glühte ihm wie ein Karfunkel, und er mußte erst Atem schöpfen, ehe er zu fluchen begann. Er prüfte die Fährte und sah zu seinem Ärger, daß die Sau nicht, wie erwartet, über die Schneise flüchtig geworden war, sondern hier am entlegenen Ort. Nun hatten der Graf und seine Gäste das Nachsehen gehabt. Das kränkte Moosbrugger persönlich, und Richard hatte den Eindruck, daß es ihm schwer fiel, den jungen Schützen nicht zu ohrfeigen. Wenn es sich um einen seiner Jägerburschen gehandelt hätte, dann hätte er es wohl getan. So begnügte er sich, die Zähne zu fletschen und den Eleven zu fragen:

»Wissen Sie, was Sie jetzt gemacht haben?«

Und als der Gefragte verlegen die Achseln zuckte:

»Ich will es Ihnen sagen: ein leeres Rohr haben Sie gemacht.«

Dabei stieß er ein teuflisches Lachen aus und wandte sich von neuem der Fährte zu. Richard fühlte sich nun ganz zufrieden mit der Rolle des Zuschauers, die er gespielt hatte. Der unglückliche Eleve hatte einen roten Kopf bekommen; es schien ihm unbehaglich in seiner Haut zu sein. Er murrte vor sich hin.

»Dem hats noch keiner recht gemacht. Wenn ich nicht geschossen hätte, würde er auch geraunzt haben.«

Er war indessen schuldbewußt Erst hatte er sich durch das Grobschwein erschrecken lassen und dann ein Loch in die Luft gesengt. Mit gleicher Inbrunst, wie er bei sich gehofft hatte, daß die Sau an ihm vorüberwechseln möge, verwünschte er nun, daß sie ihm in die Quere gekommen war. Schon sah er den Waldgrafen und hinter ihm die Jagdgesellschaft von der Schneise her auf sich zuschreiten. Seine Verwirrung war so stark, daß sie sich auf Richard übertrug. Bei alledem war es noch günstig, daß der fürchterliche Moosbrugger im Gebüsch verschwunden war.

Im Augenblick, in dem der Jagdherr sie erreichte, erscholl die mächtige Stimme des Försters aus dem Dickicht:

»Sau tot! Sau tot!«

Dann blies er die Jagd aus, daß es weithin den Forst durchdrang. Die ganze Gesellschaft mit den Treibern folgte dem Hornruf und trat auf eine Lichtung, die hinter dem Fichtengürtel lag. Dort stand Moosbrugger neben dem Keiler, der im Neuschnee verendet war. Er war jetzt im vollen Triumph darüber, daß die Jagd gut ausgegangen war, und meldete dem Grafen noch einmal, während ein schreckliches Lachen sein Gesicht von einem Ohre bis zum anderen spaltete. Er hatte es natürlich gleich gewußt – nur zwei, drei Schnitthaare und Lungenschweiß – zum Teufel, die jungen Leute hatten bei ihm gelernt

Alle umstanden nun im Oval die Beute, die Schützen mit umgehängter Büchse, die Treiber mit geschulterter Axt. Der Keiler lag auf dem weißen Bett wie schlafend, die kleinen Augen blickten die Bezwinger halb spöttisch an. Die Männer bewunderten das mächtige Haupt, das wie auf einem Kissen lag. Die scharfen Gewehre schimmerten in grimmiger Krümmung wie altes Elfenbein. Dort, wo der breite Hals ansetzte, starrten die Läufe, die Moosbrugger die Vorderhämmer nannte, steif in die Luft. Das dunkelborstige Vlies war rostig durchschossen, nur über den Rücken zog sich ein reinschwarzes Band. Immer noch breitete sich, an den Rändern verblassend, ein großer Blutfleck aus.

Bei diesem Anblick empfand Richard ein Bangen; fast schien es ihm unziemlich, daß sich hier die Augen an dem Erlegten weideten. Nie hatte ihn eine Hand berührt. Nun, nach dem ersten Staunen, packte man ihn an den Tellern und Läufen und wendete ihn hin und her. Der Knabe suchte sich gegen das Gefühl zu wehren, das in ihm aufstieg: daß ihm in diesem Augenblick der Eber näher, verwandter als seine Hetzer und Jäger war.

Nachdem sie die Beute bewundert und betastet hatten, entsannen sie sich des glücklichen Schützen, der sie gestreckt hatte. Der Graf brach einen Fichtenzweig, den er in den Anschuß tauchte, dann präsentierte er auf dem Kolben des Gewehres den blutbetauten Bruch, während Moosbrugger Halali blies. Der junge Mann stand mit bescheidenem Stolz in ihrer Mitte und heftete das Reis an seinen Hut. Die Augen ruhten mit Wohlwollen auf ihm. Bei Hofe, im Krieg und unter Jägern schätzt man den glücklichen Zufall und rechnet ihn dem Manne zu. Das leitet eine Laufbahn günstig ein.

Sie ließen nun eine runde, mit Obstwasser gefüllte Flasche kreisen, aus welcher der Graf den ersten Schluck nahm und die er dann, nachdem er sich geschüttelt hatte, als Nächstem dem Eleven gab. Sie suchten jetzt alle mit ihm ein Wort zu wechseln, und er durfte nicht müde werden, zu berichten, wie ihm der Keiler begegnet war. Wirklich ein Kernschuß, das mußte der Neid zugeben. Er schilderte, wie er die Sau vernommen hatte und wie sie auf ihn zugesprungen war. Auch wie er nicht voll Blatt getroffen hatte, sondern etwas dahinter, weil sie im spitzen Winkel im Tann verschwunden war. Er hatte sie aber deutlich zeichnen gesehen. Moosbrugger lobte ihn über den grünen Klee.

Nur Richard war befangen, er hielt sich für den einzigen, der dem Vorgang nicht gewachsen war. Er hörte mit Erstaunen, daß Breyer ihn ganz anders wahrgenommen hatte, und mußte es glauben, denn dafür zeugte der Keiler, der vor ihm lag. Er lernte hier zum ersten Male, daß Tatsachen die Umstände verändern, die zu ihnen führten – das rüttelte an seiner idealen Welt. Das grobe Geschrei der Jäger bedrückte ihn. Und wieder schien ihm, daß ihnen der Eber hoch überlegen war.

Moosbrugger zog bedächtig sein Messer aus der Scheide und prüfte die Schärfe, indem er es über den Daumen strich. Man durfte selbst bei strengem Frost den Keiler nicht in der Schwarte lassen, dafür war er zu hitzig im Geblüt. Die Miene des Jägers wurde nun ganz altertümlich, durchleuchtet von einer Art von feierlichem Grinsen, das die tief eingegerbten Falten senkrecht zog. Er kniete sich auf einen Hinterlauf des Keilers und packte mit der Linken den anderen. Dann ritzte er die gespannte Decke mit der Schärfe an und schlitzte sie bis zum Brustbein auf. Zunächst entfernte er zwei Gebilde, die spiegelblauen Gänseeiern glichen, und warf sie, während die Treiber beifällig lachten, hinter sich:

»Die holt sich der Fuchs zum Nachtessen.«

Dann fuhr er behutsam einem Strange nach. Der scharfe Dunst, der das Tier umschwelte, wurde nun beizend; die Männer traten fluchend zurück. Moosbrugger wühlte mit beiden Händen in der Bauchhöhle und fuhr in den Brustkorb hinein, zog rotes und blaues Gescheide heraus, die edlen Eingeweide absondernd. Das Herz war vom Geschoß zerrissen; der Eber hatte mit dieser Wunde noch an neunzig Fluchten gemacht. Ein Jägerbursche schnitt den Pansen auf, um ihn im Schnee zu waschen; er war prall mit geschroteten Bucheckern gefüllt. Bald hatte sich der geschändete Leib in eine rote Wanne umgewandelt, aus der noch immer das Blut in die Frostluft emporrauchte.

Moosbrugger umschnürte den Oberkiefer hinter den Hauern mit einer Schlinge; die Treiber spannten sich davor und schleiften den borstigen Rumpf davon. Die Jäger entzündeten die Pfeifen und schlossen sich, behaglich plaudernd, dem Zuge an. Die Jagd war aus.

Das war der erste Abend, an dem Richard einschlief, ohne an das Gewehr gedacht zu haben; dafür trat nun der Eber in seinen Traum.

4

Nachdem der Diener mich in die Bibliothek geführt hatte, ließ er mich allein. Er war von vollendeter Höflichkeit. Ich erwähne diese Wahrnehmung, weil sie den mißtrauischen Zustand beleuchtet, in dem ich mich befand. Ich beobachtete jeden, mit dem ich zusammenkam, und war viel leichter als früher verletzt. Das Benehmen des Dieners ließ jedenfalls nicht darauf schließen, daß der Hausherr eine abfällige Bemerkung über meinen Besuch gemacht hatte. Nun, ich zweifelte immer noch, daß ich ihn zu Gesicht bekommen würde – wahrscheinlich würde gleich einer seiner Sekretäre eintreten.

In der Bibliothek war es still und angenehm. Die Bücher strömten eine ruhige Würde aus. Sie reihten sich in den Regalen in Einbänden aus hellem Pergament, geflammtem Kalbleder und braunem Maroquin. Die Pergamentbände waren mit der Hand beschrieben; die Lederrücken trugen rote und grüne Titelschilder oder waren mit goldenen Lettern bedruckt. Trotz ihrem Alter machte die Büchersammlung nicht den Eindruck, daß sie da war, um Tapisserie zu bilden, sondern daß sie benutzt wurde. Ich las einige Titel, die mir wenig sagten: frühe Technik, Kabbala, Rosenkreuzer, Alchemie. Vielleicht erholte sich hier ein Geist auf längst überwucherten Irrwegen.

Die starken Mauern hätten den Raum verdüstert, wenn er nicht durch die Fenster, die fast auf den Boden reichten, viel Licht gehabt hätte. Die Glastür stand offen; sie führte auf eine breite Terrasse hinaus.

Der Blick fiel auf den Park wie auf ein altes Bild. Die Bäume strahlten im frischen Laubglanz; das Auge fühlte, wie sie ihre Wurzeln im Grunde feuchteten. Sie säumten die Ufer eines Baches, der träge dahinfloß und sich zuweilen zu Flächen erweiterte, auf denen ein grünes Mieder von Wassermoosen schimmerte. Das waren die Fischteiche der Mönche gewesen; die Zisterzienser hatten wie die Biber in den Sümpfen gebaut.

Es war ein Glücksfall, daß die Mauer noch erhalten war. Meist, und vor allem in der Nähe von Städten, sind diese Ringe abgetragen; sie haben als Steinbrüche gedient. Hier aber sah man hin und wieder durch das Laub der Bäume den grauen Stein. Die Mauer schien sogar Ackerflächen einzuschließen, denn ich sah in der Ferne einen Bauern, der hinter dem Pfluge ging. Die Luft war klar; die Sonne blinkte auf dem Fell der Pferde und auf der Scholle, die sich im Schnitte wendete. Das Bild war heiter, wenngleich befremdend im Anwesen eines Mannes, der unter anderem auch mit Traktoren für Gärtner handelte, die wie Maulwürfe die Beete lockerten und ihre Erde zerkrümelten. Indessen sprach ja alles an seinem Haushalt für museale Neigungen. Vermutlich wollte er keine Maschinen sehen, wenn er auf der Terrasse seine Bäume und Weiher betrachtete. Das hatte zudem den Vorteil, daß auf seinen Tisch nur Früchte kamen, die auf die alte Weise erzeugt waren. Auch hier gilt der Satz, daß sich die Worte verändert haben, denn Brot ist nicht mehr Brot und Wein ist nicht mehr Wein. Es sind verdächtige Chemikalien. Man muß schon ungewöhnlich reich sein, wenn man heute Vergiftungen vermeiden will. Dieser Zapparoni war ohne Zweifel ein Schlaufuchs, der in Malepartus zu leben wußte, und zwar auf Kosten der Dummköpfe, wie ein Apotheker, der sich seine Drogen und Wundermittel mit Gold aufwiegen läßt, während er selbst sich und die Seinen nach der Väter Weise gesund erhält.

Wahrhaftig, es war friedlich an diesem Ort. Das Brausen der Werke, der Parkplätze und Anfahrtsstraßen drang nur als feines Summen durch die Laubwipfel. Dafür hörte man die Melodien der Stare und Finken, und an den morschen Stämmen hämmerte der Specht. Die Drosseln hüpften und weilten auf den Rasenplätzen, und zuweilen ertönte im Teichgrund das Klatschen eines Karpfens, der aufschnellte. Auf den Rabatten und Medaillons vor der Terrasse, wo sich die Blumen drängten, kreuzten die Bienen und teilten sich mit den Faltern den süßen Raub. Es war ein Maitag in seiner vollen Pracht.

Nachdem ich die Bilder und die Bücher mit den seltsamen Titeln betrachtet hatte, setzte ich mich an einen kleinen Tisch, vor dem zwei Stühle standen, und blickte durch die weit offene Tür. Die Luft war reiner als in der Stadt, berauschend fast. Das Auge ruhte auf den alten Bäumen, den grünen Teichen und auf dem braunen Felde in der Ferne, auf dem der Bauer die Furchen zog und in den Kehren rastete.

Wie wir an einem warmen Frühlingstage den Winter noch in den

Knochen spüren, so fühlte ich vor diesem Bilde die Unzufriedenheit, die mein Leben in diesen Jahren getrübt hatte. Ein abgedankter Reiter spielte eine traurige Figur inmitten dieser Städte, in denen kein Pferd mehr wieherte. Wie hatte sich doch alles verändert seit Monterons Zeit. Die Worte hatten ihren Sinn verloren, auch Krieg war nicht mehr Krieg. Monteron würde sich im Grabe umdrehen, wenn er erführe, was sie heute als Krieg bezeichneten. Friede war schließlich auch nicht Friede mehr.

Wir waren noch zwei, drei Mal geritten auf den Ebenen, auf denen sich seit der Völkerwanderung immer wieder bewaffnete Reiter bewegt hatten. Bald sollten wir erfahren, daß es nicht mehr möglich war. Wir hatten noch die schöne, bunte Montur getragen, auf die wir stolz waren und die weithin leuchtete. Doch sahen wir keinen Gegner mehr. Wir wurden von unsichtbaren Schützen aus großer Entfernung aufs Korn genommen und aus dem Sattel geholt. Wenn wir sie erreichten, fanden wir sie in Drähte eingesponnen, die den Pferden die Fesseln zerschnitten und über die kein Sprung hinwegführte. Das war das Ende der Reiterei. Wir mußten absitzen.

In den Panzern war es eng, heiß und lärmend, als ob man in einem Kessel säße, an dem die Schmiede hämmerten. Es roch nach Öl, Treibstoff, Gummi, verschmortem Isolierband und Asbest und, wenn man in Schußweite kam, auch nach Pulver, das aus den Kartuschen abqualmte. Man spürte Erschütterungen im weichen Grunde, dann schärfere und nähere Schläge, auch Treffer bald. Das war keiner der großen Reitertage, von denen Monteron uns erzählt hatte. Es war heiße Maschinenarbeit, unsichtbar, ruhmlos und immer von der Aussicht auf den Feuertod begleitet, die sich nicht abweisen ließ. Ich empfand es als widrig, daß der Geist sich so der Macht der Flamme beugen sollte, aber es muß tief in der Natur liegen.

Außerdem nahm das Metier einen anrüchigen Charakter an. Ich machte bald die Erfahrung, daß auch Soldaten nicht mehr Soldaten sind. Das Mißtrauen war gegenseitig und wirkte auch auf den Dienst. Früher hatte der Fahneneid genügt. Nun mußte man zahllose Polizisten anwerben. Das war eine bestürzende Veränderung. Über Nacht war Irrtum, ja war Verbrechen geworden, was früher Pflicht gewesen war. Wir merkten es, als wir nach dem verlorenen Krieg in die Heimat zurückkehrten. Die Worte hatten ihren Sinn verloren – war nun auch das Vaterland nicht Vaterland mehr? Wofür waren sie dann alle dahingegangen, Monteron und die Seinigen?

Ich denke ungern an jene Jahre zurück, in denen sich alles verändert hatte, und möchte sie aus dem Gedächtnis tilgen wie einen bösen Traum. Wir wurden nicht fertig mit den Tatsachen. Jeder sah in dem anderen den Schuldigen. Wo Haß an der Saat mitwirkt, kann nur Unkraut die Ernte sein.

Ein furchtbares Erlebnis verleidete mir diese Umtriebe. Es muß in die Zeit gefallen sein, in der wir das Denkmal umgeworfen hatten; es war einem der neuen Tribunen gesetzt, der bereits wieder unpopulär geworden war. Das ist auch eines der Worte, die davon leben, daß es einmal ein römisches Imperium gegeben hat. Wir hatten getrunken; es war nach Mitternacht, und das Monument lag im grellen Licht einer Baustelle. Die Arbeiter liehen uns ihre Vorschlaghämmer, und wir machten so gründliche Arbeit, daß nur noch zwei ungeheure Betonstiefel vom Postament in die Luft ragten. Ich entsinne mich kaum noch des Ortes und der Namen, die mit diesem obskuren Hermenfrevel zusammenhängen; wer daran Interesse hat, wie Zapparoni, mag es in meinen Papieren nachlesen.

Wir pflegten uns bei einem Kameraden zu treffen, der ein Zimmer im obersten Stockwerk eines Mietshauses bewohnte, wie sie damals ebenso schnell wie unsolide gebaut wurden. Das Zimmer hatte ein breites Fenster, aus dem man durch einen tiefen Schacht auf den Hof blickte, der aus der Höhe kaum größer als ein Kartenblatt erschien. Der Kamerad hieß Lorenz; er war ein schlanker, etwas nervöser Junge und hatte auch bei den Leichten Reitern gedient. Wir hatten ihn alle gern; es war etwas von alter Freiheit, von alter Leichtigkeit in ihm. Fast jeder hatte damals eine Idee; das war eine besondere Eigentümlichkeit der Jahre, die jenem Krieg folgten. Die seine bestand darin, daß die Maschine die Quelle allen Übels sei. Er wollte daher die Fabriken in die Luft sprengen, das Land neu verteilen und in ein Bauernreich umwandeln. Da würden alle friedlich, gesund und glücklich sein. Um diese Meinung zu belegen, hatte er eine kleine Bibliothek erworben – zwei, drei Reihen zerlesener Bücher, vor allem von Tolstoi, der sein Heiliger war, auch frühe Anarchisten wie Saint-Simon.

Der arme Junge wußte nicht, daß es heute nur *eine* Bodenreform gibt: die Expropriation. Dabei war er selbst der Sohn eines enteigneten Landwirts, der seinen Verlust nicht überlebt hatte. Besonders merkwürdig erschien der Umstand, daß er diese Ideen unterm Dache eines Mietshauses verfocht und inmitten eines Kreises, dem es zwar an verworrenen Plänen nicht mangelte, der aber in technischer Hinsicht auf der Höhe war.

Infolgedessen fehlte es nie an heiteren Zwischenrufen, wenn er seine Ideen entwickelte, wie etwa: »Zurück zur Steinzeit« oder »Neandertal, du bist mei Freud«. Wir übersahen aber oder wir sahen nicht deutlich genug, daß etwas von heiligem, wenngleich ohnmächtigem Zorn an unserem Freunde zehrte, denn das Leben in diesen Städten, die wie von ehernen Schnäbeln ausgeweidet glühten, war grauenhaft. Lorenz hätte damals nicht in unsere rüde Gesellschaft gehört, sondern in die Obhut einer Familie, in die Hände einer liebenden Frau. Monteron hatte ihn besonders gemocht.

An diesem schrecklichen Abend, es war eher schon gegen Morgen, war viel getrunken worden, und die Köpfe hatten sich erhitzt. Geleerte Flaschen standen auf dem Tisch und an den Wänden, und aus den Aschenbechern schwelte Rauch durch das offene Fenster, durch das der Blick auf einen ungesunden Himmel fiel. Das war vom Frieden der Dörfer weit entfernt.

Ich war fast eingeschlafen, und nur der Lärm der Unterhaltung hielt mich wach. Plötzlich schreckte ich auf; ich fühlte, daß sich etwas im Raume vollzog, das höchste Aufmerksamkeit forderte. So beginnt ein Empfänger zu schwingen, wenn er angesprochen wird. Die Musik wird unterbrochen durch die Signale eines Schiffes, das mit dem Untergange kämpft.

Die Kameraden schwiegen; sie blickten auf Lorenz, der sich erhoben hatte und sich in äußerster Erregung befand. Sie mochten ihm wohl wieder zugesetzt haben, hatten scherzhaft genommen, was eigentlich die Hilfe eines erfahrenen Arztes erforderte. Zu spät erkannte jeder, wie ungewöhnlich das alles gewesen war.

Lorenz, der übrigens nichts getrunken hatte und nicht zu trinken pflegte, war offensichtlich in eine Art von Trance verfallen; er verfocht seine Idee nicht mehr. Er klagte vielmehr, daß Männer fehlten, die das

Gute wollen; dann ließe es sich leicht verwirklichen. Die Väter hätten es uns gezeigt. Und dabei sei es doch so leicht, das Opfer zu vollbringen, das die Zeit erwartete. Dann würde der Spalt sich schließen, der die Erde zerriß.

Wir blickten ihn an und wußten nicht, worauf es hinauslaufen sollte; halb war es uns wie bei einer unsinnigen Tirade zumute, halb wiederum wie bei einer Beschwörung, bei der Unheimliches heraufglänzte.

Er wurde jetzt ruhiger, als wöge er eine besonders überzeugende Wendung ab. Er lächelte und wiederholte: »Es ist doch so leicht. Ich will es euch vormachen.« Dann rief er: »Es lebe – – –«, und schwang sich aus dem Fenster hinaus.

Ich will nicht wiederholen, welche Widmung er ausbrachte. Wir glaubten zu träumen, aber zugleich war es, als würden wir an einen Starkstrom angeschlossen; wir saßen wie eine Versammlung von Gespenstern mit gesträubten Haaren im leer gewordenen Raum.

Lorenz, obwohl der Jüngste von uns, war Vorturner gewesen; ich hatte ihn oft genug gesehen, wie er die Flanke über den Barren oder das Pferd machte. Genau so verschwand er aus der Mansarde; er hatte die Hand leicht auf das Fensterbrett gelegt und schwang sich gewandt herum, so daß sein Gesicht noch einmal hereinblickte.

Waren es fünf Sekunden, waren es sieben einer außerordentlichen Stille, die nun folgte – ich weiß es nicht. Jedenfalls möchte man, selbst in der Erinnerung, einen Keil in die Zeit treiben, damit sie ihre Logik, ihre Unumwendbarkeit verlöre, einen Keil in die unerbittliche Zeit. Dann tönte aus der Tiefe des Hofes der furchtbare Aufschlag, dumpf, doch zugleich hart; es war kein Zweifel, daß er tödlich war.

Wir stürzten die Treppen hinab, hinaus in den engen, zwielichtigen Hof. Ich will verschweigen, was dort für ein Wesen kauerte. Aus solcher Höhe pflegt der Körper bald mit dem Kopf nach unten zu stürzen – daß Lorenz es fertiggebracht hatte, auf den Beinen zu landen, zeigte, daß er ein guter Turner war. Der Sprung wäre aus dem zweiten, ja vielleicht aus dem dritten Stockwerk noch geglückt. Doch es gibt Dinge, die nicht zu leisten sind. Ich sah zwei helle Spangen, an denen Gespinste hingen: die Knochen hatten im Anprall die Hüften durchstoßen und bleichten in der Luft.

Der eine rief nach einem Arzte, der andere nach der Pistole, der dritte nach Morphium. Ich fühlte, daß Irrsinn mich bedrohte, und rannte in die Nacht. Die unselige Tat hatte mich tief getroffen und einen untilgbaren Schock hinterlassen; sie hatte auch in mir etwas zerstört. Ich kann sie daher nicht als Episode behandeln, nicht mit der Bemerkung abtun, daß es viel Sinnloses gibt auf der Welt.

Der arme Junge hatte uns in der Tat ein Beispiel gegeben, wenngleich ein anderes, als er beabsichtigte. Er wußte in einem Augenblick anschaulich zu machen und zu vollenden, wozu die meisten unseres Kreises ein Leben benötigten. Er hatte uns unsere Ausweglosigkeit gezeigt.

Damals erfaßte ich das grauenvolle Wort »Umsonst«. Es hatte mich schon nach der Niederlage durchbohrt, beim Anblick übermenschlicher Leistung, unausschöpfbaren Leidens, aus dem es wie ein von Geiern gekrönter Fels in die brandrote Nacht ragte. Das schuf eine Wunde, die nie vernarbt.

Es schien, daß die Kameraden es weniger ernst nahmen. Gerade unter den Teilnehmern jenes Abends war eine Reihe von starken Geistern, die später viel von sich reden machten; es war, als hätte ein Dämon sie vereint. Sie kamen am nächsten Tage noch einmal zusammen und beschlossen, daß Lorenz' Name aus den Listen zu streichen sei. Der Selbstmord war für sie ein unzulässiges, dem Zeitgeist dargebrachtes Kompliment.

Es gab eine armselige Beerdigung auf einem der Vorstadtfriedhöfe. Als die Teilnehmer sich zerstreuten, hörte man befremdete Worte: »Im Rausch aus dem Fenster gesprungen« und ähnliches.

12

Die Vögel schwiegen. Ich hörte wieder das Murmeln des Baches im schwülen Grund. Dann fuhr ich auf. Ich war seit dem frühesten auf den Beinen gewesen in der Unruhe eines Menschen, der hinter dem Brot herläuft. In solcher Stimmung überrascht uns der Schlaf wie ein Dieb.

Ich konnte nur genickt haben, denn die Sonne hatte sich kaum bewegt. Der Schlaf im prallen Lichte hatte mich verwirrt. Ich orientierte mich mühsam; der Ort war unfreundlich.

Auch die Bienen schienen nun ihren Mittagsschlaf beendet zu haben; die Luft war von ihrem Summen erfüllt. Sie weideten auf der Wiese, indem sie in Wolken den weißen Schaum abstreiften, der sie überhöhte, oder sie tauchten in ihre bunte Tiefe ein. Sie hingen in Trauben am hellen Jasmin, der den Weg säumte, und aus dem blühenden Ahorn neben der Laube klang ihr Schwärmen wie aus dem Inneren einer großen Glocke, die lange nachschwingt, wenn es Mittag geläutet hat. An Blüten war kein Mangel; es war eines von den Jahren, von denen die Imker sagen, daß die Zaunpfähle honigen.

Dennoch war etwas Fremdes an diesem friedlichen Geschäft. Wenn ich von den Pferden und vom jagdbaren Wild absehe, kenne ich wenig Tiere, denn ich fand nie einen Lehrer, der mich dafür begeisterte. Mit den Pflanzen ist es anders, denn wir hatten einen passionierten Botaniker, mit dem wir auf Exkursion gingen. Wieviel in unserem Werdegange hängt von solchen Begegnungen ab. Wenn ich ein Verzeichnis der Tiere aufstellen sollte, die ich kenne, würde ich mit einem Blättchen auskommen. Das gilt besonders für das Ungeziefer, das zu Legionen die Natur erfüllt.

Immerhin weiß ich, wie eine Biene, eine Wespe oder auch eine Hornisse ungefähr beschaffen ist. Wie ich nun so saß und dem Schwärmen zusah, schienen mir einige Male Wesen vorbeizustreichen, die sich fremdartig abhoben. Auf meine Augen kann ich mich verlassen; ich habe sie nicht nur auf der Hühnerjagd erprobt. Es machte mir keine Mühe, einem dieser Wesen mit dem Blick zu folgen, bis es sich auf einer Blüte niederließ. Dann nahm ich das Glas zu Hilfe und sah, daß ich mich nicht getäuscht hatte.

Obwohl ich, wie gesagt, wenig Insekten kenne, hatte ich hier sogleich den Eindruck des Ungeahnten, des höchst Bizarren, etwa den Eindruck: ein Insekt vom Mond. An diesem Wesen konnte ein Demiurg in fremden Reichen geschaffen haben, der einmal von Bienen gehört hatte.

Das Wesen ließ mir vollauf Zeit, es zu betrachten, und außerdem tauchten jetzt überall seinesgleichen auf wie Arbeiter am Werktor, wenn die Sirene gerufen hat. An diesen Bienen fiel zunächst die Größe auf. Sie waren zwar nicht so groß wie jene, denen Gulliver in Brobdingnag begegnete und gegen die er sich mit dem Degen verteidigte, jedoch bedeutend größer, als eine Biene oder auch eine Hornisse ist. Sie hatten etwa den Umfang einer Walnuß, die noch in der grünen Schale steckt. Die Flügel waren nicht beweglich wie Vogel- oder Insektenflügel, sondern sie waren als starrer Saum um den Körper herumgeführt, also eher Stabilisierungs- und Tragflächen.

Die Größe fiel weniger auf, als man denken sollte, da das Tier vollkommen durchsichtig war. Die Vorstellung, die ich von ihm gewann, verdankte ich im wesentlichen den Reflexen, die seine Bewegungen im Sonnenlicht hervorriefen. Wenn es, wie eben jetzt, vor einer Windenblüte stand, deren Kelch es mit einem wie eine gläserne Sonde geformten Rüssel anstach, war es fast unsichtbar.

Der Anblick fesselte mich in einer Weise, die mich Ort und Stunde vergessen ließ. Ein ähnliches Erstaunen ergreift uns bei der Vorführung einer Maschine, in deren Form und Gangart sich ein neuer Einfall offenbart. Wenn ein Mann aus dem Biedermeier auf einen unserer Kreuzwege gezaubert würde, so würde ihm das Getriebe das Gefühl einer monotonen Verwirrung mitteilen. Nach einer Spanne der Verblüffung würde sich ein gewisses Verständnis, eine Ahnung der Kategorien einstellen. Er unterschiede die Motorräder von den Personen- und den Lastwagen.

So ging es mir, nachdem ich begriffen hatte, daß es sich hier nicht um eine neue Tierart, sondern um Mechanismen handelte. Zapparoni, dieser Teufelskerl, hatte wieder einmal der Natur ins Handwerk gepfuscht oder vielmehr Anstalten getroffen, ihre Unvollkommenheiten zu verbessern, indem er die Arbeitsgänge abkürzte und beschleunigte. Ich schwenkte emsig das Glas, um seine Wesen zu verfolgen, die wie von starken Schleudern abgeschossene Diamanten durch den Raum fuhren. Ich hörte nun auch ihr zartes Pfeifen, das sich kurz überschlug, wenn sie hart vor den Blüten abbremsten. Und hinten, vor den Körben, die jetzt im Lichte standen, summierte es sich zu einem hellen und pausenlosen Pfiff. Es mußte subtile Überlegungen gekostet haben, um Zusammenstöße zu vermeiden, wo sich die Automatenschwärme massierten, ehe sie sich in die Fluglöcher einschleusten.

Der Vorgang erfüllte mich, ich muß es bekennen, mit dem Vergnügen, das technische Lösungen in uns hervorrufen. Dieses Vergnügen ist zugleich Anerkennung unter Eingeweihten – es triumphierte hier Geist von unserem Geist. Und es erhöhte sich, als ich bemerkte, daß Zapparoni mit mehreren Systemen arbeitete. Ich erfaßte verschiedene Modelle, verschiedene Automatenvölker, die Feld und Büsche abweideten. Besonders stark gebaute Tiere trugen eine ganze Garnitur von Rüsseln, die sie in Dolden und Blütentrauben eintauchten. Andere waren mit Greifarmen ausgerüstet, die sich als zarte Zangen um die Blütenbüschel legten und den Nektar herauspreßten. Wiederum andere Apparate blieben mir rätselhaft. Offenbar diente der Winkel Zapparoni als Versuchsfeld für glänzende Einfälle.

Die Zeit verflog, indem ich mich an diesem Anblick weidete. Allmählich drang ich auch in den Aufbau, in das System der Anlage ein. Die Bienenstände waren in langer Reihe vor der Mauer aufgestellt. Sie zeigten zum Teil die herkömmliche Form, zum Teil waren sie durchsichtig und schienen aus demselben Stoff wie die künstlichen Bienen zu bestehen. Die alten Stöcke waren von natürlichen Bienen bewohnt. Wahrscheinlich sollten diese Völker nur den Maßstab für die Größe des Triumphes über die Natur abgeben. Zapparoni hatte gewiß berechnen lassen, wieviel Nektar ein Volk am Tage, in der Stunde, in der Sekunde bringt. Nun setzte er es auf dem Versuchsfeld neben den Automaten ein.

Ich hatte den Eindruck, daß er die Tierchen mit ihrer vorsintflutlichen Ökonomie in Verlegenheit brachte, denn öfters sah ich eines von ihnen sich einer Blüte nähern, die vor ihm ein gläserner Konkurrent berührt hatte, und sogleich wieder abfliegen. Hatte dagegen eine leibhaftige Biene zuvor am Kelch gesogen, so stand noch immer ein Nachtisch bereit. Ich schloß daraus, daß Zapparonis Geschöpfe ökonomischer verfuhren, das heißt, gründlicher aussaugten. Oder versiegte, wenn sie durch die gläserne Sonde berührt waren, die spendende Kraft der Blumen, schlossen sie ihre Kelche zu?

Wie dem auch sei, der Augenschein lehrte, daß Zapparoni hier wieder eine seiner tollen Erfindungen gemacht hatte. Ich beobachtete nun das Treiben an den gläsernen Ständen, das ein hohes Maß von Methodik verriet. Es hat, glaube ich, durch die Jahrhunderte hindurch bis in unsere Tage gedauert, ehe man das Geheimnis der Bienen erriet. Von Zapparonis Erfindung gewann ich, nachdem ich sie aus meinem Stuhle etwa eine Stunde lang betrachtet hatte, bereits eine Vorstellung.

Die gläsernen Stöcke unterschieden sich von den alten Formaten auf den ersten Blick durch eine große Zahl von Fluglöchern. Sie erinnerten weniger an einen Bienenkorb als an ein automatisches Fernsprechamt. Es waren auch nicht eigentliche Fluglöcher, denn die Bienen traten nicht in die Anlage ein. Ich sah nicht, wo sie ausruhten oder abgestellt wurden oder ihre Garage hatten, denn sie waren ja wohl nicht immer am Werk. Jedenfalls hatten sie im Stock nichts zu tun.

Die Fluglöcher hatten eher die Funktion von Automatenschlitzen oder von Löchern in einem Steckkontakt. Die Bienen näherten sich ihnen, magnetisch angezogen, steckten ihre Rüssel hinein und entleerten ihr gläsernes Bäuchlein von dem Nektar, mit dem es angefüllt war. Dann wurden sie abgestoßen mit einer Kraft, die einem Abschuß glich. Daß es bei diesem Hin und Her trotz den hohen Fluggeschwindigkeiten ohne Karambolagen abging, war ein besonderes Meisterstück. Obwohl es sich um einen Vorgang mit einer großen Menge von Einheiten handelte, vollzog er sich in vollkommener Exaktheit; es mußte eine Zentrale oder ein zentrales Prinzip geben, das ihn steuerte.

Eine Reihe von Vereinfachungen, Abkürzungen und Normungen des natürlichen Vorganges war offenbar. So war zum Beispiel alles ausgespart, was mit der Wachsgewinnung zu tun hatte. Es gab weder kleine noch große Zellen noch irgendwelche Anlagen, die mit der Verschiedenheit der Geschlechter zu tun hatten, wie denn überhaupt der ganze Betrieb in einem perfekten, aber völlig unerotischen Glanz strahlte. Es gab da weder Eier noch Puppenwiegen, weder Drohnen noch eine Königin. Wenn man durchaus an einer Analogie festhalten wollte, so hatte Zapparoni nur den Stand geschlechtsloser Arbeitswesen gebilligt und zur Brillanz gebracht. Auch in dieser Hinsicht hatte er die Natur vereinfacht, die ja bereits im Drohnenmord einen ökonomischen Ansatz wagt. Er hatte von vornherein weder Männchen noch Weibchen, weder Weisel noch Ammen auf den Plan gesetzt.

Wenn ich mich recht entsinne, wird der Nektar, den die Bienen aus den Blüten saugen, in ihrem Magen zubereitet und macht verschiedene Veränderungen durch. Auch diese Mühe hatte Zapparoni seinen Geschöpfen abgenommen und durch einen zentralen Chemismus ersetzt. Ich sah, wie der farblose Nektar, der in die Anschlüsse gespritzt wurde, sich in einem System von gläsernen Röhren sammelte, in denen er allmählich die Farbe änderte. Nachdem er sich zunächst durch einen Gelbstich getrübt hatte, wurde er strohfarben und erreichte den Boden in einem prächtigen Honiggelb.

Die untere Hälfte des Standes diente offenbar als Tank oder Speicherraum, der sich zusehends mit leuchtendem Honig anfüllte. Ich konnte die Zunahme an den Maßstäben verfolgen, die in das Glas geritzt waren. Während ich mit dem Feldstecher hier und dort die Büsche und den Wiesengrund bestrich und dann den Blick auf die Stände zurücklenkte, wuchs der Vorrat um mehrere Teilstriche.

Vermutlich wurde die Zunahme und überhaupt der Betrieb nicht von mir allein beobachtet. Ich unterschied eine weitere Art von Automaten, die vor den Ständen pendelten oder auch verharrten, wie es Vorarbeiter oder Ingenieure in einer Werkstatt oder auf einem Bauplatz tun. Sie hoben sich von den Schwärmen durch ihre rauchgraue Färbung ab.

13

Ich hatte bei der Teilnahme an dem Getriebe ganz und gar vergessen, daß ich auf Zapparoni wartete. Doch war er gegenwärtig als unsichtbarer Chef. Ich fühlte die Macht, auf die sich das Schauspiel gründete.

Im tieferen Bereich der Technik, dort, wo sie Bann wird, fesselt weniger das Ökonomische, ja nicht einmal der Machtcharakter, sondern ein spielerischer Zug. Es wird dann deutlich, daß wir in einem Spiel befangen sind, in einem Tanz des Geistes, den keine Rechenkunst erfaßt. Das Letzte an unserer Wissenschaft ist Ahnung, ist schicksalhafter Ruf, ist reine Figuration.

Der spielerische Zug wird deutlicher in den Miniaturen als im Gigantenwesen unserer Welt. Den groben Augen können nur Massen imponieren, vor allem, wenn sie in Bewegung sind. Und doch verbergen sich in einer Mücke nicht weniger Organe als im Leviathan.

Das war es, was mich an Zapparonis Versuchsfeld fesselte, so daß ich, wie ein Kind die Schule, Zeit und Ort vergaß. Ich dachte auch nicht daran, daß es vielleicht gefährlich war, denn öfters pfiffen die Gebilde wie Geschosse an mir vorbei. Wie sie in Büscheln von den Ständen ausstrahlten, um sich als blitzende Gewebe über den bunten Flor zu werfen, und dann zurückschossen, bremsten, im dichten Schwarm verharrten, aus dem durch unhörbare Rufe, durch unsichtbare Zeichen im schnellen Gleichtakt eine der Sammlerinnen nach der anderen zitiert wurde, um ihre Ernte abzuliefern – das war ein Schauspiel, das sowohl faszinierte wie hypnotisierte, den Geist einwiegte. Ich wußte nicht, was mich mehr erstaunte – die kunstreiche Erfindung der Einzelkörper oder ihr Zusammenspiel. Vielleicht war es im tiefsten Grunde die tänzerische Kraft des Anblicks, die mich entzückte, in hoher Ordnung konzentrierte zwecklose Macht.

Nachdem ich die Evolutionen eine Stunde lang mit großer Spannung betrachtet hatte, glaubte ich zwar nicht das technische Geheimnis zu verstehen, wohl aber das System der Anlage. Kaum war das geschehen, als ich auch schon Kritik ansetzte und auf Verbesserungen sann. Diese Unruhe, diese Unzufriedenheit ist seltsam, obwohl sie zu unseren Charakterzügen zählt. Angenommen, wir würden, etwa in Australien, einer Tierart begegnen, die wir nie gesehen hätten, so würde uns zwar auch Erstaunen übermannen, aber wir würden nicht sogleich darüber nachgrübeln, wie sie zu verbessern sei. Das deutet auf einen Unterschied der schöpferischen Autorität.

Technische Kritik hat heute schon jeder Junge, dem man ein Fahrrad schenkt. Was mich betrifft, so war ich während der Jahre, in denen ich Panzer abzunehmen hatte, darauf dressiert worden. Da gab es immer etwas auszuhandeln, und ich war in den Werken berüchtigt als einer, der Unmögliches verlangt. Die Grundrechnung bei solchen Konstruktionen ist einfach – ihre Aufgabe ist die günstigste Verteilung des Potentials auf Feuer, Bewegung und Sicherheit. Jeder dieser Faktoren kann nur auf Rechnung der anderen erhöht werden. Die Sicherheit steht an letzter Stelle; die Kosten spielen keine Rolle, und ebenso wenig der Komfort. Bei den Verkehrsmaschinen ist das anders; hier stehen die Kosten, die Sicherheit und der Komfort im ersten Rang. Nur in der Geschwindigkeit begegnen sich die Ansprüche. Sie zählt zu den Prinzipien der Zeit. Daher werden ihr nicht nur im Kriege, sondern auch im Frieden Opfer gebracht.

Was Zapparonis Anlage betraf, so drängte sich nach dem ersten Erstaunen sogleich die Kostenfrage auf. Die gläsernen Geschöpfe machten den Eindruck von Luxusautomaten – ich hielt es für möglich, daß jedes einzelne soviel wie ein guter Wagen oder gar wie ein Flugzeug kostete. Gewiß würde Zapparoni sie nach ihrer Erprobung in Serie herstellen, wie das mit allen seinen Erfindungen geschah. Offensichtlich konnte er auch mit einem solchen Volk, ja vielleicht mit einer einzigen gläsernen Biene an einem Frühlingstage mehr Honig gewinnen als ein

Naturschwarm in einem Jahr. Sie konnten wohl auch bei Regen und in der Nacht arbeiten. Aber was bedeuteten solche Gewinne gegenüber den immensen Unkosten?

Gut, Honig war eine köstliche Speise, doch wollte man die Erträge steigern, so war das nicht Sache der Automatenindustrie, sondern eher der Chemie. Ich dachte an Laboratorien, wie ich sie in der Provence gesehen hatte, etwa in Grasse, wo man aus Millionen Blüten den Duftstoff zieht. Dort hat man Wälder von bitteren Orangen, Felder voll Veilchen und Tuberosen und blaue Lavendelhänge in der Macchia. Durch ähnliche Verfahren würde auch Honig zu gewinnen sein. Man konnte die Wiesen ausbeuten wie unsere Kohlenflöze, aus denen man nicht nur Brennstoff, sondern zahllose Chemikalien zieht, Essenzen, Farben, Arzeneien aller Art, auch Spinnfasern. Mich wunderte, daß man nicht bereits darauf verfallen war.

Natürlich hatte Zapparoni die Kostenfrage längst erwogen, oder er wäre der erste Milliardär gewesen, der nicht auf das schärfste zu kalkulieren verstand. Es ist schon manchem zu seinem Schaden aufgefallen, wie gut sehr reiche Leute sich auf den Wert von Pfennigen verstehen. Sie wären nie so reich geworden, wenn ihnen diese Gabe mangelte.

Es war also zu vermuten, daß die Anlage einen Sinn hatte, der außerhalb der üblichen Ökonomie gelegen war. Es mochte sich um das Spielzeug eines Nabobs handeln, an dem er sich ergötzte, wenn er vom Golfplatz oder vom Angeln kam. In einem technischen Zeitalter hat man technische Spielzeuge. Selbst Millionäre haben sich schon mit solchen Scherzen ruiniert. Beim Spiel hält man die Hand nicht auf dem Geldbeutel.

Die Annahme war jedoch unwahrscheinlich, denn wenn Zapparoni für seine menus plaisirs Zeit und Geld verschwenden wollte, so hatte er im Lichtspiel dazu vollauf Gelegenheit. Der Zapparoni-Film war seine große Liebhaberei. Er wagte dort Experimente, die jeden anderen ins Armenhaus gebracht hätten. An sich war der Gedanke, die Stücke durch Automaten spielen zu lassen, natürlich alt und in der Geschichte des Lichtspiels schon oft erprobt worden. Am Automatencharakter der Gestalten war indessen nie ein Zweifel aufgekommen, und daher hatten sich die Versuche auf das Feld des Märchenhaften oder des Grotesken beschränkt, auf Grundeffekte des Puppentheaters und der alten Laterna magica. Zapparoni wollte jedoch den Automaten im alten Sinne, den Automaten des Albertus oder des Regiomontanus verwirklichen. Er wollte künstliche Menschen in natürlicher Größe, Figuren von Menschenähnlichkeit. Alle Welt hatte sich über den Gedanken belustigt und entrüstet, ihn für den geschmacklosen Einfall eines Sonderlings erklärt.

Und doch hatten sich alle getäuscht, denn bereits das erste dieser Stücke hatte Furore gemacht. Es war ein Luxuspuppenspiel ohne Puppenspieler und ohne Drähte, die Premiere nicht nur eines neuen Stükkes, sondern einer neuen Kunstgattung. Zwar unterschieden die Figuren sich noch ein wenig von den gewohnten Menschen, jedoch auf vorteilhafte Art. Die Gesichter waren glänzender, makelloser, die Augen größer geschnitten, edelsteinartig, die Bewegungen langsamer, vornehmer und in der Erregung auch heftiger, schneller, als es der Erfahrung entsprach. Und auch das Häßliche, das Abnorme wurde in neue, erheiternde oder erschreckende, aber stets faszinierende Bereiche geführt. Ein Caliban, ein Shylock, ein Glöckner von Notre Dame, wie Zapparoni ihn vorführte, konnte in keinem Bett gezeugt, von keiner Menschenfrau geboren werden, und hätte sie sich noch so absonderlich versehen. Dazwischen konnten reine Zauberwesen auftreten, ein Goliath, ein Zwerg Nase, ein Archivarius Lindhorst, ein kündender Engel, durch dessen Leib und Flügel hindurch die Gegenstände schimmerten.

Man sah, halb mit Bestürzung, halb mit Staunen, daß diese Figurinen das Menschenwesen nicht einfach nachahmten, sondern es über seine Möglichkeiten, seine Skala hinausführten. Die Stimmen erreichten eine Höhe, die jede Nachtigall, und eine Tiefe, die jeden Baß beschämte; Bewegung und Ausdruck verrieten studierte und übertroffene Natur.

Der Eindruck war außerordentlich. Das Publikum bewunderte nun überschwenglich, was es am Vorabend verlacht hatte. Ich will nicht wiederholen, was die Lobredner behaupteten. Sie sahen im Marionettenspiel ein neues Kunstwerk, das Idealtypen aufstellte. Freilich mußte die Naivität des Zeitgeistes hinzukommen, der gewagte Erfindungen wie das Kind seine Puppe ergreift. Die Zeitungen beklagten das Schicksal eines jungen Mannes, der sich in die Themse gestürzt hatte. Er hatte Zapparonis Heroine für eine Frau aus Fleisch und Blut gehalten und die Enttäuschung nicht verschmerzt. Die Werkleitung sprach ihr Bedauern aus und ließ durchblicken, es wäre nicht undenkbar gewesen, daß die schöne Roboterin den jungen Mann erhört hätte. Er hatte voreilig gehandelt, die letzten Möglichkeiten der Technik nicht erfaßt. Auf alle Fälle war der Erfolg gewaltig und brachte sicher die Kosten ein. Zapparoni hatte eine goldene Hand.

Nein, wer mit künstlichen Menschen spielen konnte, der hatte Zeitvertreib genug. Er brauchte sich nicht mit gläsernen Bienen zu belustigen. Es war kein Spielfeld, auf dem ich mich befand. Es gibt jedoch auch andere Gebiete, wo Geld unwichtig wird.

Gewiß, daß diese gläsernen Bienen hier Honig sammelten, war Spielerei. Das war eine absurde Aufgabe für Kunstwerke. Indessen mit Wesen, die das vermochten, konnte man fast alles anfangen. Es war für solche Automaten leichter, Goldkörner und Diamanten einzutragen als Nektar, den sie aus den Blüten geschöpft hatten. Aber sie waren auch für das beste Geschäft noch zu kostspielig. Ökonomisch Absurdes wird nur geleistet, wo Macht auf dem Spiele steht.

Und in der Tat, wer über solche Völker verfügte, war ein mächtiger Mensch. Er war vielleicht mächtiger als ein anderer, der über die gleiche Zahl von Flugzeugen gebot. David war stärker, war intelligenter als Goliath.

Hier konnte die Ökonomie keine Rolle spielen, oder man mußte in die Maße einer anderen Ökonomie eintreten, in das Titanische. Hier mußte man eine andere Rechnung aufstellen. Ich konnte mir über den Preis einer solchen Biene kein Urteil erlauben; doch sollte er sich auch nur auf tausend Pfund belaufen, so war das, vom Standpunkt eines Imkers aus gesehen, irrsinnig. Aber es gibt eben andere Standpunkte. Ein Stratosphärenkreuzer etwa konnte eine Million Pfund kosten; das war, vom Standpunkt eines Imkers oder auch eines Leichten Reiters aus gesehen, nicht minder irrsinnig. Wenn man die unheimliche Last bedachte, die ein solcher Kreuzer ans Ziel tragen sollte, stieg der Preis ins Phantastische. Er wurde wiederum minimal, wenn man den Schaden erwog, der damit beabsichtigt war. Da dampften Milliarden in die Luft, vom Zugriff auf Leib und Leben ganz abgesehen. Konnte man nun ein solches Bienchen dem Untier an die Schwingen heften und es zum Scheitern bringen, dann waren tausend Pfund nur eine Bagatelle, ein Pappenstiel. Man muß zugeben, daß in unserer Welt mit großer Schärfe, und sogar mit Maschinen, gerechnet wird. Doch gibt es Ausnahmen. Da wird man splendid, verschwenderischer als August der Starke, als der Minister Brühl. Und hat doch weniger davon.

Ja, ohne Zweifel befand ich mich auf einem Versuchsfeld der Zapparoni-Werke, auf einem Flugplatz für Mikroroboter. Meine Vermutung, daß es sich um Waffen handelte, traf wohl das Richtige. Darauf und auf den platten Nutzen verfallen wir zuerst. Wenn Zapparoni seine Bienen auf Arbeiterinnen reduziert hatte, so hatte er sie doch des Stachels nicht beraubt, im Gegenteil.

14

Der Anblick hatte mich zunächst als Spiel erheitert, sodann als Kombination entzückt. Nun aber erfaßte ich seine mächtige Bedeutung und war berauscht wie ein Goldsucher, der das Land Ophir betreten hat. Warum mochte der Alte mir den Eintritt in diesen Garten gewährt haben?

»Seien Sie mit den Bienen vorsichtig!« Wie hatte doch alles, was er sagte, noch einen anderen Sinn als den vermuteten. Es mochte vielleicht bedeuten, daß ich kaltes Blut bewahren sollte, und wirklich fühlte ich, daß das Schauspiel an den Angeln des Geistes rüttelte. Wahrscheinlich hatte der Meister es mir als Prüfung zugedacht. Das war der praktische Teil. Er wollte wissen, ob ich seine Tragweite erfaßte, ob ich dem Gedanken gewachsen war. Ob sich vielleicht Carettis Kopf in diesem Park verwirrt hatte?

»Seien Sie mit den Bienen vorsichtig« – das konnte auch eine Warnung vor Neugier sein. Vielleicht wollte er sehen, wie ich mich angesichts des offenbarten Geheimnisses verhielt. Aber ich hatte mich noch nicht von meinem Stuhl bewegt.

Auch war ich zu beschäftigt, um über mein Verhalten nachzudenken; das Treiben fesselte mich ganz und gar. Wenn früher eine Erfindung gemacht wurde, so war sie ein Treffer, über dessen Bedeutung oft der Erfinder sich wenig im klaren war. Die Konstruktionen, die dürftigen Gestänge in den Museen rufen ein Lächeln hervor. Hier aber war ein neuer Gedanke nicht nur in seinen Konsequenzen begriffen, sondern sogleich auf breiter Fläche und in den Einzelheiten ausgeführt. Man hatte ein Modell geschaffen, das die praktischen Forderungen übertraf. Das ließ auf viele Mitarbeiter, auf viele Mitwisser schließen, und ich begriff Zapparonis Sorge um die Geheimhaltung.

Im Laufe des Nachmittags nahm die Zahl der fliegenden Objekte erheblich zu. Im Zeitraum von zwei, drei Stunden raffte sich eine Entwicklung zusammen, an der ich während eines Lebens teilgenommen hatte – ich meine die Verwandlung einer außerordentlichen Erscheinung in eine typische. Das hatte ich mit den Automobilen, den Flugzeugen erlebt. Zunächst erstaunt man über die Erscheinung, die vereinzelt auftritt, und endlich sieht man sie zu Legionen in blitzenden Zügen vorbeischwirren. Nicht einmal die Pferde wenden mehr den Kopf. Der zweite Anblick ist erstaunlicher, aber wir traten in das Gesetz der Serie, in die Gewohnheit ein.

Zapparoni mußte die Entwicklung dieser Automaten schon weit vorgetrieben, schon auf das laufende Band gebracht haben, soweit das in seinen Werken möglich war. Es sah indessen nicht aus, als ob er hier eine neue Handelsware vorbereitete – eine der Überraschungen, die er alljährlich in seinen Katalogen auftischte. Das mochte später einmal abfallen. Es mußte ein in sich geschlossenes Unternehmen sein; das wurde deutlich, als sich das Treiben in einer Weise steigerte, die an eine Schwarmzeit oder an eine Hauptverkehrsstunde erinnerte. Es zweigte sich nun in Strängen auch in andere Teile des Parkes ab.

Organisatorisch betrachtet, ließ der Umtrieb verschiedene Deutungen zu. Es war kaum anzunehmen, daß ein zentrales Kraftwerk vorhanden war. Das war nicht Zapparonis Stil. Für ihn hing der Rang eines Automaten von seiner Selbständigkeit ab. Sein Welterfolg beruhte darauf, daß er im Haus, im Garten, auf kleinstem Raume einen geschlossenen Wirtschaftskreis ermöglicht hatte; er hatte den Drähten, den Leitungen, den Röhren, den Geleisen, den Anschlüssen den Krieg erklärt. Das führte weit ab vom Werkstil des 19. Jahrhunderts und seiner Häßlichkeit.

Eher dachte ich schon an ein Verteilerwesen, an Laboratorien, Akkumulatoren und Tankstellen. Es konnten Stoffe abgeliefert und in Empfang genommen werden, wie hier an den Bienenständen, zu denen nicht nur Nektar gebracht, sondern von denen offensichtlich auch Kraft empfangen wurde, denn ich sah, wie die gläsernen Gebilde förmlich abgeschossen wurden, wenn sie sich entleert hatten.

Die Luft war nun von einem hellen, gleichmäßigen Pfeifen erfüllt, von einem Pfeifen, das zwar nicht einschläferte, wohl aber die Aufmerksamkeit hypnotisch abdichtete. Ich mußte mich anstrengen, Traum und Wirklichkeit zu unterscheiden, um nicht Visionen anheimzufallen, die Zapparonis Thema aus eigenem fortspannen.

An gläsernen Bienen hatte ich, wie gesagt, verschiedene Modelle beobachtet. Seit einiger Zeit tauchten in ihrem Strudel noch andere Apparate auf. Sie waren auf das mannigfaltigste an Größe, an Form und Farbe unterschieden und hatten offenbar nicht das mindeste mehr mit Bienen und Imkerei zu tun. Diese neuen Gebilde mußte ich nehmen, wie sie kamen – ich hielt mit der Ausdeutung nicht Schritt. So mag es uns gehen, wenn wir an einem Riff die Tiere betrachten: wir sehen Fische und Krebse, erkennen auch die Medusen, dann aber steigen Wesen aus der Tiefe, die uns unlösbare, beängstigende Rätsel aufgeben. Ich war hier wie ein Mensch aus der Kulturzeit, den man an eine Kreuzung stellt. Er wird nach einigem Erstaunen leicht erraten, daß die Automobile eine neue Art von Kutschen sind. Dazwischen aber bestürzen ihn Konstruktionen in Callots Manier.

15

Kaum also in Zapparonis Einrichtung eingestiegen, hatte ich mir Verbesserungen ausgedacht. Das liegt im Zug der Zeit. Als nun die undurchsichtigen Figuren auftauchten, begann ich, unruhig, vexiert zu werden; auch das ist ein Zug der Zeit, deren Rangordnung sich durch die Beherrschung der Apparaturen bestimmt.

Was mochten die neuen Apparate zu bedeuten haben, die sich in die Bienenschwärme einmischten? Es blieb immer das gleiche: kaum hatte man eine neue Technik begriffen, so zweigte sie auch schon ihre Antithese aus sich ab. In die gläsernen Ströme reihten sich bunte Individuen ein wie Porzellanperlen in eine Glaskette. Sie waren schneller, wie etwa in einer Autokolonne Wagen der Rettungswache, der Feuerwehr, der Polizei. Andere kreisten in der Höhe über dem Verkehr. Sie mußten größeren Umfang haben; ihn zu bestimmen, fehlten mir die Maßstäbe. Besonders beschäftigten mich die grauen Apparate, die vor den Ständen und nun auch ganz in der Nähe das Terrain abflogen. Zu ihnen gehörte einer, der wie aus mattem Horn oder aus Rauchquarz geschnitten war. Er kreiste schwerfällig in geringer Höhe um die Laube, so daß er fast die Tigerlilien streifte, verharrte auch hin und wieder reglos in der Luft. Wenn sich Panzer im Gelände verteilen, überschweben Beobachter sie auf ähnliche Art. Vielleicht war hier eine Aufsicht oder eine Befehlszelle. Ich behielt diesen Rauchgrauen besonders im Auge und suchte zu ermitteln, ob seinen Bewegungen Veränderungen in der Masse der Automatenschwärme korrespondierten oder nachfolgten.

Die Beurteilung der Größenverhältnisse war schwierig, weil es sich um Objekte handelte, die außerhalb der Erfahrung lagen und für die im Bewußtsein keine Norm gegeben war. Ohne Erfahrung gibt es kein Maß. Wenn ich einen Reiter, einen Elefanten, einen Volkswagen sehe, gleichviel auf welche Entfernung, kenne ich sein Maß. Hier aber wurde der Sinn verwirrt.

In solchen Fällen pflegen wir auf die Erfahrung zurückzugreifen, indem wir Teststücke zu Rate ziehen. Ich suchte also, wenn der Rauchkopf sich in meinem Feld bewegte, gleichzeitig einen bekannten Gegenstand zu erhaschen, der mir den Maßstab gab. Das war nicht schwierig, da der Graue seit einigen Minuten zwischen mir und dem nächsten Sumpfloch pendelte. Diese Minuten, während deren ich, die Augen an den Quarz geheftet, langsam den Kopf bewegte, wirkten besonders einschläfernd. Ich konnte nicht sagen, ob die Veränderungen, die ich auf der Oberfläche des Automaten zu erkennen glaubte, sich in der Wirklichkeit abspielten oder nicht. Ich sah Farbwechsel wie bei optischen Signalen, so ein Erblassen und dann ein jähes, blutrotes Aufleuchten. Dann wurden schwarze Auswüchse sichtbar, die sich wie Schneckenhörner ausstülpten.

Bei alldem vergaß ich nicht, die Größe abzuschätzen, wenn der Rauchgraue den Pendelschlag verkehrte und für die Dauer einer Sekunde über dem Sumpfloch stand. Waren die Automatenschwärme nun abgezogen, oder sah ich sie nicht mehr, weil ich gefesselt war? Jedenfalls war es ganz still im Garten und ohne Schatten, wie es in Träumen ist.

»Ein Quarzschliff von der Größe eines Enteneies« – zu dem Schluß kam ich, als ich den Rauchgrauen mit dem Schilfkolben verglich, an den er fast anstreifte. Solche Schilfkolben kannte ich gut aus meiner Kindheit; wir hatten sie »Zylinderputzer« genannt und uns bei den Versuchen, sie zu pflücken, im Schlamm den Anzug ruiniert. Man mußte abwarten, bis es gefroren hatte, aber auch dann blieb die Annäherung gefährlich, denn das Eis war an den Schilfgürteln brüchig und mit Entenlöchern durchsetzt.

Ein ideales Teststück war die Mücke, die das Blatt des Sonnentaues zierte wie eine in Rubin geritzte Miniatur. Auch der Sonnentau war mir altbekannt. Wir hatten ihn bei unseren Streifereien in den Mooren ausgegraben und in die Terrarien gepflanzt. Die Botaniker bezeichnen ihn als »fleischfressende Pflanze« – diese barbarische Übertreibung hatte das zierliche Kräutlein bei uns in Ansehen gesetzt. Wenn der Rauchkopf, der jetzt niedriger pendelte und fast den Rand des Sumpflochs streifte, zugleich mit dem Sonnentau von meinem Perspektiv erfaßt wurde, sah ich, daß er in der Tat, verglichen mit den Bienen, von beträchtlicher Größe war.

Die angestrengte, eintönige Beobachtung birgt die Gefahr von Visionen, wie jeder weiß, der im Schnee oder in der Wüste ein Ziel verfolgte oder der endlose, schnurgerade Straßen befuhr. Wir beginnen zu träumen; die Bilder gewinnen Macht über uns. – – –

»Der Sonnentau ist also doch eine fleischfressende Pflanze, ein kannibalisches Gewächs.«

Warum mochte ich das gedacht haben? Es kam mir vor, als hätte ich die roten, mit klebrigen Fangnäpfen befransten Blätter in riesiger Vergrößerung gesehen. Ein Wärter warf ihnen Futter vor.

Ich rieb mir die Augen. Ein Traumbild hatte mich genarrt in diesem Garten, in dem das Winzige groß wurde. Aber zugleich hörte ich ein Signal in meinem Inneren wie einen Wecker, wie die Alarmglocke eines Wagens, der mit brutaler Geschwindigkeit näher kommt. Ich mußte etwas Unerlaubtes, etwas Schändliches gesehen haben, das mich erschreckt hatte.

Hier war ein übler Ort. In großer Bestürzung sprang ich auf, zum erstenmal, seitdem ich mich gesetzt hatte, und visierte das Sumpfloch an. Der Rauchgraue war wieder näher gekommen; er hörte auf zu pendeln und umkreiste mich mit ausgeschwenkten Fühlhörnern. Ich achtete nicht auf ihn. Mich fesselte das Bild, auf das er meinen Blick geführt hatte wie ein Vorstehhund auf die Rebhühner.

Der Sonnentau war winzig wie zuvor. Eine Mücke war schon eine gute Mahlzeit für ihn. Doch neben ihm im Wasser lag ein roter obszöner Gegenstand. Ich faßte ihn scharf in das Glas. Jetzt war ich hellwach; es konnte kein Augentrug sein.

Das Sumpfloch war von Schilfhalmen umgittert, durch deren Lücken ich die braune, moorige Pfütze sah. Blätter von Wasserpflanzen bildeten darauf ein Mosaik. Auf einem dieser Blätter lag der obszöne Gegenstand; er hob sich klar von ihm ab. Ich prüfte ihn noch einmal, aber es konnte kein Zweifel bleiben; es war ein menschliches Ohr.

Hier war kein Irrtum möglich: ein abgeschnittenes Ohr. Und ebensowenig war zu bestreiten, daß ich bei klarem Verstande, in ungetrübter Urteilskraft war. Ich hatte weder Wein getrunken noch eine Droge eingenommen, nicht einmal eine Zigarette geraucht. Ich hatte seit langem, schon meiner leeren Taschen wegen, auf das nüchternste gelebt. Auch zähle ich nicht zu den Leuten, die, wie Caretti, plötzlich dies oder jenes sehen.

Ich begann nun, das Sumpfloch methodisch abzusuchen, und entdeckte mit wachsendem Entsetzen: es war mit Ohren besät! Ich unterschied große und kleine, zierliche und grobe Ohren, und alle waren mit scharfen Schnitten abgetrennt. Einige lagen auf den Blättern der Wasserpflanzen wie das erste, das ich bei der Verfolgung des Rauchkopfes entdeckt hatte. Andere waren halb von den Blättern verdeckt, und wiederum andere schimmerten undeutlich durch das braune Moorwasser.

Bei diesem Anblick erfaßte mich eine Welle der Übelkeit wie einen Schiffbrüchigen, der unversehens auf die Feuerstelle von Kannibalen stößt. Ich erkannte die Provokation, die schamlose Herausforderung, die er umschloß. Er führte auf eine tiefere Stufe der Wirklichkeit. Es war, als ob das Automatentreiben, das mich eben noch so völlig im Bann gehalten hatte, verschwunden wäre; ich nahm es nicht mehr wahr. Ich hielt für möglich, daß es eine Spiegelung gewesen war.

Zugleich berührte mich ein eisiger Anhauch, die Nähe der Gefahr. Ich fühlte meine Knie schwach werden und ließ mich in den Sessel zurückfallen. Ob wohl mein Vorgänger in ihm gesessen hatte, bevor er verschwunden war? Vielleicht hatte ihm eines dieser Ohren gehört? Ich fühlte einen glühenden Strich am Haaransatz. Jetzt ging es nicht mehr um eine Anstellung. Jetzt ging es um Kopf und Kragen, und wenn ich heil aus diesem Garten herauskommen würde, konnte ich von Glück sagen.

Der Fall mußte durchdacht werden.

EINE GEFÄHRLICHE BEGEGNUNG, 1983

Hinter der Madeleine

13

Dem fast noch sommerlichen Tage war eine Abkühlung gefolgt. Sie ließ den Nebel aufsteigen, der sich langsam vom Fluß her in den Straßen ausbreitete. Er schob sich wie ein Teppich von den Brücken den Berg hinan. Das Licht der Sterne schien durch seinen Schleier und verlosch dann ganz. Auch die Geräusche wurden matter, wattiger. Man hörte den Hufschlag der Pferde und das Rollen der Wagen, die von den Theatern zurückkehrten.

Der Nebel verleiht den Städten eine intime Note, einen Kammerton. Tagsüber mildert er die Formen und dämpft das grelle Licht. Bei Nacht verwandelt er die Quartiere in große Häuser, in denen sich Flur an Flur und Zimmer an Zimmer schließt. Es gibt Naturen, die solches Wetter verabscheuen, und andere, die es auf die Straße zieht. Zu ihnen zählen nicht nur jene, die das Enge, Vertraute lieben, sondern auch alle, die gern maskiert gehen. Einsame, die den Tag mit sonderbaren Grillen verdämmert haben, werden nun munter wie Fledermäuse auf den Dachböden. Die Liebespaare umarmen sich wie unter Tarnkappen. Lepröse genießen die reine Luft. Raubtiere begehen ihre Wechsel, während man in den Häfen die Nebelhörner hört.

Gerhard wartete schon eine halbe Stunde hinter der Madeleine an der Ecke, die ihm bezeichnet worden war. Die Blumenhändler hatten ihre Stände längst geschlossen, doch ein Duft von Reseden kam noch aus dem Abfall und teilte sich dem Nebel mit. Gerhard war zwar erschöpft, doch wach und voll Erwartung; er hatte nach dem Abschied von Ducasse noch weite Gänge durch die Wälder jenseits der Brücke von Saint-Cloud gemacht.

Zu Hause hatte er Irenes Brief gefunden; er hatte ihn wie ein Zuruf überrascht, wenngleich nicht sonderlich erstaunt. Er war ja immer in Erwartung von etwas Wunderbarem; die Erfüllung konnte ihn beglücken, doch mit der Stimmung: »Ich habe es gewußt.« Ducasse hatte also recht gehabt, als er den Vorschlag mit den Blumen machte – die Dinge waren wahrscheinlich einfacher, als er, Gerhard, vermutete. Es gab da Formeln, die man kennen mußte, Geheimvorschriften für Erwachsene.

Die vorgeschlagene Stunde konnte man schon nicht mehr unpassend nennen, denn das Unpassende ist ein Grenzbegriff. Gerhard schloß aus ihr eher, daß es sich um etwas Außerordentliches handeln müsse – um eine jener Prüfungen, bei denen er Ergebenheit, Mut und Treue beweisen konnte und von denen er so oft geträumt hatte. Es hätte ihn noch weniger erstaunt, wenn er dazu an einen ungewöhnlichen Ort gerufen worden wäre – in eine Katakombe, auf einen Friedhof oder in einen dunklen Wald.

Wieder und wieder hatte er die flüchtigen Zeilen des Billetts gelesen; er wußte sie auswendig. »Ob Sie mir helfen können? O gewiß! Wie gut Sie das erraten haben – es hat mich wie ein Wunder angerührt.«

Sie hatte also gefühlt, was ihn bewegt hatte. Wortloses Einverständnis – das war das Schönste, mehr als Poesie. So mochten Blumen von einem Wind bewegt werden – Blumen, zwischen denen ein Lichtstrahl den Boten spielt. Aber was konnte er für sie tun? Wie kam es, daß sie auf ihn, den Unerfahrenen, verfallen war? Doch guter Wille vermochte viel. Er würde sein Blut für sie hingeben.

Er fühlte sich hell und warm, in einer Art von Trunkenheit. Der Nebel hüllte ihn wie ein Mantel ein. Wie gut, daß er Herrn Ducasse getroffen hatte, das konnte kein Zufall sein. Offenbar hatte er ihn verkannt. Ducasse mochte zu den Boten zählen, die Schlüssel überreichen, wenn man vor verschlossener Türe steht. Bald würde sich alles ändern, das war gewiß. Und plötzlich, unerklärlich, flog ihn ein Schauder an. Er sah die Lampen, um die sich der Nebel zu gelben Bällen verdichtete. Die Dinge rückten an ihn heran.

Ein Wagen hielt hinter der Kirche, dann näherte sich ein leichter Schritt. Sein Herz begann zu klopfen; es mußte die Gräfin sein. Er fühlte ein leichtes Erschrecken, als ob Seide zerrisse; die Stunde war da. Er war nicht sicher, ob er es nur träumte, aber der Traum war schön.

Sie war es. Er fühlte ihre Hand auf seinem Arm.

»Gut, daß Sie da sind. Ich hatte es kaum zu hoffen gewagt.«

Sie drückte ihm die Hand:

»Was für ein Wetter. Alle Droschken sind unterwegs. Trotzdem wäre ich eher gekommen, wenn ich nicht einen Wagen mit einem Schimmel gewollt hätte. Ich dachte: wenn ich einen Wagen mit einem Schimmel finde, wird er auf dich warten – das ist doch dumm, aber Sie sehen, daß ich recht hatte.«

Sie lachte. Er sah ihre Augen durch den hellen Schleier, den sie trug. Die Gestalt war von einem Herbstmantel verhüllt; sie trug einen zierlichen Schirm in der Hand. Ihre Stimme drang flüsternd auf ihn ein, als ob sie Lauscher fürchtete. Er war ihr Vertrauter, ihr Verschworener. Er sagte:

»Ich danke Ihnen, daß Sie an mich gedacht haben, obwohl ich dessen nicht würdig bin.«

»Ihnen kann man vertrauen, sonst wäre ich nicht hier. Nennen Sie mich Irene – Sie heißen Gerhard, nicht wahr? Ich habe Sie bei Ihrer Tante gesehen. Aber wollen Sie mich hier auf der Straße stehen lassen, wenn Sie sich mit mir um Mitternacht verabreden?«

Die Frage machte ihn ratlos, sie beängstigte ihn. Die Begegnung war der Lichtpunkt gewesen, auf den er zustrebte wie ein Falter – er hatte nicht an die Entwicklung gedacht. Ohne Zweifel hatte er sie in eine gefährliche, oder, schlimmer noch, in eine zweifelhafte Lage gebracht. Jeden Augenblick konnte ein Passant vorbeikommen, und leicht war möglich, daß es ein Bekannter war. Die halbe Stadt kannte ihr Porträt von Odilon Redon. Gerhard begann zu zittern; er fühlte sich schuldbewußt. Aber was sollte er tun? Er wagte nicht einmal zu antworten.

Auch Irene schien sich zu ängstigen. Sie klammerte sich fester, schutzsuchend an seinen Arm. Fast war es, als ob sie ihn sanft zurückdrängte. Er fühlte hinter sich den Widerstand einer Tür, die nachgab und sich leise öffnete. Von neuem umfing Irene seinen Arm, doch nun zärtlich beruhigend, sie streichelte seine Hand. Ein Strom von Sicherheit ging von ihr aus. Sie mußte auf dem rechten Wege sein.

Es wurde Zeit, sich zu verbergen, denn auf dem Pflaster erklangen Schritte; sie hörten Stimmen, Gelächter, das näher kam. Sie traten ein; die Tür glitt hinter ihnen zu. Sie waren in Sicherheit.

14

Die Tür zur »Goldenen Glocke« wurde erst in der Dämmerung geöffnet; sie blieb dann bis über Mitternacht hinaus nur angelehnt. Madame Stephanies Gäste warteten ungern auf der Straße; sie liebten, unauffällig einzutreten und ebenso sich zu entfernen – das war zu berücksichtigen.

Der Eingang blieb aber nicht unbewacht. Solange Gäste sich im Restaurant aufhielten, pflegte Madame Stephanie vor einem kleinen Pult zu thronen, an dem sie Rechnungen addierte, kassierte und von dem aus sie das Personal beaufsichtigte. Hier war ein rundes Fenster in die Wand gebrochen, ein Ochsenauge, durch das der Flur zu überblicken war. Davor hing eine kleine Schelle, die beim Öffnen der Tür durch einen Klingelzug bewegt wurde. Man mußte schon feine Ohren haben, um sie zu vernehmen, doch hatte Madame Stephanie ein vorzügliches Gehör. Sie unterschied die leisesten Geräusche in ihrem Haus.

Außer der Hoteltür gab es noch die zum Restaurant mit freiem Zutritt, ferner die Hintertür, die zum Markt hinausging und tagsüber den Lieferanten und den Angestellten für ihre Gänge offenstand. Nachts war sie verschlossen, doch gab es einzelne Gäste, die sie bevorzugten. Diesen öffnete Madame Stephanie persönlich und schloß hinter ihnen ab. Es hieß sogar, daß zwei oder drei Klienten eigene Schlüssel zu dieser Hintertür hätten; das war ein Gerücht.

Das Haus mit seinen Türen hatte eine organische Ordnung, wie man sie in anatomischen Lehrbüchern an Abbildungen des Herzens studieren kann. Der Gang des Blutes durch die verschiedenen Vorkammern, Kammern und Ventile ist vorgezeichnet; er kann sich nur unter Katastrophen abwandeln. Ganz ähnlich war es in der »Goldenen Glocke« – hier konnte man vom Restaurant aus den Hotelflur betreten, aber nicht umgekehrt. Es gab Gäste, die das Haus nur als Restaurant, und andere, die es nur als Hotel kannten. Wenn man unten gegessen und getrunken hatte, konnte man oben ein Zimmer nehmen, nicht aber von dort in das Restaurant zurückkehren. Alles weitere wurde auf dem Zimmer serviert. Was oben aus Küche und Keller verlangt wurde, ging über die Hintertreppe – da gab es keine Ausnahme. Madame Stephanie hatte ihre Gründe dafür. Die Vordertreppe war immer sanft erleuchtet und fast immer leer.

Organisch war die Hausordnung auch insofern, als sie nicht auf Vorschriften, sondern auf langer Gewohnheit beruhte und in fest eingefahrenen Geleisen lief. Madame Stephanie hatte eine gute Kundschaft und altgedientes Personal. In solchen Fällen kann die Regie zu einer Art von Spiel werden; ein Blick, eine Andeutung genügt. Das Geschäft lief wie ein Uhrwerk und war eine Goldgrube. Es hatte Gäste, die nicht kleinlich rechneten. Madame Stephanie hielt darauf, daß Maler und ähnliches Volk nicht eindringen konnten; und was die Schauspieler betraf, so mußten sie, wie der junge Coquelin, Renommee haben. Die Regel erstreckte sich nicht auf die Schauspielerinnen; hier überwogen die Debütantinnen.

Man fühlte sich wohl bei Madame Stephanie. Sie war eine angenehme Person und, obwohl in reiferen Jahren, immer noch anziehend. Ihre Schönheit war dezent wie die einer Nonne; sie lag vor allem in den regelmäßigen Proportionen der Figur und des Gesichtes, die durch ein geheimnisvolles Lächeln und eine ruhige Altstimme unterstützt wurden. Das gab ihr etwas Unpersönliches, das man, wie das Bildnis eines alten Meisters, mit Sympathie betrachtete.

Die Menschen lieben die Wiederkehr des Gleichen – vor allem, wenn sie die Erinnerung an erfüllte Stunden wachruft und erneut. In diesem Sinne war Madame Stephanie im wechselvollen Dasein ihres Freundes- und Gönnerkreises zu einer Gestalt geworden, die Tradition umwitterte. Sie war Bewahrerin, Beschließerin von längst verglühten Stunden, die wieder aufleuchteten, wenn man den Flur betrat. Man atmete da etwas wie den Duft von Räucherpfannen, auf denen durch Jahrzehnte hindurch Weihrauch verbrannt wurde.

Dem kam entgegen, daß Madame Stephanie kaum alterte. Sie war immer noch die gleiche, als welche man sie schon bei der Vernissage gekannt hatte, höchstens unmerklich dunkelnd wie ein Bild. So stand sie, stets Dieselbe, mit dem geheimnisvollen Lächeln im Rahmen des Flures, der matt erleuchtet war. Jahraus, jahrein war sie in dunklen Stoff gekleidet, zu dem sie als einzigen Schmuck eine Kette von Elfenbeinkugeln trug. Das harmonierte mit ihrem Teint, der sich durch eine Blässe auszeichnete, wie die Kasteiung in den Klöstern sie erzeugt.

In ihrem Reiche herrschten Ordnung und Diskretion. Sie kannte jeden ihrer Gäste, doch nie hätte sie ihn ohne besondere Aufforderung wiedererkannt. Was die Ordnung betrifft, so wird sie oft dem Licht verglichen und ist ihm auch darin ähnlich, daß sie erst durch die Unordnung Qualität gewinnt, wie Licht durch Dunkelheit. Ordnung ist weniger wichtig in der Kaserne als auf dem Schlachtfeld, im Hafen als auf hoher See. Zwar blühte das Geschäft von Madame Stephanie ganz im Verborgenen, doch konnte allerhand vorkommen, wenn man die Zügel locker ließ.

Die weibliche Energie ist stärker, wenn auch weniger sichtbar, als die männliche. Sie ist durchdringend, minder sprunghaft, waltender. Sie ist biegsamer und doch härter als die berühmte Stahlklinge. Aber wie der Stahl hat sie diese Tugend nicht von Anfang an besessen, sondern erworben, indem sie im kalten Bade geschreckt wurde. So war es auch bei Madame Stephanie. Sie hatte ihre bitteren Erfahrungen machen müssen durch das, was man noch lange in ihrer Heimatstadt Mantes ihren Fehltritt genannt hatte. Nun galt sie auch dort als Madame Stephanie. Der Titel war vollwichtig.

Aber damals war es hart gewesen im Soge der Weltstadt; nach dem Schiffbruch drohte der Untergang. Von den Rekruten, die dort alljährlich in die Kasernen rücken, bringt es vielleicht einer von hundert zum Offizier. Ähnlich verhält es sich mit den weiblichen Kontingenten, die von der Provinz jahraus, jahrein der Kapitale wie einem Moloch geopfert werden – wie wenige bringen es zum Rang einer Madame Stephanie. Wie der Soldat vor allem dadurch aufsteigt, daß er sich auf exponiertem Posten bemerkbar macht, so war es auch hier gewesen: sie hatte in einer besonders heiklen Position begonnen, als Aufwartung in einer der berühmten Vergnügungsstätten auf dem Mühlenberg. Hier war sie bald als zuverlässig befunden und in die Bar befördert worden – eine gefährliche Auszeichnung.

Eine Bar, die ihre Bestimmung erfüllt, das heißt, die sowohl den Gästen als auch dem Wirt das Beste bietet, gleicht einem Altar, auf dem sowohl dem Dionysos als auch dem Merkur geopfert werden muß. Das setzt zwei sich widersprechende Fähigkeiten der dort Bediensteten voraus, nämlich eine animierende und eine registrierende. Es liegt im Sinn der Einrichtung, daß der Betrieb sich einer Orgie nähert, die jedoch nicht völlig erreicht werden darf. Sonst würde der Gewinn im Fest verbraucht werden. Er würde mit dem Feuer in Rauch aufgehen. Es muß vielmehr Posten geben, an denen der Konsum beobachtet und überwacht wird, und einen dieser Posten besetzte Madame Stephanie, damals noch einfach Stephanie.

Scharen von Habitués und Reisenden aus aller Herren Ländern blieb sie so in Erinnerung. Auch damals trug sie schon dunkle, doch tief dekolletierte Kleider, die mit blitzenden Knöpfen bestückt und an der Brust und den Ärmeln mit Spitzen besetzt waren. Der Rock war durch eine »vertugade« gebauscht. Sie hatte damals goldblonde Haare, wie es verlangt wurde. So stand sie Nacht für Nacht im Trubel hinter dem langen Bartisch vor der Spiegelwand. In weiten, rot drapierten Sälen wurde getanzt, getrunken, gesungen und gelacht. Die bunte, kreisende Bewegung unter den großen Lüstern stieg bis in die Logen, die ein leichter Rauch verschleierte. Die Musik wurde skandiert vom Knall der Pfropfen, zerrissen von Schreien wie von Pfauen und Papageien. Die große Feier wiederholte sich allnächtlich, und es gab keinen Fremden von einiger Bedeutung, der hier nicht sein Opfer darbrachte. Hier sah man Stephanie, vom Anfang bis zum Morgengrauen stehend, die Arme leicht aufgestützt, mit schönem und immer freundlichem Gesicht. Der Tisch trug herrliche Früchte in großen Schalen und Batterien von Flaschen mit goldenen und silbernen Hälsen, von denen, wenn sie geöffnet wurden, der Schaum hinunterträufelte. Hier wurde bestellt, dort gab es Differenzen, hier war ein Stammgast namentlich zu begrüßen und dort ein Zuruf zu parieren, alles mit Heiterkeit. So wissen Artisten durch ein Lächeln und eine gefällige Bewegung zu verbergen, wie schwer die Nummer ist.

Was aber ging hinter der Stirne dieses heiteren Wesens vor? Das zu erfahren hätte manchen erstaunt von denen, die sie gern geküßt hätten. Er hätte Ziffern gefunden wie in einer Rechenmaschine, nichts als Ziffern und Namen oder Physiognomien, die insofern interessierten, als sie mit den Ziffern verknüpft waren. Dieses Gehirn war zuverlässig wie die Bank von England oder wenigstens wie das eines im Casino von Monte Carlo ergrauten Croupiers. Es kannte Soll und Haben, als ob sie mit dem Stichel eingegraben wären, wie hoch das Fest auch stieg.

Auf solchen Posten gibt es, was die Ziffern angeht, die beiden Möglichkeiten der Abweichung nach oben und nach unten, die beide schädlich sind. Es gibt die Möglichkeiten des Vergessens, des Übersehens, der irrigen Ab- und Zurechnung. Das sind Fehler, die auch dem Besten unterlaufen, vor allem, wenn die Wogen hoch gehen, von anderem ganz abgesehen. Es gibt ferner diskrete Dinge wie die des Kredits und ähnliche. Es gibt Versuchungen, zahlreicher als die des heiligen Antonius. Doch möge es genügen zu berichten, daß Stephanie sich nicht nur von Jahr zu Jahr auf ihrem Posten zu festigen und in Respekt zu setzen wußte, sondern daß sie auch nicht unbeträchtlich zurücklegte. Dazu kamen die guten Beziehungen.

Um so zu reüssieren, waren, wie gesagt, zwei scharf sich widersprechende Fähigkeiten die Voraussetzung. Stephanie verfügte in seltener Weise über beide, und darauf beruhte ihr Erfolg. In unserer Zeit hört man viel Schlimmes über die Gespaltenheit und auch viel Dummes, da sich die Spaltung als eines der Grundprinzipien der Welt nicht weniger im Guten als im Bösen manifestiert. Wir dürfen bei einem großen Erfolge wie dem Madame Stephanies auf einen Widerspruch der Gaben und Eigenschaften schließen, der Überraschendes bewirkt. Darauf beruht die Kraft des Unvermuteten. Jedermann weiß, daß ein Witz desto besser zündet, je ernsthafter er vorgetragen wird. Aus diesem Grunde finden wir selten einen guten Komiker. Aus dem gleichen Grunde wird die Katze, die Mäuse fangen will, nicht wild herumspringen, sondern ein Bild des Friedens darbieten. Und so auch mußte Madame Stephanie in einer Welt florieren, die der Liebe und den heiteren Genüssen gewidmet war. Sie hatte die gefällige Erscheinung, die sanfte Beflissenheit, die diese Welt verlangt. Dahinter wachte der rechnende Verstand, unterstützt durch den sicheren Blick, den Enthaltsamkeit verleiht.

15

An den seltenen Tagen, an denen Madame Stephanie nach Mantes fuhr, um die Verwandtschaft zu besuchen, bei der sie nun seit langem in hohem Ansehen stand, oder an denen sie ihre Zustände hatte, wurde sie durch ihre Haushälterin vertreten: Fräulein Picard, die Zuverlässigkeit in Person.

Die Zustände wiederholten sich regelmäßig, mit schmerzhafter Migräne und Spasmen im Unterleib. In den Krisen färbte sich die rechte

Hälfte des sonst elfenbeinfarbenen Gesichtes brennend rot. Dann mußte Madame Stephanie trotz ihrer Energie die Segel streichen und sich zu Bett legen. Das war sehr lästig, wenn es auch selten länger als einen Tag dauerte. Es gab kein Mittel dagegen, obwohl ihr Hausarzt, Doktor Besançon, der ganz in der Nähe wohnte, keine Mühe gespart hatte. Er pflegte warme Umschläge und Opiumtropfen zu verordnen und, wenn er Stock und Hut in die Hand nahm, nie die Bemerkung zu versäumen: »Ich sollte Ihnen ein Rezept für einen gesunden Jungen verschreiben, Madame Stephanie.« Da er wußte, daß solche Scherze seine Patientin verstimmten, setzte er sogleich hinzu: »Ich meine, Sie sollten heiraten.« Madame Stephanie pflegte dann zu erwidern: »Nun machen Sie aber, Doktor, daß Sie hinauskommen.«

Der Doktor liebte als ausgepichter Junggeselle, die Frauen durch gewagte Scherze aufzubringen; er fand, daß das erheiterte. So hatte der kleine Dialog auch heute stattgefunden, obwohl die Migräne besonders heftig war. Sie wurde noch schlimmer gegen Abend, als es zu nebeln begann. Im Leib bewegte es sich wie Spiralen, die sich zusammenzogen und wieder aufrollten. Die rechte Gesichtshälfte glühte, die linke war eiskalt. Bald war das Fieber unerträglich und bald der Schüttelfrost.

Madame Stephanie lag in ihrem Schlafzimmer. Das Haus war im vorigen Jahrhundert nach dem Muster der genuesischen Villa gebaut worden: mit erstem und zweitem Stockwerk und einem Halbstock für die Dienerschaft. Der untere Stock war für die Wirtschaft, der obere für die Gäste bestimmt. Im Halbstock war die Decke niedrig, die Wände waren abgeschrägt. Das ist für Schlafzimmer sogar gemütlicher.

Die Tropfen hatten bereits gewirkt. Sie waren wohltätig. Sie brachten einen höheren Zustand als den des Schlafes hervor – eine Art des Fluges, der leicht über blühende Wiesen dahinführte. Aber die Blumen waren schöner und unvergänglicher als Rosen und Lilien, als ob ein Engel sie gemalt und dann belebt hätte. In ihrer Betrachtung vergingen Schmerz und Zeit.

Aber verging denn die Zeit? Ebensogut war möglich, daß sie stillestand. Zuweilen sah Madame Stephanie im Schein des Nachtlichts, das in einem Wasserglase schwamm, auf ihre Uhr. Da konnte es vorkommen, daß, nachdem sie sich endlos an den Blumen erquickt hatte, kaum eine Minute verflossen war. Das war bestürzend, diese Zeit, die pfeilschnell dahinschoß und zugleich stillestand. Man war am Ufer des Stromes und zugleich in seinen Schnellen, im Mittelpunkt des Rades und an seinem fliehenden Rand.

Endlose Träume waren ein großer Luxus für eine Frau, die Tag und Nacht im Dienst war wie Madame Stephanie. Sie war sich dessen in den Pausen, in denen sie auf die Uhr sah, wohl bewußt. Und heute war sie besonders unruhig, da auch die Picard bettlägerig war. Ihr linker Arm war dick geschwollen; der Doktor wollte noch bis morgen warten, dann würde er einen Schnitt machen. Wie oft hatte man ihr gesagt, sie solle beim Tranchieren vorsichtiger sein. Wenn es Enten gab, pflegte sie die Tiere mit einem spitzen Messer zu durchstechen, wie es die Kunst erforderte. Aber sie arbeitete zu schnell. Und so ein Stich ist gefährlicher als eine große Schnittwunde.

Draußen schlug eine Turmuhr. Es mußte die von der Rue Duphot sein. Zwölf Schläge drangen matt durch den Nebel herein. Ob auch die Hintertür gut abgeschlossen war? Madame Stephanie war nicht ängstlich, aber die Hintertür bildete die schwache Stelle an ihrem Haus. Obwohl der Markt zeitig geschlossen wurde, blieb immer ein besonderes Treiben um ihn. Es gab da große Hunde, Betrunkene und Liebespaare, die sich in den Winkeln herumdrückten. Nach dieser Seite hin mußte man aufpassen. Vielleicht hätte sie doch schließen sollen, was freilich bisher nur einmal, bei der Einsegnung ihrer Nichte, vorgekommen war.

Im Restaurant war Joseph, da gab es keine Sorge, doch für die Zimmer mußte die Bourdin einspringen. Die Bourdin war eine unverwüstliche Aufwärterin, aber man konnte sie nicht vorzeigen, außer wenn etwa ein Glas zerbrochen war und sie mit Besen und Eimer erschien. Darüber hinaus konnte man ihr nichts zumuten.

Madame Stephanie machte eine Anstrengung, um sich zu erheben, aber sie fiel kraftlos zurück. Noch einmal tränkte sie ein Stück Zucker mit den braunen Tropfen und ließ es im Munde zergehen. Es hatte einen bittersüßen, ein wenig widrigen Geschmack. Morgen, das wußte sie aus Erfahrung, würde sie frisch sein und disponieren wie in ihrer besten Zeit.

Die Bourdin, die aus der Küche zutrug, hörte die Schelle anschlagen. Sie seufzte und ging in den Flur. Die Bourdin gehörte nicht zu den Typen, die sich freuen, wenn ihnen Verantwortungsvolles übertragen wird. Wie eine Treppe gescheuert, ein Kessel geputzt wird, bis er wie Gold im Feuer leuchtet, das wußte sie, da konnte niemand ihr etwas vormachen. Aber die bescheidenste Anforderung an ihre Entschlußkraft ließ sie zurückbeben. Sie sah dann Gebirge von Schwierigkeiten aufwachsen. War aber ein Oberer zugegen wie Fräulein Picard oder die Patronin, dann hätte sie den Teufel nicht gescheut. Solchen Naturen sind die Medaillen für lange und treue Dienste zugedacht.

Sie sah wenig einladend aus. Die Haare fielen in grauen Strähnen in die Stirn, am Munde war ein Einschnitt schlecht vernarbt. So stand sie neben dem bunt bemalten gipsenen Neger, der mit einer Lampe die Treppe beleuchtete, kurzsichtig, mißtrauisch, ängstlich, als die Verkörperung der verdächtigen Situation.

Die Tür war offen, und Nebel drang herein. Im Flur stand eine Dame, die von einem Knaben begleitet war. Die Dame hielt Rosen in der Hand.

Gerhard begriff, daß es nun an ihm war, etwas anzuordnen, doch er kannte das Stichwort nicht. Das machte die Lage noch peinlicher. Endlich hörte er Irene sagen:

»Wir haben Verschiedenes zu besprechen und wollen ungestört sein. Schließen Sie uns ein Zimmer auf.«

Die Bourdin betrachtete sie angestrengt. Madame Stephanie wußte auf den ersten Blick, ob Zimmer frei waren oder nicht. Sie hielt auf einwandfreie Klientel, und die vom Trottoir konnten ihr nichts vormachen. Wie aber sollte die arme Bourdin wissen, was hier am Platze war? Offenbar handelte es sich um eine feine Dame, und fast war ihr, als hätte sie sie schon gesehen. Sie sagte:

»Wir vermieten nur für die ganze Nacht.«

Irene schlug ein gereiztes Gelächter an:

»Sie werden aber wohl Ihren Gästen erlauben, zu gehen, wann es ihnen paßt?«

Sie stieß den Schirm auf den Boden und wandte sich an Gerhard:

»Stehen Sie doch nicht so herum, als ob Sie das alles nichts anginge.

Geben Sie ihr wenigstens Geld. Sie sehen doch, mit wem Sie es zu tun haben.«

Das war der Ton, den die Bourdin begriff. Sie wußte nun, daß die Dame »gutes Blut hatte«, wie es beim Hotelpersonal heißt. Nachdem sie kassiert hatte, führte sie die Gäste hinauf. Oben öffnete sie die Tür zu einer Art Salon. Auf dem Kamin verbreitete eine Lampe mit rotem Schirm ein mattes, angenehmes Licht. Die Bourdin fragte, ob sie auch den Kronleuchter anzünden solle – eine Frage, die immer verneint wurde. Aber Feuer im Kamin war erwünscht. Sie öffnete dann noch die Tür zu einem Nebenzimmer, die angelehnt blieb, und zeigte die Klingel für Bestellungen. Dann zog sie sich zurück. Das Paar war allein.

Irene trat vor den Spiegel und streifte den Schleier zurück. Das Licht war günstig für sie. Sie hatte ihr Cape schon abgelegt. Ihre Stimme klang jetzt viel freundlicher, einschmeichelnd:

»Was sind Sie ungeschickt. Aber es war ja auch eine unglaubliche Person. Dabei wird das Haus gerühmt. Sie denken doch nichts Schlechtes von mir, weil ich Sie hierher bestellt habe? Eine Freundin gab mir die Adresse – ich konnte Sie nur ganz im geheimen oder gar nicht sehen. Ich muß auch bald wieder gehen.«

Es war das Zimmer, in dem sie mit dem jungen Coquelin gewesen war. Über dem Kamin hing noch dasselbe Bild, eine Kopie nach Deveria: ein Paar, das sich umarmte, mit einem roten Vorhang im Hintergrund: ein Motiv von dezenter Intimität. Dieser Charakter wurde noch durch ein Messingschildchen mit der Inschrift »Das Brautpaar« betont. Darunter der Name des Malers – es handelte sich um den schwächeren der beiden Brüder, dessen Thematik sich durch eine merkwürdige Spannweite auszeichnet. Neben süßlichen Andachtsbildern, die in Privatkapellen und Boudoirs beliebt waren, verfügte er über eine feurige Pornographie. Man sekretiert von ihm Querschnitte durch Bordelle, deren Zimmer von roten und schwarzen Figürchen bevölkert sind. Das war Madame Stephanie natürlich unbekannt. Doch mochte in ihre Vorliebe für diesen Maler Unterschwelliges einspielen.

Sie saßen sich nun gegenüber am Gaskamin. Die Scheite waren aus perforiertem Kupfer, dem sich bläuliche Flämmchen anschmiegten. Zum ersten Mal hatten sie Muße, sich zu betrachten – so wie man Bilder oder

Photographien sieht. Irene hatte eine einsame Jugend gehabt. Wenn sie eine neue Puppe bekam, hatte sie sich mit ihr in einen Winkel zurückgezogen, um nach Herzenslust mit ihr zu spielen, ohne Zeugen und Zuschauer. Das starke Gefühl des Besitzes, das sie dabei ergriffen hatte, beglückte sie auch hier.

Das Unheil dieses schönen Wesens lag darin, daß es geistig noch in der Kinderzeit verharrte – in dieser Hinsicht war ihm Gerhard verwandt. Es war eine Begegnung von Frühreifen, nicht von Erwachsenen. Als Irene im Hause ihres Vaters Karganė zum ersten Mal gesehen hatte, wußte sie, daß es ernst geworden war, ganz ohne Übergang. Bis dahin hatte sie nicht gewußt, welche Kraft das Auge haben kann. Sie hatte es im Gespräch mit dem Kapitän erfahren – bestürzend, als ob ein Piratenschiff sich demaskierte und die Kanonen blinken ließ. Wie war es möglich, daß diese Augen sich in zwei Lichter verwandelten, die grausam und mit schamlosem Wissen in sie eindrangen? Und was noch unbegreiflicher war – sie hatte im Augenblick geantwortet, hatte die Frage mit dem gleichen Wissen, derselben Schamlosigkeit bejaht. Das war die Flamme, die dem Blitzschlag folgt. Damit war alles entschieden; es gab keine Auflehnung. Im Grunde hatte er sie genommen wie ein Pascha; sein Zwang war stärker als alle Fesseln des Orients.

Von Anfang an hatte sie sich gegen diese Herrschaft aufgelehnt. Sie konnte erobert, aber nicht besiegt werden. Im Gegenteil verstärkte jeder neue Zugriff den Widerstand, der sich zum Haß verdichtete. Und doch wuchs mit ihm ihre Eifersucht.

Wie anders war das Idol, das sie in ihrem Inneren verwahrte und dem sie in ihren Träumen opferte. Am nächsten war sie ihm in jener Zeit gekommen, in der sie dem jungen Coquelin täglich Blumen und Früchte sandte wie eine Hirtin, die ihre Gaben vor einem Bilde niederlegt. Wenn er abends auf die Bühne trat, führte er sie über die Wirklichkeit hinaus. Man hätte im Theater eine Nadel fallen hören können, wenn er in leichter, freier Bewegung vor die Rampe trat. Irene mußte die Augen schließen – das war die Erscheinung; ihr Opfer war erhört worden.

Sie suchte zu vergessen, was dann geschehen war. Ihr Fall lag darin, daß sie vom Ideal Realitäten erwartete und vom Realen Transzendenz. Das ist ein allgemeines Leiden, ist schlechthin menschlich – nur daß es bei ihr ins Manische gesteigert war. So schwankte sie zwischen Hoffnung und Enttäuschung hin und her.

Indem sie Gerhard betrachtete, verschmolz er mit dem jungen Schauspieler der Zeit, zu der er sie noch nicht enttäuscht hatte. Es war der gleiche Raum, in dem sich seine Nichtigkeit enthüllt hatte. Nun würde sie es zum guten Ende bringen; sie würde Kargané nicht mehr vermissen – im Gegenteil, sie würde auch, und zwar mit Gerhard, auf Reisen gehen. Sie würde ihm zunächst das Äußere geben, das ihr behagte; er würde gelehrig sein. Schon sah sie ihn auf die Terrasse treten, während unten die Pferde warteten. Jäh fühlte sie Lust, sein Haar zu streicheln, sich zärtlich um ihn zu bemühen. Sie faßte seine Hand.

»Gerhard – ich darf doch Gerhard sagen – wie freue ich mich, daß Sie gekommen sind.«

Für Gerhard, der ein reines Traumleben führte, war es, als ob er zu einer höheren Wirklichkeit erwachte; wie leicht und doch wie köstlich wog diese Hand. Es war eine Fee, die ihn besucht hatte. Er würde nun wunderbare Dinge hören, doch wünschte er zugleich, daß die Zeit anhielte und daß alles so bliebe, wie es war.

17

Er wußte nicht, wie lange sie so gesessen hatten, während ihre Hand auf der seinen und die seine auf der ihren ruhte – Erfüllung liegt nicht in der Zeit. Zeitloses zu gewähren ist der Sinn der Zeit. Sie waren nun ganz im Vertrauten, in großer Sicherheit. Gerhard war glücklich, und die nächsten dreißig Stunden seines Lebens wurden durch die Erinnerung an dieses Glück bestimmt, als ob er die Schuld dafür abzahlte.

Plötzlich entzog Irene ihm ihre Hand und deutete zur Tür, als hätte sie etwas Schreckliches gesehen. Auch Gerhard, der ihrem Blick folgte, erschrak heftig: er sah ein Gesicht, das in das Zimmer hereinspähte.

Madame Stephanie hatte die obere Füllung aller Türen durch Scheiben ersetzen lassen, weil das den Flur erhellte und den Dienst erleichterte. Natürlich waren sie mattiert; man konnte durch sie weder in die Zimmer hinein noch auf den Flur hinaus sehen. Den Fall, daß jemand sein Gesicht dicht an die Scheiben preßte, hatte Madame Stephanie nicht berücksichtigt – das konnte in ihrem Hause nicht vorkommen. Dann allerdings mußte man es, wie jetzt die beiden Liebenden zu ihrem Schrecken, auch durch das Milchglas sehen.

Es war kaum anzunehmen, daß der Beobachter erkennen konnte, was drinnen vor sich ging. Doch sah er wohl die Lampen, das Feuer, die Schatten von zwei Personen am Kamin. Nicht deutlicher war sein Gesicht. Es war, als ob ein bleicher Fisch sich an die Scheibe ansaugte. Sie sahen es wie eine Fratze, die Kinder in Rüben schneiden und dann mit einem Licht erhellen, um andere Kinder zu erschrecken – wie einen Fetischkopf.

Der Schemen blieb nur einen Augenblick sichtbar, doch ging ein Schrecken von ihm aus, als ob er den Raum in eine böse Kammer verwandelte und mit Schuld auflüde. Dann erlosch das Licht auf dem Flur. Man hörte eine Tür ins Schloß fallen. Irene war aufgesprungen: »O das war schrecklich. Schließen Sie die Tür!«

Ihr war bereits beim Eintritt aufgefallen, daß er es versäumt hatte. Dem jungen Coquelin war das nicht unterlaufen; sie wußte freilich nicht, wie sehr er in der »Goldenen Glocke« zu Hause war. Es wurde unheimlich. Sie löschte die Lampen aus.

Als Gerhard sich der Türe näherte, kam draußen Geräusch auf, an das sich ein Wortwechsel schloß, undeutlich, mehr in Lauten, dazwischen Schritte wie beim Tanzen, ein unterdrücktes Kichern, dem ein entrüstetes Geflüster folgte ... das alles gleich dem Flackern eines Brandes, der plötzlich in die offene, blutrote Flamme überging.

»Nein, laß mich los!«

Danach ein Hilferuf und gleich darauf ein Schrei, der das Gebäude in den Grundfesten erschütterte, ein Schrei, wie ihn Gerhard noch nie gehört hatte, doch den er sogleich verstand. Er leuchtete wie ein Blitz in Klüfte, auf deren Grund das Wissen um ihn verborgen war. Er riß die Bespannung entzwei. Es war der Schrei eines Menschen, der ermordet, und zwar mit dem Messer ermordet wird.

Dann wurde es still, bis auf ein Stampfen, als ob ein Riese vorüberschritte – oder war es das Blut, das Gerhard in den Ohren klopfen hörte, der mähende Takt seiner Herzschläge? Aber er mußte helfen; er schob den Riegel, den er bereits geschlossen hatte, wieder zurück.

Die Tür sprang auf, ohne daß er die Klinke berührt hätte. Sie wich nach innen unter dem Gewicht des Körpers, der vor ihr gekniet oder gesessen haben mußte und nun mit seiner halben Länge ins Zimmer fiel – mit einem Seufzer, der das Herz erstarren ließ. Das war kein Lebenszeichen mehr, kein Laut aus Reichen, in denen Schmerz empfunden wird.

18

Gerhard kniete zu Häupten der Toten, berührte die noch warme Stirn. Hier war keine Hilfe mehr nötig, kein Wasser, kein Linnen, weder Priester noch Arzt.

Das Zimmer war vom Kamin her bläulich erhellt. Auch auf dem Flur schien nun mattes Licht. Es war die erste Leiche, die er sah. Sie trug nur einen dünnen Mantel, eine Art von Kimono, und einen roten Pantoffel am linken Fuß. Der Körper leuchtete wie Marmor bis zu den Hüften, dann kam die furchtbare Zerstörung, als wäre ein Götterbild in Blut getaucht.

Gerhard wußte nicht, was den Toten zukommt, doch er fühlte, daß dieser Körper nach Schutz verlangte; er durfte ihn nicht im Stich lassen. Ihm war entgangen, daß Irene verschwunden war. Der Todesschrecken hatte sie erstarren lassen, um ihr dann die Kräfte eines wilden Tieres zu verleihen. Den einzig möglichen Ausweg erfassend, war sie ohne Hut und Mantel über den Leichnam hinweggesprungen in den Flur.

Das war geschehen, während Gerhard in der Betäubung sein Blut gehört hatte. Auf den Schrei war eine tiefe, hellwache Stille gefolgt, als ob alles Leben durch ihn gelähmt wäre. Dann wurde es lebhaft in der »Goldenen Glocke« wie auf einem sinkenden Schiff. In den Stockwerken öffneten sich Fenster, aus denen man um Hilfe schrie. Draußen ertönten Pfiffe und ein Gemurmel, als ob eine Menge sich sammelte.

Auf den Treppen entstand Bewegung; Türen schlugen zu. Aus dem gegenüberliegenden Zimmer erschien ein Herr mit kurzem, grauem Vollbart in Hemdsärmeln; die Hosenträger wölbten sich über seiner Brust. Nachdem er den Leichnam mit senatorenhafter Würde betrachtet hatte, zog er sich zurück.

Auf dem unteren Flur gab es Wortwechsel.

»Ich bin Ritter der Ehrenlegion.«

»Und wenn Sie Präsident der Republik wären!«

Als die Polizei kam, hatte sich schon eine Gruppe gebildet, die Gerhard und die Tote schweigend umstand. Madame Stephanie, die, obwohl mehr tot als lebendig, im Haus umhereilte und sich zu vervielfältigen schien, hatte begriffen, daß nichts mehr zu retten war. Das war das Ende der »Goldenen Glocke«. Sie hatte ein Laken über den Leichnam geworfen, um das schändliche Geheimnis zu verdecken, aber ach, hier gab es nichts zu verheimlichen. Wie in einem unentrinnbaren Angsttraum starrte sie auf den roten Fleck, der sich von der Mitte aus stetig vergrößerte. Da ließ sich nichts zudecken, und hätte man Granit über die Untat gewälzt.

V. GETRÄUMTES

TRÄUME, 1970

Ich wurde vor das Modell geführt. Es glich einem Irrgarten und war zur Ermittlung bestimmt. Die Prüflinge stuften sich selber ein. Die Gänge des Irrgartens führten immer wieder vor zwei geschlossene Türen; vor ihnen wurde dem Prüfling eine Frage gestellt. Je nach seiner Antwort öffnete sich die eine oder die andere.

Zur Prüfung von Intelligenzen war das Modell vorzüglich geeignet; es konnte kein Zweifel über den Vorrang sein. Es handelte sich nicht um den groben Vortritt – der Prüfling erschloß sich vielmehr durch seine Antwort die Räume, die ihm zukamen.

Es gab auch andere Systeme, die einwirkten und etwa den Grad des physischen Mutes oder die ethische Substanz ermittelten. Dann kamen physiognomische Entscheidungen. Der Prüfling wurde immer wieder vor zwei Frauen geführt, zwischen denen er zu wählen hatte, und die Wahl war schwer. Es waren immer nur kleine Unterschiede, und dennoch führte die eine Reihe auf große Höhen, die andere in den Schlamm.

Ich stand neben dem Landrat, der mich hierher geführt hatte – es war in einem der Verwaltungsräume des Musée de l'Homme. Der Anblick des Modells erweckte in mir Bewunderung, solange ich es als Spielzeug, als Buch der Rätsel betrachtete. Doch wenn ich daran dachte, daß es ersonnen war, um Schicksal zu bestimmen, dann fühlte ich, daß Furcht und Schrecken in mir aufstiegen.

Ja, es war etwas Unheimliches in diesen von blanken Spiegeln erfüllten Labyrinthen, deren Türen sich lautlos schlossen und öffneten. Hier hatte der richtende Geist sein ideales System ersonnen, das räumliche Sinnbild jener Theologien, die streng nach Lohn und Schuld abmessen. Hier herrschten die furchtbaren Dämonen des Entweder-Oder, deren Kennwort »Entscheidung« heißt.

Ich wandte den Blick ab und fühlte mich erleichtert wie nach einem bösen Traum. Ja, Leibniz hatte recht: wir leben in der besten aller Welten, das kann man vor allem an ihren Unvollkommenheiten sehen. Wie gut, daß nicht nur zwei, sondern daß viele Türen dem Menschen offen stehen und hinter jeder zwar ein Irrtum, doch auch Hoffnung ist. Und welcher Segen, daß die Welt nicht so gebaut ist, wie Menschen sie ersinnen möchten; sie würden sie in einen Stern verwandeln, von dem die freie Gabe und die Gnade ausgeschlossen sind.

Ich wandte mich zu dem Landrat, der immer noch neben mir stand, und sagte ihm, daß meine Neugier erloschen sei. Er lächelte und führte mich hinaus. Ich fühlte, daß das die Prüfung gewesen war.

*

Träume von topographischer Exaktheit; so fuhr ich lange Strecken auf einer Straße mit mehr oder minder gutem Pflaster, auf der zuweilen Pfützen standen oder herabgewehte Zweige den Weg schmälerten. Offenbar hatte ein Unwetter hier vor kurzem gewütet; trotzdem ging die Fahrt in flottem Tempo voran, etwa wie ein in guter Stimmung improvisierter Gesang.

Dann durch ein Granitmassiv, einen Klotz vom Umfang des Kapstadter Tafelberges, der von Steilschluchten durchzogen war. Wenn wir eine von ihnen passierten, fiel Licht in den Tunnel, und es eröffneten sich Ausblicke auf besonnte Landschaften.

Ein Bahnhof war in den Granit mit eingebaut, doch wies die Fassade schon auf offenes Land. Wir stiegen aus und erfrischten uns an einem geometrisch angeordneten Büffet. Die Formen der Pasteten, Braten, Früchte waren, als ob ein Maler sie vereinfacht hätte, auf den Generalnenner gebracht.

Wie oft an solchen Orten, begegnete ich Bekannten, darunter dem Landrat, dessen achtzigjährige Mutter vor kurzem gestorben ist. Sie war zu Haus im Kreis der Angehörigen geschieden und hatte kaum Schmerzen gehabt. Ich hatte nicht zur Beerdigung kommen können, da ich verreist gewesen war. Nun sah ich den Sohn; mir fiel auf, in welcher Ordnung ich die Kondolation vorbrachte. Die einzelnen Umstände folgten sich ihrem Gewicht nach und waren, als ob ich es lange überlegt hätte, aneinandergereiht.

Man fühlte sich hier wohl, obgleich alles flach und vordergründig war. Die Kulturlandschaft war nicht verändert; sie war verdünnt. Ich entsinne mich, daß ich in ähnlicher Stimmung mich durch Romane hindurchgelesen habe, so durch den »Mann ohne Eigenschaften« von Musil.

*

Im Traum durchschritt ich eine herrliche Stadt, die allen mir bekannten an Eleganz weit überlegen war, weil altchinesische Formen sich mit den europäischen vereinigten. Ich sah die Gräberstraße, den Markt, die Hochhäuser aus rotem Granit.

Wie häufig bei solchen Wanderungen, sammelte ich auch einige Käfer in eine Ätherflasche ein. Als ich sie leerte, um die Beute zu betrachten, fielen mir zwei oder drei Tiere auf, die ergriffen zu haben ich mich nicht erinnerte, darunter eine karneolrote Anoxia, die fast durchsichtig war. Erwachend entsann ich mich jedoch, daß ich sie vor einigen Nächten während eines anderen Traumes in die Flasche geworfen hatte, und erstaunte darüber als über einen auf merkwürdig konkrete Weise in diese Welt hereinragenden Zug.

*

Der große Bierpalast war arg verwahrlost; in seinen Hallen wurde scharf gezecht. Der Stoff war gut. Die Faxe füllten ihn aus den Fässern in zinnerne Krüge und teilten ihn in irdenen aus.

In den Sälen feierten Vereine ihre Stiftebiere und andere Jubiläen – so ging es hier Nacht für Nacht. Durch die Türen, die auf- und zuschwangen, sah ich die Tische der Großwildjäger, der Werwölfe, der Landwehrdragoner, der Städtischen Feuerwehr. Zwischen den Krügen, sie kaum überragend, standen die Hausgeister, kleine Penaten; sie hielten Banner mit eingestickten Wappen, Daten und Kernsprüchen. An den Wänden hingen vergilbte Bilder, meist Gruppenaufnahmen und Porträts der Schirmherren.

Rauch wehte herein, mit Fetzen von Liedern, Lachsalven und trunkener Großprahlerei. Nur in einem der Säle war es still, als ob der Ton ausgefallen wäre, doch wurde flott getrunken; dort tagten die Stummen und Taubstummen. Ihnen präsidierte ein Schwarzer Adler; er hatte den Rock geöffnet, auf dem der Stern blinkte, und den Hals vermummt: Bergmanns Signet.

Auf den Treppen war ein lebhaftes Kommen und Gehen; sie stiegen hinab, um sich der Unmengen Bieres zu entledigen, und kamen erleichtert zurück. Auch ich hatte schon gut genossen, saß mit offener Jacke am Zechtisch und rauchte eine halblange Pfeife, in die ein Wappen eingebrannt war. Ich war zwar räumlich, doch kaum noch zeitlich orientiert, wußte nicht, zu wem ich gehörte und was ich hier zu tun hatte. So altbekannt waren mir die Gesichter, daß ich die Namen vergessen hatte wie auch den des Banners, obwohl mir die Farben vertraut waren.

Der Rauch, der aus den Aschenschalen aufstieg, ließ die Wolfsgesichter zittern und kräuselte das Wappen, als ob der Adler die Schwingen regte, der dort horstete. Die Wolken schichteten sich an der Wand zu Bändern und belebten das Gemälde, das oben im Goldrahmen hing. Sie schmeckten nach dem klassischen Pulverdampf, der sich vor den Mündungen ballte und dann in Schleiern über den Kampfplatz zog. Vorn blitzten die Glühwürmchen; aus der Tiefe krochen dunkle Raupen heran. Das Bild schien sich bald zu verengen, bald über den Rahmen auszuweiten, und die Bewegung sich bald zu beschleunigen, bald zu verharren, als ob sie vereist würde. Dazwischen lagen Zeiträume.

Der Abend mußte mit dem Bild zu tun haben. Wahrscheinlich ein Jubiläum, ein Jahrestag. Wir hatten damals etwas angegangen – ein Waldstück, einen Dorfrand, eine Bergkuppe? Vielleicht waren es auch die Väter gewesen oder die Großväter – das war solide Arbeit, so wurde längst nicht mehr gemalt. Richtig, jetzt fiel mir auch ein Name ein: Rothmaler. Oder schrieb er sich Rotmahler? Gleichviel ob er gemalt oder gemahlen hatte – die Leute waren inzwischen wie wir alle heruntergekommen, wurden jetzt Rotmund oder auch Rottmund genannt, verdienten an der Börse und durch üble Nachrede.

Der Alte war noch ein Kerl wie gehacktes Eisen gewesen – »Wo gehobelt wird, fallen Späne«, »Das Wort *unmöglich* steht nicht in meinem Lexikon«, »Jeder trägt fünfzig Patronen mehr, als er tragen kann« – in diesem Stil ging es vom Wecken bis zum Zapfenstreich. Erst gegen Mitternacht wurde er gemütlich, fast jovial.

Die Pietisten, die bei uns zirkelten, Hausandachten hielten, sich mit ihren Burschen verbrüderten, waren ihm ein Greuel. Das Beten, bei Beerdigungen und so weiter, war in Ordnung; man nahm den Helm ab, natürlich auf Kommando, zählte langsam bis dreißig und setzte ihn wieder auf. Vom Jenseits hielt er nicht viel. »Jeschichte jenücht.« Einmal, zu später Stunde, saß er oben am Tische, am Hals rotfaltig wie ein alter Geier, und sagte: »Sollte et sowat jeben, dann komm ick wieder und steck euch ein Licht uff – ihr könnt euch druff verlassen – *unmöglich* steht nicht im Lexikon.«

Es sollte mich nicht wundern, wenn er heut mit drunter wäre – hoffentlich lief er mir nicht über den Weg. Meine Erinnerungen an ihn waren nicht die besten; einmal hatte er mich angeschrieen: »Ick bring Sie vors Kriegsjericht!«

Ich mußte jetzt runter und angelte nach meinen Stiefeln, aber fand sie nicht mehr. Nun, es würde bei der vorgeschrittenen Fidelität auch so gehen. Andere liefen schon ohne Feldbinde umher.

Von unten kamen sie mir entgegen und knöpften sich im Gehen die Hose zu. Sie schlugen sich auf die Schultern mit dem schallenden Lachen der Biertrinker, das wie aus Kesselpauken heraufdröhnte. Sicher hatten sie sich bei der Verrichtung die alten Witze erzählt: Wie oft? wie viel? wie deftig? – und dabei bliebs.

Unten war Überschwemmung: zwei Feuerwehrmänner, Brandmeister mit gekämmten Messinghelmen, hantierten dort. Sie hielten mit den Fäusten einen Schlauch umklammert und spritzten den Boden ab. Beide waren stark angetrunken und offenbar der Meinung, daß es hier etwas zum Löschen gab. Ich machte mich auf die Socken; Schaftstiefel, und nicht Strümpfe, wären angebracht. Es war wohl besser, in den Garten unter die Apfelbäume zu gehen.

Draußen kühlten sie sich die Köpfe; man saß an den Gartentischen oder stand in Gruppen umher. Die Tische waren aus ungehobelten Brettern gefügt. Es roch nach Holz, nach Apfelblüten und frisch aufgebrochener Erde, auch schwach nach Weihrauch wie jenseits der Mainlinie. Drum wurde Wein getrunken – Wein nach dem Bier ist gut. Ich ließ mir einschenken. Hier bedienten nicht Faxe, sondern Stewards in blauen Pilotenjacken; sie gossen aus gläsernen Krügen ein.

Jetzt lief er mir doch noch über den Weg, wie ich befürchtet hatte: Rothmaler. Er paßte nicht in den Rahmen, mußte von ganz unten heraufgekommen sein. Gleich hatte er mich erspäht: »Nun, wat hab ich jesacht?«

Es hatte mich schon immer gewurmt, daß sie das G nicht aussprachen. Das war Nichtachtung dem Angesprochenen gegenüber; sie sparten am Ausdruck, gaben zwei Finger statt der Hand. Die englischen Reiter zierten sich ähnlich; sie mochten das *R* nicht aussprechen. »Bigad shall attack«, sagte einer von ihnen, als er in Indien angreifen ließ.

Erträglich wird das im Maß, in dem sie es durchhalten. Das setzt dann in Erstaunen, es erheitert, ja imponiert. Rothmaler tat ein Übriges hinzu. Ich hatte ihn nur an der Stimme erkannt. Zum Sprechen gehört schließlich nicht nur ein Kehlkopf, sondern auch ein Kopf. Zwar hatte er ihn noch bei sich – das will ich zugeben – doch trug er ihn am Helmband unterm Arm.

*

Das Schloß muß riesenhaft sein; ich betrat es zum zweiten Mal.

Es ist errichtet, vielleicht sogar gemeißelt aus braunem Granit. Die Mauern sind mit weißen Kernen wie mit Mandeln gespickt. Die breite Wendeltreppe ist ausgetreten; ihre Stufen sind zu papierdünnen Schichten vernutzt. Man steigt wie im Inneren eines vorsintflutlichen Nautilus empor.

Diesmal war ich mit einem Mädchen hier. Ich hatte nicht gewußt, daß wir dorthin kommen würden, hatte es nur in einen Winkel führen wollen, vielleicht in einen Hausflur oder ein Gebüsch, obwohl es zögerte. Ich hatte ihm den Rücken gestreichelt, doch erst nachdem ich die Handschuh ausgezogen hatte, ging es mit.

Zu meiner Enttäuschung wimmelten Hunderte von Menschen die Treppen auf und ab. Das war noch schlimmer als im Vatikan. Wir mußten in ein Museum geraten sein. Vielleicht gab es noch eine leere Kammer im Dachgeschoß.

Der Menschenstrom trug uns in einen Saal, der ebenso groß und ebenso belebt wie die Sixtinische Kapelle war. Die Menge stand schweigend und blickte auf ein Lager – dort waren zwei aufgebahrt: junge Leute, ein Mann und eine Frau. Mir schien, daß sie nicht tot waren, doch auch nicht lebendig, obwohl sie aufrecht saßen und einander anblickten. So könnte es sein, bevor ein Kunstwerk durch einen Zauberspruch belebt würde. Auf der einen Seite würde die Realität, auf der anderen die Idealität abgestreift, und beide vereint zu voller Wirklichkeit. Das würde nun gleich geschehen. Ein Schauder flog mich an.

Da zupfte mich einer am Ärmel, eine Art von Reiseleiter oder einer vom Personal, jedenfalls ein Merkurier. Er trug eine Mütze, als der einzige im Saal, der den Kopf bedeckt hatte.

»Das übersteigt die Vorstellung – nicht wahr? Doch warten Sie – ich hole Ihnen den Prospekt.«

Ich suchte und fand den Ausgang; es wurde unheimlich.

*

Am Steilhang mit dem jungen Hindenburg. Während der Unterhaltung spielten sich Luftkämpfe in großen Höhen ab. Wir hörten Abschüsse aus den Tälern; der Himmel war strahlend blau. Dann sank ein Fallschirm herab, groß, durchsichtig, kugelförmig – in seiner Mitte hing ein Mensch, winzig wie eine Ameise. Ein Planktonwesen, das in einer Gelatinekapsel schwebt. Der Mann landete und wurde sofort ergriffen; Bewaffnete führten ihn den Hang hinab.

Das Intermezzo unterbrach ein Gespräch über Schutzzoll und Freihandel.

»Letzten Endes kann es dem Soldaten gleich sein, wer die Ernte abliefert.«

»Dem Soldaten vielleicht.«

Da lag der Hase im Pfeffer; all unsere Themen mündeten hier. Er kam von den Preußen nicht los. Nur die Jagd war gemeinsam; wir sprachen also über die Besuche des Alten auf Januschau und über die Trophäensammlung dort. Der Hang bot Raum für die Randglossen.

*

War es ein Gartenfest mit gewähltem Publikum? Die Kleidung deutete es an. Wir saßen vor einem, halb skizzierten, Schlößchen mit dem Blick auf eine Rasenfläche, dahinter lag ein Tal.

Neben mir lehnte eine rosa Puppe auf der Holzbank, halb im Gebüsch. Das gab zu träumen, flößte Ideen ein. Ich kniff sie in den Schenkel – leider hatte ich nicht bemerkt, daß sie inzwischen fortgegangen war und eine viel ältere, violette, vielleicht die Mutter, sich auf ihren Platz gesetzt hatte. Die lachte; sie hatte mich in flagranti erwischt. Sie würde die Gesellschaft auf meine Kosten amüsieren; das war ärgerlich. Am besten würde ich tun, als ob ich mich gar nicht geirrt hätte.

Während ich darüber nachsann, kam im Garten Unruhe auf. Wir

wurden beschossen, doch gingen wir noch nicht in Deckung, sondern die Gesellschaft versammelte sich auf dem Rasenplatz. Einige blieben sogar beim Golf. Die Damen waren in langen Kleidern, die Herren im Straßenanzug ohne Hut. Die meisten rauchten – offenbar war der Beschuß nichts Ungewöhnliches.

Am Horizont sah ich das Mündungsfeuer und dann die Bäusche des Pulverdampfs. Die Geschosse zischten dicht über unsere Köpfe, flogen dann aber noch weit in die Senke und explodierten dort.

Es gab zwei Möglichkeiten: entweder lagen dort unten die Ziele, die gemeint waren. Dann waren wir hier in Sicherheit. Oder die Burschen schossen sich auf uns ein. Daß sie patzten und uns aus Versehen trafen, war auch in Rechnung zu ziehen.

Die Gesellschaft schien das ballistische Problem nicht zu beschäftigen. Nun ja, die flogen viel und blickten kaum von der Zeitung auf, wenn die Maschine sich von der Piste hob und dicht über einen Wald oder eine Kuppe dahinraste. Jeder hatte auch schon Verwandte auf der Autobahn verloren; die Kurve zu schneiden, gehörte zu ihrem Pläsier.

*

Sie trat ins Zimmer, zierlich, elegant, mit einem Blumenstrauß. Ich stellte ihn auf den Kamin, und als ich mich nach einem Augenblick wieder zu ihr wandte, blickte sie mich mit einem Schweinskopf an.

Merkwürdig war, daß ich nicht erschrak, ja kaum verwundert war. Dazu mochte beitragen, daß ihr neuer oder vielleicht ihr eigentlicher Kopf sich im Stil hielt; er war zart und wie aus Elfenbein geschnitten, elegant und nicht unangenehm. Ich kannte sie seit langem – – – Gedanke: »Das hätte ich ihr nicht zugetraut.«

Es war in meiner Wohnung; ich mußte Junggeselle sein. Ich ging dann ins Schlafzimmer. Zwei Handwerker in grünem Manchester waren an der Wand beschäftigt; ich sagte:

»Sie sind wohl bei der Arbeit?«

und darauf sie:

»Wir ändern die Lichtleitung.«

»Ah, Installateure, da darf ich nicht stören« – – – ich ging wieder.

IN ORMENS REVIER, 1965

Wir schritten durch die Unterführung und beobachteten, als wir sie passiert hatten, einen Wurm von übernatürlicher Größe, der sich aus einem Abflußrohr des Bahndamms hervorzwängte. Seine erdfeuchte Haut glänzte in blauen und roten suspekten Lichtern, während der Mond aufging. Das Tier war armdick und überspannte im Bogen die Straße, auf deren anderer Seite es sich mit peristaltischen Windungen in den Boden einwühlte. Es erinnerte an die plasmatischen Produkte spiritistischer séancen; und nur so war wohl auch zu erklären, daß es sich, nachdem es das Rohr verlassen hatte, in der Luft erhielt, obwohl sein Erscheinen eher auf ein Hervorquellen schließen ließ als auf Bewegung aus eigener Kraft. Hinter ihm tropften aus dem Ausguß goldene Münzen und Medaillons herab. Obwohl es mir widrig war, nahm ich einige von ihnen auf, doch so, daß meine Begleiter es nicht wahrnahmen. Der Erdwurm und sein Lohn.

*

Ausstieg aus einer Höhle, die sich ins Innere des Gebirges zog. Im Freien zurückblickend, sah ich, daß ich über eine kleine, doch äußerst giftige Schlange geschritten war. Sie hatte einen dünnen, rutenförmigen Körper, der sich jäh zur Kugel aufblähte, war also etwa wie eine Retorte geformt.

Neben mir stand der Oberförster; wir warteten auf das Stierlein, das hinter mir aus der Höhle kam. Ich sah es im Licht des Eingangs erscheinen und rief es an, um es vor der Schlange zu warnen – zu spät, denn es hörte mich nicht. Doch ohne zu zögern und ohne sie zu sehen, ja nur von ihr zu ahnen, ging es darüber hinweg.

Während ich das Stierlein umarmte, ging der Alte in die Höhle zurück. Er nahm das Tier mit leichtem Griff auf und trug es in das Innere hinein.

*

Sie war sehnig und schmal wie eine Lanze und gelb wie das Korn vor der Reife, also mit grünlichem Glanz. Ich sah sie an allen kreisförmigen

Bewegungen teilnehmen. Der Heuwender warf sie durch die Luft; sie flog mir am Ohr vorbei. Sie folgte den Pferden im Göpelgang. Auch als die Kinder »Dritten abschlagen« spielten und den Plumpsack umgehen ließen, fuhr sie mit ihnen in der Runde herum.

Ich sagte zum Bauern, der neben mir stand: »Die kann man bald als Haustier ansehen.«

Er antwortete: »Ja, aber die Mutter hat zugebissen, als sie sechzig Jahr lang auf dem Hofe war.«

*

Zur Nacht in Schlangenrevieren; es war eine lange Wanderung. Wenige Bilder erhielten sich im Licht. Zunächst mit Coralina in tropischen Wäldern; sie trug zum grünen Kostüm am langen Band eine rote Jagdtasche. Wir kamen an einen See, auf dessen seichtem Wasser Schildkröten und andere Tiere so reglos ruhten, als ob sie auf einen Spiegel gemalt wären. Da winkte Beute; Coralina stieg hinab, nachdem sie die Röcke geschürzt hatte. Zum Hors d'œuvre fischte sie Austern aus dem sandigen Grunde; dann ergriff sie einen kleinen Alligator am Hals. Er war nur handlang und suchte sich doch mit Krallen und Zähnen zu wehren, bis er in der Jagdtasche verschwand.

Da löste sich eine Anakonda aus dem Schilf am Ufer, ein mächtiges laubgrünes Wesen, und schoß durch das klare Wasser davon. Eine Schlange im Wasser, eine lichtgrüne Riesin in voller Lebensfrische – das war ein günstiges Bild. Ich fühlte Kraft und Gesundheit in mich einströmen.

Nun kamen wir in eine unwegsame Gegend; die Freundin blieb zurück. Es wurde trübe; ein Tal verengte sich. Den Weg begrenzten bestellte Felder, dann Bauernhöfe und endlich Mietwohnungen. Auch in den Häusern fehlte es nicht an Schlangen; sie waren zahlreich, lauernd, starr. Einmal streifte ich ein Band von Köpfen, die unter einem Schrank hervorlugten. Sie waren, hell und dunkel, aneinandergepreßt wie die Tasten eines Klaviers. Ein Hof schloß sich an, in dem Kammerjäger ihr Wesen trieben, verdächtige Kerle von großer Betriebsamkeit. Sie schleppten Säcke herbei, aus denen sie mit gläsernen Schaufeln ätzendes Gift auf die Tiere streuten, die spurlos dahinschwanden.

Der Anblick schwächte mich; hier roch es nach Krankheit und Tod.

Ich suchte zu fliehen und gewann den Ausgang ins Freie, vor dem ich zusammenbrach. Dort setzte der Weg sich fort und führte zu einem Gipfel, auf dem ein Aussichtsturm stand. Er war das Ziel, doch wie sollte ich es erreichen bei meiner Schwäche, die mir nicht zu stehen erlaubte, geschweige denn zu gehn? Zudem war der Weg schlammig; es mußte ein Unwetter niedergegangen sein.

So schleppte ich mich denn auf allen vieren weiter und kam langsam, langsam bergan. Stelen markierten den Weg, dann kam ein Häuschen wie eine Zollstation. Ein Wärter trat heraus und sah mich vorbeikriechen. Der Anblick schien ihn zu ergrimmen; ich hörte ihn zornig rufen: »Seit wann sind denn die Hände Füße? Da wird ja noch der Kopf zum Bauch!« Dann sah ich ihn in das Haus zurückeilen. Er kam mit einem Knotenstock wieder und schlug mich, während er mit den Stiefeln auf meine Hände trat. Das machte mir Beine; ich sprang auf und war froh, als ich der Lektion entronnen war. Zudem wurde der Weg besser; ich beschritt ihn mit wachsender Zuversicht.

SKURRILE AUSFLÜGE, 1962, 1965, 1981

Ankunft in Orly sieben Uhr früh. Wie immer überflog man Länder und Meere, um in der Stadt nicht voranzukommen; in der Rue du Bac gab es sogar fast eine Havarie. Wir hätten um ein Haar den Autobus gestreift. Rasch das Gepäck ins Foyer und über die Brücke ins Wäldchen; es soll schon am Mittag weitergehn.

Im Wäldchen rauschen die Bäche, die Quellen, die Springbrunnen. Das schläfert ein nach der durchwachten Nacht. Will lieber in die Sonne gehen. Dort leuchtet ein Platz; eine ausgetretene Treppe führt in die Vorstädte. Sie muß sehr alt sein; in der Mitte sind die Stufen schon hauchdünn. Ein Mädchen kommt vorüber, wohl eine Hirtin; sie hält eine Heugabel in der Hand. Die beiden Zinken sind kurz wie gespreizte Finger oder wie Fühlhörner – das Kind macht ein V. Es ist im Hemde; der Saum ist so knapp, daß das Hinterteil vorleuchtet. Da wird ein böser Stiefvater zu Hause sein, ein geiziger, vielleicht auch ein lüsterner. Jetzt sieht man noch mehr, als die Kleine die Treppe hinaufstelzt wie ein Vögelchen ohne Federn und Flaum. Ich verfolge es mit den Blicken und stolpere über den Bordstein, während eine Bürgerfamilie, die über den Platz kommt, schallend zu lachen beginnt. Die Eltern führen die Kinderchen an der Hand. Ich stimme in die Heiterkeit ein – zum Teufel, man darf doch lachen, die Sache war harmlos, wenns auch nichts schadet, daß sie gekommen sind.

Nun über die Seine, den herrlichen Fluß. Er endet hier in einem Garten, ist rechtwinklig abgeschnitten wie ein Bassin. Niedrige Klippen fassen es ein. Das müssen mächtige Leute sein, die einen solchen Fluß abschneiden und sich eintun können wie andere einen Vorgarten. Freilich wird es auch Schattenseiten geben – ich sehe Vorstädter, die eingedrungen sind. Einige planschen im flachen Wasser, andere sitzen auf den Klippen, wiederum andere räkeln sich vor dem Badehäuschen herum. Der Rasen ist schon mit Abfällen bedeckt.

Ein Parkwächter kommt und sucht die Eindringlinge zu vertreiben; er watet durch das Wasser heran, hat eine blaue Mütze auf. Nun gerät er in einen Strudel, ertrinkt fast, das Zündhütchen schwimmt davon. Die

Vorstädter lachen; es ist ein bitteres Brot. Dabei ists noch kühl; wenn die Hundstage kommen, werden Massen eindringen, und der Parkwächter wird gelyncht. Dem gehts noch schlimmer als der Lamballe. Ich will mich lieber davonmachen.

Das Haus des Besitzers, an dem ich vorübereile, muß fürstlich eingerichtet sein. Mit einem Seitenblick erhasche ich durch eines der großen Fenster einen roten Amazonaspapageien und, weniger deutlich, einen blauen im Hintergrund. Sie scheinen eine Kaminumrahmung als Reliefs zu zieren und müssen einem Murillo nachgebildet sein. Ich kenne das Bild aus Helenens Salon. Sie hatte dort auch einen lebenden Papageien, der sich mit dem gemalten unterhielt. Sacha hatte oft seinen Spaß daran.

Jetzt möchte ich rauchen; drüben leuchtet die knallrote Carotte eines Tabakgeschäfts. Ich trete ein – im Laden bedienen Mädchen, wie man sie auf den Plakaten sieht. Da ist so eine, gleich am Eingang, die könnte eine feine Sorte haben, so eine blonde, starke, die nach drei Zügen schwindlig macht. Ein liebes Kind, und wirklich zu schade für den Laden, begreift auch gleich mein Anliegen. Sie nimmt den Hörer ab und ruft »He, Sechsundsiebenzig« in die Muschel – das wird die Sorte sein. Da öffnet sich das Magazin; inmitten von Düften aus Kairo, Kuba und Virginien quillt ein Mädchenpensionat heraus. Sie blicken mich an und lachen, scheinen alle, mehr als mir lieb ist, im Bilde zu sein. Haben sie eine Geheimsprache, ein Chiffresystem? Das sind Schlangen, deren Windungen kein Grammatiker, kein Etymologe errät. »He, Sechs!« – »und Siebenzig?« Der Kuckuck hol mich, wenn ich da mitlache. Anderswo wird auch noch Tabak zu finden sein.

Schon muß ich an mein Gepäck denken. Immer die Sorge, daß ich den Pariser Zug verpasse; sie plagt mich bei Tag und Nacht. Habe ich den Koffer nun im Hotel gelassen oder in meiner alten Garçonwohnung? Ich gehe immer noch zuweilen dorthin, obwohl ich längst nicht mehr in ihr hause, aber es gibt Gewohnheiten, die man beibehält wie ein Schlafwandler. Ein Wunder, daß die Wirtsleute mich die ganzen Jahre über nicht bemerkt haben. Aber sie waren immer diskret. Es könnte jedoch sein, daß ich den neuen Mieter dort finde oder daß er mich antrifft – vor allem, wenn ich, wie ich es manchmal tue, mich in das Bett lege. Wir halten uns dann womöglich gegenseitig für Einbrecher. Das gäbe Stoff für einen Kriminalroman – es ist dort immer ein wenig unheimlich. Besser wäre noch eine Spukgeschichte, um so mehr als das Haus schon seit zwanzig Jahren in die Luft geblasen ist. Ein sturmfreies Nest.

Aber ich will doch hinfahren, werde ein Taxi nehmen, damit ich zum Zug zurechtkomme. Die Dinger, die da vorübertorkeln, gefallen mir nicht. Eins sieht aus wie die Badewanne, in der Marat erstochen wurde, ein anderes wie eine Napfkuchenform, die um ihre Achse rotiert. Ein Grüner winkt von drüben: »Suchen Sie einen Wagen? Hier kommt grad einer, einen Augenblick.« Er hält das Auto an, einen uralten Kasten, und kommt mit ihm herüber: »Sind allerdings Anfänger, haben eben erst ihre Prüfung gemacht.«

Ich steige ein; eine forsche Blonde in Matrosenbluse sitzt am Steuer, neben ihr eine Brünette als Beifahrerin. Auch der Polizist zwängt sich herein, obwohl es zu eng ist und er nur stört. Natürlich hätte er seinen Posten nicht verlassen dürfen, um mit den Weibern auf Tour zu gehn. Aber als Fremdenführer ist er im Dienst. Ein ganz Gerissener. Schon steuern sie in Schlangenlinien über den Alexanderplatz, verdächtigen Vierteln zu.

*

Exkursion zu einer unbewohnten Insel in Gesellschaft des Malers Dalvit und des Doktor Weideli. Wir wollen dort Buprestiden fangen und hoffen auf reiche Ausbeute. Da winken unbekannte Spezies. Wir kommen mit dem Schiff und suchen zunächst das Festland zu erreichen, dem die Insel vorgelagert ist. Da die Küste flach abfällt, müssen wir das Schiff verankern und die letzte Strecke schwimmend zurücklegen.

Auf dem Festland mieten wir uns in einem obskuren Wirtshaus ein und bestellen, um den Rückweg zu erleichtern, Wasserfahrräder. Die Insel liegt ganz nahe; wir hören das Kreischen der Vögel im Uferwald. Der Meeresarm, der sie vom Festland scheidet, führt kaum knietiefes Wasser; wir können also hinüberwaten und machen uns mit unseren Netzen und Ätherflaschen auf den Weg. Das Wasser ist warm; der Sand ist weiß, feinkörnig, angenehm.

Auf der Insel angekommen, sehen wir sogleich, daß an den Streifzug, von dem wir uns so viel versprachen, nicht einmal zu denken ist. Das

Unterholz verfilzt sich dicht und dornig, dazwischen wuchern Nesseln, deren Kapseln schon explodieren, wenn sie nur unser Schatten trifft. Ein gelber, ätzender Staub weht von den Baumkronen herab. Wir dürfen nicht wagen, auch nur einen Schritt über den schmalen Strand hinaus zu tun. Wir müssen also zurückwaten, und dabei stößt uns inmitten des Meeresarmes, der eben noch so friedlich dagelegen hat, ein schlimmes Abenteuer zu.

Sind das nun Scherenschleifer, die sich inzwischen mit ihren Wägelchen im flachen Wasser etabliert haben? Zunächst will es so scheinen – da blinken Messer, Scheren und anderes schneidendes Gerät, da surren Schleifräder. Doch dann ist da auch Fleisch wie in den Schlachterläden; die weißen Kittel der Meister und Gesellen sind mit Blut befleckt. Einem blicke ich über die Schulter und sehe, daß er mit einem abgetrennten Fuß beschäftigt ist. Aha, es sind wohl Chirurgen oder Anatomen, die sich hierher zurückgezogen haben – die mögen es gern, daß der Boden unter Wasser steht. Messer und Scheren scheinen es zu bezeugen – aber wozu das Beil, mit dem der Weißkittel jetzt zum Schlag ausholt? Verflucht, wir sind hier in eine böse Küche geraten, befinden uns vermutlich schon auf der Rückseite des Waldes – im Grunde ist jede Seite ja auch eine Rückseite.

Zum Glück haben die Burschen uns noch nicht bemerkt. Sie sind mit insularem Eifer in ihr Geschäft vertieft. Sie hacken und schneiden wie die Wilden, während wir im Zeitlupentempo davonwaten.

Auch im Gasthaus ist es jetzt lebhaft geworden; es wimmelt von jungen Leuten vom Typ des akademischen Reisenden. Vermutlich haben sie mit denen da draußen zu tun, kommen vielleicht zur Ablösung. Da heißt es vorsichtig sein. Ich murmele einem der Jünglinge, der mich freudig begrüßt, etwas von »schwierigen Operationen« zu; er sucht mich indessen zu beschwichtigen. »Hormongewinnung« ist sein Zauberwort. Gottlob habe ich inzwischen die Wasserfahrräder erspäht. Sie stehen am Ufer, startbereit.

*

Zusammen mit Spiegelschleifern für ein Lachkabinett. Sie waren im Nebenberuf als Ägyptologen angestellt. Es muß in München gewesen sein. Als wir aus dem Haus traten, leuchteten in die Schlucht einer schmalen Gasse für einen Augenblick die beiden Türme der Frauenkirche ein. Türkiskuppeln.

Wir fuhren dann eine Strecke – ich glaube, bis Riedlingen. Dort mußte ich mich von den anderen trennen und zu Fuß nach Hause gehen. Zum Glück kam ein Fliegender Händler auf einem Dreirad, eher einem Zweirad mit klapprigem Beiwagen. Zwei seiner Kinder saßen drin. Ich zwängte mich zu ihnen; schließlich ist schlecht gefahren noch besser als ein Marsch zu Fuß.

In Altheim hielt uns ein Polizist an, und nachdem er uns moniert hatte, klemmte er sich auch noch hinein. Unangenehmer war jedoch, daß unser Zugtier sich vom Gefährt gelöst hatte. Ich sah es erst jetzt; es war eine Zikade oder eine Schabe – jedenfalls ein schmales und dunkles Flügeltier. Es war auch nicht eben groß, denn ehe ich einen Warnungsschrei ausstoßen konnte, zertrat eines der Kinder es mit dem nackten Fuß. Die Panne war nicht zu beheben; der Motor war hin. Der Händler war ruiniert, doch ich schien die Treppe hinaufzufallen: Festgäste, die zu einer Hochzeit fuhren, nahmen mich in ihrem Wagen mit. Ich hätte freilich nach ihrem Ziel fragen sollen, denn als wir ankamen, sah ich mich weiter als zuvor von dem meinen entfernt: in Ehingen.

Jetzt aber eine Taxe! Im Kurhaus hing ein Automat an der Wand, noch schäbiger als das Rad des Händlers, mit dem ich gescheitert war. Ich steckte meinen Groschen in den Schlitz und wählte die Nummer eines Taxigeschäfts. Erst als ich noch ein Goldstück geopfert hatte, meldete sich eine verschlafene Stimme: »Ich fahre nur bei gutem Wetter und nie bei Nacht.«

Sicher eine Ausrede, vielleicht sogar auf Band gesprochen, denn es war noch ganz hell. Also zum Portier. Er war beim Servieren, gefolgt von einer Ratte, die statt der Haare einen grünen Pelzmantel trug. Merkwürdige Tiere: Seeigel, Korzfleische, Musottern; Stoffregen von hinten dazu.

Der Portier bestätigte: der Chauffeur führe niemals bei Nacht. Offenbar hielten alle zusammen in diesem Kaff.

Das war wieder eine der Fahrten, die immer tiefer ins Labyrinth führen. Als ich darüber nachdachte, begann es mich zu wurmen, daß ich auf das Nächstliegende nicht verfallen war. Ich hatte mehr zu bieten als das Goldstück, das ich statt des Groschens in den Schlitz gesteckt hatte.

Um mich über die Bande lustig zu machen, brauchte ich doch nur aufzuwachen – das war die beste, die bewährte Replik.

*

Antrittsbesuch. Das Grundstück des Nachbarn war durch eine enge Bucht des Sees von dem unseren getrennt. Ich wollte dorthin schwimmen und legte die Kleidung bis auf Hemd und Hose ab. Auch die Schuhe behielt ich an, denn barfuß ein Haus zu betreten, wäre unhöflich.

Der Nachbar empfing mich freundlich und führte mich in seine Bibliothek. Ich überlegte, weshalb ich gekommen war – jetzt fiel es mir ein: Die Verbindung mit den Toten ließ doch viel zu wünschen übrig – hier sollte etwas geschehen. Ich gedachte, zunächst empirisch vorzugehen und einen Kreis von Personen zu bilden, die schon solche Begegnungen gehabt hatten. Dann ließen sich vielleicht Medien finden und allgemeine Regeln aufstellen. Man dürfte sich aber nicht zu weit einlassen.

Der Nachbar hörte mich wohlwollend an. Er schien einen bedeutenden Posten am sächsischen Hof gehabt zu haben, war vielleicht sogar mit den Wettinern verwandt. Ich schloß das aus vergilbten Bildern; noch jetzt fanden Familientage statt.

Es war ein erster Besuch; ich wollte nicht lange stören und jetzt zurückschwimmen. Nun zeigte sich, daß man mir inzwischen einen Mantel angezogen hatte, wohl gleich, nachdem ich gelandet war. Es mußte ein Zwischenspiel gegeben haben, wohl gar einen zeremoniösen Empfang. Ich entsann mich dessen nicht und ließ mir den Mantel durch den Portier abnehmen. Darunter kam ein zweiter und dann ein dritter zum Vorschein – doch damit nicht genug, noch Jacken und Westen; kurzum, ich war eingehüllt wie eine Mumie.

Nachdem man mich auf den Stand gebracht hatte, in dem ich gekommen war, verließ ich das Haus; es waren nur wenige Schritte bis zum Strand. Der Hausherr blickte mir nach. Er hatte inzwischen Gesellschaft bekommen; ich hörte ihn sagen: »Sie sehen, daß es nicht nur bei den Engländern Sonderlinge gibt.«

*

Im Raumtransporter – wir hatten einen längeren Ausflug gemacht. Amerikaner, Europäer verschiedener Nationen, dazu fast zur Hälfte

Tonkinesen oder Anamiten, kleine, intelligente, angenehme Gesellen – also grobhin gesprochen: Weiße und Gelbe, wenn man so will. Dozenten und Reporter in den besten Jahren – die Exkursion war nicht gerade gefährlich, doch auch nicht ohne Risiko gewesen; wir hatten weder Frauen noch Kinder mit an Bord.

Es war nicht mehr weit bis zur Landung, *atterrissage* wäre das bessere Wort. Eine Million Meilen, etwas mehr oder weniger. Es ist merkwürdig, wie scharf man die Geräusche, vor allem die technischen, in einem solchen Fahrzeug verfolgt, obwohl sie leise sind. Das geschieht im Unterbewußtsein und begleitet die Automatik, doch wird man hellwach bei der geringsten Dissonanz.

Etwas schien nicht in Ordnung; verschiedene Lichter glommen auf, ganz kleine, dazu ein Summerton. Ein Ingenieur kam von hinten und ging zum Cockpit – ich hatte ihn während des ganzen Fluges noch nicht gesehen. Dann wurde das Personal abgerufen – der Arzt, die Stewards, die Leibwächter verschwanden in der Bordkanzel, einer nach dem anderen.

Das war beunruhigend. Es war auch vorher nicht laut gewesen, eher schläfrig; nun wurde das Schweigen penetrant. Der Fall war ungewöhnlich, doch nicht außerordentlich. Jeder, der ein Fahrzeug besteigt, weiß, daß er ein Risiko eingeht, auch wenn er es täglich benutzt. Einst brachte man vor einer Seereise dem Neptun sein Opfer, hier war eher Phöbos zuständig.

Die Lage war mir nicht neu; ich hatte sie schon öfters erlebt. Es war die erste Teilung bei drohender Gefahr. Die Eingeweihten sondern sich ab. Vorm Angriff bildet sich eine Gruppe von Offizieren und spricht auf einem Hügel oder hinter einer Deckung die Lage durch. Ähnlich verhält sich der Chirurg mit seinem Personal vor einer Operation. Der Kranke liegt abseits. Was dort besprochen wird, könnte ihn eher verwirren. Hier waren es die Techniker: der Kapitän mit seinem Team. Sie waren die Eingeweihten und verhandelten über unser Los.

Der einfache Soldat, der Patient, der Passagier erwarten den Spruch der Eingeweihten mit einer Unruhe, die aus verschiedenen Gründen verständlich ist. Zunächst erhoffen sie Einsicht in Art und Umfang der Gefahr. Das setzt Vertrauen voraus. Wo es fehlt, stellen sich sogleich Zweifel an der Führung ein. Der Eingeweihte ist auch der Wissende und

Könnende; man traut ihm, selbst dem Techniker, einen engeren Anschluß an das Schicksal zu.

Ein Drittes ist nicht zu verheimlichen. Der Eingeweihte könnte aus seiner Kenntnis unmittelbaren Vorteil für sich zum Schaden der Laien ziehen. Das würde, um auf unseren Fall zurückzukommen, auch hier möglich sein.

Inzwischen war es ganz still geworden; wir schienen zu ruhen oder uns lautlos zu bewegen; die Luft war auch nicht mehr so sauber wie zuvor. Es durfte nicht länger geraucht werden.

Viele Gedanken gehen uns während eines solchen Wartens durch den Kopf. Bald stellen sich die schlimmsten ein. Was würde im Fall einer Havarie oder gar eines black-out noch zu hoffen sein? Es würde bald sehr kalt werden. Dann kreisten wir als tiefgefrorene Monumente des Fortschritts im System. Oder wir näherten uns der Erde wieder und verglühten in der Atmosphäre; das wäre die Rückkehr zu den Atomen und, wie der Freitod des Peregrinus Proteus, der Entropie weit vorzuziehen.

Immerhin blieben Aussichten. Der Transporter barg, wie ein Wal sein Junges, einen kleineren unter sich. Der ließ sich als Rettungsboot ablösen. Allerdings waren wir ungewöhnlich stark besetzt, ja überbelegt. Man nimmt das immer wieder bei Vergnügungs- und auch bei Forschungsreisen in Kauf. Ein Leichtsinn, doch der Andrang ist zu stark.

Hier eben knüpfte meine Besorgnis an. Bei einem Ausstieg würde die Hälfte der Insassen zurückbleiben müssen, vielleicht sogar mehr. Ohne Zweifel dachten auch die Techniker, die in der Kanzel berieten, darüber nach, sogar schärfer als wir. Man hat Katastrophen erlebt, bei denen der Kapitän und die Besatzung sich davonmachten, bevor das Schiff mit den Passagieren versank.

Da stellt sich die Vertrauensfrage – die Frage nach dem, das wichtiger ist als was einer weiß und kann. In dieser Hinsicht stand nichts zu befürchten; Hartung war ein Kapitän der alten Schule, einer von denen, die bis zuletzt an Bord bleiben oder mit dem Schiff untergehen.

Jetzt kam er heraus. Da ich oft mit ihm zusammen gewesen war, sah ich sogleich, wie es stand. Wir mußten aussteigen. Der Erste Offizier würde die Führung des Beiboots übernehmen; Hartung hatte ihm das nötige Personal zugeteilt. Er selbst würde mit dem Rest der Besatzung zurückbleiben. Was die Passagiere betraf, so mochten sie es unter sich ausmachen. Er teilte die Gewichte mit, wie die Apparate sie errechnet hatten – für die Besatzung, die Passagiere, das unumgängliche Gepäck.

Unsre Zahl war zu groß, als daß eine allgemeine Verhandlung ein Ergebnis versprochen hätte – wir mußten unser Schicksal einem Gremium anheim geben. Im großen Speisesaal hatten wir zu zwölft an einem Tisch gesessen und uns kennen gelernt. Hartung schlug vor, daß jeder Tisch einen Vertrauensmann zur Beratung in den Rauchsalon abordnete. Das schien uns richtig; die Zahl der Stimmen wurde damit auf fünfundzwanzig reduziert.

Die Beratung dauerte lange, und das Licht an Bord war bereits schwach geworden, als der Obmann uns ihr Ergebnis mitteilte. Es entsprach offenbar der Absicht, möglichst viel Köpfe zu retten, und das Gremium war dazu auf ein Ei des Kolumbus verfallen, das auf den ersten Blick einleuchtete. Man würde uns wiegen und dann vom Leichtesten an einschleusen, bis das Gesamtgewicht erreicht sein würde, das uns zugewiesen war.

Ich hätte eine Auslosung vorgezogen, wie sie im Mittelalter unter dem Galgen vorgekommen war. Aber Beschluß ist Beschluß, und gegen diesen ließ sich nichts einwenden. Von mir um so weniger, als ich eine Krankheit hinter mir hatte und stark abgemagert war. In der Tat befand ich mich, als das Wiegen anfing, wenn ich so sagen darf, unter den »happy few«.

Davon abgesehen, war das Ergebnis insofern erstaunlich, als ein kleiner Gelber nach dem anderen sich wie beim Jüngsten Gericht auf die gute Seite stellte, bis sie dort fast vollzählig versammelt waren – bis auf einige Schwergewichte, an denen es auch bei ihnen nicht fehlt.

Vielleicht war es ein Zufall, unbeabsichtigt. War ein Macchiavell unter ihnen gewesen, so hatte er glänzend taktiert. Als Fachgenossen hatten wir uns gut verstanden, jetzt trat ein Unterschied hervor. Die Harmonie war in Gefahr – um so mehr, als das Atmen schon schwierig zu werden begann. Ich hörte neben mir die Stimme des Arztes: »Wären Kinder an Bord, dann hätte die Wiegerei noch einen Sinn gehabt.« Nur Don Capisco hatte seinen Humor behalten: »Immerhin ist das Glück der möglichst vielen erreicht worden.«

Die Stimmung war solchen Späßen nicht hold. Vielmehr wurde sie unangenehm, ja primitiv. Man warf sich sogar die Hautfarbe vor. Dabei war es so dunkel geworden, daß man sie nicht einmal mehr sah. Es bildeten sich zwei Parteien, die sich drohend gegenüber standen, dazwischen die Besatzung, der die Entwicklung offenbar zusagte. Nach all den Beratungen und Berechnungen würde es zum Kampf um den Notausgang kommen; schon hatten die ersten sich am Kragen; die Lichter gingen aus.

Ihr werdet mich fragen, wie ich davongekommen bin. Nun, auf die altbewährte Weise: indem ich aufwachte. Wo freilich – das bleibt eine Frage für sich.

IN TOTENHÄUSERN, 1965

Das Haus der Großmutter. Hin und wieder, vielleicht regelmäßig, scheine ich es zu betreten; ich weiß nicht, wie oft. Nur wenn ich, wie heute, in der Nacht erwache, gelingt mir ein Blick auf die andere Seite und in ihren Zusammenhang. Ein solcher muß bestehen, denn auch dort ist eine Entwicklung, ein Nacheinander, ist langsamer Verfall.

Die Wohnung liegt im Ersten Stock. Unter ihr ist das Parterre, über ihr die Zweite Etage, wie das auch damals in der Kindheit und bis zur Zerstörung des Hauses war. Der Zwischenstock hat etwa die Breite eines Messerrückens, ist also schmaler als die Mörtelschicht, die zwei Lagen von Ziegelsteinen trennt. Erst wenn ich die Wohnung aufschließe, gewinnt sie ihre Größe zurück. Ich führe den Schlüssel bei mir – er ist klein, flach, mit eingestanzter Ziffer, kurzum von der Sorte, wie man sie zum Öffnen von Tresoren benützt.

Ich weiß nicht, was ich in der Wohnung treibe, wenn ich sie erreicht habe. Dort ist es sicherer als draußen in der Zeit. Die alten, vertrauten Möbel sind noch da, Einrichtung von 1880, Sessel, Portieren, Makartsträuße, Bilder von Grützner, Sofa style mauvais goût. Alles zugleich feuerfester als damals und schattenhaft. Auch ich muß den Gesetzen der Schatten folgen, bewege mich mit angehaltenem Atem, ohne anzustoßen, vorsichtig.

Die Hauptschwierigkeit besteht darin, in die Wohnung zu gelangen, wenn sie gefunden ist. Auch das ist nur durch Zufall zu erreichen, denn das Haus liegt bald in diesem, bald in jenem Stadtviertel. Immer aber herrscht großer Verfall im Hof, im Flur, im Treppenhaus. Es ist ein Wunder, daß sich die Wohnung selbst so gut erhalten hat. Eine neue Art von Hausung hat begonnen – Nachtschwalben, Eulen, Fledermäuse, Vampyre fühlen sich nun wohl.

Diesmal fand ich das Haus in einer zugleich fiebrig belebten und trostlosen Straße: Après-guerre-Stimmung. Die Tür war ohne Klinke, doch leicht zu öffnen – ich betrat den engen, schmutzigen Hof. Von dort führte die Treppe in die Stockwerke. Nun war Vorsicht geboten: neulich war ich Zigeunern begegnet, die sich dort eingenistet hatten – zum Glück waren sie an mir vorübergegangen, ohne mich zu sehen.

Auch jetzt kam jemand die Treppe herab, ein Blaurasierter aus Chikago mit kleinem schwarzem Schnurrbart in der bleichen Maske, Zuhältertyp. Er musterte mich widerwillig, indem er die Oberlippe hochzog; es war ein Wunder, daß wir aneinander vorbeikamen. Das Treppenhaus war sehr viel enger geworden, ein wahrer Schachtgang, wie in den Pyramiden, und es war günstig, daß der Verputz von den Wänden gefallen war. Der Kalk lag auf den Stufen, vermischt mit Scherben der roten, zerbrochenen Luftziegel. Weiter oben wurde es noch enger und unpassierbar; ich mußte mich in der Haustür geirrt haben.

Ich ging also wieder nach draußen in den Trubel und beobachtete aus einiger Entfernung die Häuserfront. Richtig, da waren zwei Türen hart nebeneinander, und ich hatte die falsche gewählt. Schon in ihrer Blütezeit, um die Jahrhundertwende, waren die Häuser schwer zu unterscheiden gewesen; nun hatte der Verfall über ihre Eintönigkeit ein Tarnnetz geworfen, das kaum zu entwirren war. Ich behielt also die Tür im Auge, um erst einmal zu sehen, was da im Gange war. Wie vor der Öffnung einer düsteren Grotte strichen lichtscheue Vögel aus und ein. Ich würde heut nicht in die Wohnung kommen, würde Vorhof und Treppe nicht überwinden; die Dämmerung war zu tief.

Ein andermal ging es besser; ich durchschritt die Stadt, die unzerstört geblieben war, vom Königsdenkmal vor dem Bahnhof bis zum Hause des Tischlers Altenburg. Es war wie auf dem Schulweg; Kameraden waren dabei. Im Hof, wo die geschnittenen Bretter standen, begrüßte mich die Aufwärterin der Großmutter. Ich ließ die Freunde zurück und folgte ihr über die steile Wendeltreppe, auf der ich die Schuhe verlor.

In der offenen Tür empfing mich die Großmutter. Ich umarmte sie, erkannte dann aber sogleich, daß ich mich getäuscht hatte. Die kleine Frau, die mich da begrüßte, war eine Verwandte, die ich nie gekannt hatte, doch war sie mir von alten Familienbildern vertraut. Sie führte mich zur Großmutter, die auf ihrem Lager halb aufgerichtet saß und mich erwartete.

Die Großmutter schien jünger, als sie mir in Erinnerung war. Ihr Gesicht glänzte, als ob sie sich geschminkt hätte. Ich sah in ihre Augen, die mit Pailletten gesprenkelt waren, und dachte: Von ihr also hast du das geerbt.

Sie blickte in einen Spiegel, in dem ihr Gesicht stets jünger wurde, bis an die Grenze des Unerträglichen. Ich mußte die Augen schließen; das Schlafzimmer verwandelte sich, es wurde feierlich.

*

Die Türen im alten Hause standen offen; die Mutter ging über den Flur, zwischen der Kammer, in der der Sohn schlief, und der meinen hindurch. Ich sah und hörte sie nicht, fühlte aber ihre Nähe stärker als mit Sinnen und rief sie an. Sie antwortete nicht. Ich erwachte; das war kein gewöhnlicher Traum.

Ich erhob mich und ging zum »Becher«, wo ich Neuhaus traf. Wir tranken zusammen bis spät nach Mitternacht. Dann brachen wir auf. Neuhaus begleitete mich zur Krausenstraße; ich wohnte wie schon so oft bei der Großmutter. Unterwegs fiel mir ein, daß ich sie zu dieser Stunde nicht mehr wecken dürfte, falls nicht noch Licht bei ihr wäre, was freilich unwahrscheinlich war.

Als ich ankam, fand ich jedoch das Haus geöffnet; es war große Bewegung darin. Ich trat in das Erdgeschoß ein, in die Werkstatt des Tischlers Altenburg, der mich freundlich empfing. Die Großmutter schlief schon seit langem; ich sollte bei ihm zur Nacht bleiben.

Er blickte mich an, als wollte er mich etwas Wichtiges fragen; die Werkstatt war still und feierlich. Sie mußte uralt sein; das Holz des Fußbodens war schwarz geworden wie Kohle; und wie ein erhöhtes Netz aus hellem Horn hob sich die Maserung der Jahresringe von ihm ab. Eine Fackel brannte in einem Wandhalter.

Altenburgs Mutter war erschienen; sie deutete auf ein Lager aus Hobelspänen, das für mich gerichtet war. Ich fragte sie nach ihrer Tochter, dem gelähmten Kinde, das, als das Haus noch stand, oft bei der Großmutter gespielt hatte. Die alte Frau – sie war leicht wie eine Feder – hob den Kopf, als ob sie sich besänne, doch offenbar erinnerte sie sich nicht.

Nun kam ein Andrang, als ob Gäste nahten, und ich erwachte zum zweiten Mal. Ich hörte mein Herz aus der Tiefe pochen; auch das kein gewöhnlicher Traum. Es war die Einladung zu einem Totenfest gewesen, denn von diesen allen, die dort erschienen waren, lebte nicht einer mehr.

Die Nächsten sind immer dabei. Auch Altenburg gehörte zu ihnen;

er war der Wirt der Großmutter. Warum aber Neuhaus, der mich nach Mitternacht dorthin geführt hatte? Die Namen ergänzten sich auf sonderbare Art.

*

Ich kam aus Paris mit Freunden, darunter Banine. Sie hatten viel von der Großmutter gehört und wollten sie sehen. Ich war seit Jahren nicht bei ihr gewesen und irrte nun in der Südstadt umher, ohne das Haus zu finden; das brachte mich in Verlegenheit.

Wieder hatte sich viel verändert, doch nicht, wie bei meinen Besuchen nach dem Kriege, durch Zerstörung allein. Verwahrlosung war dazu gekommen; so breiteten sich zwischen den Ruinen und den noch bewohnten Häusern Ödflächen mit Gebüschen, Sümpfen und Weihern aus. Sie mochten zunächst als Gärten bestellt gewesen und dann verwildert sein. Hier und dort standen noch eine Lauchstange oder ein Stachelbeerbusch, in den sich weißblühende Winden gerankt hatten.

Mißlich war auch, daß man die Namen der Straßen verändert, die Häuser anders beziffert hatte – wie sollte ich mich da zurechtfinden? Neubauten standen noch in den Gerüsten, offenbar verlassen, bevor man den Richtkranz gesteckt hatte. Am Wohnblock, zu dem die Krausenstraße gehört hatte, fehlten die Fassaden; die Innenhöfe lagen frei. Dort begann ich zu suchen, und endlich fand ich den Eingang wieder unter dem Schilde »Tischlerei Altenburg«.

Inzwischen waren in manche der alten Häuser Fahrstühle eingebaut. Auch sie schon wieder veraltet, wahre Menschenfallen; es schien ein Wagnis, sich ihnen anzuvertrauen. Nach einigen Irrgängen begegnete ich auf einem der Flure einer Frau in mittleren Jahren; sie kannte die Großmutter, die seit langem ihr Bett nicht mehr verließ, und führte mich zu ihr.

Die Großmutter war wieder älter geworden, doch lag immer noch, und sogar stärker, diese Morgenröte auf ihrem Gesicht. Ich setzte mich zu ihr, doch weiß ich nicht mehr, worüber wir plauderten.

Als ich wieder auf den Flur trat, bemerkte ich, daß ich meine Aktentasche vergessen hatte; ich kehrte noch einmal zurück. Wir wechselten wieder Rede und Antwort; die Sätze trugen nun einen anderen Sinn, als hätte ich bisher nur eine Übersetzung gekannt.

Ich umarmte sie beim Abschied; dabei verschob sich ihr Hemd. Wie war es möglich, daß diese uralte Frau eine so junge, herrliche Brust hatte?

*

Ich entsinne mich, daß ich sie als Fünfjähriger in eben dieser Krausenstraße gefragt habe:

»Großmutter, warum haben die Frauen eine andere Brust?«

Sie sagte: »Wie kommst du darauf?«

»Ich habe dich vorhin beim Waschen gesehen.«

»Kind, du mußt dich getäuscht haben.«

Eine Puritanerin ohne Zweifel, doch von westfälischem Blut. Übrigens entsinne ich mich genau: sie hatte damals trotz ihrem Alter eine Brust, die ich heute die einer Diana nennen würde – – – doch war sie nicht zu vergleichen mit der dieser Nacht.

*

Mit dem Rad einen Flußlauf entlang, der bis auf winzige Rinnsale ausgetrocknet war. Dort sah ich den Rotbart, der einen großen Fisch behütete. Er hielt ihn unter einem Brett verborgen, und ich dachte im Vorüberfahren: »Das Wasser ist doch viel zu spärlich, und auch zu warm, zu modrig – wenn man doch Eis hätte.«

Dann füllte sich das Tal mit Wasser; Schlangen, behende, sehr kleine bunte, bewegten sich in ihm. Am Waldrand lag eine Gestalt, der ich nicht ansah, ob sie tot oder lebendig war. Ich stieg ab und trat hinzu: ein Leichnam in Resten einer grünen Uniform. Ein Mann stand neben mir – war es der Bürgermeister der Gemeinde, auf deren Grund der Tote lag? Er hatte sich schon mit dem Fall beschäftigt; der Leichnam war von Waldgängern entdeckt worden. Er wendete ihn hin und her; fuhr auch mit den Händen zwischen die Rippen wie in eine Erdscholle.

»Die Physiognomie hat sich gut erhalten – sogar eine Mensurnarbe erkennt man noch. Aber wir wissen nicht, wer es gewesen, fanden weder Papiere noch andere Hinweise.«

»Dann geben Sie doch eine Anzeige in einem Blatt für Forstbeamte auf. Wahrscheinlich ein Oberförster, der in einem Jägerregiment gefallen ist.«

»Daran haben wir noch nicht gedacht. Es ist ein guter Rat.«

Beim Erwachen hörte ich die Tauben über Valentinos Hof. Ob dieser Traum die Reihe beschloß, die in jener Goslarer Nacht begann?

*

Zuvor als Postbote in einer Stadt. Beim Erwachen fixierte ich aus dem Bilde, das sich schnell verwischte, noch einige Details – nämlich daß ich in Gesellschaft des Vaters gewesen war und daß wir nicht durch die Straßen gegangen, sondern geschwebt waren. Vielleicht war auch der Bauer der Vater selbst.

Vater und Mutter sind weit öfter dabei, als wir ahnen, vielleicht immer; sie treten aber selten aus dem Dunkel hervor. Wir waren etwa in einem Laden, um einzukaufen, und entsinnen uns der geringsten Umstände.

Hat uns aber nicht jemand den Preis ins Ohr geflüstert, als wir den Gegenstand in der Hand hielten? Richtig, jetzt fällt uns ein, daß es die Mutter gewesen ist Sie muß aber von Anfang an mit und neben uns gewesen sein.

Das sind weniger Gesetze der Präsenz als der Identität.

*

Traurige Tage. In den Träumen sehe ich oft Feuer im Haus. Es glimmt unter der brüchigen Diele oder lodert im Fachwerk der Zwischenwand. Immer ist dieses Feuer vorhanden; aber es sollte doch nicht durch den Boden, nicht aus der Wand kommen.

In der verflossenen Nacht war ich zu Gast bei Gretha und anderen; sie saßen um eine mannshohe mit Rotwein gefüllte Amphore und warfen Erdbeeren hinein.

Der Sohn kam, um Milch zu bringen; es war am Eingang eines Dorfes, und ich sah, daß er an einem Denkmal vorüberschritt. Eigentlich war erst der Sockel errichtet, auf dem der Bürgermeister stand – sei es, um Anweisungen für den Bau zu geben, sei es aus einem anderen Grund. Er war also Stellvertreter oder Einrichter dessen, dem das Denkmal zugedacht war, Maßnehmer und Modell zugleich.

Als er den Sohn erblickte, verließ er den Sockel und sagte, daß die Milch in ein anderes Gefäß zu gießen sei. Vielleicht war sie ein Opfer für den, dem man das Denkmal errichtete.

Der Sohn trug einen Krug aus brauner, gebrannter Erde in der Hand.

*

Ich wollte der Kranken die Füße waschen; wir bestiegen dazu einen hohen hölzernen Turm. Zuvor legte ich meine Aktenmappe ab. Der Turm war nicht auf die gewöhnliche Weise gebaut; er schien geräumiger zu werden, je höher man stieg. Daher verbreiterten sich auch die Plattformen, auf denen wir rasteten. Die untersten waren zu schmal für unser Vorhaben, doch im Anstieg wurden die Böden bequemer, geeigneter.

Wenn wir eine Windung der Treppe erklommen hatten, blickte ich durch die Turmschlitze auf meine Mappe, die immer kleiner, entfernter und schwieriger zu erreichen schien. Falls sie mir geraubt würde, hätte ich eher den Verlust der Wertpapiere verschmerzt als den der Manuskripte, die sie enthielt.

Endlich fanden wir eine Plattform, die vollauf genügte; sie bildete den Boden eines schön getäfelten Saales; auch fand ich einen Wasserkrug, ein Becken und ein Handtuch dort. Einmal blickte ich noch auf meine Mappe zurück; sie war jetzt winzig geworden, aber sie leuchtete wie lauteres Gold im scheidenden Licht.

Sie konnte mir nicht mehr geraubt werden.

*

Gestern, an Grethas Todestag, zum Friedhof; am Abend eine Kerze vor ihrem Bild.

Nachts in einem großen Hotel, einer Luxuskarawanserei. Erinnerungen an das »Majestic« mit seinen tausend Kammern verquickten sich mit solchen der ersten Schuljahre. Wenn ich zu spät gekommen war, irrte ich mit steigender Angst durch Stockwerke und Flure; ich fand die Klasse nicht. Wenn ich eine Tür öffnete, saßen fremde Schüler auf den Bänken und lachten; ein unbekannter Lehrer blickte mich zähnefletschend an.

Heut fand ich wie im Traum den rechten Fahrstuhl, das rechte Stockwerk, den rechten Flur. Mein Schlafzimmer war erleuchtet; im Vorraum warteten zwei Dienerinnen auf mich. Es roch nach Zigaretten; ich fragte, ob ein Gast gekommen sei. Sie verneinten und gingen hinaus. Eine von ihnen strich mir dabei über den Arm; es konnte die dicke Hanne gewesen sein.

Ich ging ins Schlafzimmer und sah dort Gretha in meinem Bett liegen. Ihr Gesicht war sehr schön; sie trug einen Turban, den eine kometenförmige Agraffe schloß. Ich sagte, als ob wir eine Unterhaltung fortsetzten: »Ich habe unten den Bischof gesehen. *So* muß man alt werden.«

Sie lächelte, als ob sie das besser wüßte: »*Muß* man das?«

Da hörte ich draußen den Hahn des Nachbarn krähen und erwachte mit gutem Gefühl.

Ich hatte noch antworten wollen: »Bei dir kann von Alter freilich gar nicht die Rede sein.«

Draußen war Rauhreif; die Vögel tummelten sich vorm Fensterbrett. Ich ging noch einmal zum Friedhof, um zu sehen, ob der Frost die Blumen verschont hatte. Dabei fiel mir ihr Lieblingsvers aus der »Schönen Helena« ein:

> Drum meldet ein galanter Mann
> schon früher seine Ankunft an.

Finale Gewißheit, Optimismus, doch auch nur als Gleichnis: Je ferner der Stern, desto sicherer wird er zum Ziel führen. »Die Götter sind auf den Planeten, Gott ist auf den Fixsternen zu Haus.«

*

Die Tür zum Schlafzimmer wurde aufgestoßen, und zwei vitale Burschen traten ein. Sie boten mir Schnitten an, die mit rotem Kaviar belegt waren.

Dann ging ich ins Bad. Dort stand einer der Zuber, in denen Wäsche eingeweicht wird. Zu meinem Entsetzen sah ich Gretha darin liegen; das Wasser reichte ihr über den Mund. Ich riß sie heraus, behandelte sie wie eine Ertrunkene, umarmte sie. Sie begann zu meiner unendlichen Freude zu atmen; ich sagte:

»Ich will dich wärmen, komm ins Bett.«

Sie antwortete:

»Komm du zu mir. Dort ist auch der Sohn.«

*

Zur Nacht immer wieder Rückkehr in die Hannoversche Mittelstraße 7a parterre, das Haus des Regimentsschneiders Wodrich am Waterlooplatz. Es wurde im Zweiten Weltkrieg durch einen Luftangriff zerstört und nicht wieder aufgebaut. Trotzdem gehen in meiner alten Wohnung immer noch Veränderungen vor, offenbar planmäßig. So betrat ich sie jetzt zum zweiten Mal, nachdem die Wand zwischen dem Wohn- und dem Schlafzimmer entfernt worden war. Ein Zwischenzustand, wie bei Umzügen. Die alten Möbel waren verschwunden, neue nicht aufgestellt. Leute von oben waren heruntergekommen; vielleicht war der Architekt dabei. Wir standen zusammen im Unwirtlichen. Mich bewegte vor allem die Sorge um den historischen Anschluß: nichts sollte verschwinden, ohne Zeugnis zu hinterlassen, daß etwas gewesen war, und sei es auch nur wie der Hauch eines Atems, der eine Scheibe beschlägt.

So beglückte es mich, als ich über der Stelle, wo mein Bett gestanden hatte, an der Tapete mein Signet fand – ich hatte ein Fragezeichen daneben gesetzt. Damals wußte ich oft nicht: würde ich den nächsten Tag überstehen?

Ich war im Kreis gewandert und erblickte die Spur, die sich im Sand erhalten hatte – – – bald würde auch die Tapete gewechselt werden, dann gab es weder Papier noch Inschrift mehr. Dennoch, und das war wie die Erquickung in einem Rasthaus, ich sah bestätigt, daß etwas gewesen war.

Das Haus, das nicht mehr existierte – – – es konnte auch nicht verschwinden; es mußte mehr als Geschichte, ja mehr als Zeit in ihm gewesen sein. Ein Zwischenreich, auch in der Stimmung – – – unheimlich die zerstörte Heimstatt, doch unantastbar in der Idee.

*

Zur Nacht schon wieder in der Mittelstraße 7a parterre. Regimentsschneider Wodrich stand mit seiner Frau im Flur, er älter, sie jünger als zu Lebzeiten. Hinter ihnen ein Dritter, vielleicht der Architekt. Zwar herrschte Unordnung – so war das Bett auf die Kante gestellt – doch konnte ich einziehen. Wahrscheinlich mußte ich wieder Dienst tun, denn ich ging mit Frau Wodrich in die Stadt, um einen Wecker zu kaufen; das Wort war mir von jeher unangenehm. Dabei machte sie mir

Vorwürfe. Ich hätte ihren Namen in meinen Schriften erwähnt; das sei ihr nicht recht.

Schau, schau. Nicht nur suche ich sie hin und wieder, und womöglich öfter, als mir bewußt ist, in ihrer Zwischenwelt auf: auch sie beobachtet mich von dort.

AUS DEN PARISER NACHTSTÜCKEN, 1974

Gerhard Loose zum 65. Geburtstag

In einem Landhaus nahe der Banlieue. Umgebung, Räume, Einrichtung aus verschiedenen Epochen meiner Existenz. Am Tisch ein junger Offizier, der aus einer entfernten Garnison gekommen war. Eine »erste Begegnung«, die schon ahnen ließ: wir würden noch oft beisammen sein.

*

Dann rund um den Arc de Triomphe. Ich sah ihn immer wieder, bald frontal aus den Prachtstraßen, bald im Profil – in der seitlichen Ansicht so schmal wie die Scheingiebel von Barockkirchen. In diesem Viertel führen alle Wege zum Triumph.

Ich suchte den Friseur. Es gab ein Zwischenglied zum ersten Bild insofern, als der Offizier noch für eine Weile neben mir ging und sich über Einzelheiten des Besuches belustigte. Dann verschwand er in einem Metroschacht.

Die Champs-Élysées waren ganz eng geworden, die Läden dicht an dicht, verräuchert, lichtlos, wie in überfüllten Quartieren Südamerikas. Es war schwer, unter ihnen den des Barbiers zu finden – ungefähr so, als müsse man das bestimmte Blatt eines Lexikons aufschlagen. So eng war es nun. Endlich fand ich das Geschäft hinter dem Roßschweif; es war so schmal, daß die Stühle darin quer standen, und schon geschlossen – der Besitzer war beim Ausfegen. Er sagte mir, ich solle mich morgen wieder einfinden.

Da suchte ich mir lieber einen anderen, denn ich wollte verreisen – doch schlenderte ich über die Straße wie ein Heimkehrer, denn ich mochte den Meister nicht betrüben, obwohl er es nicht verdient hatte.

Hinter dem Eispalast war das Trottoir geschliffen; geschminkte Mädchen stelzten auf und ab. Eine, die noch keinen Freier gefunden hatte, trug einen schwarzen Halbschleier. Sie sang ein neues Couplet; ich hörte den Anfang im Vorübergehen:

Je suis
Femme de nuit
La chauve-souris.

Sie sang es mit angerauhter Stimme, halb leicht-, halb schwermütig. Aus großer Entfernung, jenseits des Marais, kam Antwort zurück:

Je suis de l'eau
Le serpent d'eau.

Das war kein Matrosenstrich mehr; hier drohte Gefahr. Ich bog in eine Seitengasse mit grobem Kopfsteinpflaster ein. Man fühlt sich dort wohler als auf dem Asphalt, nicht nur, weil man oft etwas zwischen den Fugen findet, in denen Gras wächst, sondern vor allem, weil es von den Passanten gemieden wird. Man geht dort fast immer allein, falls man nicht auf Sonderlinge stößt.

Auch diesmal machte ich einen Fund, hart an der Mauer, die bröckelte. Es war ein Ding, das eine Hand bedecken konnte, ein schwarzes Vlies; ich bückte mich danach und kniete davor hin.

Sieh da: es war ein totes Fledermäuschen, leicht wie ein trockenes Blatt. Ich hob es auf; darunter war mürber, von Löchern durchsiebter Kalk. Dort würden die Totengräber, die Nekrophoren, zur Ruhe gegangen sein.

Während ich in der Linken die kleine Mumie hielt und mit der Rechten die Gänge untersuchte, bemerkte ich, daß neben mir ein anderer kniete – das heißt: er brauchte nicht zu knieen, weil ihm die Beine fehlten; er hatte statt ihrer zwei Brettchen angeschnallt.

Als Entomologe kann man sich nicht immer mit sauberen Sachen beschäftigen, doch ungern wird man dabei belauscht. Ich hatte zunächst seine Beine oder vielmehr deren Mangeln bemerkt. Nun blickte ich auf und sah sein Feuersteingesicht. So muß ich es nennen, und ich denke dabei nicht an den gelben, auch nicht an den roten oder grünen, sondern an den dunkelblauen, fast schwarzen Feuerstein. Das sind die härtesten. Man findet sie an den Kreidefelsen; die Brandung wäscht sie heraus.

Bei alten Trinkern, deren Leber futsch ist, werden die Äderchen sichtbar wie die eines Blattes, das man mit der Bürste klopft. Sie schimmern rot und werden allmählich dunkler, endlich blau. Zunächst die Nase, dann die Wangen nehmen diese Farbe an, und auch die Lippen: das Herz spielt nicht mehr mit. Bei diesem war der Kreislauf abgeschlossen und ein neues Stadium gewonnen – eben Versteinerung.

Wir schritten nebeneinander, wieder einmal auf den Triumphbogen zu, der schmal wie eine Rasierklinge geworden und kaum noch sichtbar war. Der Blaue war jetzt größer als ich. Er hatte wieder Beine; die Burschen sind, wenn sie betteln wollen, wahre Zauberkünstler; es nimmt fast wunder, daß sie nicht mit dem Kopf unter dem Arm kommen.

Der Blaue war nicht nur zerlumpt, er war auch gefährlich; zwei Matrosen, die aus dem Bistro wankten, wichen uns schon von weitem aus. Er war aus dem Spital entlassen; sie wollten, wie er sagte, nicht, daß er dort krepiere – nun suchte er ein Plätzchen dafür. Zwischen dem Bois und Suresnes, bei den Schutthalden, würde es günstig sein. Dort würde nichts übrig bleiben, kein winziger Hügel zwischen den Abfällen. Kolkraben und herrenlose Hunde würden sein Gebein zerstreuen. Seinen Namen kannte schon jetzt keiner mehr.

Nun gut – der eine stirbt früher, der andere später; der eine wird gleich vergessen, vom anderen erzählen die Enkel noch. Aber dann ists auch aus; die Wellen glätten sich über dem Namenlosen, gleichviel ob ein kümmerlicher Nachen oder ein Prunkschiff unterging. Salut und Signale verhallen im luftleeren Raum.

So ungefähr suchte ich ihn zu trösten, doch hörte er mich nicht an. »Mich kümmern nur solche, die verrecken wie ich.« Er wollte mit mir durchaus nichts zu tun haben. Nun war ich mit meiner Weisheit am Ende und im Grunde froh, als er sich von mir trennte und jenseits der Straße taumelnd verschwand, spurlos, wie er gekommen war.

GETRÄUMTES AUS »SIEBZIG VERWEHT«, 1981, 1993, 1995

Wilflingen, 14. März 1971

Ein großes Netz war zu entwirren; wir tasteten uns in seiner Ordnung langsam vor. Masche um Masche wurde in die rechte Bahn gelegt; zuweilen wurden morsche Stränge abgeschnitten, andere abgezweigt.

Wir lagen auf dem Bauche, neben mir einer in abgetragener Uniform: der Oberförster, der diesmal als Hindenburg erschien.

Nachdem wir lange als Seilflicker und Seilflechter vorangekrochen waren, kamen wir in eine Höhle, in der die Netzbahn endete. Der Fang war merkwürdig: ein Adreßbuch mit einer Rangliste der russischen Generalität. Merkwürdig auch, daß es uns gute Laune machte, als wir es durchblätterten.

*

Der Traum ist mehr als eine Schachpartie, die der Geist auf seinem eigenen Felde genießt. Ihm ist dabei ein Blick hinter die Kulissen der raumzeitlichen Welt vergönnt. Ihr Ablauf wird bei solchen Einsichten verschoben, als ob ein Filmband rückwärts abrollte oder in die Zukunft vorschösse. Ursache und Wirkung scheinen wunderlich vertauscht.

Ursache und Wirkung sind in Bildern konzentriert. Wir sind präsent in einer Stärke, von der, was wir bei Tage als Geistesgegenwart bezeichnen, nur ein Schatten ist. Daß sich im Leben und seinem Schicksalsgang Auswege öffnen, die uns retten, hat in diesen Schichten seinen Grund. Wir finden in den Träumen unser Selbst in seiner Fülle wieder; und die Entdeckung läßt uns ahnen, daß wir viel mehr vermögen, als wir uns zutrauen.

*

Wir träumen als Übersetzer eigener Urtexte. Dabei ist uns die Freiheit des Romanciers gegeben, der, wenn er, von Schaffenslust getrieben, die Feder zur Hand nimmt, nicht weiß, wie die Handlung enden wird. Der Stoff beginnt zu keimen; es obliegt nun der Phantasie, hier oder dort anzusetzen – ein Zweig wird es auf jeden Fall. Die Freiheit des Autors fesselt stärker als die Strenge, mit der er das Thema zwingt

Als Träumer ist jeder genial. Da ist er Künstler – ja mehr als das. Das Kunstwerk erinnert an unsere Traumwelt, doch nur als Annäherung – es führt an sie heran. Das ist einer seiner Ausweise: ob es diese Stimmung erzeugen kann.

Wilflingen, 30. Mai 1973
Schön wäre es, wenn das plastische, kompositorische Element der Träume wiederkäme, durch das ich nach der Rückkehr vom Amazonas überrascht wurde. »Aha – ich habe nun die Rückseite des Globus gesehen.« Allerdings ist für die Bilder die Wendung nach Süden wichtiger als die nördliche.

Die Träume des Nordens sind blasser und dennoch stärker, obwohl sie die Bilder auflösen. Sie führen dichter an die graue, ungesonderte Substanz. Oft sind es kaum noch Träume – sie können auch am Tage kommen; der Nebel steht für die Nacht.

*

Darüber vielleicht einmal ausführlicher. Ich kam darauf, weil ich am Morgen aus einer zu Stationen gereihten Folge von Träumen aufwachte. Der Bericht könnte den Tag ausfüllen.

Der Planet war größer geworden, angewachsen zum Mehrfachen seines Umfanges. Eine neue Konquista war möglich geworden – über Ozeane von ungeheurer Ausdehnung hinweg. Das bot mit den schnellen Maschinen keine Schwierigkeit. Schon waren Forts und Faktoreien als Schröpfköpfe an einen Superkontinent gesetzt. Ich begleitete die alte Queen im Hubschrauber; wir flogen von einem dieser Plätze zum anderen.

Dann im Postamt; ich gab dort ein Paket auf und kam mit dem Beamten in ein Privatgespräch. Er wußte ein gutes Mittel gegen die Bindehautentzündung und teilte es weitschweifig mit. Hatte Sonntagsdienst und langweilte sich. Ich überlegte, ob ich ihm sagen sollte, daß mich dieses Übel auf dem Vormarsch durch Frankreich geplagt hatte. Na ja, ein alter Beamter, hatte sicher gedient – dem kann ich vom Krieg reden.

Von dort zu einer Rodung, auf der ein Bursche einen riesigen Stoß von Geäst schleppte. Dazu diente ihm ein Gerüst, das er vertikal zum Sägen und horizontal zum Tragen benutzte – ließ er die Säge weiterlaufen, so verlor die Last ihre Schwere; er mußte nur dafür sorgen, daß sie nicht davonflöge. Das ärgerte mich. Wozu der Aufwand – früher hätten eine Axt und eine Kiepe genügt.

Es mußte in Berlin sein, denn die Rodung grenzte an die Hornstraße. Wahrscheinlich war sie nach dem Direktor des Entomologischen Museums benannt Und richtig erkannte ich das Gebäude wieder; es trug den Scarabaeus am Portal.

Der Vormittag war verfahren; vielleicht ließe er sich noch ausmünzen, wenn ich, wie Horn zu sagen pflegte, drüben ein wenig entomologisch frühstückte. Gedacht, getan.

Der Direktor war im Vorgarten beschäftigt; er pflanzte dort mit seinem Assistenten einen Maulbeerbaum. Sie waren dabei, das Pflanzloch zuzuschütten, und streuten Holzasche ein. Vom gleichen Grau war der Kinnbart, den der Direktor trug. Im Leben war er glattrasiert gewesen – jedenfalls hatte ich nur solche Bilder von ihm gesehen. Aber man sagt ja, daß die Haare nachwachsen.

Er begrüßte mich freundlich, als ich meinen Namen nannte – alle Entomologen kennen einander, das ist ein Geheimorden. Einmal hatten wir korrespondiert: wegen eines Exoten, den ich aus einem Wasserbekken der Dahlemer Treibhäuser gefischt hatte.

Obwohl ich wußte, daß der Direktor, wie jeder intensive Geist, solche Vormittagsbesuche nicht liebte, bat ich ihn um ein wenig Augentrost. Der Anblick einiger Spezies würde mich aufmuntern. Wider Erwarten war er aufgeschlossen; er legte den Arm um meine Schulter und führte mich hinauf.

Durch eines der Treppenfenster sah ich den Garten, der sich hinter dem Museum ausdehnte. Für eine Großstadt war er seltsam verwildert – vom Wind gesträhltes Heidekraut und Ginster wie in Fabres Garten zu Sérignan.

Der Direktor sagte: »Hier gibt es keine Spezies, sondern nur Gattungen zu sehen.«

Wilflingen, 18. Oktober 1984
Seit langem wieder ein Pariser Nachtstück – ich habe noch Schlaf nachzuholen und schlief, nachdem ich um acht Uhr erwacht war, wieder tief ein, ging dann mit Banine durch die Stadt.

Wir waren zum Abendessen eingeladen und fanden kein Taxi, auch störte mich, daß ich im Pyjama war, obwohl ich einen Mantel darüber trug. Banine beruhigte mich: »Für die kleine Sächsin ists schon zuviel.«

Vor einer Kreuzung staute sich die Menge; dort mußte etwas geschehen sein. Mit pulsierenden Lichtern und Signalen bog ein Rettungswagen um die Ecke und hielt vor einem Bistro; ein Arzt und einige Gehilfen stiegen aus. Sie öffneten einen in das Pflaster eingelassenen Deckel und zogen eine Frau an den Füßen heraus. Auf einem Bilde wäre der Anblick obszön gewesen; hier löschte der Schrecken jeden Gedanken daran aus.

Die Unglückliche mußte in den engen Schacht gefallen oder hineingestoßen worden sein. Wir hörten ein Stöhnen und einige unverständliche Worte von ihr. Dann kam einer der Wärter mit einem seltsamen Instrument: einem herzförmigen Ring aus hellem Metall, vielleicht Nikkel, der an einem armlangen Griff befestigt war. In den Ring war seine Bestimmung graviert: »Dégringolade des Morts«.

Aha, offenbar ein Werkzeug zur Wiederbelebung, eine Art von Rettungsring. Inzwischen hatten sie die Frau entkleidet und auf das Pflaster gelegt. Ein Wärter hielt ihr mehrmals, ohne sie zu berühren, den Ring über die Brust. Dann setzte er ihr mit kräftigen Schlägen auf den Rücken zu. Allein sie rührte sich nicht. Schließlich wurde der Leichnam auf einer Bahre in den Wagen geschoben, der langsam und ohne Signale fortfuhr; die Menge zerstreute sich.

Die Tote war eine junge und gut gewachsene Frau gewesen – zuvor waren noch ihre Schuhe gezeigt worden: kleine Lackstiefelchen, eher Kinder- oder Puppenschuh. Die Vorweisung war also symbolisch gemeint gewesen; man sagt ja, wenn einer gestorben ist, daß er »die Schuhe ausgezogen« hat.

*

»Dégringoler« war mir neu gewesen; als ich am Vormittag im Littré nach dem Wort suchte, sah ich, daß es zwar existiert, doch eine andere Bedeutung, nämlich »hinunterpurzeln«, hat. Das ist eine saloppe Wendung, doch sie trifft den Unfall – die Pariser Traumpolizei ist hoch spezialisiert.

Wilflingen, 17. Oktober 1985

Im Eilzug. Fast wäre ich über mein Ziel hinausgefahren, denn ich las wie gewöhnlich und war lebhafter im Text als im Abteil. Erst auf dem Bahnsteig merkte ich, daß ich mein Fernglas vergessen hatte, und bat den Schaffner, sich danach umzusehen. Er brachte es mir in der Tat, aber es hatte sich verändert – wahrscheinlich hatte er es mit dem eines anderen Reisenden vertauscht. Das kann vorkommen, besonders jetzt, wo die Jagd aufgegangen ist.

Ich stieg also selbst in den Zug, um die Verwechslung rückgängig zu machen; das Abteil war überfüllt. Während ich im Gedränge stand und mich umblickte, fuhr der Zug wieder an. Das war um so ärgerlicher, als mein Gepäck auf dem Bahnsteig lag; auch der Mantel mit der Brieftasche war dabei.

Während ich überlegte, wie ich mich aus der Affäre ziehen könnte, gab es unter den Mitreisenden Tumult. Sie hatten einen Betrüger entlarvt. Er mußte seinen Koffer auspacken. Dürftig gekleidet, sah er wie ein verkommener Virtuose aus, wie einer von denen, die durch vorgespiegeltes Unglück Mitleid erregen, sich als Blinde oder Abgebrannte vorstellen. Avé-Lallemant zählt Dutzende davon auf.

Dieser hatte seine Frau durch ein furchtbares Unglück verloren und führte die Leiche in einem schwarzen Koffer mit. Er zwängte sich in dicht gefüllte Coupés, erzählte den Kummer und sammelte milde Gaben ein. Dazu stellte er einen Teller auf den Koffer und hatte seine Erzählung so bemessen, daß sie kurz vor einer Station endete.

Den Koffer öffnete er nicht. Das zu erwarten wäre auch taktlos gewesen, vor allem solange die Rührung vorhielt – hier aber mußte etwas dazwischen gekommen sein, das die Vorstellung hinausgezögert hatte; vielleicht trug der Schaffner mit seiner Suche nach dem Fernglas daran Schuld.

Jedenfalls war der Effekt verschwunden; das Mitleid war verraucht. Nun hieß es auspacken, man wollte die Leiche sehen. Mich hatte es schon gewundert, daß sie in einem Handkoffer Platz gefunden haben sollte, aber vielleicht hatte sie nur die Größe einer Puppe gehabt. Es gibt schließlich Zwerginnen und winzige Mumien. Die Ethnologen wissen Beispiele.

Indessen gab es, als der Mann seinen Koffer geöffnet hatte und auszupacken begann, kaum Überraschungen. Das übliche Reisegepäck. Je länger er darin herumwühlte, desto ungemütlicher wurden die Betrogenen. Dabei wurde er immer dünner, als ob ihm die Luft entwiche, und endlich schrie er: »Aber das war doch ihr Kamm!«

Mußte ich nun mein Fernglas verlieren, um das Schauspiel mitzuerleben, das dieser Unglückliche aufführte?

Wilflingen, 19. Oktober 1985

Nachts Friedrich von Stauffenberg. Sein Merkur scheint ihm auch im Zwischenreich so günstig wie zu Lebzeiten. Er lud mich ein, eins seiner neuen Güter zu besichtigen. Es lag in einer Gegend, die ich schon öfters im Traum besucht hatte. Dort fragte er mich nach einem Bande von Hermann Kurz, den er mir geliehen habe – dessen erinnerte ich mich nicht.

Tagsüber fiel mir ein, daß wir nie über diesen Autor gesprochen haben – ein Zusammenhang wäre vielleicht darin zu suchen, daß er, auch ein Maulbronner, eine mantische Erzählung »Die beiden Tubus« geschrieben hat.

Wilflingen, 8. August 1988

Montag, den 8.8.88; ein Datum mit vier Achten, ein Montag dazu. Die Standesbeamten werden zu tun haben, die Briefträger auch. Man tauft und heiratet an solchen Tagen gern; sie sind auch beliebt als Geburtsdaten.

Die Acht hat es in sich; Odin reitet auf achtfüßigem Roß. Sie ist die Zahl bestimmter Begegnung; mit der Neun folgt ein neuer Beginn. Auch mir hat das Datum oft Überraschungen beschert. Ich verstehe den Satz in seinem zweideutigen Sinn. Datum, Überraschung, Bescherung – jedes Wort hat seine Kehrseite. Am besten sollte man an solchen Tagen im Bett bleiben. Aber das ist mein Charakter nicht. Schon als ich um Mitternacht erwachte, spürte ich Lust, mich zu bewegen – ich landete um neun Uhr morgens in Orly, einem der ehrwürdigen Flughäfen von Paris. Durch Zeitsprung hatte ich sechs Stunden gewonnen, wie ich von der Stewardeß erfuhr, die mich betreut hatte. Ich hätte daraus zwar nicht den Ort, an dem ich geschlafen hatte, wohl aber die zurückgelegte Entfernung berechnen können, doch ist das für uns nicht mehr so wichtig wie zur Zeit der Postkutschen. Vielleicht hatte ich in einer fernöstlichen Großstadt übernachtet; die Stewardeß war von malaiischem Typ. Wir hatten uns gut unterhalten, ich hätte sie gern zum Essen eingeladen, sie schien auch nicht abgeneigt zu sein. Doch abgesehen davon, daß man nie weiß, wie eine Affäre endet, war sie zu diesem Datum besonders gewagt. Es wäre besser, den Tag ohne Abenteuer zu verbringen – bei einer guten Pfeife meditierend oder mit der Betrachtung von Kunstwerken.

Am Flughafen stand ein einsames Taxi; ich stieg ein und ließ mich auf gut Glück durch die Stadt fahren. Den Fahrer schien das nicht zu wundern; es traf sich, daß er betrunken war. Als ich ihn fragte, warum schon am Morgen, sagte er: »Ich bin ein Streikbrecher.«

Ich dachte, er wolle sich auf diese Weise als Alkoholiker vorstellen; es hatte aber die übliche Bedeutung, wie ich später erfuhr. Zuweilen ließ ich halten, um ein wenig zu Fuß zu gehen. Es war kaum Verkehr.

*

Jedes Mal hat sich die Stadt verändert, wenn ich sie besuche; das ist kein Wunder bei unseren hektischen Umtrieben. Die Hochhäuser schießen empor wie die Pilze; es ist schwieriger geworden, sie einzureißen als sie zu erbauen. Doch gibt es Artisten der Demolition.

Diesmal fand ich den Wechsel besonders kraß. Der Zeitsprung mochte dazu beitragen. Zwar hatten sich die altbekannten Viertel im Kern erhalten, doch vergeblich suchte ich Straßen und Plätze mit vertrauten Namen; selbst der Fahrer hatte sie noch nie gehört. Dort standen nun Fabriken, und manchmal auch von diesen kaum noch eine Spur.

Besonders schmerzte mich, daß auch der große Wald verschwunden war. Gern hätte ich wenigstens an einem meiner Lieblingsbäume die Zeichen berührt, die ich in ihre Rinde geritzt hatte. Doch das steht einem Ahasver nicht zu.

Der Waldgrund trug nun Vorstadtcharakter; die Fläche war mit Küchengärten und verwahrlosten Hütten bedeckt. Aus manchen stieg Rauch auf: Lauben für Pensionäre und Kaninchenzüchter, Schlupfwinkel für Obdachlose und fahrendes Volk. Auch ein Kiosk mit windschiefer Carotte sah verdächtig aus. Um den Fahrer, der einzuschlafen drohte, bei Laune zu halten, spendierte ich ihm einen Pernod. Als ich Zigaretten bestellte, fragte der Händler, ob »mit oder ohne« – er hatte also noch stärkeren Stoff. Am Wegrand war Indischer Hanf im Unkraut verborgen, davor warnte ein Schildchen: »Achtung, Viperngefahr!«

Auch in der Hoffnung, meinen Rastplatz bei den Arkaden wiederzufinden, sah ich mich enttäuscht. Das Restaurant, das dort gestanden hatte, war verschwunden nebst der Terrasse, auf der die Kellner serviert hatten. Es wurde sumpfig; in den Lehmgruben einer aufgelassenen Ziegelei hatten sich Weiher gebildet, an deren Rändern Schilfrohr dunkle Kolben trieb. Unter einem Verbotsschild sah ich am Ufer einen Angler sitzen, der einer Vogelscheuche glich. Hier ging es nicht rechtmäßig zu.

Wir näherten uns nun dem Waldrand, in dem um die Jahrhundertwende Diplomaten und Privatiers gewohnt hatten. Soweit die Villen noch standen, sahen sie wie in Pompeji oder sogar wie in Herculaneum aus. Hatte es inzwischen wieder einen Krieg, ein Pogrom, ein Erdbeben oder einen Börsenkrach gegeben? – ich erinnerte mich nicht. Aber ich spürte den Hauch der Verwesung um so stärker, als ich hier Gönner und Freunde gehabt hatte.

Gleich darauf ging es uns wie Schiffbrüchigen, die auf dem Festland stranden: wir fuhren in ein Viertel mit bewohnten Häusern, Geschäften und bescheidenem Verkehr. Hier war ich im Bilde und mein Fahrer auch. Ich atmete auf wie einer, dem es die Sprache verschlagen hat und der sie wiederfindet, ohne daß ihm ein Wort verloren ging. So konnte ich mir einen Wunsch erfüllen, den ich lange gehegt, doch vergessen hatte und der nun wieder aufwachte. Ich murmelte: »Zum Museum« – der Fahrer hörte es und brachte mich wie ein Nachtwandler zum Ziel. Während ich nach der Brieftasche griff, um zu bezahlen, jagte er in Schlangenlinien davon. Ein Chauffeur, der vergißt zu kassieren, das kommt nicht alle Tage vor. Merkwürdig schien auch sein Ortssinn, denn ich hatte weder Straße noch Hausnummer genannt. Zwar gab es nur ein Museum in diesem Viertel, nämlich das »Musée Henri IV.«, doch war es nur Eingeweihten bekannt. Aber der Trunk macht hellsichtig.

*

Ich stand nun vor dem Hause, an dem ich oft vorübergegangen war, wenn ich Freunde am Waldrand besucht hatte. Es war gut gewählt, ein Palais aus der Zeit.

Damals hatte ich mich von unserer erbärmlichen Gegenwart an der Geschichte erholt wie in einem Quellwasser. Ich will damit nicht sagen, daß andere Zeiten besser gewesen wären, doch der Rückblick zaubert ihr geistiges Gerüst hervor. Wir sehen nicht nur, was geschehen, sondern auch das, was möglich gewesen wäre und nur ein Wunschtraum blieb. Auch Heinrich IV. hatte schwere Fehler; man sagte ihm nach, daß er wichtige Staatsgeschäfte außer acht ließ, wenn es einer Schürze nachzuspüren galt. Zu seiner Zeit kursierten »Die Liebschaften Alexanders«, ein Pamphlet. Madame Simier meinte von ihm nach der ersten Begegnung: »Ich habe einen König gesehen, doch nicht Seine Majestät.« Sei's drum – er stand und fiel für seine Zeit im Ganzen: das Aufblühen von Sinnenfreude und ungebrochener Humanität. Dazu die Exzesse; man mußte sich wieder einmal durchpusten. Mir ging viel verloren mit ihm.

Heinrich zählte zu denen, die immer noch etwas anderes im Kopf haben, selbst wenn sie gehenkt würden. Wenn er einen Lehnsmann zum Gefecht ermuntern wollte: »Alter Bursche, ich komme, weil ich deine Weine probieren will.«

Als ich vor dem Palais stand, fiel mir ein Bündel von Anekdoten ein. In einem Dorf, in dem Heinrich abstieg, um zu dinieren, befahl er, daß man den Klügsten der Einwohner hole, damit der ihn beim Essen unterhielt. Man brachte einen alten Bauern namens Gaillard, worunter man bekanntlich einen lustigen Bruder versteht. Nachdem der König seinen Namen gehört hatte, hieß er ihn sich gegenüber setzen und fragte:

»Kennst du den Unterschied zwischen Gaillard und Paillard (also dem Wollüstling)?«

»Sire – es ist nur ein Tisch, der die beiden trennt.«

Der König lachte. »Teufel, ich ahnte nicht, daß es in einem so kleinen Dorfe so witzige Leute gibt.«

Doch genug davon. Diese und andere Erinnerungen gedachte ich aufzufrischen – so den Genuß, den mir Federn wie die Bassompierres und d'Aubignés geschenkt haben. Das ist alter Burgunder, im Fasse nachgereift.

Meine Erwartung war um so stärker, als es hieß, daß sich in diesen

Räumen das Mobiliar bis ins Detail erhalten habe – bis zur Suppenschüssel für das berühmte Sonntagshuhn.

*

In der Hoffnung, hier zwei, drei von der Moderne ungetrübte Stunden genießen zu können, öffnete ich die Tür. Sie war unverschlossen, doch schon im Flur trat mir ein bärtiger Kustos entgegen und versperrte mir mit ausgebreiteten Armen den Weg, indem er mich auf die rechtsdrehende Besuchsordnung verwies. Ich mußte also durch die Hintertür gekommen sein. An sich schien das unbedeutend, da ich offenbar der einzige Besucher war. Wie sollte da ein Gedränge entstehen wie vorm Großen Palais, wo die Schlange manchmal bis zur Hauptstraße reicht? Ich wagte also einen bescheidenen Einwand, doch der Wärter beschied mich auf wenig höfliche Weise, es handle sich hier nicht um die Anzahl, sondern um das Prinzip: »rechtsdrehend, ohne Gegenverkehr«. Gegen solche Geister, die beim Militär als Pinnenzähler gefürchtet werden, läßt sich nichts ausrichten.

Ich hätte nun das Hauptportal suchen und dort den Eintritt zahlen müssen, um in der Regel zu sein. Aber der Vormittag war verdorben, denn die Aussicht auf die Gesellschaft des Zerberus in dem leeren Gebäude behagte mir wenig; sie konnte sogar gefährlich sein. Vermutlich war ich seit langem der erste Besucher, und ich hatte ihn im Schlaf oder bei einem Vergnügen gestört. Überhaupt halte ich diese Museumswärter für den Prototyp des Banausen, der, von Schätzen der Kunst und der Natur umgeben, sich langweilt wie kaum ein anderer. Vielleicht hatte er auf den ersten Blick meine Abneigung gespürt.

*

Zum Glück war dem Museum direkt gegenüber ein kleines Bistro. Auch hier fehlten die Gäste, obwohl im Innern »La Paloma« gespielt wurde. Vorm Eingang luden drei, vier Tische und aus Draht geflochtene Stühle zum Verweilen ein. Der Ort kam mir gelegen; hier wollte ich Luft schöpfen. Ich ließ mich nieder, nachdem ich einen der Sonnenschirme, die zwischen den Tischen standen, gespannt hatte. Als ob ich damit ein Zeichen gegeben hätte, erschien ein Kellner, der sich nach meinen Wünschen erkundigte. Ich bestellte einen starken Kaffee.

Im Innern wurde jetzt, begleitet vom Zischen der Espressomaschine, »La Venezia« gespielt. Die Sonne schien behaglich, während ich das Palais betrachtete. Damals hatte es weit vor den Mauern gestanden und mußte befestigt gewesen sein. Wem mochte es gehört haben? Gewiß einem von der Liga, vielleicht einem Gefährten des Balafré. Bestimmt keinem Protestanten, sonst hätte es die Bartholomäusnacht nicht überlebt. Für solche Händel gilt ein Vers von Calderón, den ich mir, weil ich ihn zu meinem eigenen Leid erfuhr, gemerkt habe:

Denn in dieser Art Gefechten
Sind die Sieger stets die Rechten,
Und sind Schurken, die verlieren.

Dann kam der Kellner und servierte; mich wunderte, daß er zuvor ein Deckchen auflegte. Das war hier wohl nicht der Brauch, doch mochte es eine Entschädigung für die rüde Begrüßung durch den Kustoden sein. Meine Stimmung hellte sich auf.

*

Überhaupt war die Art, in der sich der junge Mann bewegte und lautlos bediente, angenehm. Ich hatte auf den ersten Blick empfunden, daß unsere Begegnung mehr als geschäftlich, daß sie persönlich war. Ihm schien es ähnlich zu gehen. Aus der Wirtschaft hörte ich jemanden nach ihm rufen, und so erfuhr ich, daß er Freddy hieß.

Der Kaffee war ungewöhnlich gut. Aber als ich Freddy rief, um zu bezahlen, machte ich eine peinliche Entdeckung: ich hatte kein Geld bei mir. Am Flughafen und auch im Auto hatte ich die Brieftasche noch gehabt. Wahrscheinlich hatte ich sie dort vergessen – das würde auch die Eile erklären, mit der sich der Chauffeur aus dem Staube gemacht hatte. Dann hatte er prächtig kassiert.

Ein solches Mißgeschick begegnet mir öfters; ich bin zerstreut, besonders an Tagen, in denen mir die Gedanken wie ein Bienenschwarm durch den Kopf summen. Dann kann es vorkommen, daß ich die Börse auf dem Schalter, vor dem ich Marken gekauft habe, liegen lasse; einmal habe ich sie sogar aus Versehen in den Briefkasten gesteckt. Heut lag zudem der Zeitsprung hinter mir.

Beim ersten Besuch macht die Zahlungsunfähigkeit besonders verdächtig, andererseits ist eine Tasse Kaffee eine Bagatellsache. Freddy schien meine Verlegenheit eher erfreulich; er enthob mich ihrer mit einer Handbewegung – ja er bot mir sogar Kredit an, und das auf eine Art, als erwiese ich ihm einen Dienst, wenn ich annähme.

Das gefiel mir; ich bestellte einen zweiten Kaffee und lud Freddy dazu ein. Er setzte sich zu mir, nachdem er das Jackett gewechselt hatte, und wir kamen ins Gespräch, als ob wir uns schon seit Jahren gekannt hätten, wohl gar »in abgelebter Zeit«. Vielleicht hatten wir zusammen als Matrosen auf einem Segler gedient.

Die Stunden verflossen wie im Traume; ich mußte an den Rückweg denken – das fiel mir plötzlich, als ob ich erwachte, ein. Wenn ich von Freddys Angebot Gebrauch machte und ein Taxi bestellte, kam ich noch zum Flughafen zurecht. Zum Glück steckten Paß und Papiere in der anderen Brusttasche. Aus ihnen ersah ich, daß ich nach Singapur gebucht hatte. Früher war das ein Märchenland; heut ist es der Vorort jeder beliebigen Stadt, in der wir uns gerade aufhalten. Man trifft sich dort bei »Raffles« wie um die Jahrhundertwende im Pariser »Maxim«.

Als Freddy erfuhr, daß ich am anderen Ende der Stadt zu tun hätte, wollte er mich unbedingt begleiten, und das um so mehr, als heut der Merkur in ungünstiger Position stünde. Das sei schon durch den Streik der Taxifahrer evident.

Richtig – jetzt fiel mir der Streikbrecher ein. Doch das Wetter war angenehm; ich ließ es auf einen Spaziergang ankommen.

»Du bist lieb, Freddy – aber ich finde mich auch allein zurecht. Sacré Cœur erspart mir den Kompaß bei Tag und bei Nacht.«

»Berthy – du kennst nicht das Ödland: die Gärten mit den Fußangeln und Selbstschüssen, die Giftmüllhalden, die überwachsenen Brunnen – wer da hineinfällt, kann dem Licht für immer Ade sagen. Und dann die Penner, die Spanner, die Zuhälter auf dem Verbrecherstrich.«

So ging es hin und her. Freddy führte immer neue und gewichtigere Gründe an – zuletzt sogar die Möglichkeit von Erdbeben. Terremoto – der Boden sei unsicher geworden, an manchen Stellen sei er zu Dolinen eingestürzt. Zunächst habe man den Katakomben die Schuld gegeben, aber die Ursache reiche viel tiefer hinab. Selbst den Straßen sei nicht mehr zu trauen. Manche verliefen schlangenförmig, andere bildeten Kreise und Spiralen, und das über Nacht.

Das war gewiß weit übertrieben, wahrscheinlich sogar erfunden, doch Freddy bedrängte mich immer mehr. Es schien, daß ich ihm ein Wunsch geworden war – ein Anliegen. Ich hatte kaum bemerkt, daß wir uns duzten, auch kannte er schon meinen Vornamen: Berthold – so nenne ich mich seit einiger Zeit. Das entspricht meinem Taufschein, aber da ich viele Paten habe, wechsle ich, wenn es mir beliebt, den Vornamen. Mir ist dann, als legte ich einen Overall an, und ich genieße ein bescheidenes Inkognito. Manche halten es für einen verdächtigen Zug. Aber ich achte die Gesetze, wenngleich auf meine Weise: ich kann meinen Taufschein vorzeigen.

Endlich sagte ich: »Freddy – ich will dir nicht deine Zeit stehlen.«

»Darauf kommt es nicht an. Ich habe Zeit nach Belieben, sogar im Überfluß, und kann dir davon noch abgeben.«

Das war ein mantisches Wort. Ich nahm seine Begleitung oder, besser gesagt: seine Führung an. Freddy ging in die Wirtschaft, wo der »Torero« vom Bande lief. Bald kehrte er als Gebirgsjäger mit umgehängtem Seil und Eispickel zurück. Wollte er damit andeuten, daß er nicht übertrieben hätte, was uns bevorstünde, und daß ich mich auf eine Expedition gefaßt machen solle? – jedenfalls stand die Aufmachung ihm gut. Mir fiel auf, daß er noch die Tassen vom Tisch trug und das Deckchen faltete. Er dachte also schon an die Abendgäste; das wies darauf hin, daß er mit der Montur bluffte. Freilich gab es auch eine andere Erklärung dafür.

*

Wir brachen auf. Nachdem wir die bewohnten Häuser und die Ruinen hinter uns gelassen hatten, öffnete sich eine Fläche, die mit Gebüsch bewachsen war. Merkwürdig war ein Einzelbaum, dessen Höhe noch die des Rieseneukalyptus übertraf. Er mochte der letzte Zeuge des Botanischen Gartens sein, der, wie mir Freddy sagte, in einer der Zwischenzeiten hier geblüht hatte. Diese Bäume können sehr alt werden. Gigantisch auch ein Pilz, der einen Schuttberg krönte; sein Schirm hätte einer Pilgerschar Schutz geboten, um den Stiel spannte sich ein ringförmiger Tisch.

Auch einige Echsen hatten überlebt; man mußte freilich ihren Biotop kennen, zum Beispiel die Lehmgrube einer Schildkröte. Freddy zeigte sie. Das Tier sei selten geworden, weil Liebhaber ihm nachstellten. Es war wie ein gelehriger Hund auf Kunststücke dressiert. Hatte sich dadurch auch seine Intelligenz verändert? Damals hatten sich die Gelehrten um das Problem gestritten, heut hat man andere Sorgen im Kopf. Unser Exemplar war stattlich; es hatte sich, wie Schildkröten es lieben, um möglichst viel Sonne aufzufangen, schräg an die Lehmwand gestellt. Als wir uns näherten, machte es Männchen wie ein Foxterrier; wir hatten es durch unseren Schatten erschreckt. Es war nicht allein, denn aus der Wand, vor der wir standen, streckte sich eine dunkle Hand hervor. Man mußte das Glied schon Hand nennen, wenn es auch nicht größer als die eines Mulattenembryos war. Freddy schlug mit dem Pickel an die Stelle, und ein Weibchen mit fünf Jungen bröckelte aus dem Lehm. Keines war größer als ein Talerstück.

Von Freddy, der in Uniform ein Wissen entfaltete, das ich im Bistro nicht vermutet hätte, erfuhr ich, daß diese Gruben die Evolution aufheizten. Früher seien sie ihrer abnormen Bildungen wegen berühmt gewesen, doch später museal geworden, denn man habe Chimären nach Belieben in Laboratorien produziert. Man konnte sie nach Maß bestellen; es gab Kataloge für Liebhaber. Ich hatte davon gehört als von einer Extravaganz der Biotechniker. Man war davon abgekommen; die natürlichen Monster sind schon häßlich genug.

*

Seit dem Hinweg hatte die Landschaft sich bedeutend verändert; sie schien sich ausgedehnt zu haben, und der Prozeß setzte sich fort. Offenbar hatte es wieder einen Zeitsprung gegeben; wir waren im Wirbel der Spirale, vielleicht im Kern sogar. Die Hütten waren verschwunden; die Wege hoben sich kaum noch vom Untergrund ab. In der Tat glich unser Spaziergang mehr und mehr der von Freddy vorausgesehenen Expedition. Ich fragte mich, ob er nicht auch noch einen Sextanten und andere Instrumente hätte einpacken sollen, wie sie Alexander von Humboldt am Orinoco gedient hatten. Doch obwohl die Sicht trüb wurde, schien Freddy sich frei zu bewegen wie ein seines Zieles sicherer Pilot.

Der Montmartre mit seiner Kuppel war den Blicken entschwunden;

es gab keine Ortung mehr. Dabei war es noch früh am Nachmittag. Die Nachtigall begann zu schlagen, und Fliegende Hunde umkreisten den riesigen Baum.

Wurde der Boden nun schwankend, oder begann ich zu taumeln wie beim Aufstehen nach einer schlaflosen Nacht? – es wurde unsicher. Ich tastete mich mit den Füßen über den mürben Tuffstein voran. Die Formen verschwammen – doch nicht im Schiffsnebel in der Manier des genialen Turner, sondern wie durch einen blaßroten Schleier gesehen.

Ich weiß nicht, warum ich das Zitieren nicht lassen kann, besonders wenn es gefährlich wird. Das mag ein Mangel an Phantasie sein, in Todesnähe auch eine Blasphemie. Die Götter lieben das nicht. Sie fürchten, es könnte sich unsereiner an ihren Tisch setzen. Das sei mir ferne, aber ich lebe stärker in den Büchern als in unsrer erbärmlichen Wirklichkeit. Wo etwas gelungen ist in Worten, Bildern, Melodien, prägt es sich mir ein. Es kehrt im Wirbel wieder, wenn ich des Beistands oder auch nur des Trostes bedarf. Vielleicht gibt es einen Trieb, ein Juwel in die Hand zu nehmen, wenn der Untergang droht. Das ist auch ein Obolos.

*

Eigentlich konnte von Gefahr noch nicht die Rede sein, aber es war unheimlich. Das Unheil liegt auf der Lauer; es wäre besser, wenn die Gefahr sich präsentierte; das stand uns bevor.

Es wurde warm und fast heiß unter den Sohlen; an manchen Stellen zersetzte sich der Boden in bläuliche Flecken wie auf dem Floß der »Meduse« oder dem Holz morscher Erlen an den Flußufern. Diese Flecken begannen unruhig zu werden und zu wandern; sie verbanden sich zu zähflüssigen Rinnsalen, aus denen ein schwefliger Dunst sich verbreitete. Das Atmen wurde schwierig; kein Zweifel, wir waren in eine Solfatara geraten – nicht in die eines ausklingenden Erdalters, sondern in eine beginnende Eruption. Erloschene Vulkane haben sich erholt. Die Kruste ist noch nicht feuerflüssig, aber in Gruben kochend oder glühend heiß. Ich entsann mich des Ausflugs, den ich während meines Aufenthaltes in Neapel nach Pozzuoli gemacht hatte. Dort brodelte es aus der Tiefe; die Alten hielten den Ort für den Schauplatz des Gigantenkampfes, die Christen ihn für die Vorhölle. Auch damals war es dunstig; ich wurde gewarnt. Am Vorabend war ein Engländer verschwunden, der sich ohne Führung auf das Gelände gewagt hatte.

*

Es versteht sich, daß wir nicht geradeaus marschieren konnten, aber Freddy hielt gut die Richtung; ich fühlte mich sicher bei ihm. Wir kamen voran. Die Eruptionen machten uns dabei weniger zu schaffen als Granaten im Gefecht. Wir sahen zuvor den Dampf aufsteigen und waren gewarnt. Manche warfen nur heißen Schlamm auf, andere Garben von Funken wie die Schneidbrenner.

Bedenklicher war das Anschwellen der Rinnsale. Sie verbanden sich zu Bächen, die nicht mehr zu überspringen waren, auch stiegen Flammen aus ihnen auf. Wenn die Hitze einen Grad erreichte, bei dem der Phosphor nicht mehr brannte, sondern explodierte, war es mit einem Schlage vorbei. Wir hatten die kritische Phase erreicht. Daß ein Nachmittagsspaziergang im Weichbild einer Großstadt diese Wendung nehmen konnte, schien abenteuerlich. Andererseits, objektiv betrachtet: kein ungewöhnlicher Fall. Man steigt ins Auto und endet nach zwei Stunden in der Anatomie. Heut fährt jeder mit tödlicher Geschwindigkeit.

*

Bei einem Unfall geht es schnell. Dagegen war unser Abenteuer, wenn ich so sagen darf, eher romantisch: es entwickelte sich. Es gehörte zu jenen, die als Schleife beginnen und sich zum Knoten schürzen – die Schlinge zieht sich zu. Der Weg, im Anfang labyrinthisch, nahm Formen an, er kristallisierte sich. Wir konnten uns nicht mehr auf den Zufall verlassen – wir waren zum Handeln gezwungen; entweder – oder, jetzt oder nie.

Es war sehr hell geworden; der Montmartre war nicht mehr durch Dunst, er war durch Feuer verhüllt. Hinter uns hatte der Glutstrom sich zum Kreis geschlossen oder, genauer gesagt, zum Oval. Es gab kein Zurück mehr, doch auch in der Front sah es böse aus. Merkwürdig war, daß dieses Oval, wie durch eine Fata Morgana gespiegelt, auch vor uns erschien, so daß beide den Umriß einer Sanduhr bildeten – einer glühenden Acht.

Ich überschlug unseren Spielraum; er war beschränkt. Die Glut im Rücken würde uns vorantreiben, ob wir wollten oder nicht. Der Knotenpunkt war auch die einzige dunkle Stelle; vielleicht hatte das Doppelfeuer schon alles Brennbare verzehrt. Es war unwahrscheinlich, doch nicht ganz unmöglich, daß wir dort ausharren konnten, bis der Brand in beiden Ovalen erloschen war. Im besten Falle kamen wir ein wenig geröstet davon.

Wie soll ich erklären, daß in dieser hoffnungslosen Lage sich meine Stimmung weiter verbesserte, ja fast erheiterte? Es war Freddys Gegenwart, die Wunder wirkte: sein Bei-mir-Sein stärkte mich mit jedem Schritte, obwohl wir kaum ein Wort wechselten. Freddy war, wenn nicht mein besseres, so doch mein stärkeres Ich. Mir konnte nichts geschehen, solange er bei mir war.

So kam es, daß eine Sorge mich noch mehr bedrängte als das Feuer: die bange Frage, ob Freddy bei mir bleiben würde und ob er dasselbe für mich empfände wie ich für ihn. Er hatte sich vom Kellner zum Kameraden und dann zum Wissenden verwandelt und wandelte sich weiterhin. Er kam mir näher, ganz nahe; es wurde einfacher. Er legte den Arm um meine Schultern; das tat gut.

Das Oval wurde schmäler; es war günstig, daß kein Wind wehte und die Flammen steil aufstiegen. Wir machten Halt bei einem Rasenstück. Das Gras war am Morgen noch grün gewesen; jetzt war es braun. Auch allerlei Tiere hatten sich hierher geflüchtet, darunter unsere Schildkröte. Sie machte Männchen; Freddy nahm sie auf und schob sie in sein Hemd. Das gefiel mir – es konnte also so schlimm nicht stehen. Trotzdem frug ich: »Freddy – ist noch Aussicht für uns?«

»Aussicht in jedem Fall.« Dann, mit dem Arm auf den dunklen Knoten weisend: »Au canon!«

So riefen die Grenadiere, als Grouchy vor Waterloo lavierte, anstatt ins Feuer zu gehen.

Wie gesagt, schätze ich Zitate besonders, wenn es brenzlig wird. Dann werden sie wie eine Auszeichnung verliehen. Nach wenigen Schritten hatten wir die Taille erreicht. Sie wurde durch eine Doline gebildet, deren Trichter sich fast lotrecht absenkte. Hier hatte das Feuer nichts ausrichten können, aber die Flammen bliesen darüber her. Schwaden wie über einer Küche oder einer Werkstatt verhängten die Sicht. Fußte der Trichter auf der Erdglut, oder hatte er das Grundwasser erreicht? Die Schwaden, die bald wie Rauch und bald wie Dampf aussahen, sagten nichts darüber aus. Was dort unser harrte, war nicht zu erkennen, doch ging es jetzt um Sekunden – wir mußten hinunter auf jeden Fall.

Freddy schlug den Pickel in die Erde und machte das Seil daran fest. Mir fiel auf, daß er Schlaufen darein geknüpft hatte. Daran mußte er schon im Bistro gedacht haben. Warum aber den Eispickel? Vielleicht war es dort unten so kalt. Ich fragte:

»Freddy – sind wir verloren?«

Er antwortete: »Das wird nicht akzeptiert. Aber wir müssen heiraten.«

Das sah ich ein.

Wilflingen, 30. September 1988

Traum, juste milieu. Ich war für fünf Uhr nach Steglitz eingeladen und hatte noch einige Stunden Zeit, während deren ich am Rande von Parks und öffentlichen Gärten spazieren ging. In einem davon war eine Wirtschaft eingerichtet; es standen Tische im Grünen, an denen bedient wurde. Früher mußte hier ein Friedhof gewesen sein. Die meisten Gräber waren eingeebnet, doch standen vereinzelt noch Säulen und Urnen aus der Biedermeierzeit.

Immerhin hatte soeben eine Beerdigung stattgefunden; das war wohl eine Ausnahme. Sie stand zu der fröhlichen Gesellschaft, die hier tafelte, in seltsamem Kontrast. Wie sollte ich ihn mir erklären? Ich nahm an, daß sich das Ahnengrab einer alten Familie erhalten hatte, in dem einer ihrer Letzten bestattet worden war; wahrscheinlich hatte er es in seinem Testament verfügt. Diese Vermutung schien mir auch der Uniformen wegen begründet, die ich am Grab erkannte – die Trauergemeinde hatte sich noch nicht zerstreut. Zu meiner Überraschung sah ich nun den König, um den sie einen Halbkreis bildete.

Es traf sich, daß ich meines Besuches wegen schon mit Zylinder unterwegs war – ich nahm ihn ab und bezeugte am Grabe dem, der dort ruhte, meine Reverenz. Der König erwies mir die Ehre, mich anzusprechen; er fragte mich, ob ich den Toten gekannt hätte.

»Nein, aber da ich Eure Majestät an seinem Grabe sehe, muß er ein guter Untertan gewesen sein, und in diesem Sinne bin ich ihm verwandt.«

Die Antwort schien dem Monarchen zu gefallen; wir kamen ins Gespräch.

Die Gesellschaft ging dann zu einer Tafel, die für sie vorbereitet war. Sie war mit dem Silber der Familie gedeckt. Der König lud mich zum Sitzen ein.

»Majestät – mein Platz dürfte eher hinter als auf einem dieser Sessel sein.«

Auch das kam gut an. Der König sprach mit einem Adjutanten, der mich an einen der Nebentische führte, die für die Beamten und die Begleitung bestimmt waren. Damit begann ein neuer Abschnitt meines Lebens; ich machte bei Hofe Fortune. Mit einem Begräbnis fing es an. Es war mein eigenes.

Wilflingen, 9. Oktober 1988

Grüne Körner. Ich wollte Saint-Sauveur besuchen, den Autor des Werkes über die Käfer Mallorcas – ich kam mit einer Frage an ihn. Es war nicht einfach gewesen, seine Wohnung zu finden; er führte ein unstetes Leben, nachdem sein Bettschatz leprös geworden war. Auch vordem hatte er unter dem Namen Graf Neufeld nur mit wenigen Freunden verkehrt.

Vor dem Hause traf ich seinen Anwalt, von dem ich erfuhr, daß der Graf oben im fünften Stock eine ärztliche Praxis begonnen habe, die stark überlaufen sei. Wahrscheinlich würde er für mich keine Zeit haben. Versuchen könnten wirs trotzdem.

Das Haus war verwohnt; es war nach Kriegen und Inflationen abgetragen wie ein oftmals gewendeter Rock. Der Fahrstuhl war seit langem außer Betrieb. Penner hatten sich darin ein Nachtlager zurecht gemacht. Auf den Treppen roch es übel; die Spülung war defekt. Der Küchendunst mischte sich mit dem widriger Abfälle. Vor den Etagen hatten sich Gruppen von Auf- und Absteigenden gebildet, die dort, um Luft zu schöpfen, rasteten. Sie unterhielten sich in einer mir unverständlichen Sprache, die einem medizinischen Wörterbuch entnommen schien.

Auch wir mußten beim Aufstieg Pausen einlegen. Dabei erfuhr ich von dem Anwalt Näheres. Der Graf hatte auf sein Diplom zurückgegriffen, als es mit der neuen Seuche ernst zu werden begann. Der Tod seiner Freundin mochte den Anlaß gegeben haben, doch hatte er von jeher eine Neigung für Morbides und Anbrüchiges [sic!] gehabt. Wenn er auf seiner Insel erfuhr, daß ein alter Olivenbaum gefällt werden sollte, hatte er ihn dem Bauern abgekauft. In seinen Ställen genossen Pferde und Hunde bis zu ihrem natürlichen Tode das Gnadenbrot. Wenn das ein Zeichen von Dekadenz war, dann ein erfreuliches. Daher wohl auch die Wahl dieses Hauses und die Sorge für diese dahinvegetierende Klientel, die sich von der Seuche wie von einem Tier, das noch keinen Namen hatte, am Halse gepackt fühlte.

Der Andrang erklärte sich dadurch, daß man ein neues Mittel gegen diese Geißel entdeckt zu haben glaubte – ein solches Gerücht alarmierte die Kranken fast in jedem Monat und wurde ebenso bald als Fata Morgana erkannt. Aber man klammert sich an einen Strohhalm, bevor man ertrinkt.

Diesmal war es das Korn eines besonderen Weizens, der aus China importiert wurde. Man pflanzte es dem Kranken ein und konnte es sogar ihm selbst überlassen, da seine Haut sich schon im ersten Stadium des Leidens veränderte. Sie wurde locker und schwammig wie ein Akker, auf den es während des Monsuns geregnet hat. Sie konnten sich das Korn mit dem Daumen eindrücken. Und da viel bekanntlich besser hilft als wenig, begnügten sie sich nicht mit einem einzelnen.

Die grünen Körner waren über Nacht in Mode gekommen; sie wurden unter diesem Namen angeboten und verabreicht, obwohl sie eigentlich gelb waren. Aber die Titel werden in der Rangordnung verliehen, die Eindruck macht. Nach einigen Tagen wurden die Keimlinge grün. Das schaffte, wenigstens in der Stimmung, eine günstige Wirkung, ein Frühlingsgefühl.

Das Sprechzimmer war überfüllt. Leider war der Chef nicht anwesend. Hinter seinem Pult saß ein kleiner Chinese und teilte die Weizenpäckchen aus. Es gab weder Rezepte noch Rechnungen.

Obwohl das Mittel erst seit kurzem bekannt war, mußten es viele, ja fast alle bereits verwandt haben. Ich sah es am grünen Flaum um Kinn und Wangen, mit dem sie wie Waldmenschen auftraten. Dagegen fielen die Neulinge mit ihren Runzeln und Schrunden erbärmlich ab.

Ich hatte den Grafen nicht getroffen; er hatte jetzt andere Anliegen als damals in der Macchia, die wir mit dem Netz durchstreift hatten. Was ich hier sah, stimmte mich traurig: all diese Leiden und diese Hoffnungen, die morgen enttäuscht werden sollten – wozu kommen wir auf die Welt?

Ich trat ans Fenster und blickte in einen trüben November hinaus.

Das Holz des Fensterbrettes war mürb wie Zunder; der Hausschwamm nistete in ihm. Einige Weizenkörner hatten sich hierher verirrt und keimten auf dem mulmigen Grund. Dazwischen waren Pfennige gelegt. Sie stammten von den ganz Armen und ihrer Dankbarkeit.

Wilflingen, 28. Juli 1990
Ein Schwede und ein Mulatte begegnen sich auf der Straße, gehen mit freundlichem Lächeln aneinander vorbei. Der Schwede zeigt dabei mit der Hand nach unten: »Unsere Hochzeiter.«

Jetzt erst sehe ich, daß beide einen Hund von gleicher Rasse an der Leine führen – offenbar Männchen und Weibchen, wie ich dem Zuruf entnehmen darf.

So weit, so gut. Ein alltäglicher Vorgang – wenn ich ihn nur nicht geträumt hätte. Bei Tage hätte sich das Lächeln, obwohl ich die Hunde noch nicht gesehen hatte, im logischen Fortgang, wenngleich überraschend, erklärt. Im Traum aber muß ich die Personen, da sie nicht existierten, sowohl mit dem Lächeln wie auch mit seiner Ursache von vornherein ausgestattet haben – das wäre ein Zeitsprung, wenngleich bescheidener Art.

Möglich wäre auch, daß ich die Hunde übersehen hätte – dann wäre das Lächeln wahrgenommen worden als Zeichen einer atmosphärischen Sympathie. Und der Zuruf? Vielleicht hatte man irgendwo in der Bekanntschaft geheiratet.

Denkbar wäre ferner, daß dem Träumer als dem eigenen Regisseur seiner Traumwelt das Lächeln nicht genügt hat; er wollte eine Lücke seiner Wahrnehmung ausfüllen. Daher griff er in seinen Requisitenkasten und zog blitzschnell die beiden Hunde hervor. Es hätten auch zwei Maikäfer oder ein Zwillingskristall sein können – sowohl die Personen wie auch ihre Ausstattung bewegten sich noch in den Bereichen einer unerschöpflichen, quasi spermatischen Möglichkeit.

Kopfzerbrechen bereitet mir auch das Antiquariat Lafaire. Der alte Lafaire führte es am hannoverschen Stadtwall in der Nähe des Rathauses, an das damals noch nicht einmal gedacht wurde. Es war eines der klassischen Antiquariate in einem verstaubten Gewölbe, das zum Schmökern einlud; ich war vor dem Ersten Weltkrieg nicht selten mit meinem Vater dort, besitze auch noch einige unserer damaligen Erwerbungen, zum Beispiel Meyers Konversations-Lexikon von 1874 in sechzehn Bänden für ganze zehn Mark.

Lafaire muß später ins Zentrum umgezogen sein. Ich kaufte bei ihm Bücher, wenn ich während des Zweiten Krieges auf Urlaub war. Die Auswahl war nicht mehr groß. Auch sein Sohn war Antiquar geworden, Spezialist für erlesene Orientalia. Ich habe sein Geschäft nur einmal besucht und entsinne mich dunkel eines guten Gesprächs. Das Haus stand am Thieleplatz, der damals einige Jahre lang den Namen meines Regimentskameraden Rust führte, der 1945 Selbstmord beging. Der junge Lafaire verbrannte kurz nach dem Ende des Zweiten Krieges in einem schnell fahrenden Lieferwagen; er konnte nicht mehr hinausspringen. Der Vater hat seinen Tod noch erlebt. Das war in diesen Wochen, wo alles drüber und drunter ging, nur eine Schreckensnachricht mehr.

Wie steht es nun aber mit dem Nobelantiquariat Lafaire in der Potsdamer Straße, in dem ich so manches Mal während meiner Berliner Zeit geweilt habe? Ich frequentiere es heute noch, gehe selten an ihm vorbei, ohne am Schaufenster die Auslagen zu studieren, trete auch zuweilen ein und nehme eines der gepflegten Bücher in die Hand. Alles ist wie vordem in Hannover, doch heller und leichter in den Konturen, wie durch Kristall gesehen. Freilich gab es nie einen Lafaire in Berlin. Das Geschäft existiert nur in meiner Traumwelt, wie auch andere Häuser und ganze Stadtviertel.

Durchaus real war jedoch auf der rechten Seite der Potsdamer Straße die Buchhandlung, in der ich das Hauptwerk des Wiener Entomologen Ganglbauer erstand; es muß kurz nach Beginn des Dritten Reiches gewesen sein. Der Chef war nicht anwesend; ein junger Gehilfe reichte mir von der Leiter die Bände hinab. Er mußte mich kennen, denn er sagte: »Ihre Bücher sind sauber« – ich konnte mir darauf keinen Reim machen, bis ich erfuhr, er wolle noch in dieser Woche das Land verlassen; Palästina sei das Ziel. Ich wünschte ihm Gute Reise; den Ganglbauer gab er mir weit unter Preis.

VI. *Post* FESTUM

POST FESTUM, 1983

Achtzig Jahr alt zu werden, ist kein Verdienst. Wohl aber ist es eine Leistung in diesem, unserem Jahrhundert, das als ein Zeitalter großer Wirren und Übergänge in die Geschichte eingehen wird. Persönlich hatte ich an ein solches Alter nicht gedacht, es nicht einmal erhofft. Dreißig Jahre schienen mir schon enorm. Wäre in meiner Jugend ein Dämon gekommen, sie mir anzubieten und keinen Tag darüber, so hätte ich mit ihm paktiert. Ich denke dabei nicht an die Gefahren des Ersten Weltkrieges. In dieser Hinsicht war ich Optimist. Doch die vitale Ladung drohte die Individualität zu sprengen; sie schien eher für eine Rakete als für ein Fahrzeug angelegt. Indessen weiß unsere Zeit ja beides zu verbinden: Konstanz im Explosiven ist eines ihrer Kennzeichen. Aderlässe muß man in Kauf nehmen.

Neben der Unruhe des geborenen Widders plagte mich von Anfang an das Gefühl, der herrschenden Ordnung nicht konform zu sein – sei sie politisch durch die Monarchie, die Republiken, die Diktatur bestimmt, sei sie ökonomisch durch den homo faber und seine Trabanten abgeweidet oder theologisch durch Fuchsgeister entmythisiert.

So hatte ich gegen einen immer heftigeren Strom zu schwimmen, meist mit Widerwillen, manchmal auch mit Lust: im Niemandslande, wenn die Dinge elementar wurden – – – doch öfter mit Molières siebenfach wiederholter Frage: »Que diable ai-je à faire dans cette galère?« – Was zum Teufel habe ich auf dieser Galeere zu tun? und das besonders, wenn sie an das Sklavenschiff von Melvilles »Benito Cereno« zu erinnern begann. Wie wenig sich darauf ändert, sieht man, wenn man die Opfer, aber auch, wenn man die Richter vergleicht.

Von Jahr zu Jahr bedrückte mich stärker auch ein Leiden, das Hölderlin dem Hyperion zuschreibt: das Gefühl, ein Fremdling im eigenen Vaterland zu sein. Dafür zeugen an Geist und Körper Stigmen und Narben unglücklicher, doch unauslöschlicher Liebe, die dem Volk und nicht der Parteiung gilt. Ich habe dafür mit guter Münze gezahlt, so mit dem Sohn, der 1944, aus dem Gefängnis entlassen, sich zur Front meldete und bei Carrara gefallen ist Er wußte zu unterscheiden zwischen Innen und Außen, zwischen Volk und Partei, zwischen dem, was sein Gewissen verstörte, und dem, was heraufdrohte. Diese Unterscheidung schwindet im Weltbürgerkriege, und dort vor allem, wo er als Nationalkrieg verloren wurde und die historische Substanz vernichtete. Es bleibt zu hoffen, daß die Werte sich im Abgrund sublimieren und neu gefaßt werden:

> Wenn aus der Tiefe kommt der Frühling in das Leben,
> Es wundert sich der Mensch, und neue Worte streben
> Aus Geistigkeit, die Freude kehret wieder
> Und festlich machen sich Gesang und Lieder.
>
> So findet vieles sich, und aus Natur das Meiste.
>
> *(Hölderlin)*

Wunderlich bleibt, daß dabei überhaupt etwas bestellt wurde, daß sich der Mut nicht verlor. Der Erfolg, wenn überhaupt davon die Rede sein kann, ist eher Zugabe, ist eine Prämie. Hier gilt ein Spruch des Heraklit, über den ich oft gesonnen habe: »Der Walkschraube Bahn, ob gerad oder quer, ist einunddieselbe.« Das soll wohl heißen: Hat einer sein Feld gepflügt, so liegt sein Verdienst in der Leistung, gleichviel, wie die Furchen ausfielen, wenn er nur die Hand am Griff behielt.

In diesem Sinne betrachte ich mein Werk. Ich maße mir darüber kein Urteil an, und ich trete auch nicht in die Polemik ein, die meiner Person und meiner Arbeit gilt. Ich weiß, daß ich Zeit meines Lebens vielen ein Ärgernis gewesen bin. Das begann schon in der Schule, wo ich meine Lehrer als der zugleich beste und schlechteste Schüler irritierte, und es setzte sich bei den Preußen fort, die mir ihren höchsten Orden gaben und denen ich als unbequemer Untergebener ein Dorn im Auge war. Die Ambivalenz begleitete mich durch die mehr als sechzig Jahre meiner Autorschaft, und es ist zu erwarten, daß sich daran auch wenig ändern wird. Vom Unvollkommenen bin ich überzeugt – dem gilt die Selbstkritik: die Einsicht, daß trotz unablässigem Bemühen dem Wort das Letzte nicht abzugewinnen ist. Es bleiben Anklänge.

Die beste Zeit für den Autor ist vorüber, wenn er nicht mehr mit seinem Werk allein, wie mit der Geliebten in der Kammer, beisammen ist. Hat er die Arbeit beendet, so bedrängen ihn sekundäre Probleme wie das der Publikation. Das gilt besonders für gefährliche Stoffe, für heiße Eisen, wie ich sie immer wieder anfaßte. Mit wachsendem Alter wird man behutsamer, und die Frage nach der Verantwortung gewinnt an Gewicht.

Weniger beschäftigt mich die unvermeidliche, von außen kommende Frage: »Was haben Sie damit beabsichtigt?« Man pflegt nichts zu beabsichtigen; man wird in Dienst gestellt. Der Lohn liegt im Genuß, den eine auf zwei, drei Stunden konzentrierte Meditation gewährt. Und diese Meditation führt weiter; sie nähert an. Sie ist nicht an den Leser gerichtet, obwohl er an ihr teilnehmen kann. Insofern wird ihm mehr geboten als ein Buch – nämlich das, was ein Buch sein sollte: ein Fahrzeug, das man nicht mehr als derselbe verläßt, der eingestiegen ist. Da soll auch keine Unterhaltung, nicht einmal Kunst geboten werden; ein Gang zum Magma, aus dem nicht nur die Meinungen, sondern auch die Bilder aufsteigen, soll gewagt werden.

Nicht durch den Erfolg, gleichviel auf welcher Höhe, selbst auf der des Ruhmes, gewinnt und wahrt die Leistung ihr Gewicht. Sie ist vielmehr ein Akt der Selbstbegegnung, der Selbstverwirklichung. Der Autor nähert sich mit dem Wort dem Schweigen und bangt um Antwort; er begegnet dem, was unpersönlich und unzerstörbar in ihm wohnt. Das Ziel liegt hinter den Bildern und wirkt von dort aus in die Dauer; auch Nachruhm ist nur der Hinweis auf ein Gelingen außerhalb der Zeit. Viel bleibt im Namenlosen, im Unerfüllten, bei früh Gefallenen.

Was hat nun der Leser damit zu schaffen, wenn das Wort zwar nicht an ihm vorbeigeht, doch auch nicht an ihn gerichtet ist? Sein Anteil, sein Dabei-Sein ist wichtiger, als er ahnt. Er trifft sich mit dem Autor in einer Tiefe, die das Wort nur anzielt, doch nie erreicht. Hier wächst ein Verständnis, das ich täglich erfahre, doch das nur behutsam berührt werden darf. Auch Antwort von den Rändern ist nicht zu verachten: von den Schwellen der Gesellschaft, der Psyche, der Moral. Ein Zeichen sei angedeutet: die Begegnung im Traum. Es vergeht keine Woche, in der mir nicht im Gespräch oder in Briefen darüber berichtet wird.

Ich richte meinen Dank an die bekannten und unbekannten Freunde, von denen ich so viel Zuneigung erfuhr. Wenn ich nicht Gleiches mit Gleichem aufwiegen kann, so wird sie doch dem, was uns gemeinsam bewegt, zugut kommen.

QUELLENNACHWEISE

Die Jahreszahlen hinter den im Inhaltsverzeichnis angegebenen Titeln bezeichnen – außer beim ersten und zweiten *Pariser Tagebuch* und den *Kirchhorster Blättern* – das Jahr der Erstveröffentlichung. Mit Ausnahme von *Aus Heft 1 der Kriegstagebücher 1914 bis 1918; Vorwort zur 1. Auflage von »In Stahlgewittern«, Orainville,* dem *Gespräch mit Ernst Jünger über »In Stahlgewittern«* und den Auszügen aus *Siebzig verweht* folgen alle Texte der zweiten, 22-bändigen Ausgabe *Sämtlich Werke,* Stuttgart: Klett-Cotta 1978–2003 [=SW und Bandziffer].

I. Krieg und Frieden

Aus Heft 1 der Kriegstagebücher 1914 bis 1918: Kriegstagebuch I. des Kriegsfreiwilligen Ernst Jünger. Aus Heft 1. 30.XII.14–1.II.15. In: E.J.: *Kriegstagebuch 1914–1918.* Hrsg. von Helmuth Kiesel. Stuttgart: Klett-Cotta 2010. S. 7–16.

Vorwort zur 1. Auflage von »In Stahlgewittern«, 1920. In: E.J.: *In Stahlgewittern. Aus dem Tagebuch eines Stoßtruppführers.* Berlin: Mittler 1922. S. III–VII.

Orainville. Kapitel 1 aus der 2. [revidierten] Auflage, 1922. In: E.J.: *In Stahlgewittern. Aus dem Tagebuch eines Stoßtruppführers.* Berlin: Mittler 1922. S. 1–8.

In den Kreidegräben der Champagne [früher: Orainville], 1978. In: E.J.: *In Stahlgewittern. Aus dem Tagebuch eines Stoßtruppführers.* Letzte Fassung in: SW 1: *Der Erste Weltkrieg,* 1978. S. 11–21.

Gespräch mit Ernst Jünger über »In Stahlgewittern«, 1966. Aus dem Archiv von Heinz Ludwig Arnold.

Gärten und Straßen, 1942. In: SW 2: *Strahlungen I,* 1979. S. 66–71.

Das erste Pariser Tagebuch (1941/1942). In: SW 2: *Strahlungen I,* 1979. S. 244–247; 273–275; 280–281; 305–310; 367.

Das zweite Pariser Tagebuch (1943/1944). In: SW 3: *Strahlungen II,* 1979. S. 109–111; 171–176; 288–290.

Kirchhorster Blätter (1945). In: SW 3: *Strahlungen II,* 1979. S. 360–366.

Der Friede, 1945. Kapitel 7–11. In: SW 7: *Betrachtungen zur Zeit,* 1980. S. 214–223.

II. Abenteuerliches Herz

Sizilischer Brief an den Mann im Mond, 1930. In: SW 9: *Das Abenteuerliche Herz,* 1979. S. 11–22.

Das Abenteuerliche Herz. Erste Fassung. Aufzeichnungen bei Tag und Nacht, 1929. In: SW 9: *Das Abenteuerliche Herz,* 1979. S. 33–35; 40–65; 65; 35–37.

Afrikanische Spiele, 1936. Kapitel 1–2. In: SW 15: *Erzählungen,* 1978. S. 77–89.

Das Abenteuerliche Herz. Zweite Fassung. Figuren und Capriccios, 1938. In: SW 9: *Das Abenteuerliche Herz,* 1979. S. 180–181; 183–184; 185–187; 190; 199–201; 212–215; 223–225; 236–237;245–246; 280–282; 326–328.

Der Waldgang, 1951. Kapitel 16–19. In: SW 7: *Betrachtungen zur Zeit,* 1980. S. 315–326.

III. Streifzüge

Rehburger Reminiszenzen, 1967. Aus *Subtile Jagden.* In: SW 10: *Subtile Jagden,* 1980. S. 11–22.

Aus der Goldenen Muschel. Reisetagebuch aus dem Jahre 1929, 1944. In: SW 6: *Reisetagebücher,* 1982. S. 91–107.

Sanduhrstimmungen, 1954. Aus *Das Sanduhrbuch.* In: SW 12: *Fassungen I,* 1979. S. 103–109.

Herbst auf Sardinien, 1965. In: SW 18: *Die Zwille,* 1983. S. 453–462.

Annäherungen. Drogen und Rausch, 1970. Kapitel 13–28. In: SW 11: *Annäherungen,* 1978. S. 22–41.

IV. Erzähltes

Auf den Marmorklippen, 1939. Kapitel 17–20. In: SW 15: *Erzählungen,* 1978. S. 302–320.

Heliopolis, 1949. In: SW 16: *Heliopolis,* 1980. S. 113–145.

Die Eberjagd, 1952. In: SW 15: *Erzählungen,* 1978. S. 355–362.

Gläserne Bienen, 1957. Kapitel 4; 12–15. In: SW 15: *Erzählungen,* 1978. S. 460–467; 503–520.

Eine gefährliche Begegnung, 1983. Kapitel 13–18. In: SW 18: *Die Zwille,* 1983. S. 413–431.

V. Geträumtes

Träume, 1970. – In Ormèns Revier, 1965. – Skurrile Ausflüge, 1962, 1965, 1981. – In Totenhäusern, 1965. – Aus den Pariser Nachtstücken, 1974. In: SW 13: *Fassungen II,* 1981. S. 337–373

Geträumtes aus »Siebzig verweht«, 1981, 1993, 1995. In: E.J.: *Siebzig verweht II,* 1981. S. 8–9; 126–128. – *Siebzig verweht III,* 1993. S. 449–450; 554–555. – *Siebzig verweht IV,* 1995. S. 306–319; 320–323; 455–457.

VI. Post festum

Post festum, 1983. In: SW 18: *Die Zwille,* 1983. S. 483–486.

HEINZ LUDWIG ARNOLD

geboren 1940 in Essen, Honorarprofessor der Georg-August-Universität Göttingen. Seit 1963 Herausgeber der Zeitschrift »Text + Kritik«, seit 1973 des »Kritischen Lexikons zur deutschsprachigen Gegenwartsliteratur« und von 1983 bis 2008 des »Kritischen Lexikons zur fremdsprachigen Gegenwartsliteratur«, sowie der 3., vollig neu bearbeiteten Auflage von Kindlers Literatur Lexikon. Darüber hinaus zahlreiche Publikationen zur deutschen Literatur.